[ Wissen für die Praxis ]

Weiterführend empfehlen wir:

**Unbegleitete minderjährige Flüchtlinge**
ISBN 978-3-8029-7651-3

**Aufenthaltsrecht und Sozialleistungen für Geflüchtete**
ISBN 978-3-8029-7652-0

**Praxishandbuch Erwerbsmigrationsrecht**
ISBN 978-3-8029-7657-5

**Ausländerrecht, Migrations- und Flüchtlingsrecht**
ISBN 978-3-8029-2079-0

---

Wir freuen uns über Ihr Interesse an diesem Buch. Gerne stellen wir Ihnen zusätzliche Informationen zu diesem Programmsegment zur Verfügung.

Bitte sprechen Sie uns an:

E-Mail: WALHALLA@WALHALLA.de
http://www.WALHALLA.de

Walhalla Fachverlag · Haus an der Eisernen Brücke · 93042 Regensburg
Telefon 0941 5684-0 · Telefax 0941 5684-111

Stephan Hocks

# Asylverfahren und Flüchtlingsschutz

Ein praktischer Leitfaden für die berufliche und ehrenamtliche Begleitung und Beratung von Geflüchteten

2., aktualisierte Auflage

**Bibliografische Information der Deutschen Nationalbibliothek**
Die Deutsche Nationalbibliothek verzeichnet diese Publikation in der Deutschen Nationalbibliografie; detaillierte bibliografische Daten sind im Internet über www.dnb.de abrufbar.

Zitiervorschlag:
**Stephan Hocks**, Asylverfahren und Flüchtlingsschutz
Walhalla Fachverlag, Regensburg 2021

**Hinweis:** Unsere Werke sind stets bemüht, Sie nach bestem Wissen zu informieren. Alle Angaben in diesem Buch sind sorgfältig zusammengetragen und geprüft. Durch Neuerungen in der Gesetzgebung, Rechtsprechung sowie durch den Zeitablauf ergeben sich zwangsläufig Änderungen. Bitte haben Sie deshalb Verständnis dafür, dass wir für die Vollständigkeit und Richtigkeit des Inhalts keine Haftung übernehmen.
Bearbeitungsstand: November 2021

2., aktualisierte Auflage
© Walhalla u. Praetoria Verlag GmbH & Co. KG, Regensburg
Alle Rechte, insbesondere das Recht der Vervielfältigung und Verbreitung sowie der Übersetzung, vorbehalten. Kein Teil des Werkes darf in irgendeiner Form (durch Fotokopie, Datentransfer oder ein anderes Verfahren) ohne schriftliche Genehmigung des Verlages reproduziert oder unter Verwendung elektronischer Systeme gespeichert, verarbeitet, vervielfältigt oder verbreitet werden.
Produktion: Walhalla Fachverlag, 93042 Regensburg
Printed in Germany
ISBN 978-3-8029-7655-1

# Schnellübersicht

| | | |
|---|---|---|
| Vorwort | 19 | |
| Abkürzungsverzeichnis | 21 | |
| Einführung: Aufenthaltsrechtliche Grundlagen | 23 | I |
| Die wichtigsten Änderungen im Asylrecht seit Sommer 2018 | 59 | II |
| Die verschiedenen Schutzstatus (Verfolgungs- und Abschiebeschutzgründe) | 65 | III |
| Folgen der Anerkennung | 103 | IV |
| Unzulässige Asylanträge wegen Berührung mit einem anderen Staat | 139 | V |
| Asylantragstellung, Verteilung und gestatteter Aufenthalt | 175 | VI |
| Soziale Rechte des Antragstellers während des Verfahrens | 213 | VII |
| Erwerbstätigkeit, Ausbildung und Studium während des Asylverfahrens | 219 | VIII |
| Die Anhörung zu den Verfolgungsgründen | 225 | IX |
| Die Entscheidung des Bundesamts über den Asylantrag | 253 | X |
| Das gerichtliche Verfahren gegen die Ablehnung durch das Bundesamt | 267 | XI |

| | | |
|---|---|---|
| XII | Der Wegfall der Anerkennung: Erlöschen, Widerruf und Rücknahme | 285 |
| XIII | Der Folgeantrag (§ 71 AsylG) | 295 |
| XIV | Rechtsstellung von Personen aus sicheren Herkunftsstaaten und von unbegleiteten minderjährigen Flüchtlingen (UMF) | 305 |
| XV | Literaturverzeichnis | 309 |
| XVI | Stichwortverzeichnis | 311 |

# Gesamtinhaltsübersicht

Vorwort ........................................................................... 19
Abkürzungsverzeichnis .................................................... 21

| | | |
|---|---|---|
| I. | **Einführung: Aufenthaltsrechtliche Grundlagen** ........ | **23** |
| 1. | Asylrecht als besonderer Teil des Aufenthaltsrechts ....... | 24 |
| 2. | Grundunterscheidung des Aufenthaltsrechts: Deutsche und Ausländer .................................................. | 25 |
| 2.1 | Reichweite der Unterscheidung ...................................... | 25 |
| 2.2 | Ausländer mit besonderen Rechten ................................ | 26 |
| 3. | Ausreisepflicht und Abschiebung .................................... | 31 |
| 3.1 | Grundbegriffe ................................................................. | 31 |
| 3.2 | Die Voraussetzungen einer Abschiebung ........................ | 33 |
| 3.3 | Aussetzung der Abschiebung: Duldung .......................... | 38 |
| 4. | Rechtlich erlaubte und gestattete Aufenthalte ............... | 47 |
| 4.1 | Übersicht ........................................................................ | 47 |
| 4.2 | Aufenthaltserlaubnis ...................................................... | 47 |
| 4.3 | Aufenthaltsgestattung und Ankunftsnachweis ............... | 50 |
| 5. | Voraussetzungen für die Erteilung einer Aufenthaltserlaubnis (§ 5 AufenthG) ............................... | 50 |
| 5.1 | Grundlage ...................................................................... | 50 |
| 5.2 | Anspruch auf Erteilung und Ermessensentscheidung .... | 50 |
| 5.3 | Allgemeine Erteilungsvoraussetzungen nach § 5 AufenthG ................................................................. | 52 |
| 5.4 | Zugelassene Aufenthaltszwecke (Besondere Erteilungsvoraussetzungen) .......................................... | 53 |
| 5.5 | Neuregelungen durch das Fachkräfteeinwanderungsgesetz ................................... | 55 |
| 5.6 | Niederlassungserlaubnis und Daueraufenthalt .............. | 56 |
| 6. | Zusammenfassung und Ausblick ................................... | 56 |
| 6.1 | Die verschiedenen Situationen des Aufenthalts ............. | 56 |

| | |
|---|---|
| 6.2   Aufenthalt für geflüchtete Menschen | 57 |
| **II.   Die wichtigsten Änderungen im Asylrecht seit Sommer 2018** | **59** |
| 1.   Die Rechtsquellen des Asylrechts | 60 |
| 2.   Wichtige Änderungsgesetze | 61 |
| 2.1   Überblick | 61 |
| 2.2   Die einzelnen Regelungen | 62 |
| **III.  Die verschiedenen Schutzstatus (Verfolgungs- und Abschiebeschutzgründe)** | **65** |
| 1.   Der Inhalt des Schutzantrages | 67 |
| 2.   Grundrecht auf Asyl (Art. 16a Abs. 1 GG) | 68 |
| 3.   Flüchtlingseigenschaft nach der Genfer Konvention (§ 3 AsylG, § 60 Abs. 1 AufenthG) | 70 |
| 3.1   Grundsatz des Non-Refoulement (Grundsatz der Nichtzurückweisung von Verfolgten) | 70 |
| 3.2   Begründete Furcht vor Verfolgung | 70 |
| 3.3   Keine Vorverfolgung (vor der Flucht) erforderlich | 71 |
| 3.4   Sogenannte Nachfluchtgründe | 73 |
| 3.5   Verfolgungshandlungen | 76 |
| 3.6   Verfolgungsgründe | 77 |
| 3.7   Verknüpfung zwischen Verfolgungsgrund und Verfolgungshandlung | 85 |
| 3.8   Staatliche und nichtstaatliche Verfolgung | 86 |
| 3.9   Inländische Fluchtalternative | 87 |
| 3.10  Ausschlussgründe | 89 |
| 3.11  Widerruf und Rücknahme | 90 |
| 3.12  Zusammenfassung und Checkliste | 90 |
| 4.   Der subsidiäre Schutz (§ 4 AsylG) | 91 |
| 4.1   Grundgedanke: Drohen eines ernsthaften Schadens | 91 |
| 4.2   Die drei Varianten eines ernsthaften Schadens | 92 |

| | | |
|---|---|---|
| 4.3 | Interner Schutz und Ausschlussgründe | 97 |
| 5. | Die nationalen Abschiebungsverbote (§ 60 Abs. 5 und 7 AufenthG) | 97 |
| 5.1 | Die Voraussetzungen des nationalen Abschiebeschutzes | 97 |
| 5.2 | Abschiebeschutz bei drohender Verelendung (§ 60 Abs. 5 AufenthG) | 98 |
| 5.3 | Abschiebeschutz nach § 60 Abs. 7 AufenthG | 100 |
| 5.4 | Fazit | 102 |
| 6. | Übersicht: Die verschiedenen Schutztatbestände | 102 |

## IV. Folgen der Anerkennung ... 103

| | | |
|---|---|---|
| 1. | Die Aufenthaltserlaubnis für Schutzberechtigte | 105 |
| 1.1 | Grundsatz | 105 |
| 1.2 | Die Aufenthaltserlaubnis nach § 25 Abs. 1 bis 3 AufenthG: Bedingungen | 106 |
| 1.3 | Passpflicht und Identitätsklärung bei einer Aufenthaltserlaubnis nach § 25 Abs. 1 bis 3 AufenthG | 107 |
| 1.4 | Die Folgen einer nicht nachgewiesenen Identität | 108 |
| 1.5 | Sonderfall: der „antragsunabhängige Aufenthalt" bei § 25 Abs. 1 und 2 AufenthG | 109 |
| 2. | Passerteilung | 110 |
| 2.1 | Grundsatz der Passpflicht | 110 |
| 2.2 | Der Reiseausweis für Flüchtlinge („Flüchtlingspass", „blauer Pass") | 111 |
| 2.3 | Reiseausweis für Ausländer („grauer Pass") | 111 |
| 2.4 | Schutzzuerkennung und Reiseausweis (Übersicht) | 112 |
| 3. | Die Wohnsitzbeschränkung für Schutzberechtigte (§ 12a AufenthG) | 113 |
| 3.1 | Offizielles Ziel der Regelung | 113 |
| 3.2 | Die vier Formen der Wohnsitzbeschränkung des § 12a AufenthG | 114 |

| | | |
|---|---|---|
| 3.3 | Ausnahmen von der Wohnsitzbeschränkung | 115 |
| 3.4 | Konsequenzen bei einer Verletzung der Wohnsitzbeschränkung | 116 |
| 4. | Der Familiennachzug zu Schutzberechtigten | 116 |
| 4.1 | Grundsatz des Familiennachzugs | 116 |
| 4.2 | Familiennachzug zu anerkannten Flüchtlingen und Asylberechtigten | 119 |
| 4.3 | Familiennachzug zu subsidiär Schutzberechtigten | 121 |
| 4.4 | Familiennachzug und nationale Abschiebungsverbote | 122 |
| 4.5 | Elternnachzug (§ 36 Abs. 1 AufenthG) | 122 |
| 4.6 | Familiennachzug und Schutzberechtigung: Übersicht | 123 |
| 4.7 | Das Verfahren des Familiennachzugs | 124 |
| 5. | Familienasyl und internationaler Schutz bei Familien (§ 26 AsylG) | 127 |
| 5.1 | Begriff des Familienasyls bzw. internationaler Familienschutz | 127 |
| 5.2 | Familienschutz für Ehegatten | 129 |
| 5.3 | Familienschutz für minderjährige ledige Kinder (§ 26 Abs. 2 AsylG) | 131 |
| 5.4 | Familienschutz für Eltern und Geschwister von Anerkannten (§ 26 Abs. 3 AsylG) | 132 |
| 5.5 | Familienschutz bei Tod oder späterer Auflösung der Ehe | 133 |
| 6. | Aufenthaltsverfestigung bei Schutzberechtigten | 134 |
| 6.1 | Grundsatz | 134 |
| 6.2 | Die unbefristete Aufenthaltserlaubnis | 134 |
| 6.3 | Die Einbürgerung | 136 |
| V. | **Unzulässige Asylanträge wegen Berührung mit einem anderen Staat** | **139** |
| 1. | Unzulässige Asylanträge nach § 29 AsylG | 140 |
| 1.1 | Was sind unzulässige Asylanträge? | 140 |

| | | |
|---|---|---|
| 1.2 | Unzulässigkeit wegen Drittstaatsbezugs | 141 |
| 1.3 | Andere unzulässige Asylanträge | 142 |
| 2. | Unzulässige Anträge wegen anderweitiger Zuständigkeit aufgrund der Dublin-III-VO | 142 |
| 2.1 | Die Dublin-III-VO | 142 |
| 2.2 | Die Dublin-Kriterien | 149 |
| 2.3 | Zuständigkeit bei mehrmalig gestellten Asylanträgen | 153 |
| 2.4 | Pflicht zum Selbsteintritt und Überstellungsverbot | 154 |
| 2.5 | Das Dublin-Verfahren | 156 |
| 2.6 | Der „Dublin-Bescheid" | 160 |
| 2.7 | Überstellungsfrist und Überstellung | 161 |
| 2.8 | Tipps für die Beratung mit „Dublin-Fällen" | 166 |
| 3. | Unzulässige Anträge wegen einer Schutzerteilung in der EU | 167 |
| 3.1 | Grundsatz | 167 |
| 3.2 | Inhalt des „Drittstaatenbescheides" | 167 |
| 3.3 | Rechtsmittel gegen einen Drittstaatenbescheid | 169 |
| 4. | Unzulässige Anträge wegen Schutzes in einem sonstigen Staat (§ 29 Abs. 1 Nr. 4 AsylG) | 171 |
| 5. | Unzulässige Zweitanträge | 171 |
| 5.1 | Begriff | 171 |
| 5.2 | Prüfungsschema bei einem Zweitantrag | 172 |
| 5.3 | Der Bescheid bei erfolglosem Zweitantrag | 173 |
| 5.4 | Rechtsmittel | 173 |
| **VI.** | **Asylantragstellung, Verteilung und gestatteter Aufenthalt** | **175** |
| 1. | Der Asylantrag (§ 13 AsylG) | 177 |
| 1.1 | Inhalt des Asylantrags | 177 |
| 1.2 | Die Beschränkung des Asylantrags | 178 |
| 1.3 | Zuständige Behörde | 180 |

| | | |
|---|---|---|
| 1.4 | Die persönliche und örtliche Dimension der Antragstellung | 181 |
| 2. | Die Asylantragstellung | 183 |
| 2.1 | Die beiden Wege der Asylantragstellung: persönlich und schriftlich | 183 |
| 2.2 | Der Ablauf der persönlichen Antragstellung | 185 |
| 2.3 | Die schriftliche Antragstellung | 190 |
| 3. | Auswirkungen der Asylantragstellung auf das Aufenthaltsrecht | 191 |
| 3.1 | Erlöschen bestimmter Aufenthaltstitel durch Asylantragstellung | 191 |
| 3.2 | Titelerteilungssperre während des Asylverfahrens | 193 |
| 3.3 | Titelerteilungssperre nach einer Ablehnung des Asylantrags | 195 |
| 4. | Der gestattete Aufenthalt | 196 |
| 4.1 | „Vorwirkung des Flüchtlingsschutzes" | 196 |
| 4.2 | Beginn des gestatteten Aufenthalts | 196 |
| 4.3 | Die Dokumente des gestatteten Aufenthalts | 197 |
| 4.4 | Mobilität während des gestatteten Aufenthalts | 198 |
| 4.5 | Das Ende des gestatteten Aufenthalts | 199 |
| 5. | Die Rücknahme des Asylantrags | 200 |
| 5.1 | Grundsatz | 200 |
| 5.2 | Zeitliche Dimension der Rücknahme und ihre Folgen | 200 |
| 6. | Mitwirkungspflichten und Sanktionen | 201 |
| 6.1 | Grundsatz | 201 |
| 6.2 | Wichtige Pflichten und Sanktionen | 202 |
| 6.3 | Verschulden | 204 |
| 6.4 | Pflichten im „beschleunigten Verfahren" (§ 30a AsylG) | 204 |
| 6.5 | Duldungspflichten gegenüber einer Durchsuchung (§ 15 Abs. 4 AsylG) | 205 |
| 6.6 | Mitwirkung bei der Identitätsfeststellung | 205 |

| | | |
|---|---|---|
| 6.7 | Die Rücknahmefiktion nach § 33 AsylG | 207 |
| **VII.** | **Soziale Rechte des Antragstellers während des Verfahrens** | **213** |
| 1. | Grundsatz: physisches und soziokulturelles Existenzminimum | 214 |
| 2. | Sozialleistungen während des Verfahrens | 214 |
| 2.1 | Prinzip | 214 |
| 2.2 | Sachleistungsprinzip während der Wohnpflicht in der Aufnahmeeinrichtung | 215 |
| 2.3 | Leistungen nach dem Transfer | 215 |
| 2.4 | Leistungen nach dem Wechsel in die „Analogleistungen" | 215 |
| 3. | Medizinische Leistungen während des Verfahrens | 216 |
| 3.1 | Während der ersten 18 Monate des gestatteten Aufenthalts | 216 |
| 3.2 | Nach 18 Monaten (bei Wechsel in die „Analogleistungen") | 216 |
| 4. | Zugang zu Integrationskursen während des Verfahrens | 216 |
| 5. | Leistungskürzungen bei mangelnder Mitwirkung und anderen Gründen | 217 |
| 6. | Exkurs: Leistungen für Personen mit Schutzstatus und Aufenthaltserlaubnis in Deutschland | 217 |
| **VIII.** | **Erwerbstätigkeit, Ausbildung und Studium während des Asylverfahrens** | **219** |
| 1. | Grundsatz: Liberalisierung bei Erwerbstätigkeit, Ausbildung und Studium | 220 |
| 2. | Gestattung der Erwerbstätigkeit (§ 61 AsylG) | 221 |
| 2.1 | Erwerbsverbot während der Zeit der Wohnpflicht/ während der ersten drei Monate | 221 |
| 2.2 | Erwerbsverbot für Personen aus sicheren Herkunftsstaaten im Asylverfahren | 221 |

| | | |
|---|---|---|
| 2.3 | Möglichkeit einer Beschäftigung nach dreimonatigem Aufenthalt | 221 |
| 3. | Berufsausbildung | 223 |
| 4. | Studium | 223 |
| 4.1 | Grundsatz | 223 |
| 4.2 | Studium ist keine Erwerbstätigkeit | 223 |
| 4.3 | Mobilität und Studium | 224 |
| 4.4 | Anerkennung der Studienvoraussetzungen | 224 |
| 4.5 | Studienfinanzierung | 224 |
| 4.6 | Wechsel in einen Studienaufenthalt | 224 |

## IX. Die Anhörung zu den Verfolgungsgründen ... 225

| | | |
|---|---|---|
| 1. | Die Entscheidung des Bundesamts über Asyl und internationalen Schutz | 227 |
| 1.1 | Prüfungsmaßstab: Verfolgung oder ernsthafter Schaden bei Rückkehr | 227 |
| 1.2 | Beweiserleichterungen | 227 |
| 1.3 | Rechtliche Würdigung | 228 |
| 2. | Der Geflüchtete zwischen Darlegungslast und Amtsermittlungsgrundsatz | 228 |
| 2.1 | Darlegungslast | 228 |
| 2.2 | Amtsermittlungsgrundsatz | 229 |
| 2.3 | Die konkrete Darlegungslast im Einzelfall | 229 |
| 2.4 | Aussage- und Auskunftsverweigerungsrechte | 230 |
| 2.5 | Verspätetes Vorbringen | 231 |
| 3. | Die Anhörung von Minderjährigen | 232 |
| 3.1 | Das Mindestalter für eine Anhörung | 232 |
| 3.2 | Die Person des Anhörers bei UMF | 233 |
| 4. | Die Durchführung der Anhörung beim Bundesamt | 233 |
| 4.1 | Die Ladung zur Anhörung | 233 |
| 4.2 | Unmittelbarkeit und Vertraulichkeit der Anhörung | 233 |

| | | |
|---|---|---|
| 4.3 | Dolmetscher oder Sprachmittler | 234 |
| 4.4 | Inhalt und Ablauf der Anhörung | 235 |
| 5. | Der glaubhafte Vortrag in der Anhörung | 238 |
| 5.1 | Glaubhaftigkeit und Glaubwürdigkeit | 238 |
| 5.2 | Die einzelnen Kriterien für die Glaubhaftigkeit | 239 |
| 6. | Vorbereitung und Begleitung bei der Anhörung | 243 |
| 6.1 | Hinweise und Ratschläge | 243 |
| 6.2 | Die Ermittlung der Verfolgungsgründe zur Vorbereitung | 244 |
| 6.3 | Prüfung der menschenrechtlichen Lage im Herkunftsland | 245 |
| 6.4 | Die Vorbereitung auf mögliche Fragen in der Anhörung | 246 |
| 6.5 | Die Einflussmöglichkeiten während der Anhörung | 250 |
| X. | **Die Entscheidung des Bundesamts über den Asylantrag** | **253** |
| 1. | Der Bescheid des Bundesamts | 254 |
| 1.1 | Die erforderliche Form | 254 |
| 1.2 | Bestandskraft einer Entscheidung | 254 |
| 1.3 | Die Zustellung des Bundesamtsbescheides | 255 |
| 2. | Inhalt des Bundesamtsbescheides | 256 |
| 2.1 | Übersicht | 256 |
| 2.2 | Wichtige Informationen für einen Anwalt | 257 |
| 3. | Die negativen Entscheidungen des Bundesamts | 257 |
| 3.1 | Ablehnung des Schutzersuchens als „einfach unbegründet" mit Abschiebungsandrohung in den Herkunftsstaat | 257 |
| 3.2 | Ablehnung des Schutzantrags als „offensichtlich unbegründet" | 258 |
| 3.3 | Der Dublin-Bescheid | 262 |

| | | |
|---|---|---|
| 3.4 | Ablehnung wegen eines Schutzstatus in einem Drittstaat | 263 |
| 4. | Beispiele für positive Bescheide | 264 |
| 4.1 | Zuerkennung der Flüchtlingseigenschaft | 264 |
| 4.2 | Zuerkennung des subsidiären Schutzes | 264 |
| 4.3 | Feststellung von Abschiebeverboten nach § 60 Abs. 5 oder 7 AufenthG | 265 |
| XI. | Das gerichtliche Verfahren gegen die Ablehnung durch das Bundesamt | 267 |
| 1. | Grundrecht auf effektiven Rechtsschutz | 268 |
| 1.1 | Die Klageerhebung bei unabhängigen Gerichten | 268 |
| 1.2 | Die Rechtsmittelbelehrung | 268 |
| 1.3 | Die zuständigen Verwaltungsgerichte | 269 |
| 1.4 | Die Entscheidungskompetenz der Verwaltungsgerichte | 270 |
| 1.5 | Beschwerde beim Bundesverfassungsgericht oder beim Europäischen Gerichtshof für Menschenrechte (EGMR) | 270 |
| 2. | Das gerichtliche Verfahren (erste Instanz) | 271 |
| 2.1 | Die fristgerechte Klageerhebung | 271 |
| 2.2 | Die Klageerhebung | 272 |
| 2.3 | Die Klagebegründung | 274 |
| 2.4 | Die mündliche Verhandlung | 275 |
| 2.5 | Das Urteil | 279 |
| 2.6 | Der Eilantrag | 280 |
| 3. | Antrag auf Zulassung der Berufung nach einem negativen Urteil | 281 |
| 4. | Vorgehen nach einem positiven Gerichtsverfahren | 283 |
| XII. | Der Wegfall der Anerkennung: Erlöschen, Widerruf und Rücknahme | 285 |
| 1. | Erlöschen der Flüchtlingsanerkennung und Asylberechtigung | 286 |

| | | |
|---|---|---|
| 1.1 | Erlöschen als Sonderfall | 286 |
| 1.2 | Erlöschensgründe bei Flüchtlingsanerkennung und Asylberechtigung | 286 |
| 1.3 | Folgen des Erlöschens | 287 |
| 2. | Widerruf der Schutzberechtigung | 288 |
| 2.1 | Begriff des Widerrufs | 288 |
| 2.2 | Widerrufsgründe im Flüchtlingsrecht | 288 |
| 2.3 | Widerrufsverfahren | 288 |
| 3. | Rücknahme | 290 |
| 4. | Zusammenfassendes Schaubild | 291 |
| 5. | Auswirkung von Widerruf und Rücknahme auf den Aufenthaltsstatus | 291 |
| 5.1 | Der Widerruf durch die Ausländerbehörde als Reaktion auf den Wegfall der Schutzanerkennung | 291 |
| 5.2 | Der Widerruf einer befristeten Aufenthaltserlaubnis nach § 25 Abs. 1 bis 3 AufenthG | 292 |
| 5.3 | Der Widerruf einer unbefristeten Aufenthaltserlaubnis bei ehemaligen Schutzberechtigten | 292 |
| | | |
| XIII. | Der Folgeantrag (§ 71 AsylG) | 295 |
| 1. | Antragstellung | 296 |
| 1.1 | Begriff des Folgeantrags | 296 |
| 1.2 | Beschränkung auf neue Gründe | 296 |
| 1.3 | Antragstellung | 297 |
| 1.4 | Status während des Verfahrens | 297 |
| 2. | Prüfung der Wiederaufnahmegründe | 299 |
| 2.1 | Wiederaufnahmegründe | 299 |
| 2.2 | Ohne grobes Verschulden (§ 51 Abs. 2 VwVfG) | 300 |
| 2.3 | Noch immer eine Frist von drei Monaten (§ 51 Abs. 3 VwVfG)? | 300 |
| 3. | Bescheid und Rechtsmittel | 301 |

| | | |
|---|---|---|
| 3.1 | Der Bescheid bei einer Ablehnung des Wiederaufgreifens | 301 |
| 3.2 | Rechtsmittel | 301 |
| 3.3 | Vorgehen bei verfristetem Folgeantrag | 301 |
| 3.4 | Besonderheiten bei Folgeanträgen auf der Grundlage von selbst geschaffenen Nachfluchtgründen (§ 28 Abs. 2 AsylG) | 302 |
| 4. | Antrag auf Wiederaufgreifen bei nationalen Abschiebungsverboten | 303 |

## XIV. Rechtsstellung von Personen aus sicheren Herkunftsstaaten und von unbegleiteten minderjährigen Flüchtlingen (UMF) ... 305

| | | |
|---|---|---|
| 1. | Personen aus sicheren Herkunftsstaaten | 306 |
| 1.1 | Grundlage | 306 |
| 1.2 | Die sicheren Herkunftsstaaten | 306 |
| 1.3 | Die Vermutung in § 29a AsylG | 306 |
| 1.4 | Einschränkungen im Asylverfahren | 307 |
| 1.5 | Konsequenzen im Falle der Ablehnung | 307 |
| 2. | Unbegleitete minderjährige Flüchtlinge | 308 |
| 2.1 | Begriff | 308 |
| 2.2 | Unterbringung und Verteilung | 308 |
| 2.3 | Rechte im Verfahren | 308 |

## XV. Literaturverzeichnis ... 309

## XVI. Stichwortverzeichnis ... 311

# Vorwort

Das Asyl- und Flüchtlingsrecht ist eine komplizierte Materie. Seinen Grund hat das darin, dass hier verschiedene rechtliche Vorgaben unterschiedlicher Art und Herkunft zusammenspielen, die auch zu verschiedenen Zeiten entstanden sind. Hinzu kommt, dass einige Vorschriften gerade erst aufgrund der großen Flüchtlingszuwanderung 2015 und 2016 neu eingeführt und in den Jahren danach nur punktuell und unter Zeitdruck geändert worden sind. Das aber lässt die Beschäftigung mit dieser Materie, die für die Betroffenen so wichtig ist, auch als Arbeitsgebiet interessant erscheinen. Wenige Rechtsgebiete zeichnen sich so sehr durch das Neben- und Übereinander von völkerrechtlichen, europäischen und nationalen Regelungen aus. Und wo sonst liegen Menschenrecht und Verwaltungsrecht so nah beieinander. Das ist dem Umstand geschuldet, dass es um nichts weniger als um menschliche Schicksale geht und darum, die betroffenen Menschen international und individuell zu schützen. Denn gemeinsam ist diesen Regelungen der Gedanke, dass die Abschiebung eines Ausländers rechtlich nicht erlaubt sein kann, wenn in dem betreffenden Herkunftsland Umstände herrschen, die zu einer lebensbedrohlichen Situation, einer menschenrechtswidrigen Behandlung oder gar der Verfolgung führen.

Kompliziert ist aber nicht nur das Asylrecht, sondern bereits die Begrifflichkeit. Wenn wir hier vom Asyl sprechen, meinen wir ganz allgemein diesen Schutz, wie er einem bedrohten Ausländer zuteil wird. Man sollte aber deswegen besser „Flüchtlingsrecht" sagen. Die Bezeichnung „Asylrecht" trifft nicht mehr zu. Denn Asyl nach Art. 16a GG wird nur noch in den wenigsten Fällen gewährt. Das hängt mit der Neuregelung aus dem Jahr 1993 zusammen, damals wurde der Schutzbereich des Asylrechts weitgehend eingeschränkt. Nurmehr wer direkt – auf dem Luftweg – und nicht über den Umweg der als sicher eingestuften Nachbarstaaten in die Bundesrepublik eingereist ist, kommt in den Genuss des grundgesetzlichen Asylrechts. Wer auf dem Landweg einreist, dem bleibt die – rechtlich gleichwertige – Flüchtlingsanerkennung nach der Genfer Konvention, wie sie auch in § 3 AsylG und § 60 Abs. 1 AufenthG ihren gesetzlichen Niederschlag gefunden hat. Dieser Flüchtlingsschutz, verbunden mit dem „blauen Pass", ist das, was geflüchtete Menschen anstreben, wenn sie einen Asylantrag stellen. Treffender ist es also, vom Schutzantrag und vom Flüchtlingsrecht zu sprechen. Der Gesetzgeber hat mit dem „Asylgesetz", wie es seit 2015 heißt,

## Vorwort

aber weiter an dieser Begrifflichkeit festgehalten. Und auch in der öffentlichen Diskussion wird das unter diesem Begriff verhandelt. Diesem Umstand trägt der Titel dieses Buches Rechnung, wenn vom „Flüchtlingsrecht" und weiter vom „Asylverfahren" gesprochen wird.

Wenn hier schon von Begrifflichkeiten die Rede ist, sollten noch einige Klarstellungen und Korrekturen erfolgen. Der Begriff „Flüchtling" ist schwierig, weil er sowohl in der allgemeinen Sprache verwendet wird, aber auch als Rechtsbegriff Aussagen über ganz konkrete Rechte macht. Überdies reduziert er Menschen auf den Aspekt der Flucht, auch wenn dieser Teil des Lebens vielleicht schon lange vorbei ist. Wir wollen den Begriff „Flüchtling" daher in diesem Buch nur noch im Zusammenhang mit dem Rechtsbegriff des „anerkannten Flüchtlings" oder dem Antrag auf Anerkennung eben dieses Flüchtlingsstatus benutzen, ansonsten sprechen wir von geflüchteten Menschen oder Geflüchteten. Der Begriff „Flüchtling" weist auch auf den Aspekt der Geschlechtergleichheit hin, der bei der Wahl der Sprache ebenfalls zu beachten ist. Das grammatische Geschlecht entspricht nicht zwingend dem natürlichen Geschlecht der Schutzsuchenden und Akteurinnen, ob weiblich oder divers, die vom Flüchtlingsrecht betroffen oder mit ihm befasst sind. Gleichwohl benutzen wir aus Gründen der Lesbarkeit den Begriff in der männlichen Form, wissen aber, dass es geflüchtete Frauen und Mädchen sind, Sozialarbeiterinnen und Unterstützerinnen, Therapeutinnen und Ärztinnen, Anwältinnen und Richterinnen, Beamtinnen und Mitarbeiterinnen bei den Behörden, die von dem Flüchtlingsrecht betroffen sind oder dieser Rechtspraxis Gestalt geben.

Für Anregungen, Diskussionen und Kritik bei der Bearbeitung dieser 2. Auflage bedanke ich mich bei Ass. jur. Laura Hilb (Berlin), Maria Bethke, M. A. (Diakonie Frankfurt, Asylverfahrensberatung), wiss. Mit. Laura Hinder, M.Sc. (Universität Gießen), stud. jur. Natalie Maurer (Gießen), Dipl. Soz. Marc Speer (Bordermonitoring e. V., Frankfurt), Kristina Pröstler, M.A. (Asylverfahrensberatung Gießen) sowie den Frankfurter Rechtsanwalts- und Bürokollegen Silke Born-Gotta, Dominik Bender und Marcel Kasprzyk.

Frankfurt am Main, im Oktober 2021

*Stephan Hocks*

# Abkürzungsverzeichnis

| | |
|---|---|
| Abs. | Absatz |
| Art. | Artikel |
| AsylbLG | Asylbewerberleistungsgesetz |
| AsylG | Asylgesetz |
| AufenthG | Aufenthaltsgesetz |
| AufenthV | Aufenthaltsverordnung |
| Az. | Aktenzeichen |
| BAföG | Bundesausbildungsförderungsgesetz |
| BAMF | Bundesamt für Migration und Flüchtlinge (Nürnberg) |
| BeschV | Beschäftigungsverordnung |
| BGB | Bürgerliches Gesetzbuch |
| BKA | Bundeskriminalamt (Wiesbaden) |
| BND | Bundesnachrichtendienst (Berlin/Pullach) |
| BÜMA | Bescheinigung über die Meldung als Asylsuchender |
| Bundesamt | Bundesamt für Migration und Flüchtlinge (Nürnberg), auch BAMF |
| BVerfG | Bundesverfassungsgericht (Karlsruhe) |
| BVerwG | Bundesverwaltungsgericht (Leipzig) |
| Dublin-III-VO/ Dublin-VO/ Dublin (nicht Dublin-IV) | Verordnung (EU) 604/2013 |
| EASY | Erstaufnahme-Asyl-System |
| ED-Behandlung | erkennungsdienstliche Behandlung |
| EGMR | Europäischer Gerichtshof für Menschenrechte (Straßburg) |
| EMRK | Europäische Menschenrechtskonvention |
| EU | Europäische Union |
| EuGH | Europäischer Gerichtshof (Luxemburg) |
| EURODAC | European Dactyloscopy, europaweite Datenbank zum Abgleich von Fingerabdrücken von Asylbewerbern und Geflüchteten |
| FreizügG/EU | Freizügigkeitsgesetz/EU |
| GFK | Abkommen über die Rechtsstellung von Flüchtlingen „Genfer Flüchtlingskonvention" |
| GG | Grundgesetz der Bundesrepublik Deutschland |
| Hartz IV | Sozialleistungen nach SGB II, „Arbeitslosengeld II" |
| ICT-Karte | Intra-Company-Transfers-Karte |

## Vorwort

| | |
|---|---|
| IRG | Gesetz über den internationalen Rechtsverkehr in Strafsachen |
| Kap. | Kapitel |
| lit. | Littera, lat., Buchstabe |
| LuftsichG | Luftsicherheitsgesetz |
| PStG | Personenstandsgesetz |
| PStV | Verordnung zur Ausführung des Personenstandsgesetzes |
| QRL | Richtlinie 2011/95/EU „Qualifikationsrichtlinie" |
| RDG | Rechtsdienstleistungsgesetz |
| SGB | Sozialgesetzbuch |
| StAG | Staatsangehörigkeitsgesetz |
| StGB | Strafgesetzbuch |
| Straßburger Übereinkommen | Europäisches Übereinkommen über den Übergang der Verantwortung für Flüchtlinge vom 16.10.1980 |
| UMA | Unbegleiteter minderjähriger Ausländer |
| UMF | Unbegleiteter minderjähriger Flüchtling |
| VerfRL | Richtlinie 2013/32/EU „Verfahrensrichtlinie" |
| VwGO | Verwaltungsgerichtsordnung |
| VwVfG | Verwaltungsverfahrensgesetz |
| ZPO | Zivilprozessordnung |

# I. Einführung: Aufenthaltsrechtliche Grundlagen

| | | |
|---|---|---|
| 1. | Asylrecht als besonderer Teil des Aufenthaltsrechts | 24 |
| 2. | Grundunterscheidung des Aufenthaltsrechts: Deutsche und Ausländer | 25 |
| 2.1 | Reichweite der Unterscheidung | 25 |
| 2.2 | Ausländer mit besonderen Rechten | 26 |
| 3. | Ausreisepflicht und Abschiebung | 31 |
| 3.1 | Grundbegriffe | 31 |
| 3.2 | Die Voraussetzungen einer Abschiebung | 33 |
| 3.3 | Aussetzung der Abschiebung: Duldung | 38 |
| 4. | Rechtlich erlaubte und gestattete Aufenthalte | 47 |
| 4.1 | Übersicht | 47 |
| 4.2 | Aufenthaltserlaubnis | 47 |
| 4.3 | Aufenthaltsgestattung und Ankunftsnachweis | 50 |
| 5. | Voraussetzungen für die Erteilung einer Aufenthaltserlaubnis (§ 5 AufenthG) | 50 |
| 5.1 | Grundlage | 50 |
| 5.2 | Anspruch auf Erteilung und Ermessensentscheidung | 50 |
| 5.3 | Allgemeine Erteilungsvoraussetzungen nach § 5 AufenthG | 52 |
| 5.4 | Zugelassene Aufenthaltszwecke (Besondere Erteilungsvoraussetzungen) | 53 |
| 5.5 | Neuregelungen durch das Fachkräfteeinwanderungsgesetz | 55 |
| 5.6 | Niederlassungserlaubnis und Daueraufenthalt | 56 |
| 6. | Zusammenfassung und Ausblick | 56 |
| 6.1 | Die verschiedenen Situationen des Aufenthalts | 56 |
| 6.2 | Aufenthalt für geflüchtete Menschen | 57 |

# I. Einführung: Aufenthaltsrechtliche Grundlagen

## 1. Asylrecht als besonderer Teil des Aufenthaltsrechts

Das Asylrecht ist ein besonderer Teil des Aufenthaltsrechts. Ein Sonderbereich freilich, der eine etwas andere Fragestellung hat als das Aufenthaltsrecht und auch in weiteren Gesetzen außerhalb des Aufenthaltsgesetzes geregelt ist. Mit dem Asyl, einem Flüchtlingsstatus, dem subsidiären Schutz oder einer anderen Regelung über ein Abschiebungsverbot will ein Ausländer geltend machen, dass er wegen bestimmter Gefahren im Herkunftsland nicht dorthin abgeschoben werden darf. Er erwirbt mit dieser Schutzanerkennung ein Aufenthaltsrecht nach § 25 Abs. 1 bis 3 AufenthG. Dass dieses Aufenthaltsrecht sich von den sonstigen Rechten, die ein Ausländer bekommen kann, unterscheidet, zeigt sich nicht nur in der Zuständigkeit einer besonderen Behörde, nämlich dem Bundesamt für Migration und Flüchtlinge, das über die Voraussetzungen der Schutzgewähr entscheidet, sondern auch darin, dass dieses Aufenthaltsrecht von vielen Bedingungen unabhängig ist, die das Aufenthaltsgesetz sonst für einen rechtmäßigen Aufenthalt verlangt. Ein anerkannter Flüchtling muss z. B. bei der Einreise weder ein Visum noch einen Pass besessen haben und muss auch keinen besonderen Aufenthaltszweck vorweisen, den er in Deutschland verwirklichen will; auch die Sicherung seines Lebensunterhaltes verlangt man von ihm aus verständlichen Gründen nicht. Der § 25 AufenthG mit seinen Absätzen 1 bis 3 ist daher die Schnittstelle zwischen dem Asyl- und dem Aufenthaltsrecht.

Die Folge daraus – und das ist ein weiterer sichtbarer Unterschied zum allgemeinen Aufenthaltsrecht – ist die, dass im Asylrecht immer nach den Verhältnissen im Herkunftsland gefragt wird. Das ist konsequent, weil damit die Frage verbunden ist, ob einem Ausländer im Herkunftsland Verfolgung oder ein ernsthafter Schaden drohen. Die Fragen, die sich im Flüchtlingsrecht stellen, sind somit immer zielstaatsbezogen und verlangen Kenntnisse vom Herkunftsland. Das führt auch bei denjenigen, die sich mit dem Asyl- und Flüchtlingsrecht befassen, dazu, sich auf bestimmte Herkunftsländer zu spezialisieren. Anwälte tun das, aber auch das Bundesamt und nicht zuletzt die Verwaltungsgerichte richten ihre Zuständigkeit nach dem Herkunftsland des Betroffenen aus, sodass man dem Anspruch nach dort auf eine bestimmte Erfahrung mit den typischen Problemlagen und Verhältnissen eines Herkunftslandes trifft.

Diese Auseinandersetzung mit den Herkunftsländern und der Frage, ob einem Flüchtling die Rückkehr dorthin zugemutet werden kann, ist seit einigen Jahren aber nicht mehr das einzige Thema des Asyl- und Flüchtlingsrechts. Für viele Antragsteller geht es nämlich zunächst nicht darum, ob ihnen nach einem Asylverfahren die Abschiebung in ihren Herkunftsstaat droht, ihnen steht vielleicht eine sehr viel schnellere Entscheidung des Bundesamts bevor, die mit der Überstellung in einen anderen (fast immer) europäischen Staat, einen sogenannten Drittstaat, verbunden ist. Seinen Grund kann das darin haben, dass sich für das Bundesamt erweist, dass ein anderer Staat in Europa nach der sog. Dublin-III-Verordnung für den Geflüchteten zuständig ist oder dass der Antragsteller bereits in einem anderen Staat der Europäischen Union einen Schutzstatus erhalten hat. Diese – und einige seltene andere Fälle – sind in § 29 Abs. 1 AsylG geregelt.

> **Praxis-Hinweis:**
> Nicht alle Asylanträge, die in Deutschland gestellt werden, führen zu einer Prüfung durch das deutsche Bundesamt. Hält das Bundesamt den Asylantrag für unzulässig, wird die Prüfung abgebrochen und das Bundesamt ordnet oder droht eine Überstellung in einen anderen Staat an, der nicht Herkunftsstaat ist, sondern Drittstaat.
>
> Solche Fälle eines unzulässigen Asylantrags, die zu einer Überstellung in einen (meist europäischen) Drittstaat führen, sind in Kap. V erläutert.

## 2. Grundunterscheidung des Aufenthaltsrechts: Deutsche und Ausländer

### 2.1 Reichweite der Unterscheidung

Das Aufenthaltsrecht gründet sich auf die Unterscheidung zwischen Deutschen und Ausländern – und der weiteren Prämisse, dass Ein-

# I. Einführung: Aufenthaltsrechtliche Grundlagen

reise, Aufenthalt und auch anderes, wie die Erwerbstätigkeit, die freie Wohnsitznahme oder ungehinderte Mobilität im Bundesgebiet bei Ausländern eigens geregelt sind. Das kommt in § 4 Abs. 1 AufenthG zum Ausdruck, einem der wichtigsten Paragraphen dieses Gesetzes: „Ausländer bedürfen für die Einreise und den Aufenthalt im Bundesgebiet eines Aufenthaltstitels, (...)." Über diesen Grundsatz wachen die Ausländerbehörden, die solche Aufenthaltstitel erteilen oder verweigern. Hierzu gehören auch die Auslandsvertretungen (also die Botschaften und Konsulate) in den anderen Ländern, die Visa für die Einreise nach Deutschland (oder den Schengen-Raum) erteilen. Auch die Polizeibehörden des Bundes und der Länder sind mit der Überwachung und Umsetzung der aufenthaltsrechtlichen Vorschriften befasst.

**§ 2 Abs. 1 AufenthG:**

„Ausländer ist jeder, der nicht Deutscher im Sinne des Artikels 116 Abs. 1 des Grundgesetzes ist."

Das Recht zum Bezug öffentlicher Leistungen hängt bei Ausländern ebenfalls vom Aufenthaltsstatus ab, allerdings steht das nicht im Aufenthaltsgesetz, sondern in den verschiedenen Gesetzen, in denen die Sozialleistungen geregelt sind (z. B. im SGB II, Bundeskindergeldgesetz, Bundesausbildungsförderungsgesetz usw.). Natürlich wäre eine vollständige Versagung sozialer Hilfe verfassungswidrig, da das Recht auf ein Existenzminimum die Unterscheidung zwischen Ausländern und Deutschen nicht kennt. Geduldete und Asylbewerber erhalten Leistungen nach dem Asylbewerberleistungsgesetz (AsylbLG).

## 2.2 Ausländer mit besonderen Rechten

### 2.2.1 EU-Staatsangehörige und ihre Freizügigkeit

Aufenthaltstitel sind allerdings nicht für alle Ausländer gleichermaßen erforderlich. Es gibt auch hier wieder Ausnahmen und Sonderregeln. Nimmt man einmal die Personengruppe der ausländischen Diplomaten beiseite, die überhaupt nicht dem Aufenthaltsrecht unterfallen, sondern Aufenthalt und freie Einreise – und manche Sonderstellung – dem Völkerrecht verdanken, ist die weitgreifendste Unterscheidung entlang der EU-Staatsangehörigkeit zu ziehen. Das liegt daran, dass EU-Bürger, also Staatsangehörige der anderen EU-Mitgliedstaaten, freizügigkeitsberechtigt sind. Ihr Aufenthalt

## 2. Grundunterscheidung des Aufenthaltsrechts: Deutsche und Ausländer

in Deutschland richtet sich weitestgehend nach dem Freizügigkeitsgesetz/EU (und einer entsprechenden EU-Richtlinie), nur punktuell nach dem Aufenthaltsgesetz – und dieses Freizügigkeitsgesetz verleiht, wie der Name schon sagt, eine unvergleichlich bessere Rechtsposition. Freizügigkeitsberechtigte EU-Bürger dürfen einreisen, sich in der Bundesrepublik aufhalten und ohne Anmeldung erwerbstätig sein. Dafür erhalten sie auch keine amtliche Erlaubnis von der Behörde, da ihr Recht nicht von der Entscheidung der Ausländerbehörde abhängt, sondern sich direkt aus dem Gesetz ergibt. Der Aufenthalt zur Erwerbstätigkeit ist damit problemlos. Rechtlich schwieriger einzuordnen sind jedoch immer wieder Fälle, in denen der EU-Bürger seine Lebensunterhaltssicherung nicht selbst bewerkstelligen kann, weil er gar nicht oder zu wenig für seinen Unterhalt erwirtschaftet. Ob der EU-Bürger dann trotzdem ein Aufenthaltsrecht in der Bundesrepublik hat und ob er zugleich auch noch öffentliche Leistungen beziehen kann, führt zu den derzeit am meisten diskutierten Fragen des EU-Freizügigkeitsrechts.

Das Freizügigkeitsrecht-EU gilt auch für die Angehörigen anderer europäischer Staaten, die nicht Mitglied der EU sind: Menschen aus den Nicht-EU-Staaten Norwegen, Island und Liechtenstein stehen nach § 12 FreizügG/EU den EU-Bürgern gleich. Mit der Schweiz hat die EU ein besonderes Abkommen über die Freizügigkeit geschlossen. Mit Großbritannien gibt es nach dem Austritt aus der EU derzeit kein solches Abkommen; damit sind die Bürgerinnen und Bürger des Vereinigten Königreichs nicht mehr freizügigkeitsberechtigt, für sie gelten die allgemeinen Vorschriften.

### 2.2.2 Familienangehörige von Freizügigkeitsberechtigten

Wer selbst nicht die Staatsangehörigkeit eines EU-Staates hat und auch nicht den Pass Norwegens, Islands, Liechtensteins oder der Schweiz besitzt, aber Familienangehöriger eines Menschen ist, der in diesem Sinne freizügkeitsberechtigt ist, hat grundsätzlich auch das Recht, in die Bundesrepublik einzureisen, hier zu leben und zu arbeiten, wenn der stammberechtigte EU-Bürger oder Norweger etc. in Deutschland lebt und hier freizügigkeitsberechtigt ist. Das ist ebenfalls dem Freizügigkeitsgesetz/EU zu entnehmen. Das steht in den §§ 3 ff. FreizügG/EU. Damit kann auch der Staatsangehörige eines Nicht-EU-Staates, also ein Drittstaatsangehöriger, in den Genuss der EU-Freizügigkeit kommen. Voraussetzung dazu ist allerdings, dass er mit dem EU-Bürger oder dem sonstigen Freizügig-

# I. Einführung: Aufenthaltsrechtliche Grundlagen

keitsberechtigen in einem familiären Verhältnis nach § 3 FreizügG/EU steht und diesen nach Deutschland begleitet oder mit ihm in der Bundesrepublik zusammenlebt. In diesem Fall ist das anzuwendende Ausländerrecht das EU-Recht, das in vielen Fällen günstiger für ihn ist als das deutsche Aufenthaltsgesetz.

> **Beispiel:**
>
> Die Jordanierin J ist seit einigen Jahren mit dem kroatischen Staatsangehörigen K verheiratet, sie leben in Jordanien. Nun zieht das Paar von Jordanien nach München, wo K eine Arbeitsstelle antritt. Für J gilt (wie für ihren Ehemann) das EU-Freizügigkeitsrecht, nicht das deutsche Aufenthaltsgesetz. Für J hat das Vorteile gegenüber Drittstaatsangehörigen, die mit Deutschen verheiratet sind, da das EU-Freizügigkeitsrecht etwa bei der Frage nach dem Einreisevisum und den Spracherfordernissen oder hinsichtlich der aufenthaltsrechtlichen Folgen eines Scheiterns der ehelichen Beziehung günstigere Regeln aufweist als das deutsche Aufenthaltsgesetz. Die gleichen Vergünstigungen hätte J aber auch, wenn ihr Ehemann z.B. Norweger wäre.

Sogar die nichteheliche Lebensgemeinschaft wird im FreizügG/EU neuerdings anerkannt, allerdings müssen die Betroffenen hier Umstände vortragen, die auf eine solche auf Dauer angelegte und exklusive Lebensgemeinschaft hindeuten (§ 1 Abs. 2 Nr. 4c FreizügG/EU).

## 2.2.3 Drittstaatsangehörige mit anderen Sonderrechten: Einreise ohne vorheriges Visum

Es gibt Ausländergruppen, die nicht zu den EU-Freizügigkeitsberechtigten zählen, die aber immerhin in der Weise begünstigt sind, dass sie zur Einreise kein vorheriges Visum benötigen. Sie dürfen als Touristen oder Geschäftsleute für einen Zeitraum von 90 Tagen im halben Jahr einreisen und sich in fast allen Staaten der EU und in der Bundesrepublik aufhalten; sie dürfen dabei aber keiner Erwerbstätigkeit nachgehen. Welcher Personenkreis unter diese Einreisevergünstigung fällt, lässt sich der Verordnung (EG) Nr. 539/2001 des Rates vom 15.03.2001 entnehmen, in deren Anhang II sich die entsprechende Liste (zu Art. 1 Abs. 2) findet. Hier fällt auf, dass es sich dabei um prosperierende und wirtschaftsstarke Staaten

## 2. Grundunterscheidung des Aufenthaltsrechts: Deutsche und Ausländer

der Welt handelt. Staatsangehörige dieser Staaten werden auch „Positivstaater" genannt.

Wenn Positivstaater längerfristig bleiben wollen oder einem Erwerb nachgehen möchten, benötigen allerdings auch sie eine Aufenthaltserlaubnis. Und das schränkt das Privileg dann wieder etwas ein, denn diese Personen müssen diese Aufenthaltserlaubnis für den längerfristigen Aufenthalt in der Regel im Rahmen eines Visumverfahrens bereits in ihrem Heimatland vor der Einreise beantragen.

**Beispiel:**

Die Musikstudentin S aus Singapur besucht Freunde in Deutschland. Für ihre Einreise musste sie kein Visum beantragen, es genügte, dass sie ihren Pass aus Singapur am Grenzschalter vorlegt. Als sie in Gießen ist, ergibt sich die Gelegenheit, sich an der dortigen Universität zu bewerben, wo sie nach einem Aufnahmegespräch als Studentin auch aufgenommen wird. Als sie bei der Ausländerbehörde nachfragt, wie sie ihre Aufenthaltserlaubnis als Studentin (§ 16b AufenthG) bekommen könne, erfährt sie, dass sie hierfür mit einem bestimmten Visum für Studierende hätte einreisen müssen. Sie könne dieses Visum zwar auch jetzt noch bekommen, aber müsse dazu wieder nach Singapur reisen, um das Visumverfahren nachzuholen. Ihrem Hinweis, dass sie ja gar kein Visum zur Einreise brauchte, weil sie ja „Positivstaaterin" sei, wird mit Recht entgegengehalten, dass die visumfreie Einreise nur für kurzfristige Aufenthalte gilt, aber nicht für die Aufnahme eines Studiums.

Eine wirkliche Vergünstigung erhalten dann aber die Bürgerinnen und Bürger der in § 41 AufenthV genannten Staaten. Wer aus den USA, Kanada, Japan, Israel, Australien, Großbritannien oder wenigen weiteren Staaten stammt, kann seine Aufenthaltserlaubnis nach der visumfreien Einreise auch im Inland beantragen. Angehörige solcher Staaten, die in der aufenthaltsrechtlichen Literatur auch als „best friends"-Staaten bezeichnet werden, dürfen ihren Aufenthaltszweck also auch noch nach der Einreise frei bestimmen und müssen nicht wegen eines Visums nochmal in ihr Herkunftsland zurück.

## I. Einführung: Aufenthaltsrechtliche Grundlagen

**Beispiel:**

Die US-Amerikanerin C besucht ihre Freunde in Deutschland, dazu reist sie visumfrei ein. Sie beschließt, sich um einen Studienplatz in Gießen zu bewerben und erhält eine Zusage. Nach der Einschreibung beantragt sie bei der Ausländerbehörde eine Aufenthaltserlaubnis nach § 16b AufenthG und erhält diese, nachdem sie dort neben der Immatrikulationsbescheinigung auch Nachweise über ihre Lebensunterhaltssicherung vorgelegt hat. Im Unterschied zu S aus Singapur kann sie mit dem Studium sofort beginnen und muss nicht wegen eines Visums in ihr Heimatland zurückkehren. Das verdankt sie der Sonderregelung in § 41 AufenthV.

### 2.2.4 Drittstaatsangehörige mit einem Aufenthaltstitel in einem anderen Schengen-Staat

Es ist schließlich noch eine weitere Gruppe von Ausländern zu nennen, die ohne Visum in die Bundesrepublik einreisen darf. Es handelt sich um die vielen Drittstaatsangehörigen, die mit einem Aufenthaltstitel in einem anderen Schengen-Staat leben. Wer als Drittstaatsangehöriger beispielsweise in Frankreich einen Aufenthaltstitel als Arbeitnehmer besitzt, kann besuchsweise in die Bundesrepublik einreisen – allerdings auch hier nur für Aufenthalte bis zu drei Monaten und nicht zur Ausübung einer Erwerbstätigkeit (Art. 21 Abs. 1 Schengener Durchführungsübereinkommen).

**Beispiel:**

Der Pakistani A wohnt in Köln, sein Bruder B in Brüssel, beide haben jeweils eine nationale Aufenthaltserlaubnis. Aufgrund der Schengen-Regelungen sind sie aber berechtigt, sich in jedem anderen Staat des Schengen-Raums besuchsweise für drei Monate aufzuhalten. A und B treffen sich zu einem Urlaub an der französischen Atlantikküste. Sie benötigen hierfür kein Visum.

Das gilt allerdings nur für Reisen innerhalb von Schengen-Staaten. Der Schengen-Raum ist von dem Raum der EU zu unterscheiden, so gibt es Schengen-Staaten, die nicht zur EU gehören (z. B. Norwegen oder die Schweiz), aber auch EU-Staaten, die nicht im Schengen-Verbund sind (etwa Irland, Rumänien und Bulgarien).

# 3. Ausreisepflicht und Abschiebung

## 2.2.5 Türkische Staatsangehörige mit Rechten nach dem Assoziationsratsabkommen

Türkische Staatsangehörige haben nach dem Assoziationsratsabkommen besondere Aufenthaltsrechte, wenn sie in Deutschland als Arbeitnehmer tätig sind oder tätig waren oder wenn ein Familienangehöriger unter diese Gruppe fällt. Nicht erfasst wird hier die selbstständige Tätigkeit.

## 3. Ausreisepflicht und Abschiebung

### 3.1 Grundbegriffe

#### 3.1.1 Ausreisepflicht

Wer keine Aufenthaltserlaubnis (oder Aufenthaltstitel, zur Unterscheidung siehe unten) besitzt, ist zur Ausreise verpflichtet. Das folgt aus dem Grundsatz, dass jeder Ausländer einen Aufenthaltstitel benötigt (§ 4 AufenthG). In § 50 Abs. 1 AufenthG steht, dass ein Ausländer ausreisepflichtig ist oder wird, wenn er einen erforderlichen Aufenthaltstitel nicht (mehr) hat.

**§ 50 Abs. 1 AufenthG:**

„Ein Ausländer ist zur Ausreise verpflichtet, wenn er einen erforderlichen Aufenthaltstitel nicht oder nicht mehr besitzt und ein Aufenthaltsrecht nach dem Assoziationsabkommen EWG/Türkei nicht oder nicht mehr besteht."

Die Ausreisepflicht begründet die Pflicht, das Bundesgebiet unverzüglich zu verlassen (§ 50 Abs. 2 AufenthG).

#### 3.1.2 Abschiebung

Die Abschiebung ist die zwangsweise Durchsetzung dieser Ausreisepflicht. Sie ist damit ein Fall der Verwaltungsvollstreckung, nur mit der Besonderheit, dass die geschuldete Leistung unvertretbar ist (anders als eine Geldschuld, die kann jeder vertretungsweise begleichen). Die Ausreisepflicht kann nur der Ausländer höchstpersönlich erfüllen. Deswegen besteht die Vollstreckung darin, den Betroffenen zwangsweise außer Landes zu bringen. Die Abschiebung ist ein sogenannter Realakt, kein Rechtsakt. Neben den persönlichen Nachteilen, die eine zwangsweise Rückführung mit sich bringt, führt die Abschiebung aber auch zu einem Einreise- und Aufenthaltsverbot,

# I. Einführung: Aufenthaltsrechtliche Grundlagen

und zu einer Haftung, die Kosten für die Abschiebung zu zahlen. Insofern hat sie rechtliche Folgen.

Aber auch andere Grundsätze der Vollstreckung gelten hier: Bevor eine Abschiebung durchgeführt werden darf, muss die Ausreisepflicht vollziehbar sein. Außerdem ist in aller Regel von der Ausländerbehörde oder auch dem Bundesamt (wenn ein Asylverfahren vorangegangen ist) eine Frist für die Ausreise zu setzen, um dem Ausländer die Möglichkeit zu geben, freiwillig auszureisen. Eine Abschiebung ohne vorherige Androhung gibt es im deutschen Aufenthaltsrecht nur in zwei Fällen: Bei der Abschiebungsanordnung gegenüber einem Terrorverdächtigen (§ 58a AufenthG) und bei der Überstellung eines Asylbewerbers in den zuständigen Staat nach der Dublin-VO (§ 34a AsylG). Ansonsten kann die Ausländerbehörde in begründeten Einzelfällen auf die Fristsetzung verzichten (oder eine besonders kurze Frist verhängen), wenn dies zur Wahrung öffentlicher Belange erforderlich ist (§ 59 Abs. 1 AufenthG).

## 3.1.3 Ausweisung

Der Begriff „Ausweisung" wird oft, insbesondere in Presseberichten, auf Sachverhalte angewendet, die eigentlich eine Abschiebung darstellen. Das ist aber dann nicht korrekt. Die Ausweisung (§§ 53–55 AufenthG) hat mit der Abschiebung nichts zu tun, sie ist ein Rechtsakt, nämlich der Entzug aller Aufenthaltsrechte im Fall einer Gefährdung für die öffentliche Sicherheit und Ordnung. Vielleicht vergleichbar mit der Roten Karte im Fußball. Wer eine Gefahr darstellt, dessen Aufenthalt kann durch Ausweisung beendet werden. An dieser Regelung erkennt man, dass das Ausländerrecht der Gefahrenabwehr dient. Die Ausweisung kann jeden Ausländer treffen, selbst die Inhaber einer unbefristeten Aufenthaltserlaubnis. Voraussetzung ist, dass der Ausländer eine solche Gefahr darstellt (z. B. wegen drohender künftiger Straftaten oder Terrorismusverdachts). Die durchsetzbare Ausweisung führt dann zu einer Ausreisepflicht, die dann im Wege einer Abschiebung vollstreckt werden kann. Der Ausländer kann gegen die drohende Ausweisung sein Bleibeinteresse ins Feld führen.

**Beispiel:**

Der 30-jährige L war als kleines Kind mit seinen Eltern nach Deutschland gekommen. Er besitzt eine Niederlassungserlaubnis. Nach einer gescheiterten Ehe ist er wegen eines Verstoßes

## 3. Ausreisepflicht und Abschiebung

gegen das Betäubungsmittelgesetz zu einer mehrjährigen Haftstrafe verurteilt worden.

Die Ausländerbehörde verfügt die Ausweisung und will ihn nach Verbüßung seiner Gefängnisstrafe wegen drohender Wiederholungsgefahr abschieben. Hiergegen wendet er ein, dass er durch die Haft geläutert sei und keine Straftaten mehr begehen werde, außerdem verweist er auf seine lange Aufenthaltszeit und begründet mit seinen persönlichen Beziehungen sein Bleibeinteresse. Ob er bleiben darf oder nicht, wird im Wege einer Abwägung dieser beiden Interessen entschieden (§ 53 Abs. 1 AufenthG).

### 3.2 Die Voraussetzungen einer Abschiebung

#### 3.2.1 Vollziehbarkeit der Ausreisepflicht

Eine Voraussetzung für die Durchführung der Abschiebung ist die Vollziehbarkeit der Ausreisepflicht. Der Begriff der Vollziehbarkeit findet sich im gesamten Verwaltungsrecht. In aller Regel – es gibt aber viele Ausnahmen – setzt das eine bestandskräftige, also unanfechtbare, Behördenentscheidung voraus.

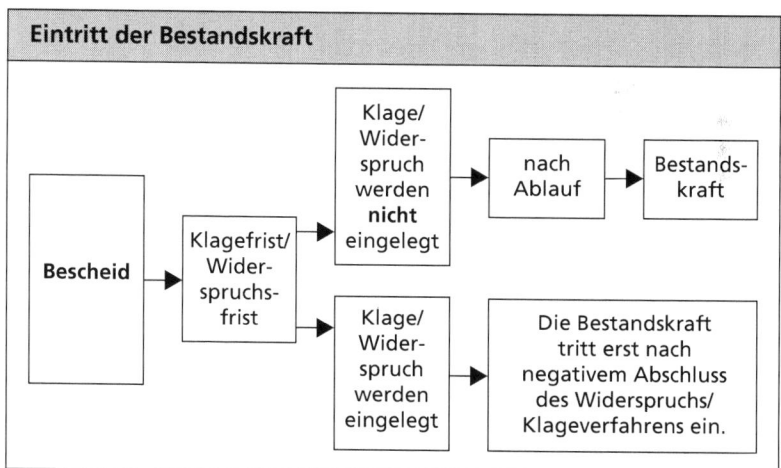

Ob Widerspruch oder Klage das statthafte Rechtsmittel sind, hängt beim Aufenthaltsrecht von der Regelung im Bundesland ab. Im

## I. Einführung: Aufenthaltsrechtliche Grundlagen

Asylverfahren ist der Widerspruch abgeschafft, hier muss die Klage erhoben werden.

Behördenentscheidungen werden bestandskräftig, wenn die Frist zur Anfechtung ungenutzt abläuft oder das Rechtsmittel (die Klage oder der Widerspruch) endgültig zurückgewiesen sind. Wenn der Betroffene sich rechtlich nicht mehr wehren kann, dann hat er einen bestandskräftigen Bescheid gegen sich – und dann ist dieser Bescheid auch vollziehbar. Weil die Klage (oder der Widerspruch) hier dafür sorgt, dass aus dem Bescheid keine Vollzugsmaßnahmen folgen, bis nicht über das Rechtsmittel entschieden ist, spricht man hier von der „aufschiebenden Wirkung" des Rechtsmittels.

Es gibt aber auch Fälle, in denen die Behörde einen Bescheid sofort vollziehen will und nicht warten möchte, bis ein möglicherweise langes Gerichtsverfahren vorbei ist. Und das bedeutet dann, dass schon vor Eintritt der Bestandskraft vollzogen werden kann.

**Beispiel aus dem Verwaltungsrecht:**

R betreibt ein Restaurant in einem Gebäude, das nach einem Sturm einsturzgefährdet ist. Die Ordnungsbehörde ordnet die Schließung an. Weil eine unmittelbare Gefahr für die Gäste droht (und man nicht warten will, bis das Gerichtsverfahren durchgeführt ist), verfügt die Behörde dazu auch den Sofortvollzug. Das Restaurant ist jetzt geschlossen, unabhängig davon, ob R ein Rechtsmittel (z. B. eine Klage) dagegen erhebt. In diesem Fall spricht man davon, dass die Klage keine aufschiebende Wirkung hat.

Allerdings bedarf es für den Sofortvollzug einer besonderen Rechtsgrundlage, weil mit diesem Behördenhandeln in die Sphäre der Bürger eingegriffen wird. Im Verwaltungsrecht ist das § 80 Abs. 2 der Verwaltungsgerichtsordnung (VwGO). Außerdem kann der Betroffene vom Gericht in einem Eilverfahren verlangen, dass die aufschiebende Wirkung wiederhergestellt wird (§ 80 Abs. 5 VwGO). Im Ausländerrecht ergeben sich aus § 84 Abs. 1 AufenthG die Fälle der sofortigen Vollziehbarkeit. Bedeutsamster Fall im Ausländerrecht ist die Ablehnung eines Antrages auf Erteilung oder Verlängerung einer Aufenthaltserlaubnis (§ 84 Abs. 1 Nr. 1 AufenthG). Hier hat die Klage keine aufschiebende Wirkung.

### 3. Ausreisepflicht und Abschiebung

> **Beispiel:**
>
> Die Studentin S aus Ägypten hat die Verlängerung ihrer Aufenthaltserlaubnis beantragt. Die Behörde lehnt diesen Antrag mit dem Argument ab, es sei aufgrund der Studienleistungen der S nicht mehr erkennbar, dass sie den Studienabschluss in angemessener Zeit erreichen werde. Den Bescheid erhält sie am 26.01.2021. Darin heißt es, dass ihr eine Ausreisefrist von einem Monat gewährt wird. Sollte sie diese nicht einhalten, wird mit Abschiebung gedroht. Auch wenn S sofort eine Klage gegen die Ablehnung einreicht, an der Ausreisefrist und der drohenden Abschiebung ändert das wegen § 84 Abs. 1 Nr. 1 AufenthG nichts. Sie müsste erfolgreich einen Eilantrag stellen, wenn sie die vorzeitige Abschiebung verhindern will.

Mit einem gesetzlichen Ausschluss der aufschiebenden Wirkung oder der Anordnung des Sofortvollzugs durch die Behörde wird der Bürger benachteiligt: Er muss eine Vollstreckungsmaßnahme hinnehmen, auch wenn sich später möglicherweise herausstellt, dass diese behördliche Vorgehensweise nicht rechtens war.

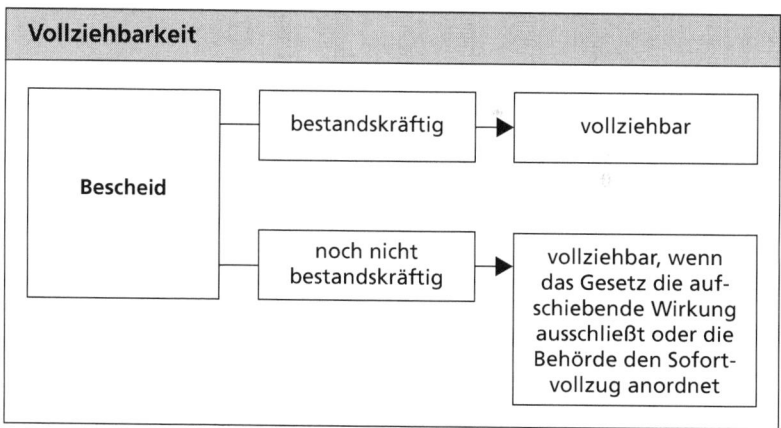

Zur Lösung der Interessenkollision gibt es das gerichtliche Eilverfahren. Mit einem Eilantrag will der betroffene Bürger nicht, dass eine endgültige Entscheidung getroffen wird (dazu hat er ja schon Widerspruch oder Klage eingereicht). Er will erreichen, dass die an

## I. Einführung: Aufenthaltsrechtliche Grundlagen

sich zulässigen Vollzugsmaßnahmen durch das Gericht bis zum Ende des Gerichtsverfahrens verboten werden. Es geht demnach um den Zustand zwischen dem Erlass des Bescheides und dem Ende des Anfechtungsverfahrens. Andere Ausdrücke für das, was mit dem Eilantrag erreicht werden soll, sind, dass „der Vollzug vorläufig ausgesetzt" oder die „aufschiebende Wirkung angeordnet" wird. Der Antrag hierfür ist in § 80 Abs. 5 VwGO geregelt.

**Beispiel:**
Im Fall der S hat die Anwältin nicht nur fristgerecht Klage erhoben, sie hat auch einen Antrag nach § 80 Abs. 5 VwGO gestellt und beantragt, „die aufschiebende Wirkung der Klage anzuordnen". Zuständig ist das Gericht, bei dem auch die Klage geführt wird.

Weil die Entscheidung über den Eilantrag am Beginn des Anfechtungsverfahrens steht, zu einem Zeitpunkt also, an dem der Sachverhalt noch nicht umfassend ermittelt ist, und weil diese Entscheidung wiederum aber auch sehr rasch ergehen soll, wird vom Gericht nur eine summarische Prüfung erbracht. Das Gericht legt sich die Frage vor, wie sich die Aussichten der Beteiligten aller Wahrscheinlichkeit nach darstellen und wie die Folgen von Sofortvollzug oder aufgeschobenem Vollzug in diesem Lichte zu beurteilen sind.

**Beispiel:**
In dem Beispiel der S kommt es darauf an, wie das Gericht die Aussichten der Beteiligten und die Folgen von Abschiebung und unterbleibendem Vollzug beurteilt. Weil die Prüfung summarisch ist, ermittelt das Gericht, ob der Bescheid offensichtlich rechtswidrig ist, dann würde die aufschiebende Wirkung angeordnet werden. Erscheint der Bescheid offensichtlich rechtmäßig, wird das Gericht den Eilantrag ablehnen. Sind die Erfolgsaussichten nicht eindeutig zu benennen, wird das Gericht die Lösung in der Bewertung von durchgeführtem Vollzug bzw. unterlassenem Vollzug suchen.

# 3. Ausreisepflicht und Abschiebung

## 3.2.2 Androhung der Abschiebung

Unabhängig von der Frage, ob eine Klage aufschiebende Wirkung hat oder nicht, ist die Abschiebung unter Fristsetzung anzudrohen. Die Frist ist dafür da, um sich auf eine Ausreise vorzubereiten und Dinge zu regeln, die vor einem solchen Schritt noch erforderlich sind. In der Praxis der Behörden ist es üblich, dass die Ausländer in dieser Situation unter Vorlage eines Flugtickets in die Behörde einbestellt werden. Mit dem Flugticket soll der Ausländer belegen, dass er schon Maßnahmen zu seiner Ausreise getroffen hat.

Dieser Termin ist aber ein sensibler Anlass. Hier verschafft sich die Behörde darüber Gewissheit, ob der Ausländer freiwillig ausreist oder nicht. Allerdings darf die Behörde hier nicht jedes Wort des Unmuts auf die Goldwaage legen und als Indiz für die mangelnde Bereitschaft zur Ausreise interpretieren, insbesondere nicht solche Ankündigungen, wie die, „alle Rechtsmittel" gegen die Abschiebung zu ergreifen oder „einen Anwalt einzuschalten".

## 3.2.3 Durchführung der Abschiebung

Die Abschiebung ist die Ausübung von Verwaltungszwang. Damit wird die Ausreisepflicht vollstreckt.

Die Abschiebung selbst läuft so ab, dass die Ausländerbehörde (oder die damit betraute Zentrale Ausländerbehörde) einen Flug bucht und den betroffenen Ausländer – meistens am frühen Morgen – durch die Polizei abholen lässt. Die Zwangsmaßnahmen, die bei der Abschiebung erlaubt sind, sind zum Teil jetzt in § 59 Abs. 4 bis 10 AufenthG geregelt. Dort steht auch, dass die Wohnung zur Nachtzeit (zwischen 21 und 6 Uhr) nur im Ausnahmefall betreten werden kann. Damit muss die Ausländerbehörde individuelle Gründe dafür haben, wenn sie den Ausländer nachts in der Wohnung aufsuchen will.

Die Abschiebung hat außerdem den Nachteil, dass die mit der Abschiebung verbundenen Kosten (u. U. auch für die Begleitpersonen der Polizei oder Ärzte, die mit dem Ausländer im Flugzeug gereist sind) ersetzt werden müssen. Diese Kostenschuld kann auch später noch einer Wiedereinreise entgegenstehen.

Abgesehen von diesen Nachteilen führt die Abschiebung immer zu einer Sperrwirkung nach § 11 Abs. 1 AufenthG, nämlich zum Einreise- und Aufenthaltsverbot. Über die Dauer dieses Einreise- und

## I. Einführung: Aufenthaltsrechtliche Grundlagen

Aufenthaltsverbots entscheidet die Behörde schon bei Erlass des Bescheides, wenn also noch gar nicht ersichtlich ist, ob der Ausländer freiwillig ausreist oder es zu einer Abschiebung kommt.

**Wichtig:** Auch, wenn in einem negativen Bescheid bereits von einem Einreise- und Aufenthaltsverbot die Rede ist und dieses auf einen bestimmten Zeitraum befristet wird: Dieser Hinweis ist völlig unerheblich, wenn der Bescheid erfolgreich angefochten worden ist oder der Betreffende freiwillig ausreist (also nicht abgeschoben werden muss). Dann kommt es nämlich nicht zu der Wiedereinreisesperre.

### *3.2.4 Abschiebungshaft*

Zur Sicherung der Abschiebung kann die Ausländerbehörde die Abschiebungshaft beantragen. Über die Haft entscheidet der Amtsrichter. Neben der Ausreisepflicht ist für eine solche Haft erforderlich, dass die Haftgründe nach §§ 62 ff. AufenthG vorliegen.

### 3.3 Aussetzung der Abschiebung: Duldung

### *3.3.1 Grundlagen der Duldung*

3.3.1.1 Die Aussetzung der Abschiebung

Abschiebungen können scheitern, sie können sich sogar vor Beginn schon als undurchführbar erweisen. Mit Ausreisepflicht oder Vollziehbarkeit hat das dann nichts zu tun, daran ändert sich nichts. Hier zeigt sich, dass nicht alles, was rechtlich gewollt ist, auch umsetzbar ist. Das kann man auch Vollzugsdefizit nennen. Wenn etwa die Flugverbindungen fehlen oder Verkehrswege versperrt sind, dann liegt es auf der Hand, dass eine Ausreisepflicht nicht vollstreckbar ist. Der häufigste Fall jedoch ist der, dass notwendige Heimreisedokumente fehlen, auch dann kann die Abschiebung (vorläufig) nicht erfolgen.

Die Reaktion auf diesen Umstand ist, die Abschiebung auszusetzen. Sehr viel mehr Möglichkeiten gibt es für die Ausländerbehörde auch nicht, wenn man von der Lösung absieht, eine Aufenthaltserlaubnis zu erteilen. Aussetzung heißt, dass die Abschiebung (derzeit) nicht vollzogen wird. Sie wird abgesagt oder verschoben. Der Ausländer bleibt vorläufig in Deutschland.

# 3. Ausreisepflicht und Abschiebung

 **§ 60a Abs. 2 Satz 1 AufenthG:**

„Die Abschiebung eines Ausländers ist auszusetzen, solange die Abschiebung aus tatsächlichen oder rechtlichen Gründen unmöglich ist und keine Aufenthaltserlaubnis erteilt wird."

Ob und wann die Abschiebung dann vielleicht doch noch durchgeführt wird, hängt vom Duldungsgrund ab, also ob und wann die Abschiebung wieder möglich ist. Der betroffene Ausländer hat solange einen Anspruch auf ein Dokument, das diesen Zustand bescheinigt. Das ist die „Duldung" oder das Duldungspapier, das der Ausländer dann erhält; darauf steht: „Kein Aufenthaltstitel. Der Inhaber ist ausreisepflichtig."

Dieses Dokument, gedruckt auf einem grünen Trägervordruck, ist mit einem roten Querbalken versehen, an dem die Duldung sofort erkennbar ist.

### 3.3.1.2 Dauer der Aussetzung

Wichtig ist der Hinweis, dass die Zeitangaben in einer Duldung, also das Ablaufdatum, nichts darüber aussagen, wie lange die Abschiebung ausgesetzt ist. Sie kann sehr viel länger ausgesetzt sein, aber auch durchaus sehr viel kürzer. Entscheidend ist immer, wie lange der Grund für die Nichtdurchführbarkeit der Abschiebung währt.

Wichtig ist auch, dass die Aussetzung organisatorische Gründe haben kann, da nicht jede Abschiebung sofort geplant werden kann. Das kommt dann in dem Duldungstext zum Ausdruck: *„Duldung erlischt mit der Bekanntgabe eines Abschiebetermins."*

### 3.3.1.3 Funktion und Rechtswirkungen der Duldung

Geduldetsein – das ist der Zustand, den Menschen erleben müssen, die in der Bundesrepublik offiziell nicht mehr gewollt, aber die trotzdem da sind, weil man sie nicht abschieben kann. Das rechtlich zu fassen, ist nicht ganz einfach, weswegen die Duldung heute ein komplexes Gebilde darstellt. Der Ausländer bleibt vorläufig unbehelligt an seinem Wohnort, sein Aufenthalt ist aber rechtswidrig. Trotzdem ist er – weil er eine Duldung hat – nicht wegen illegalen Aufenthalts strafbar (§ 95 Abs. 1 Nr. 2a AufenthG).

## I. Einführung: Aufenthaltsrechtliche Grundlagen

Die Ausreisepflicht besteht jedoch fort. Sollte der Ausländer aus dem Bundesgebiet ausreisen, hätte er mit der Duldung – das ist konsequent – kein Recht mehr zur Rückkehr.

Mittlerweile ist die Duldung mit dem Grundfall in § 60a Abs. 2 AufenthG in ihrem Anwendungsbereich immer mehr erweitert, in manchen Folgen zum Teil aber auch eingeschränkt worden: Es gibt neben der Duldung wegen Unmöglichkeit der Abschiebung die Ermessensduldung, die faktische Duldung, die Ausbildungs- und die Beschäftigungsduldung. Außerdem gibt es noch eine Duldung für Personen mit ungeklärter Identität, die den Rechtsstatus des Inhabers herabstuft. An der Weiterentwicklung ist erkennbar, dass der Gesetzgeber sich von der Voraussetzung einer objektiv unabänderlichen Lage (Unmöglichkeit der Abschiebung) immer weiter entfernt hat und dem Ermessen und der Entscheidung durch die Ausländerbehörde mehr Raum gibt. Man könnte sagen, dass die Ausbildungsduldung etwa eine verkappte Aufenthaltserlaubnis ist, die aber deswegen keine Aufenthaltserlaubnis geworden ist, weil man das politisch nicht wollte.

### 3.3.2 Fälle der Unmöglichkeit der Abschiebung

Bei den Gründen für die Unmöglichkeit der Abschiebung ist auf eine wichtige Unterscheidung zu achten, nämlich auf die Unterscheidung zwischen zielstaatsbezogenen und den inlandsbezogenen Gründen für die Nichtdurchführbarkeit der Abschiebung. Im Bereich der Duldung haben wir es nur mit den inlandsbezogenen Gründen zu tun. Fragen nach drohenden Gefahren im Zielstaat (Verfolgung, ernsthafte Gefahr u. a.) werden hier nicht gestellt, diese werden in § 25 Abs. 1–3 AufenthG berücksichtigt. Sie sind auch der Grund für ein Asylverfahren. Als Gründe für eine Duldung scheiden sie aus.

Die Duldungsgründe des § 60a Abs. 1 Satz 1 AufenthG sind daher solche, die sich im Inland realisieren oder im Inland anknüpfen.

**Tatsächliche oder rechtliche Gründe für eine Aussetzung der Abschiebung:**

- Reiseunfähigkeit
- Schwangerschaft (insbesondere Flugunfähigkeit ab der 36. Schwangerschaftswoche)
- Passlosigkeit/Fehlen von Heimreisedokumenten

## 3. Ausreisepflicht und Abschiebung

- Familientrennung, insbesondere bei Kindeswohlgefährdung (wenn z. B. ein Kind aufenthaltsberechtigt ist, kann das Kindeswohl der Abschiebung eines Elternteils entgegenstehen)
- bevorstehende Eheschließung mit Aufenthaltsberechtigtem, wenn ein Termin beim Standesamt feststeht

Von der Reiseunfähigkeit zu unterscheiden ist der Fall, dass eine bestehende schwerwiegende Erkrankung im Heimatland nicht behandelt werden kann. Das wäre dann möglicherweise ein zielstaatsbezogenes Abschiebungshindernis, dazu mehr unten bei den Ausführungen zu § 60 Abs. 7 AufenthG.

Bei der Reiseunfähigkeit ist außerdem der im Jahr 2016 eingefügte § 60a Abs. 2c Satz 1 AufenthG zu beachten:

§ 60a Abs. 2c Satz 1 AufenthG:

„Es wird vermutet, dass der Abschiebung gesundheitliche Gründe nicht entgegenstehen. Der Ausländer muss eine Erkrankung, die die Abschiebung beeinträchtigen kann, durch eine qualifizierte ärztliche Bescheinigung glaubhaft machen."

Eine gesetzliche Vermutung zu einer sehr individuellen Situation wirkt seltsam; der Gesetzgeber will den Ausländer hier in die Pflicht nehmen, diese Vermutung dadurch zu entkräften, dass er das Gegenteil durch eine „qualifizierte ärztliche Bescheinigung" glaubhaft macht. Atteste von Psychologen scheiden damit dem Wortlaut nach aus, das wird aber nicht von allen Gerichten so gesehen. Mit guten Gründen lässt sich die fachliche Expertise eines Psychologen, insbesondere solcher, die sich auf Traumata von Geflüchteten spezialisiert haben, der ärztlichen gleichstellen. Ein anderer Weg ist der, das psychologische Attest nochmals einem mitbehandelnden Arzt zur Prüfung und Unterzeichnung zu übergeben.

Das ärztliche Attest muss die Diagnose, Angaben zu den medizinischen Folgen und die Grundlage der Diagnoseerstellung beinhalten (§ 60 Abs. 2c Satz 3 AufenthG).

Im Hinblick auf das hohe Gewicht des grundrechtlich geschützten Rechts auf körperliche Unversehrtheit darf man diese Vorschrift aber nicht allzu schematisch anwenden. Die Behörde trifft eine amtliche Aufklärungspflicht, wenn Indizien für das Vorliegen einer Krankheit bestehen. Aus dem gleichen Grund ist der ebenfalls 2016

## I. Einführung: Aufenthaltsrechtliche Grundlagen

neu eingefügte § 60a Abs. 2d Satz 1 AufenthG zu relativieren. Diese Vorschrift besagt: „Der Ausländer ist verpflichtet, der zuständigen Behörde die ärztliche Bescheinigung nach Absatz 2c unverzüglich vorzulegen." Auch hier trifft die Behörde eine Ermittlungspflicht, wenn sich Indizien für eine Krankheit bereits aus dem Aktenbild ergeben, ohne dass es auf eine fristgerechte Vorlage weiterer Atteste ankäme.

Gleichwohl ist dem Betroffenen zu empfehlen, diese gesundheitlichen Gründe umfassend und zeitnah darzulegen.

Auch wenn Heimreisedokumente fehlen, die bei einer Abschiebung den Behörden des Zielstaates vorzulegen sind, so ist die Passlosigkeit ein Duldungsgrund, der sich im Inland realisiert, denn die Pflicht des Ausländers, solche Dokumente vorzulegen, konkretisiert sich hier.

Die Passlosigkeit ist der häufigste Duldungsgrund. Ohne einen Nachweis über die Staatsangehörigkeit und die Identität eines Ausländers nimmt der Staat, in den überstellt werden soll, einen Menschen nicht auf. Als Dokument ist für die Ausländerbehörde nicht nur ein Nationalpass geeignet, sondern auch ein Laissez-Passer (Passierschein), wenn er von dem betreffenden Staat ausgestellt wird und als Nachweis in der Abschiebung anerkannt wird.

Wichtig ist noch darauf hinzuweisen, dass die Ausländerbehörde bei der Aussetzung wegen der tatsächlichen oder rechtlichen Unmöglichkeit kein Ermessen hat – sie muss aussetzen. Das ist aber nicht verwunderlich, weil die Ausländerbehörde die Fakten oder das Recht, die zur Unmöglichkeit führen, ja nicht ändern kann, sondern hinnehmen (also dulden) muss.

### 3.3.3 Faktische Duldung

Häufig kommt es vor, dass die Ausländerbehörde in Kenntnis der Ausreisepflicht und des Aufenthaltsorts des Ausländers weder die Abschiebung vornimmt, noch ein Duldungspapier erteilt. In einem solchen Fall spricht man von einer „faktischen Duldung", weil die Duldung nicht aus einem Dokument ersichtlich ist, sondern aus dem tatsächlichen („faktischen") Behördenhandeln.

In dieser Lage hat der Ausländer dennoch alle Rechte als Geduldeter, etwa Leistungen nach dem AsylbLG. Auch kann er von der Behörde die Ausstellung des Duldungspapiers verlangen. Hier gilt, etwas „Viertes" zwischen Aufenthalt, Abschiebung und Duldung gibt es

## 3. Ausreisepflicht und Abschiebung

nicht. Damit sind auch Menschen mit Grenzübertrittsbescheinigung (GÜB) oder einer Vorladung zur Ausländerbehörde Geduldete.

### 3.3.4 Ermessensduldung

Die Ermessensduldung ist in § 60a Abs. 2 Satz 3 AufenthG geregelt.

 **§ 60a Abs. 2 Satz 3 AufenthG:**

„Einem Ausländer kann eine Duldung erteilt werden, wenn dringende humanitäre oder persönliche Gründe oder erhebliche öffentliche Interessen seine vorübergehende weitere Anwesenheit im Bundesgebiet erfordern."

In diesen Fällen ist die Abschiebung an sich möglich; humanitäre oder persönliche Gründe können die Ausländerbehörde aber zu der Entscheidung motivieren, die Abschiebung (vorläufig) nicht durchzuführen.

Solche Gründe können sein: vorübergehende medizinische Behandlungen, insbesondere, wenn sie kurz vor einem Abschluss stehen, ein bevorstehender Schulabschluss, Pflege oder Tod von nahen Angehörigen.

In Betracht kommt aber auch hier die Duldung wegen eines Petitions- oder Härtefallverfahrens, wenn dies nicht schon aus landesrechtlichen Gründen zu einem Duldungsanspruch führt. Ebenso zu nennen sind Ausbildungen (z. B. auch ein Universitätsstudium kurz vor dem Abschluss), die nicht zu einer Anspruchsduldung (Ausbildungsduldung) führen. Auch Praktika oder Deutschkurse, die einer Ausbildung vorangehen, können von Ausländerbehörden im Wege des Ermessens geduldet werden, wenn die Voraussetzungen der Ausbildungsduldung selbst noch nicht vorliegen.

Die Ermessensduldung passt eigentlich nicht mehr so recht in das Konzept der Duldung, wie es sich in § 60a Abs. 2 AufenthG andeutet. Sie ist vom Gesetzgeber auch erst später eingeführt worden. Im Unterschied zur Anspruchsduldung wegen Unmöglichkeit hat die Behörde hier eine Entscheidungsmöglichkeit, nämlich, ob sie mit der Abschiebung wartet (und „aussetzt") oder sofort vollzieht, was schon sehr an eine Aufenthaltserlaubnis erinnert. Der Status ist aber ein deutlich schlechterer, weil eine Duldung neben weiteren Einschränkungen bei Erwerbstätigkeit und Leistungsbezug keine Wiedereinreise zulässt.

# I. Einführung: Aufenthaltsrechtliche Grundlagen

Der Gesetzgeber hat die Ausbildungs- und Beschäftigungsduldung, die heute in der Praxis so bedeutsam sind, nach dem Vorbild der Ermessensduldung konzipiert (nur mit dem Unterschied, dass bei der Ausbildungsduldung kein Ermessen der Behörde mehr besteht, wenn die gesetzlichen Tatbestandsvoraussetzungen vorliegen).

### 3.3.5 Duldung und Erwerbstätigkeit

Einem Geduldeten ist die Erwerbstätigkeit grundsätzlich gestattet, wenn die Duldungszeit (unter Anrechnung von Voraufenthaltszeiten und Zeiten mit einer Gestattung) mindestens drei Monate beträgt (§ 32 Abs. 1 Satz 1 BeschV). Dies gilt allerdings nur, wenn kein Erwerbsverbot besteht.

Folgende drei Fälle für ein Erwerbsverbot sind in § 60a Abs. 6 AufenthG genannt:

Ausgeschlossen von der Erwerbstätigkeit sind Geduldete,

- die sich zum Bezug von Leistungen nach dem AsylbLG in die Bundesrepublik begeben haben,
- wenn aufenthaltsbeendende Maßnahmen aus Gründen, die der Geduldete zu vertreten hat, nicht vollzogen werden können (z. B. wegen Identitätstäuschung, falscher Angaben, mangelnder Mitwirkung an der Passbeschaffung),
- wenn sie Staatsangehörige aus sicheren Herkunftsstaaten sind und ihr nach dem 31.08.2015 gestellter Asylantrag abgelehnt worden ist oder sie als Menschen aus einem sicheren Herkunftsstaat überhaupt keinen Asylantrag gestellt haben (von dieser Regelung, die einem Menschen aus einem sicheren Herkunftsstaat keine Option zur Erwerbstätigkeit belässt, gibt es eine Ausnahme für unbegleitete minderjährige Flüchtlinge, siehe dazu Kap. XIV).

Daneben besteht ein Erwerbsverbot für Personen, die eine Duldung nach § 60b AufenthG besitzen (Duldung für Personen mit ungeklärter Identität).

Sobald die Erwerbstätigkeit grundsätzlich möglich ist (also nach den drei Monaten und wenn kein Ausschlussgrund vorliegt), kann der Geduldete bei der Ausländerbehörde eine Zustimmung zur Arbeitsaufnahme für die konkrete Arbeitsstelle einholen. Bei der Entscheidung wird in der Regel auch die Arbeitsagentur beteiligt.

### 3. Ausreisepflicht und Abschiebung

Derzeit gilt, dass die Vorrangprüfung bundesweit nicht stattfindet. Damit ist auch Leiharbeit möglich. Näheres ist in § 32 BeschV nachzulesen.

#### 3.3.6 Anspruchsduldung wegen Ausbildung (Ausbildungsduldung)

Von großer praktischer Bedeutung für geflüchtete Menschen, deren Asylverfahren mit einer Ablehnung geendet hat, ist die Ausbildungsduldung (oder Anspruchsduldung); sie ist (nachdem es sie schon länger in einer anderen gesetzlichen Fassung gegeben hat) seit Januar 2020 in § 60c neu geregelt und ermöglicht es dem ausreisepflichtigen Ausländer, eine Duldung für die Durchführung und Beendigung einer qualifizierten Berufsausbildung zu erlangen. Das ist nach § 2 Abs. 12a AufenthG eine mindestens zweijährige Ausbildung in einem staatlich anerkannten Ausbildungsberuf. Eine einjährige Helferausbildung scheidet danach aus, kann aber im Einzelfall aufgrund landesrechtlicher Regelungen berücksichtigt werden. Sofern schon bei Beginn einer Helferausbildung die Zusage für die weitere Fachausbildung vorliegt, kann auch nach dem Aufenthaltsgesetz eine Ausbildungsduldung erteilt werden.

Der Vorteil dieser Regelung ist, dass der Ausländer bei Vorliegen der Voraussetzungen einen Anspruch hat – und zwar auf die gesamte Zeit, die im Ausbildungsvertrag genannt ist – und dass es keine Altersgrenze für die Ausbildungsduldung gibt. Für viele (nicht reglementierte) Berufe gibt es auch keine Voraussetzungen, wie Schulabschluss oder Sprachkenntnisse, für die Aufnahme der Ausbildung. Hier entscheidet der Ausbildungsbetrieb, ob man einem Azubi den Ausbildungserfolg zutraut.

Das Gesetz unterscheidet jetzt zwei Fälle der Ausbildungsduldung, nämlich den Fall,

- dass die Ausbildung während eines Asylverfahrens aufgenommen worden ist und dann nach zwischenzeitlicher endgültiger Ablehnung des Asylantrags im Rahmen der Ausbildungsduldung beendet wird,
- dass die Ausbildung aus dem Status der Duldung heraus begonnen wird.

Der erste Fall ist der organisatorisch einfachere, hier hat die Behörde ja schon die Ausbildung erlaubt und der Betroffene teilt nunmehr mit, dass er die Ausbildung als Geduldeter fortsetzen

## I. Einführung: Aufenthaltsrechtliche Grundlagen

möchte. Schwieriger ist der zweite Fall: Hier will der Gesetzgeber ausschließen, dass die Ausbildungsduldung nicht mehr erteilt wird, wenn aufenthaltsbeendende Maßnahmen bereits ergriffen worden sind oder die Ausländerbehörde noch keine Chance zur Aufenthaltsbeendigung hatte.

In beiden Fällen muss der Ausländer allerdings bestimmten Anforderungen nach Klärung der Identität nachgekommen sein, das macht es erforderlich, über diese Frage schon beim ersten Beratungsgespräch zu reden.

Mit dem Abschluss der Ausbildung hat der Ausländer einen Anspruch auf eine Aufenthaltserlaubnis nach § 19d Abs. 1a AufenthG, was allerdings voraussetzt, dass er eine Arbeitsstelle auf dem Gebiet seiner Fachrichtung, in der er ausgebildet worden ist, vorweisen kann.

Die Ausbildungsduldung ist in vielen Anwendungsfällen noch nicht abschließend geklärt, außerdem ist die Praxis von Bundesland zu Bundesland, ja auch von Ausländerbehörde zu Ausländerbehörde, verschieden. Es empfiehlt sich daher, engen Kontakt zu Beratungsstellen und/oder den Ausländerbehörden zu halten.

**Praxis-Hinweis:**
Eine Ausbildungsduldung stellt eine gute Möglichkeit für eine Aufenthaltssicherung dar. Ein solches Vorhaben sollte aber rechtzeitig mit den Beteiligten, dem Ausbildungsbetrieb und auch der Ausländerbehörde eingeleitet werden. Hinzuweisen ist auch darauf, dass der Hauptschulabschluss vielfach keine zwingende Voraussetzung für eine Berufsausbildung ist; es entscheidet der Ausbilder bzw. der Ausbildungsbetrieb, der ja auch das unternehmerische Risiko trägt, darüber, ob er einen anderen Menschen ausbilden will.

### 3.3.7 Die Beschäftigungsduldung

Mit Inkrafttreten am 01.01.2020 wurde eine weitere besondere Duldung eingeführt, nämlich die Beschäftigungsduldung für solche Geduldete, die nach einem bestimmten Zeitraum des geduldeten Aufenthalts einer Beschäftigung nachgehen und sich damit selbst finanzieren können (§ 60d AufenthG). Auch hier gilt, dass in den Genuss dieser Regelung nur kommt, wer bestimmte Maßnahmen zur Klärung seiner Identität vorgenommen hat. Nach 30 Monaten im Besitz der Beschäftigungsduldung kann deren Inhaber in einen Aufenthalt nach § 25b Abs. 6 AufenthG wechseln.

## 4. Rechtlich erlaubte und gestattete Aufenthalte

### 4.1 Übersicht

Nach dem Abschnitt über Ausreisepflicht, Abschiebung und Duldung sollen nun die Situationen erwähnt werden, in denen Ausländer sich rechtmäßig im Bundesgebiet aufhalten. Die EU-Freizügigkeitsberechtigten klammen wir hier aus – dann bleiben Menschen mit einem Aufenthaltstitel, denen der Aufenthalt erlaubt ist, und die, denen er (wegen eines Asylverfahrens) gestattet ist.

### 4.2 Aufenthaltserlaubnis

*4.2.1 Überblick*

Die Aufenthaltserlaubnis ist der wichtigste „Aufenthaltstitel". Dieser Begriff ist der Oberbegriff für die verschiedenen Aufenthaltsrechte; die Aufenthaltstitel sind in § 4 Abs. 1 Satz 2 AufenthG aufgezählt.

**Aufenthaltstitel:**

- Visum
- Aufenthaltserlaubnis
- Blaue Karte EU (§ 18b Abs. 2 AufenthG)
- ICT-Karte (§ 19 AufenthG)
- Mobile ICT-Karte (§ 19b AufenthG)
- Niederlassungserlaubnis
- Erlaubnis zum Daueraufenthalt-EU

Die Niederlassungserlaubnis und der Daueraufenthalt-EU sind unbefristet, die anderen Titel werden befristet erteilt. Alle Titel tragen seit 2005 entweder aufgedruckt oder bei der Chipkarte eingeprägt den Paragraphen des Aufenthaltsgesetzes, auf dessen Grundlage der Titel erteilt wurde. Damit ist sofort der Aufenthaltszweck erkennbar, was etwa für die Beratungssituation sehr hilfreich ist. Aus dem Aufdruck „§ 16b Abs. 1 AufenthG" ist beispielsweise ersichtlich, dass es sich bei dem Inhaber oder der Inhaberin um jemanden

## I. Einführung: Aufenthaltsrechtliche Grundlagen

handelt, der oder dem der Aufenthalt zum Zwecke eines Studiums in Deutschland erlaubt worden ist. Dann ist auch für die Berater erkennbar, welche Bedingungen für eine etwaige Verlängerung der Aufenthaltserlaubnis erforderlich sind. Zudem sind Ausstellungsdatum und Ort (also auch die Behörde) der Ausstellung erkennbar. Ebenso ist das Ende der Gültigkeit angegeben. Das Ende der Gültigkeit spielt dabei eine wichtige Rolle, weil der Aufenthalt nach Ablauf unerlaubt wird und dann ausländerrechtliche Sanktionen folgen können. Dem wäre durch einen rechtzeitigen Verlängerungsantrag vor Gültigkeitsablauf zuvorzukommen.

### 4.2.2 Fiktionsbescheinigung

Die Fiktionsbescheinigung ist eine behördliche Bestätigung über die sogenannte Fiktionswirkung (z. B. in § 81 Abs. 3 und 4 AufenthG). Das klingt nicht unmittelbar verständlich, damit soll aber ein sehr einfacher Vorgang geregelt werden, nämlich der, dass die Behörden oft nicht zeitnah über Aufenthalts- und vor allem Verlängerungsanträge entscheiden können, in der Zwischenzeit für den Antragsteller aber keine Rechtsnachteile entstehen sollen.

**§ 81 Abs. 4 Satz 1 AufenthG:**

„Beantragt ein Ausländer vor Ablauf seines Aufenthaltstitels dessen Verlängerung oder die Erteilung eines anderen Aufenthaltstitels, gilt der bisherige Aufenthaltstitel vom Zeitpunkt seines Ablaufs bis zur Entscheidung der Ausländerbehörde als fortbestehend."

Diese Bescheinigung wird in der Regel auf einem grünen Trägervordruck ausgestellt. Die Fiktionswirkung wird vom Gesetz immer dann angeordnet, wenn ein Aufenthaltstitel oder der Zustand eines rechtmäßigen Aufenthalts kurz vor dem Ende steht und der Ausländer einen Verlängerungs- oder Neuantrag an die Behörde gerichtet hat. Weil die Behörde so schnell nicht über den Antrag entscheiden kann, man aber auch nicht will, dass dies zulasten des Ausländers geht und er bis zu dem Tag der Entscheidung illegal in der Bundesrepublik lebt, soll der alte Zustand einfach weitergelten.

**Beispiel:**

Studentin S aus dem Senegal hat eine Aufenthaltserlaubnis nach § 16b AufenthG, die noch bis zum 30.09.2021 gilt. Sie geht am 17.09.2021 zu ihrer Ausländerbehörde, um den Verlänge-

## 4. Rechtlich erlaubte und gestattete Aufenthalte

rungsantrag zu stellen. Die Behörde teilte ihr bereits bei dieser Vorsprache mit, dass noch längere Zeit in Anspruch genommen werde, bis es zu einer Entscheidung komme. Ab dem 01.10.2021 gilt ihr Aufenthalt nach § 81 Abs. 4 AufenthG als fortbestehend. Die Fiktionswirkung endet an dem Tag, an dem die Behörde über den Antrag entscheidet. Dann hat S entweder eine neue Aufenthaltserlaubnis oder sie muss gegen die Ablehnung ihres Antrages gerichtlich vorgehen.

Da der Titel wie zuvor weitergilt, darf man mit einer Fiktionsbescheinigung alles das tun, was einem zuvor auch erlaubt war, also arbeiten, Leistungen beziehen und auch in die Bundesrepublik – etwa nach einer Urlaubsreise – wieder einreisen.

**Praxis-Hinweis:**
Der Verlängerungsantrag kann auch schriftlich gestellt werden. Bei drohendem Ablauf der Aufenthaltserlaubnis genügt ein Schreiben, das der Ausländerbehörde rechtzeitig vor Ablauf zugeht und in dem zum Ausdruck kommt, dass die Verlängerung des Aufenthaltstitels beantragt wird. Weder muss hierzu das Antragsformular der Behörde benutzt werden, noch müssen Nachweise (z. B. über Gehalt oder Studienfortschritte) vorgelegt werden. All das wird die Behörde später anfordern. Auch der Termin zur Ausgabe der Fiktionsbescheinigung kann dann später stattfinden.

Auch über die antragsunabhängige Aufenthaltserlaubnis, die einem anerkannten Flüchtling oder dem subsidiär Schutzberechtigten mit Erhalt des Bescheides schon vor der Ausstellung der Aufenthaltserlaubnis zusteht, wird von manchen Ausländerbehörden eine Fiktionsbescheinigung ausgestellt. Das liegt daran, dass auch hier das Gesetz eine Fiktionswirkung anordnet, was man an den Worten „gilt als erlaubt" (§ 25 Abs. 1 Satz 3 AufenthG) erkennen kann.

**Beispiel:**
Der G wurde mit einem am 19.10.2021 zugestellten Bescheid der Flüchtlingsstatus zuerkannt. Bei der Ausländerbehörde erfährt sie, dass es einen Termin zur Ausstellung der Aufenthaltserlaubnis frühestens im neuen Jahr gebe. Gleichwohl hat

## I. Einführung: Aufenthaltsrechtliche Grundlagen

sie schon mit dem Erhalt des Bescheides nach § 25 Abs. 1 Satz 3 AufenthG ein „antragsunabhängiges" Aufenthaltsrecht, darf arbeiten und Sozialleistungen wie ein anerkannter Flüchtling beziehen. Einige Ausländerbehörden erteilen hierüber ebenfalls Fiktionsbescheinigungen.

### 4.3 Aufenthaltsgestattung und Ankunftsnachweis

Asylgesuch und Asylantrag führen dazu, dass der Aufenthalt eines Ausländers in der Bundesrepublik gestattet ist. Das ist eine Vorwirkung des Flüchtlingsschutzes. Bis zur Entscheidung über diesen Antrag darf der Ausländer bleiben, man weiß ja nicht, ob seine Abschiebung nicht möglicherweise rechtswidrig wäre. Den Ankunftsnachweis erhält der Ausländer mit Stellung des Asylgesuchs. Im Gesetz steht dazu:

**§ 55 Abs. 1 Sätze 1 und 3 AsylG:**

„Einem Ausländer, der um Asyl nachsucht, ist zur Durchführung des Asylverfahrens der Aufenthalt im Bundesgebiet ab Ausstellung des Ankunftsnachweises (...) gestattet (Aufenthaltsgestattung). (...) In den Fällen, in denen kein Ankunftsnachweis ausgestellt wird, entsteht die Aufenthaltsgestattung mit der Stellung des Asylantrags."

## 5. Voraussetzungen für die Erteilung einer Aufenthaltserlaubnis (§ 5 AufenthG)

### 5.1 Grundlage

Wer – weil er ein Drittstaatsangehöriger ist – einen Aufenthaltstitel benötigt, muss diesen bei der Ausländerbehörde oder, wenn er sich im Ausland aufhält, bei der deutschen Auslandsvertretung (Botschaft oder Konsulat) beantragen und dazu die allgemeinen Voraussetzungen erfüllen, die an die Erteilung eines Aufenthaltstitels geknüpft sind. Das für sich genügt aber nicht – auch der beabsichtigte Aufenthalt muss sich in den gesetzlich zugelassenen Aufenthaltszwecken wiederfinden lassen.

### 5.2 Anspruch auf Erteilung und Ermessensentscheidung

Ob der Aufenthaltstitel erteilt wird oder nicht, liegt in den meisten Fällen im Ermessen der Ausländerbehörde. Zum Ausdruck kommt das in der Formulierung „kann". Das ist etwas anderes als „muss".

## 5. Voraussetzungen für die Erteilung eines Aufenthaltstitels

Zum Zwecke der Arbeitsaufnahme kann einem Ausländer nach § 18a AufenthG eine Aufenthaltserlaubnis als Fachkraft erteilt werden, dies muss aber nicht geschehen. Die Behörde ist hierzu nicht verpflichtet, sie darf Ermessenserwägungen anstellen. Dieses Ermessen darf man sich aber nicht als frei und ungebunden vorstellen. Die Behörde hat bei der Entscheidung rationale Kriterien anzulegen, muss sich an dem Ziel des Gesetzes orientieren und muss von dem zutreffenden Sachverhalt ausgehen. Im Übrigen ist jedwede willkürliche Entscheidung ermessensfehlerhaft und angreifbar.

Anders ist es, wenn ein Ausländer einen Anspruch auf die Erteilung eines Aufenthaltstitels hat. Dass ein solcher Fall vorliegt, ist im Gesetz an der Formulierung „ist zu erteilen" erkennbar. Hier hat die Behörde kein Ermessen. Liegen die Voraussetzungen vor, die das Gesetz verlangt, muss der Aufenthaltstitel erteilt werden. Beispiele solcher Ansprüche sind das Recht zum Familiennachzug zu einem Deutschen (§ 28 AufenthG) oder die Aufenthaltsansprüche von anerkannten Flüchtlingen, subsidiär Schutzberechtigten oder Ausländern, die alle Bedingungen für eine „Blaue Karte EU" (§ 18b Abs. 2 AufenthG) nach der EU-Blue-Card-Richtlinie erfüllen.

An diesen Beispielen sieht man auch, dass Ansprüche im Aufenthaltsrecht, die ja die staatliche Souveränität bei der Entscheidung, wer bleiben darf, einschränken, häufig dann vorliegen, wenn es um Grundrechte (z. B. hier Schutz der Familie), völkerrechtliche Verpflichtungen (z. B. bei anerkannten Flüchtlingen) oder um Bestimmungen aus dem Unionsrecht (z. B. Blue Card) geht.

Neu ist seit August 2017, dass auch die Aufenthaltserlaubnis zum Zweck eines Studiums wegen einer EU-Richtlinie als Anspruch ausgestaltet ist. Wer also die Voraussetzungen des § 16b AufenthG erfüllt, muss nicht fürchten, dass die Ausländerbehörde Ermessensüberlegungen anstellt – sie muss vielmehr erteilen. Allerdings sind Geduldete und Asylsuchende ausdrücklich von der Regelung ausgenommen (§ 19f Abs. 1 AufenthG).

Ob der Ausländer im Einzelfall einen Anspruch auf einen Aufenthalt hat, ist nicht nur praktisch bedeutsam, wenn es darum geht, ob die Behörde noch im Ermessensweg zu einer anderen Entscheidung kommen darf. Der Anspruch kann zum Beispiel auch bei der Frage eine Rolle spielen, ob das Visumverfahren nachzuholen oder ob eine gesetzliche Sperre strikt gilt oder nicht. Ein Anspruch durchbricht nämlich die Sperrwirkung nach § 10 Abs. 3 AufenthG, die durch

## I. Einführung: Aufenthaltsrechtliche Grundlagen

einen Asylantrag oder dessen Ablehnung entsteht (dazu unten in Kap. V.5.2) und ist auch bei der Befristung einer Einreise- oder Aufenthaltssperre (§ 11 Abs. 1 AufenthG) von Bedeutung. Kurz gesagt, ein Ausländer, der auf einen Aufenthalt einen gesetzlichen Anspruch hat, steht verfahrensrechtlich besser, weil er damit auch trotz einer Sperre zu einem Aufenthalt kommen kann.

### 5.3 Allgemeine Erteilungsvoraussetzungen nach § 5 AufenthG

Drittstaatsangehörige, die einen Aufenthaltstitel in der Bundesrepublik erlangen wollen, müssen in der Regel einen Reisepass vorlegen und ihre eigene Identität nachweisen können. Daneben ist es in der Regel auch erforderlich, dass sie ihren Lebensunterhalt aus eigenen Mitteln bestreiten können. Außerdem sollen sie mit dem erforderlichen Visum eingereist sein. Das ergibt sich aus § 5 Abs. 2 AufenthG. Gerade die Frage nach dem erforderlichen – und das heißt auch: richtigen – Visum lässt sich leicht unterschätzen. Reist ein Ausländer mit einem Touristenvisum in die Bundesrepublik ein, kann er während dieses Aufenthalts eine Aufenthaltserlaubnis nur im besonderen Ausnahmefall beantragen. Die Lösung wird dann nur in einer Ausreise und der erneuten Einreise nach der Visumbeantragung im Ausland liegen.

Von den Erteilungsvoraussetzungen gibt es aber Ausnahmen für Menschen, für die das BAMF in einem Asylverfahren internationalen Schutz oder ein Abschiebungsverbot wegen drohender Gefahren festgestellt hat. Diese Menschen müssen die Erteilungsvoraussetzungen nicht erfüllen (§ 5 Abs. 3 AufenthG); hierauf werden wir im Kap. III zurückkommen.

**Allgemeine Erteilungsvoraussetzungen nach § 5 AufenthG:**

- Sicherung des Lebensunterhalts
- geklärte Identität
- kein Ausweisungsinteresse (§§ 53, 54 AufenthG, z. B. bei Bedrohung der öffentlichen Sicherheit)
- Besitz eines Passes
- Einreise mit dem erforderlichen Visum, wobei dabei die maßgeblichen Angaben zu machen sind

# 5. Voraussetzungen für die Erteilung eines Aufenthaltstitels

In den letzten Jahren haben insbesondere die Fragen nach Passbesitz und einer geklärten Identität bei Geflüchteten praktische Bedeutung gewonnen. Wer geflüchtete Menschen zu den Ausländerbehörden begleitet, wird die Erfahrung machen, dass es vor allem diese beiden Voraussetzungen sind, die dort am meisten diskutiert werden und auch von den Betroffenen am meisten abverlangen, weil Personenstandsdokumente nach Jahren der Flucht und aus Staaten mit einem völlig anderen Urkundenwesen als Deutschland mitunter schwer oder gar nicht zu bekommen sind. Der Gesetzgeber hat die Forderung nach einer geklärten Identität auch in anderen Bereichen stärker fokussiert, etwa bei der besonderen Duldung nach § 60b AufenthG oder auch im Zusammenhang mit der Einbürgerung, wo er im Jahre 2019 die geklärte Identität zu einer gesetzlichen Einbürgerungsvoraussetzung erhoben hat (§§ 8 und 10 StAG). Auch in den Neuregelungen zur Ausbildungs- und Beschäftigungsduldung (§§ 60c und 60d AufenthG) finden sich nun besondere Hinweise auf die geklärte Identität. Wichtig ist aber darauf hinzuweisen, dass die Passpflicht nicht während eines Asylverfahrens gilt, in dieser Zeit muss niemand den Kontakt zu den Heimatvertretungen aufnehmen, um einen Pass zu beantragen oder sich ausstellen zu lassen.

## 5.4 Zugelassene Aufenthaltszwecke (Besondere Erteilungsvoraussetzungen)

Es genügt allerdings noch nicht, diese allgemeinen Erteilungsvoraussetzungen zu erfüllen, ein Ausländer muss auch einen zugelassenen Aufenthaltszweck anstreben und dies auch nachweisen, will er in der Bundesrepublik zeitweise leben („Besondere Erteilungsvoraussetzung"). Einen temporären Aufenthalt ohne einen bestimmten Zweck sieht das Gesetz nicht vor.

**Beispiel:**

D und G sind ein Rentnerehepaar aus dem Drittstaat X. Sie wollen ihren Lebensabend gerne in Deutschland verbringen, weil sie dieses Land oft auf ihren Reisen besucht haben und hier auch viele Freunde und Bekannte haben. Sie können von ihrer Rente auch die Lebenshaltung bestreiten. Das allein genügt für eine Aufenthaltserlaubnis aber nicht, einen zweckfreien Aufenthalt sieht das Gesetz eben nicht vor.

## I. Einführung: Aufenthaltsrechtliche Grundlagen

Das bedeutet dann, dass der bestimmte Zweck des Aufenthalts in dem Antrag bezeichnet werden muss und die Bedingungen, die das Gesetz an die Verwirklichung dieses Zwecks knüpft, erfüllt sind. Wer etwa auf der Grundlage eines Studiums einen Aufenthalt begehrt, muss den Studienplatz oder bei einer Verlängerung des Aufenthalts seine Studienerfolge nachweisen. Wer als Fachkraft in Deutschland leben will, benötigt Nachweise über seine Qualifikation und über eine der Qualifikation entsprechende Arbeitsstelle usw. Das ist auch der Grund, weswegen für einen Familiennachzug Heirats- und Geburtsurkunden und unter Umständen sogar DNA-Gutachten von großer Bedeutung für eine Aufenthaltserlaubnis sind.

Für Geflüchtete sind die Vorschriften der §§ 23–25b am wichtigsten. Hier besteht der Aufenthaltszweck in der Gewährung von Schutz oder von Bleiberechten aus humanitären Gründen.

**Beispiele für Aufenthaltszwecke:**

- Bildungsmigration (§§ 16 und 17 AufenthG)
- Besondere Fälle der Bildungsmigration: Schule, Sprachkurs, Studium (§ 16b AufenthG) und Berufsausbildung (§ 16a AufenthG)
- Arbeitsaufnahme (Erwerbsmigration) nach §§ 18 und 19 AufenthG
- besondere Fälle der Arbeitsaufnahme
  - Tätigkeit als Fachkraft mit Berufsausbildung (§ 18a AufenthG)
  - Tätigkeit als Fachkraft mit akademischer Ausbildung (§ 18b AufenthG)
  - Tätigkeit als akademische Fachkraft mit besonders hoher Dotierung (Blaue Karte EU) (§ 18b Abs. 2 AufenthG)
  - Tätigkeit in der Forschung (§ 18d AufenthG)
  - selbstständige Tätigkeit (§ 21 AufenthG)
- Familiennachzug (§§ 27 ff. AufenthG)
- Aufenthalt von Drittstaatsangehörigen mit EU-Daueraufenthalt in anderem EU-Staat (§ 39a AufenthG)
- Aufenthalt aus humanitären Gründen und Bleiberechte (§§ 23–25b AufenthG)

## 5. Voraussetzungen für die Erteilung eines Aufenthaltstitels

### 5.5 Neuregelungen durch das Fachkräfteeinwanderungsgesetz

Das Fachkräfteeinwanderungsgesetz ist am 01.03.2020 in Kraft getreten, das war damals ausgerechnet in dem Monat, in dem wegen der COVID-19-Pandemie der internationale Reiseverkehr nahezu vollständig eingeschränkt wurde und die deutschen Auslandsvertretungen über einige Wochen nicht mehr für Anträge erreichbar waren. Trotz dieses Starts wird dieses Gesetz sicher noch große praktische Bedeutung haben. Zentrum sind die §§ 16 bis 19f AufenthG, dort hat der Gesetzgeber die Bildungs- und Erwerbsmigration neu geregelt, Anwendungsbereiche erweitert und alte Tatbestände übersichtlicher gegliedert. Am wichtigsten ist die Aufwertung der qualifizierten Berufsausbildung, also der nichtakademischen Ausbildung, die nun auch zu einer Aufenthaltserlaubnis für die Berufstätigkeit als Fachkraft auf einer entsprechenden Arbeitsstelle (§ 18a AufenthG) führen kann. Bereits die Durchführung einer Berufsausbildung, unabhängig davon, ob es in Deutschland einen Mangel gibt oder nicht, begründet die Möglichkeit eines Aufenthalts (§ 16a AufenthG). Damit ergeben sich neue Migrationschancen für Qualifizierte und Menschen, die sich in der Bundesrepublik qualifizieren möchten. Eine wichtige Einschränkung aber trübt dieses Bild: Menschen, die einen Asylantrag gestellt haben oder als abgelehnte Asylantragsteller geduldet in Deutschland leben, bleiben von den Vorteilen aus dem Fachkräfteeinwanderungsgesetz ausgenommen. Das ergibt sich aus §§ 10 Abs. 3 und 19f AufenthG. Es gilt die Sperrwirkung des § 10 AufenthG – und da, wo es Ansprüche des Ausländers für die Erteilung der Aufenthaltserlaubnis gäbe, etwa für den Studienaufenthalt nach § 16b, den Forschungsaufenthalt (§ 18d AufenthG) und die Blaue Karte EU (§ 18b Abs. 2 AufenthG), sind diese Aufenthalte für Asylsuchende und Geduldete ausdrücklich ausgeschlossen (§ 19f AufenthG).

Die einzige Regelung aus dem Bereich der Erwerbsmigration, die für abgelehnte Asylbewerber offensteht, also einen Spurwechsel begründen könnte, ist der § 19d AufenthG (qualifizierte Geduldete); diesen Paragrafen gab es schon vor dem Fachkräfteeinwanderungsgesetz, er hieß damals noch § 18a AufenthG a. F. Für die Betroffenen hat dieser Paragraf den Vorteil, dass er zum Familiennachzug berechtigt (§§ 27, 29 Abs. 1 AufenthG), weil er nicht im Abschnitt „humanitäre Aufenthalte" zu finden ist, sondern in einem anderen Abschnitt, nämlich bei den Aufenthalten zum Zwecke der Erwerbstätigkeit (2. Kap., dort Abschn. 4).

I. Einführung: Aufenthaltsrechtliche Grundlagen

## 5.6 Niederlassungserlaubnis und Daueraufenthalt

Niederlassungserlaubnis und Daueraufenthalt sind nicht (mehr) zweckgebunden. Sie setzen allerdings voraus, dass die erforderliche Zeit zur Verfestigung des Aufenthaltes abgelaufen ist und weitere besondere und allgemeine Erteilungsvoraussetzungen erfüllt sind. Auch hier handelt es sich um eine anspruchsbegründende Regelung.

Der unbefristete Aufenthalt wird nach fünf Jahren des rechtmäßigen Voraufenthalts unter Erfüllung weiterer Voraussetzungen erteilt. Näheres ist den §§ 9 und 9a AufenthG zu entnehmen. Es gibt ausnahmsweise einen früheren Zugang zu einem unbefristeten Aufenthalt bei Ausländern, die mit Deutschen verheiratet sind, bei anerkannten Flüchtlingen (§ 26 Abs. 3 AufenthG) und Inhabern bestimmter anderer Aufenthaltstitel, z. B. Fachkräfte oder Inhaber einer „blauen Karte" (§ 18c AufenthG).

## 6. Zusammenfassung und Ausblick

### 6.1 Die verschiedenen Situationen des Aufenthalts

Aus dem Gesagten folgt, dass ein drittstaatsangehöriger Ausländer (wenn er nicht im diplomatischen Dienst tätig ist oder einen EU-freizügigkeitsberechtigten Familienangehörigen in Deutschland hat oder ohne Kenntnis der Behörden und ohne Papiere sich hier aufhält) sich in den folgenden Aufenthaltssituationen befinden kann:

- Erlaubter Aufenthalt (auch mit Fiktionsbescheinigung):
  - Aufenthaltserlaubnis z. B. wegen Studium, Flüchtlingsanerkennung
  - Visum (aber ohne Recht zur Arbeit)
  - Niederlassungserlaubnis, Daueraufenthalt-EU
- Gestatteter Aufenthalt (Ankunftsnachweis oder Aufenthaltsgestattung):
  - vom Asylgesuch oder Asylantrag bis zur Bundesamtsentscheidung
  - bis zum Ende des Klageverfahrens, wenn Klage aufschiebende Wirkung hat
- Geduldeter Aufenthalt (Duldung oder Grenzübertrittsbescheinigung): Der Ausländer ist vollziehbar ausreisepflichtig, die Abschiebung kann aber nicht durchgeführt werden oder wird

# 6. Zusammenfassung und Ausblick

aus dringenden persönlichen Gründen nach einer Ermessensentscheidung der Behörde oder wegen einer Ausbildung oder Beschäftigung nicht durchgeführt.

## 6.2 Aufenthalt für geflüchtete Menschen

### 6.2.1 Aufenthalt während des Asylverfahrens

Während des Asylverfahrens, und auch noch in einem Gerichtsverfahren (wenn die Klage aufschiebende Wirkung hat), ist der Asylantragsteller zum Bleiben berechtigt. Er hat eine Aufenthaltsgestattung. Das wird in den folgenden Abschnitten zum Asylverfahren weiter vertieft.

### 6.2.2 Aufenthaltserlaubnis nach einer Schutzanerkennung

Führt das Asylverfahren für den Betroffenen dann zu einem positiven Ende, dann spricht das Bundesamt für Migration und Flüchtlinge eine Schutzanerkennung aus. Aufenthaltsrechtlich kommt dann der § 25 AufenthG zur Anwendung – und zwar mit seinen Absätzen 1 bis 3. Wie es hier im Einzelnen um Identitäts- und Passpflicht bestellt ist und wie die Aufenthaltserlaubnis erteilt wird, wird unten im Kap. IV näher erläutert.

### 6.2.3 Aufenthaltschancen ohne Schutzanerkennung

Mit einer bestandskräftigen negativen Entscheidung über den Asylantrag tritt die Ausreisepflicht ein. Trotzdem, für Geflüchtete, deren Asylverfahren mit einer Ablehnung endete (oder die vielleicht erst gar keinen Asylantrag gestellt haben), können sich Aufenthaltschancen ergeben, die hier nur noch stichpunktartig aufgelistet werden. Das Thema „Bleibechancen ohne Schutzanerkennung" ist mittlerweile ein selbstständiger Komplex in der Migrationsberatung geworden, der eine am Asylverfahren und dem Flüchtlingsschutz orientierte Darstellung übersteigt. Bleibechancen für Geflüchtete ohne Schutzanerkennung ergeben sich im Einzelfall wie folgt (ohne Anspruch auf Vollständigkeit):

- Duldung wegen Unmöglichkeit der Abschiebung (§ 60a Abs. 2 AufenthG, z. B. wegen Passlosigkeit)
- Duldung nach Ermessen der Ausländerbehörde aus humanitären Gründen (z. B. Beendigung der Schulausbildung, Praktikum vor Beginn der Ausbildung u. a.)

## I. Einführung: Aufenthaltsrechtliche Grundlagen

- Ausbildungsduldung (§ 60c AufenthG)
- Beschäftigungsduldung (§ 60d AufenthG)
- Duldung wegen der Durchführung eines Petitions- oder Härtefallverfahrens (hier sind die entsprechenden Regelungen in den Bundesländern zu beachten)

Aufenthaltserlaubnisse können erteilt werden unter den folgenden Umständen:

- Aufenthaltserlaubnis nach § 25a AufenthG (für gut integrierte Jugendliche und Heranwachsende bei Antrag vor dem 21. Lebensjahr, inwiefern andere Voraussetzungen ebenfalls vor dem 21. Lebensjahr zu erfüllen sind, ist umstritten)
- Bleiberecht nach § 25b AufenthG (nach 6 bzw. 8 Jahren Duldungszeit unter Anrechnung des Asylverfahrens, hier gibt es in einigen Bundesländern erleichternde Regelungen, die Abstriche bei den Voraufenthaltszeiten machen, wenn Menschen überdurchschnittlich integriert sind)
- Bleiberecht nach § 25b Abs. 6 AufenthG nach Beschäftigungsduldung
- Aufenthalt für qualifizierte Geduldete nach § 19d AufenthG (mit insgesamt vier möglichen Tatbeständen, vor allem aber nach der deutschen Berufsausbildung, aber auch für andere, die längere Zeit qualifiziert tätig sind)
- Aufenthalt nach einem positiven Härtefallverfahren (§ 23a AufenthG)
- Aufenthalt nach § 25 Abs. 5 AufenthG bei fehlender Ausreisemöglichkeit (z. B. kein Pass trotz ausreichenden Bemühens, drohende Kindeswohlverletzung bei einem statusberechtigten Kind)

## II. Die wichtigsten Änderungen im Asylrecht seit Sommer 2018

| | | |
|---|---|---|
| 1. | Die Rechtsquellen des Asylrechts | 60 |
| 2. | Wichtige Änderungsgesetze | 61 |
| 2.1 | Überblick | 61 |
| 2.2 | Die einzelnen Regelungen | 62 |

# II. Die wichtigsten Änderungen im Asylrecht seit Sommer 2018

## 1. Die Rechtsquellen des Asylrechts

Bevor auf die jüngsten Gesetzesänderungen eingegangen wird, sollen die verschiedenen Gesetze kurz genannt sein, die das Flüchtlingsrecht heute regeln oder als Grundnormen inhaltlich bestimmen.

| Rechtsquelle | Regelungsgehalt |
| --- | --- |
| Genfer Flüchtlingskonvention | Flüchtlingsbegriff, Rechte eines anerkannten Flüchtlings, z. B.: Verbot des Refoulement („non-refoulement"), also der Abschiebung in den Staat der Verfolgung (Art. 33), Recht auf einen Flüchtlingspass (Art. 28) |
| EU-Grundrechtecharta | Art. 4: Niemand darf der Folter oder unmenschlicher oder erniedrigender Strafe oder Behandlung unterworfen werden. |
| Dublin-III-VO | Zuständigkeit für die Prüfung von Asylanträgen, Übernahme von Flüchtlingen in den Staat der Zuständigkeit, Übernahme von abgelehnten Flüchtlingen |
| Qualifikationsrichtlinie 2011 (wird auch als Anerkennungsrichtlinie bezeichnet) | Regelungen über die Anerkennung als Flüchtling oder als subsidiär Schutzberechtigter |
| Verfahrensrichtlinie-EU (2013) (VerfRL) | Regelungen über das Asylverfahren |
| Aufnahmerichtlinie-EU (2013) | Regelungen über die sozialen Rechte von Antragstellern |
| Grundgesetz (GG) | Art. 16a (Asyl) und wichtige Grundrechte: Menschenwürde und Unversehrtheit von Leib und Leben (Art. 2 Abs. 1 Satz 1 GG) |
| Europäische Menschenrechtskonvention | Art. 3: Niemand darf der Folter oder unmenschlicher oder erniedrigender Strafe oder Behandlung unterworfen werden. |

## 2. Wichtige Änderungsgesetze

| Rechtsquelle | Regelungsgehalt |
|---|---|
| Asylgesetz (AsylG) | Regelungen über das Asylverfahren in Deutschland, den gestatteten Aufenthalt, Wohnen und Arbeit im Asylverfahren, in den §§ 3–4 AsylG auch Regelungen über die Anerkennung als Flüchtling und subsidiär Schutzberechtigter |
| Aufenthaltsgesetz (AufenthG) | Regelungen über Ausreisepflicht, nationale Abschiebungsverbote (§ 60 Abs. 5 und 7 AufenthG), Duldung, humanitäre Aufenthalte |
| Asylbewerberleistungsgesetz (AsylbLG) | Leistungen für Asylbewerber und Geduldete (einschließlich der medizinischen Leistungen) |

Das Asylrecht ist kompliziert, weil verschiedene Regelungen verschiedener Herkunft zur Anwendung kommen. Hier gibt es die dem Völkerrecht zuzuordnende Genfer Flüchtlingskonvention, die EU-Verordnungen und -Richtlinien. Schließlich gibt es auf der Ebene des Bundesrechts das Grundgesetz und die Bundesgesetze.

Im Unterschied zu Richtlinien gelten EU-Verordnungen unmittelbar. Die Richtlinien sind zunächst an den nationalen Gesetzgeber adressiert, entfalten aber nach Ablauf der Umsetzungsfrist unter bestimmten Voraussetzungen auch eine unmittelbare Geltung. Bei den oben genannten Richtlinien aus dem Asylbereich ist die Umsetzungsfrist jeweils abgelaufen.

Nicht in der Übersicht genannt sind die Ländererlasse, etwa zur Umsetzung der Ausbildungsduldung. Das sind auch keine Gesetze, sondern nur Verwaltungsvorschriften, die für die Gerichte nicht verbindlich sind. Gleiches gilt für Anwendungshinweise der Ministerien zur Handhabung der Gesetze; auch diese sind vom Gericht nicht verbindlich, sondern nur verwaltungsintern wichtig.

## 2. Wichtige Änderungsgesetze

### 2.1 Überblick

Asylverfahren und Aufenthaltsrecht sind auch nach 2018 weiteren gesetzlichen Änderungen unterworfen gewesen. Da war vor allem die Wiedereinführung des Familiennachzugs zu subsidiär Schutzberechtigten, allerdings mit einer Kontingentlösung ohne Rechtsanspruch. Die Änderungen im Sommer 2019, die zum Teil dann erst Anfang 2020 oder – so wie das Fachkräfteeinwanderungs-

## II. Die wichtigsten Änderungen im Asylrecht seit Sommer 2018

gesetz – im März 2020 in Kraft traten, wurden als Migrationspaket bezeichnet. Die weitreichendste unter diesen Neuregelungen im Migrationspaket war die Verlängerung der Wohnpflicht in den Aufnahmeeinrichtungen. Sie trifft jetzt alle grundsätzlich wohnpflichtigen Erstantragsteller und hat nicht nur die unangenehme Folge, deutlich länger (oder bis zum Tag einer Abschiebung) in einer solchen Unterkunft wohnen zu müssen, aus der Wohnpflicht folgen auch Einschränkungen bei den sozialen Rechten, wie dem Recht, sich frei zu bewegen oder eine Arbeit aufzunehmen. Auf positiver Seite ist für die Asylsuchenden der neue § 61 AsylG zu nennen, der mit der Umsetzung einer EU-Richtlinie den Anspruch auf die Arbeitserlaubnis (und damit auch auf die Berufsausübungserlaubnis) ab dem neunten Monat der gestatteten Anwesenheit in Deutschland – auch für Menschen in den Aufnahmeeinrichtungen – begründet.

### 2.2 Die einzelnen Regelungen

| Gesetz | Wichtige Änderungen |
|---|---|
| Familiennachzugsänderungsgesetz (12.07.2018) | § 36a AufenthG neu, Familiennachzug zu subsidiär Schutzberechtigten als Kontingentregelung (1.000 Personen im Monat) ohne Rechtsanspruch, gültig ab 01.08.2018 (bis zum 31.07.2018 war der Familiennachzug hier ausgesetzt) |
| Gesetz zur Änderung des AsylG (04.12.2018) | § 73 Abs. 3a AsylG neu, Mitwirkungspflichten zur Identitätsklärung im Widerrufsverfahren, Sanktionen |
| Gesetz über Duldung bei Ausbildung und Beschäftigung (Inkrafttreten am 01.01.2020) | Neufassung der Ausbildungsduldung in einem eigenen Paragrafen, § 60c AufenthG |
| | Einführung der Beschäftigungsduldung, neuer Paragraph § 60d AufenthG |
| Fachkräfteeinwanderungsgesetz (in Kraft getreten am 01.03.2020) | Vollständige Neufassung der §§ 16–20 AufenthG, Einführung des Begriffs der Fachkraft (auch der nichtakademischen Fachkraft), Änderung des Arbeitserlaubnisrechts (§§ 4a, 39 ff. AufenthG), Einführung eines besonderen beschleunigten Visumverfahrens für Fachkräfte (§§ 71 Abs. 1, 81a AufenthG) |
| Änderung der Beschäftigungsverordnung (06.08.2019) | Abschaffung der Vorrangprüfung bei Arbeitserlaubnisanträgen von Menschen im Asylverfahren (Gestattete) und bei Geduldeten, § 32 BeschV) |

## 2. Wichtige Änderungsgesetze

| Gesetz | Wichtige Änderungen |
|---|---|
| Zweites Gesetz zur besseren Durchsetzung der Ausreisepflicht (15.08.2019) | Neuregelung in § 26 Abs. 3 AufenthG, dass bei Erteilung der Niederlassungserlaubnis jetzt eine Mitteilung des BAMF mit dem Inhalt vorliegen muss, dass der Widerruf nicht beabsichtigt ist |
| | Regelungen zum Nachweis einer Erkrankung bei § 60 Abs. 7 AufenthG und bei der Duldung wegen Reiseunfähigkeit (§ 60a Abs. 2c Satz 3 AufenthG) |
| | Erwerbsverbot für geduldete Menschen aus sicheren Herkunftsstaaten – unabhängig davon, ob ein Asylantrag gestellt wurde oder nicht (Ausnahme für UMF, wenn Kindeswohl betroffen), § 60a Abs. 6 Nr. 3 AufenthG |
| | Einführung einer besonderen Duldung für Personen mit ungeklärter Identität (§ 60b AufenthG), auch „Duldung light" genannt – Sanktionen: Erwerbsverbot, keine Anrechnung von Zeiten während der Innehabung dieser Duldung |
| | Ausweitung der Abschiebungshaft (§§ 62, 62a, 62b AufenthG) |
| | Abschiebetermin ist strafbewehrtes „Geheimnis", Amtsträger machen sich strafbar, wenn sie diesen Termin offenbaren (§ 97a AufenthG) |
| | Einrichtung einer „freiwilligen, unabhängigen staatlichen Asylverfahrensberatung" (§ 12a AsylG) |
| | Verlängerung der Zeit der Wohnpflicht in den Aufnahmeeinrichtungen für Asylantragsteller auf längstens 18 Monate (zuvor 6 Monate) mit der Möglichkeit einer weiteren Verlängerung bei Nichtmitwirkung, §§ 47–50 AsylG |
| | § 61 AsylG neu gefasst, Asylsuchende haben während des Verfahrens einen Anspruch auf die Erlaubnis zur Arbeitsaufnahme nach dem 9. Monat |
| | Änderung der §§ 1 und 1a AsylbLG, Leistungseinschränkungen für Asylantragsteller mit internationalem Schutz in einem anderen EU-Staat |

II

# III. Die verschiedenen Schutzstatus (Verfolgungs- und Abschiebeschutzgründe)

| | | |
|---|---|---|
| 1. | Der Inhalt des Schutzantrages............................................ | 67 |
| 2. | Grundrecht auf Asyl (Art. 16a Abs. 1 GG)........................ | 68 |
| 3. | Flüchtlingseigenschaft nach der Genfer Konvention (§ 3 AsylG, § 60 Abs. 1 AufenthG)....................................... | 70 |
| 3.1 | Grundsatz des Non-Refoulement (Grundsatz der Nichtzurückweisung von Verfolgten)................................. | 70 |
| 3.2 | Begründete Furcht vor Verfolgung..................................... | 70 |
| 3.3 | Keine Vorverfolgung (vor der Flucht) erforderlich........... | 71 |
| 3.4 | Sogenannte Nachfluchtgründe............................................ | 73 |
| 3.5 | Verfolgungshandlungen....................................................... | 76 |
| 3.6 | Verfolgungsgründe............................................................... | 77 |
| 3.7 | Verknüpfung zwischen Verfolgungsgrund und Verfolgungshandlung......................................................... | 85 |
| 3.8 | Staatliche und nichtstaatliche Verfolgung........................ | 86 |
| 3.9 | Inländische Fluchtalternative............................................. | 87 |
| 3.10 | Ausschlussgründe................................................................ | 89 |
| 3.11 | Widerruf und Rücknahme................................................... | 90 |
| 3.12 | Zusammenfassung und Checkliste.................................... | 90 |
| 4. | Der subsidiäre Schutz (§ 4 AsylG)..................................... | 91 |
| 4.1 | Grundgedanke: Drohen eines ernsthaften Schadens...... | 91 |
| 4.2 | Die drei Varianten eines ernsthaften Schadens............... | 92 |
| 4.3 | Interner Schutz und Ausschlussgründe........................... | 97 |
| 5. | Die nationalen Abschiebungsverbote (§ 60 Abs. 5 und 7 AufenthG)................................................ | 97 |
| 5.1 | Die Voraussetzungen des nationalen Abschiebeschutzes............................................................. | 97 |

| | | |
|---|---|---|
| 5.2 | Abschiebeschutz bei drohender Verelendung (§ 60 Abs. 5 AufenthG).......................................................... | 98 |
| 5.3 | Abschiebeschutz nach § 60 Abs. 7 AufenthG................... | 100 |
| 5.4 | Fazit................................................................................ | 102 |
| 6. | Übersicht: Die verschiedenen Schutztatbestände........... | 102 |

# III. Die verschiedenen Schutzstatus (Verfolgungs- und Abschiebeschutzgründe)

## 1. Der Inhalt des Schutzantrages

Mit einem Asyl- oder Schutzantrag möchte der Ausländer eine Entscheidung des BAMF über seinen asylrechtlichen, flüchtlingsrechtlichen oder, wenn man es so nennen möchte, abschiebungsrechtlichen Status erreichen. Gerichtet ist dieser Antrag nämlich auf Schutz vor Abschiebung in den Staat, in dem ihm Verfolgung oder ein ernsthafter Schaden im Sinne des § 4 AsylG drohen. Im Falle der Stattgabe führt dieser Status zu einem Aufenthaltsrecht und zu vielen weiteren Rechten. Der Asylantrag heißt immer noch „Asylantrag", obwohl er sehr viel mehr umfasst. Das Bundesamt prüft nämlich die vier folgenden Fragen:

- Liegt der Status als Asylberechtigter (§ 1 Abs. 1 AsylG, Art. 16a Abs. 1 GG) vor?

- Liegt der Status als Flüchtling (zugleich auch Flüchtling nach der Genfer Konvention, § 3 AsylG, § 60 Abs. 1 AufenthG) vor?

- Liegt der Status als subsidiär Schutzberechtigter (§ 4 AsylG, § 60 Abs. 2 AufenthG) vor?

- Liegen die Voraussetzungen für ein nationales Abschiebungsverbot (§ 60 Abs. 5 und 7 AufenthG) vor?

Natürlich spart sich das Bundesamt unnötige Arbeit und prüft keine Schutztatbestände mehr, wenn bereits der bessere Schutz zuerkannt wird. Wird also z. B. der Flüchtlingsschutz vergeben, werden der subsidiäre Schutz und die nationalen Abschiebungsverbote nicht mehr geprüft. Wird wenigstens der subsidiäre Schutz zuerkannt, findet man in dem Bescheid kein Wort mehr zu den nationalen Abschiebungsverboten.

Der Flüchtlingsschutz und der subsidiäre Schutz bilden zusammen den „internationalen Schutz" (§ 1 Abs. 2 AsylG). Dieser Begriff kommt in den Gesetzen an einigen Stellen vor, hat aber vor allem bei der Antragstellung eine Bedeutung. Es sollte nur klar sein, was

### III. Die verschiedenen Schutzstatus

gemeint ist, wenn man auf den Begriff des internationalen Schutzes stößt.

> **Praxis-Hinweis:**
> Auch wenn der Flüchtling gegenüber dem BAMF lediglich äußert „Ich möchte in Deutschland Asyl", führt das dazu, dass ein Antrag auf internationalen Schutz mit dem oben genannten Inhalt vorliegt. Das Bundesamt prüft dann den Flüchtlingsstatus und, wenn dieser nicht vergeben wird, auch weitere Schutztatbestände. Außerdem prüft es, wenn nicht ausdrücklich verzichtet wird, den Asylstatus nach Art. 16a GG.

Diese vier Status bzw. Abschiebungsverbote führen zu verschiedenen Rechten, wie Aufenthaltserlaubnissen, das Recht, arbeiten zu dürfen oder – und das ist zumeist die allerwichtigste Frage in der Praxis – das Recht, seine Familie aus dem Herkunftsland nachkommen zu lassen. Allerdings sind diese Rechte bei den verschiedenen Schutzstatus nicht immer gleich gut. Deswegen ist es schon frühzeitig im Verfahren wichtig, sich diese Unterschiede vor Augen zu führen.

## 2. Grundrecht auf Asyl (Art. 16a Abs. 1 GG)

Das Asylgrundrecht liefert den ältesten Schutzstatus. Es stammt aus dem Jahr 1949 und wurde bei der Gründung der Bundesrepublik unter dem Eindruck des nationalsozialistischen Terrorregimes und der Flucht vieler ins Exil verabschiedet. „Politisch Verfolgte genießen Asylrecht", so lautet die Grundrechtsnorm noch immer. Zwar hat die Rechtsprechung den Begriff der „politischen Verfolgung" über seine Wortbedeutung hinaus ausgelegt und auch Verfolgungsszenarien berücksichtigt, die nicht mehr „politisch" im eigentlichen Sinne waren. Dann war es aber der Verfassungsgesetzgeber beim sogenannten Asylkompromiss 1993, der das Grundrecht in seinem Anwendungsbereich so weit eingeschränkt hat, dass es heute kaum noch eine praktische Rolle spielt. Diese Einschränkung ergab sich dadurch, dass in dem neu geschaffenen Art. 16a Abs. 2 GG jeder Anspruch auf politisches Asyl ausgeschlossen wurde, wenn der Flüchtling über einen gesetzlich definierten sicheren Drittstaat eingereist war. Da aber alle Nachbarstaaten Deutschlands unter diese Definition fallen, führt jede Einreise auf dem Landweg unweiger-

## 2. Grundrecht auf Asyl (Art. 16a Abs. 1 GG)

lich dazu, dass man den Anspruch auf das Asylgrundrecht verliert. Zur Asylberechtigung kann dann nur noch der Ausnahmefall des § 26a AsylG oder die Einreise auf dem Luftwege führen (oder über einen Seehafen an der Nordsee). Diese Situation wird auch noch dadurch verschärft, dass der Grundsatz der Beweiserleichterung, der sonst für Flüchtlinge gilt, nicht die Einreisemodalitäten erfasst. Damit muss der Flüchtling selber den Nachweis erbringen, dass er ausnahmsweise auf dem Luftweg in die Bundesrepublik gelangt ist. Kann er dann aber keine Flugscheine oder wenigstens die Bordkarten vorlegen oder substantiiert erklären, mit welcher Maschine und unter welchem Namen er als Passagier eingereist ist, dann wird er schon allein deswegen mit seinem Antrag auf politisches Asyl scheitern, und zwar unabhängig davon, welche eigentlichen Gründe er für Flucht und Verfolgungsgefahr vorträgt.

III

Wegen der genannten praktischen Bedeutungslosigkeit soll das Asylgrundrecht hier nicht weiter erläutert werden. Von den Anwälten wird es in den meisten Fällen auch gar nicht mehr vor Gericht beantragt. Es gibt eine immer wieder aufflammende Diskussion darüber, ob ein praktisch nicht relevantes Grundrecht nicht vielleicht besser abzuschaffen wäre. Dem könnte aber mit gleichem Recht dahin entgegengetreten werden, dass es vielleicht die Aufgabe des Verfassungsgesetzgebers wäre, diesem Grundrecht eines Tages die frühere Gestalt wiederzugeben. Im Übrigen ist aus symbolischen und prozessualen Gründen nicht zu unterschätzen, dass es sich hiermit um das einzige Grundrecht handelt, das nur Ausländern zusteht und das auch als solches vor dem Bundesverfassungsgericht eingeklagt werden kann. Für eine Verfassungsbeschwerde – jedenfalls wenn es um die Abwendung einer Abschiebung geht – ist das Asylgrundrecht indessen nicht erforderlich. Ein Ausländer, dem die Verfolgung droht, kann sich auch auf sein Grundrecht auf körperliche Unversehrtheit (Art. 2 GG) berufen, wenn ihm mittelbar durch die Abschiebung durch die deutschen Behörden und Gerichte die Folter im Zielstaat droht.

III. Die verschiedenen Schutzstatus

## 3. Flüchtlingseigenschaft nach der Genfer Konvention (§ 3 AsylG, § 60 Abs. 1 AufenthG)

### 3.1 Grundsatz des Non-Refoulement (Grundsatz der Nichtzurückweisung von Verfolgten)

Die eben genannte weitreichende Einschränkung und die daraus folgende praktische Bedeutungslosigkeit des Asylgrundrechts wären nicht zu verschmerzen, wenn es nicht ein anderes Rechtsinstitut gäbe, das diese Lücke schlösse. Dieses Rechtsinstitut ist der Flüchtlingsschutz nach der Genfer Konvention, der sich nicht nur in der europäischen Qualifikationsrichtlinie niedergeschlagen hat (dort in Art. 9 ff. QRL), sondern auch in § 3 AsylG und § 60 Abs. 1 AufenthG. Der immer gleiche – und hier verkürzt zitierte – Inhalt ist der, dass niemand in einen Staat abgeschoben werden darf, in dem ihm Verfolgung aus einem der näher bezeichneten Verfolgungsgründe droht. Dieser Grundsatz der Nichtzurückweisung von Menschen, denen die Verfolgung im Zielstaat droht, hat den Rang eines völkerrechtlichen Verbots und wird in der juristischen Literatur unter dem Stichwort „Non-Refoulement" oder „Refoulement-Verbot" verhandelt.

### 3.2 Begründete Furcht vor Verfolgung

Ansatzpunkt der Genfer Konvention und auch der europäischen und deutschen Regelungen zum Flüchtlingsschutz ist die „begründete Furcht" des Ausländers vor einer bestimmten Verfolgung. Eine Flüchtlingsanerkennung setzt damit voraus, dass die Verfolgungsfurcht besteht. Das bedeutet aber nicht, dass es allein bei dem Gefühl von Furcht und dessen subjektiver Färbung bleibt. Hinzu kommt ein weiteres Merkmal: Die Furcht muss auch „begründet" sein, weswegen hier ergänzend nach objektiven Anhaltspunkten zu suchen ist, die diese Furcht rechtfertigen. Für die Darlegung der Gründe, die diese Verfolgungsfurcht auslösen, ist der Antragsteller selber in der Pflicht, er muss sie im Rahmen seiner Möglichkeiten schildern (dazu dann mehr in Kap. IX.2).

**§ 25 Abs. 1 Satz 1 AsylG:**
„Der Ausländer muss selbst die Tatsachen vortragen, die seine Furcht vor Verfolgung (...) begründen, und die erforderlichen Angaben machen."

## 3. Flüchtlingseigenschaft nach der Genfer Konvention

Das Bundesamt und die Verwaltungsgerichte wenden als Maßstab für die begründete Verfolgungsfurcht die beachtliche Wahrscheinlichkeit an. Das heißt, dass eine begründete Furcht bejaht wird, wenn der Eintritt der Verfolgungshandlungen bei Würdigung aller Umstände wahrscheinlicher ist als der Fall, dass die Verfolgung unterbleibt.

**Wichtig:** Bei der Prüfung der Verfolgungsfurcht findet eine Prognose in die Zukunft statt. Es wird ermittelt, ob dem Antragsteller bei Rückkehr in sein Herkunftsland mit beachtlicher Wahrscheinlichkeit Verfolgung im Sinne der Genfer Konvention droht.

### 3.3 Keine Vorverfolgung (vor der Flucht) erforderlich

Diese begründete Furcht setzt daher nicht voraus, dass der Antragsteller schon Verfolgungshandlungen an seinem eigenen Leib erfahren hat, wenn er in die Bundesrepublik einreist und sein Schicksal in Deutschland bei der Anhörung schildert. Allein entscheidend ist, ob bei Rückkehr eine Verfolgungsgefahr droht.

Es ist zwar richtig, dass die Anhörung durch das Bundesamt hier häufig einen Schwerpunkt hat, was auch aus dem Umstand folgt, dass immer auch nach erlittener Verfolgung gefragt wird und dass viele Geflüchtete von sich aus erlittene Verfolgungshandlungen berichten, wenn sie nach der drohenden Verfolgung gefragt werden. Nichtsdestotrotz sind Berichte über Verfolgungsmaßnahmen, die für die Flucht auslösend waren und die die Menschen im Herkunftsland vor dem Verlassen erleiden mussten, in vielen Berichten anerkannter Flüchtlinge zu finden.

> **Praxis-Hinweis:**
> BAMF, Gerichte und die asylrechtliche Literatur verwenden hier den Ausdruck „Vorverfolgung", um kenntlich zu machen, wenn ein Antragsteller bereits vor seiner Flucht Verfolgungsmaßnahmen erlitten hat. Das Gegenteil sind die „Nachfluchtgründe", also Gründe, die sich erst nach der Flucht ergeben haben.

Viele Geflüchtete glauben aber, sie müssten im Herkunftsland Verfolgungshandlungen persönlich erlitten haben, um Schutz in Deutschland finden zu können. Das ist falsch. Der Grundsatz ist vielmehr der, dass eine Prognoseentscheidung darüber anzustel-

### III. Die verschiedenen Schutzstatus

len ist, ob einer Person im Falle der Rückkehr Verfolgung droht. Dieser Gefahr kann aber auch eine Person ausgesetzt sein, die im Heimatland niemals verfolgt wurde, für die sich aber das Schicksal einer Verfolgung durch – meist neue Entwicklungen – abzeichnet, während sie bereits in Deutschland ist.

> **Beispiel:**
> Wer vom Staatsschutz als Regimekritiker verdächtigt wird, muss nicht schon in einem Gefängnis interniert gewesen sein, um Schutz in Deutschland erhalten zu können. Es muss nur die beachtliche Wahrscheinlichkeit für die Zukunft bestehen, dass er bei seiner Rückkehr verfolgt wird.

Berichtet ein Antragsteller allerdings glaubhaft von einer bereits erlittenen Verfolgung, dann ist dies natürlich bei der Prognoseentscheidung zu berücksichtigen. Denn dann liegt es nahe, dass diese Person wieder verfolgt wird, wenn sie in das Land der Verfolgung zurückkehrt. Dazu sagt die Qualifikationsrichtlinie:

**Art. 4 Abs. 4 QRL:**
„Die Tatsache, dass ein Antragsteller bereits verfolgt wurde (...), ist ein ernsthafter Hinweis darauf, dass die Furcht des Antragstellers vor Verfolgung begründet ist (...), es sei denn, stichhaltige Gründe sprechen dagegen (...)"

Damit ist der Geflüchtete davon entlastet, Gründe für eine Wiederholung der Verfolgungshandlungen vorzutragen. Es ist Sache des Bundesamts, die Wiederholungsgefahr durch Gründe zu widerlegen. Solche stichhaltigen Gründe nimmt das BAMF immer dann an, wenn zwischen der Verfolgungshandlung und der Ausreise ein längerer zeitlicher Abschnitt liegt, weil es dann davon ausgeht, dass der Verfolger sein Verfolgungsinteresse aufgegeben hat. Zweifel speist aber vielleicht auch der Bericht des Flüchtlings, dass er aus der Haft entlassen wurde oder gegen Kaution freigekommen ist. Ein Grund gegen die Wiederholungsgefahr könnte aber auch in der Veränderung der Verhältnisse im Herkunftsland liegen, z. B. in einem Regimewechsel.

# 3. Flüchtlingseigenschaft nach der Genfer Konvention

## 3.4 Sogenannte Nachfluchtgründe

### 3.4.1 Nachfluchtgründe allgemein

Das Flüchtlingsrecht geht mit seinem rein in die Zukunft gerichteten Ansatz praktisch noch weiter. Es verlangt nicht nur, dass es bereits vor der Flucht zu einer Verfolgungshandlung gekommen ist. Es geht weiter: Es setzt nämlich nicht einmal voraus, dass die Verfolgungsgefahr bestanden hat, als jemand sein Heimatland verlassen hat. Die berechtigten Anhaltspunkte und Gründe, die eine Verfolgung bei Rückkehr als wahrscheinlich erscheinen lassen, können daher auch erst nach der Ausreise aus der Heimat – möglicherweise erst Jahre später – entstanden sein. Die Qualifikationsrichtlinie bringt das in Art. 5 zum Ausdruck.

III

Art. 5 Abs. 1 und 2 QRL:

„(1) Die begründete Furcht vor Verfolgung oder die tatsächliche Gefahr, einen ernsthaften Schaden zu erleiden, kann auf Ereignissen beruhen, die eingetreten sind, nachdem der Antragsteller das Herkunftsland verlassen hat.

(2) Die begründete Furcht vor Verfolgung oder die tatsächliche Gefahr, einen ernsthaften Schaden zu erleiden, kann auf Aktivitäten des Antragstellers nach Verlassen des Herkunftslandes beruhen, insbesondere wenn die Aktivitäten, auf die er sich stützt, nachweislich Ausdruck und Fortsetzung einer bereits im Herkunftsland bestehenden Überzeugung oder Ausrichtung sind."

Zu berücksichtigen sind daher nachträgliche politische Machtwechsel, Umstürze und Revolutionen im Herkunftsland, auf die ein Ausländer keinen Einfluss hat. Der beispielsweise mit einem Stipendium seines Heimatstaates ins Ausland gereiste junge Student kann im Falle eines zwischenzeitlichen Machtwechsels ohne sein Zutun zum anerkannten Flüchtling werden, weil er als Mitglied der früheren Machtelite gesehen wird und bei einer späteren Rückkehr Repressalien zu befürchten hätte. Da es sich bei diesen Gründen um solche handelt, die erst nach der Ausreise – oder nach der Flucht – entstanden sind, spricht man hier auch von den „Nachfluchtgründen". Es kommt dann auch nicht darauf an, dass es bereits im Herkunftsland ein Verhalten gegeben hat, an das angeknüpft wird; das Gesetz besagt nur, dass solche Gründe „insbesondere" vorliegen können, wenn es diese früheren Handlungen schon gegeben hat.

III. Die verschiedenen Schutzstatus

### 3.4.2 Selbst geschaffene (subjektive) Nachfluchtgründe

Weil bei der Beurteilung eben auch an Umstände angeknüpft werden darf, die sich für den Ausländer erst nach der Ausreise aus seiner Heimat ergeben haben, kommen exilpolitische Aktivitäten, die zu einer Verfolgungsgefahr führen, ebenso in Betracht, wie etwa ein erst nach der Ausreise vollzogener Glaubenswechsel (religiöse Konversion). Im Unterschied zu dem Beispiel des politischen Machtwechsels im Herkunftsland sind diese zuletzt genannten Gründe aber selbst geschaffen, was für sich nichts an der Verfolgungsgefahr nimmt, aber den Betroffenen möglicherweise zu der Antwort auf die Frage zwingt, warum er sich nun ausgerechnet hier und jetzt dieser Tätigkeit widmet.

**Beispiel:**

L ist eine Studentin aus einem Staat mit einer Militärdiktatur; sie findet in der Bundesrepublik Deutschland Zugang zu einer exilpolitischen Gruppierung namens „Freiheitsfront – gegen Diktatur und Unterdrückung", die die Regierung in der Heimat kritisiert und mit verschiedenen Regimekritikern im Herkunftsland konspirativ zusammenarbeitet. Bei dieser Gruppierung wird L in den Vorstand berufen. Da es bekannt ist, dass Spitzel der Militärdiktatur auch die Exilszene im Ausland – auch in Deutschland – überwachen, drohen L mit großer Wahrscheinlichkeit bei einer Rückkehr Verfolgungsmaßnahmen, weil ihre politische Betätigung bei der Regierungsstelle bekannt wird. Als ihr Studienaufenthalt von der Ausländerbehörde nicht mehr verlängert wird, stellt sie einen Asylantrag.

Dieses Beispiel zeigt, dass solche selbst geschaffenen Nachfluchtgründe (die juristische Literatur spricht hier von „subjektiven Nachfluchtgründen") problematisch sein können. Es begegnet dem Antragsteller nicht selten der unterschwellige Vorwurf des Missbrauchs, wenn gemutmaßt wird, dass er sein politisches Handeln nur aus asyltaktischen Motiven aufgenommen habe, um ein Aufenthaltsrecht zu erlangen. Das Gesetz lässt sie jedoch, wie oben gesehen, zu, was sich aber damit gut begründen lässt, dass der Betroffene ja tatsächlich in Gefahr gerät. Wenn die Auskunftslage ergibt, dass der L etwa Bestrafung oder Folter wegen ihrer exilpolitischen Aktivitäten drohen, dann muss sich das schutzrechtlich auswirken. Gesetz und Praxis begrenzen die vermeintliche Miss-

## 3. Flüchtlingseigenschaft nach der Genfer Konvention

brauchsgefahr allerdings: Das Gesetz schließt – im Einklang mit der Qualifikationsrichtlinie (Art. 5 Abs. 3 QRL) – die selbst geschaffenen Nachfluchtgründe in einem Folgeverfahren für die Flüchtlingsanerkennung regelmäßig aus (§ 28 Abs. 2 AsylG). Wer also bereits mit seinem Asylantrag einmal abgelehnt war, kann mit einem selbst geschaffenen Verfolgungsgrund normalerweise nicht mehr den Flüchtlingsstatus bekommen. Hier bleiben den Betroffenen dann nur noch die anderen Abschiebeschutztatbestände (z. B. der subsidiäre Schutz wegen der drohenden Folter in der Haft). Darüber hinaus prüfen Bundesamt und Gerichte die gefahrbegründenden Handlungen, die ein Antragsteller in Deutschland vorgenommen hat, immer sehr genau. Vereinzelt wird auch von Bundesamt oder Gericht eingewandt, dass eine exilpolitische Betätigung, die vermeintlich nur aus asyltaktischen Motiven aufgenommen wurde, auch bei dem potenziellen Verfolgerstaat als nicht wirklich ernst gemeint wahrgenommen wird – mit dem Effekt, dass man hier nicht von einer Gefährdung ausgeht. Dagegen hilft nur, entsprechende Auskünfte über das Herkunftsland beizubringen, aus denen sich ergibt, dass die Verfolgung in dem Herkunftsstaat an die kritische und öffentliche Meinungsäußerung anknüpft, nicht aber nach Motiven der Äußerung fragt.

**Beispiel:**

Als L ihren Bescheid vom BAMF bekommt, liest sie dort: „eine Bedrohung ist schon deswegen ausgeschlossen, weil die Antragstellerin sich wissentlich und unter der Nennung ihres vollen Namens exilpolitisch engagiert hat. Dieses Verhalten zeigt bereits, dass sie ihre politische Aktivität selbst nicht ernst nimmt und auch nicht davon ausgeht, dass man ihr von Seiten der Regierung ihres Heimatstaates einen Vorwurf daraus macht. Hätte sie ihre politische Aktivität wirklich ernst gemeint, hätte sie dies konspirativ und unter Vermeidung ihres Klarnamens getan. Im Gegenteil, dem Regime ist es bekannt, dass ausreisepflichtige Staatsangehörige in Europa sich in vorgeblich exilpolitischen Gruppen zusammenschließen, die zum Schein der Regierungskritik nachgehen, in Wirklichkeit aber nur ein asyltaktisches und opportunistisches Verhalten an den Tag legen, um sich ein Aufenthaltsrecht zu verschaffen, auf das sie sonst keinen Anspruch hätten. Die Angehörigen solcher Gruppierungen werden im Falle einer Rückkehr von den Behörden

## III. Die verschiedenen Schutzstatus

> des Heimatlandes aus diesen Gründen auch nicht behelligt oder gar verfolgt."

Solche Deutungen der Exilpolitik müssen im Lichte der Auskunftslage geprüft werden. Daraus kann sich etwa ergeben, dass ein totalitärer Staat auf eine öffentlich geäußerte Kritik unabhängig von der Motivlage der Kritiker reagiert – und nur die Reaktion des Heimatstaates entscheidet hier über das Bedrohungsszenario. Ein Rechtsanwalt der L würde hierzu allerdings Quellen vorbringen müssen. Auch das Argument, dass die L sich eines Decknamens hätte bedienen müssen, um mit ihrer Kritik glaubwürdig zu sein, ließe sich damit widerlegen, dass die L das Recht hat, sich in der Bundesrepublik öffentlich über ihr Herkunftsland zu äußern. Im Übrigen ist auch die Forderung nach einem Alibinamen bei der politischen Agitation angesichts der nachrichtendienstlichen Mittel eines Verfolgerstaates wenig überzeugend.

**Wichtig:** Auch nachträglich „selbst geschaffene" Verfolgungsgründe können ein Grund für eine Flüchtlingsanerkennung sein, weil es ja nur darauf ankommt, dass bei einer Rückkehr die Verfolgungsgefahr droht. Werden solche subjektiven Nachfluchtgründe erst nach Abschluss eines ersten Asylverfahrens in einem Folgeverfahren geltend gemacht, kommt es in der Regel aber nicht mehr zu einer Flüchtlingsanerkennung, sondern allenfalls zu einer der anderen Schutzanerkennungen (§ 28 Abs. 2 AsylG).

### 3.5 Verfolgungshandlungen

Was Verfolgung im flüchtlingsrechtlichen Sinne ist, wird in § 3a AsylG definiert, es sind gegen den einzelnen Menschen gerichtete Handlungen, die so gravierend sind, dass sie vereinzelt oder in der Folge mit anderen Handlungen zu einer schwerwiegenden Verletzung der Menschenrechte oder Grundfreiheiten führen. Das Gesetz nennt als Beispiele die Anwendung von physischer, psychischer und sexueller Gewalt, einschließlich der Freiheitsentziehung. In Betracht kommen aber auch administrative, polizeiliche oder justizielle Maßnahmen, die zwar den Schein der Legalität haben, in ihrer eigentlichen Zielrichtung aber diskriminierenden Charakter aufweisen.

## 3. Flüchtlingseigenschaft nach der Genfer Konvention

> **Beispiel:**
> A wird wegen regimekritischer Agitation aufgrund eines Sondergesetzes in Haft genommen. Auch wenn die Verfolger ihre Maßnahme als Rechtsakt erscheinen lassen, muss man hier den Schwerpunkt auf der Menschenrechtsverletzung sehen.

Ein praktisch wichtiger Fall von scheinbar rechtmäßiger Verfolgungshandlung begegnet, wenn eine an sich legale staatliche Reaktion im Fall etwa von regimekritischen Personen besonders drastisch ausfällt. Hier spricht man dann vom Polit-Malus, der bei dieser Sanktion oder Behandlung den Ausschlag gibt und die staatliche Maßnahme zur Verfolgungshandlung macht.

> **Beispiel:**
> Eine politische Verfolgung kann darin bestehen, dass ein bestimmtes Delikt (z. B. Steuerhinterziehung) bei Funktionären von missliebigen Parteien deutlich härter bestraft wird als bei anderen.

Auch bei der Diskriminierung ist aber nicht nur danach zu fragen, ob eine Person in nicht gerechtfertigter Weise anders behandelt wird; Diskriminierung erfordert auch eine bestimmte Intensität, die allerdings auch kumulativ durch verschiedene Diskriminierungshandlungen erreicht werden kann.

### 3.6 Verfolgungsgründe

*3.6.1 Überblick*

Für den Ausländer oder Antragsteller genügt es nicht, dass er irgendeine Verfolgungshandlung fürchtet. Von der Flüchtlingsanerkennung erfasst ist nur die Verfolgung aus den in der Konvention genannten fünf Verfolgungsgründen, also aus den Gründen, die an diese fünf Verfolgungsmerkmale anknüpft.

Diese Verfolgungsmerkmale sind:
- Rasse
- Religion
- Nationalität

## III. Die verschiedenen Schutzstatus

- politische Überzeugung
- Zugehörigkeit zu einer bestimmten sozialen Gruppe

An dem Verfolgungsmerkmal „Rasse", was so heute niemand mehr sagen würde, ist erkennbar, dass die Genfer Konvention aus einer Zeit stammt, als man noch die Vorstellung von verschiedenen menschlichen Rassen vor Augen hatte. Heute ist in diesem Zusammenhang von der rassistischen Verfolgung die Rede, wenn der Verfolgungsakteur sich auf solche vermeintlich auf gesicherter Erkenntnis beruhenden Unterscheidungen beruft. Wem wegen dieser fünf genannten Merkmale die Verfolgung droht, kommt als Flüchtling in Betracht. Diese fünf Verfolgungsgründe sind nicht nur in Art. 1 A 2. der Genfer Flüchtlingskonvention genannt, sie werden wiederholt in den § 3 Abs. 1 Nr. 1 AsylG, § 60 Abs. 1 AufenthG (bei den Abschiebungsverboten) und in § 6 Abs. 2 IRG (im Zusammenhang mit einer Auslieferung). Auch die Qualifikationsrichtlinie nimmt bei der Definition des Begriffes „Flüchtling" darauf Bezug (Art. 2d QRL).

Was Verfolgung wegen der Religion und/oder der politischen Überzeugung ist, mag nicht weiter erläuterungsbedürftig sein. Anders ist das mit dem sperrig anmutenden Merkmal der Zugehörigkeit zu einer bestimmten sozialen Gruppe. Dieses Merkmal ist offen, dynamisch und interpretationsfähig. Heute werden damit zum Beispiel die geschlechtsspezifische Verfolgung oder auch die Verfolgung von Menschen wegen ihrer sexuellen Orientierung erfasst.

Die genannten Verfolgungsgründe sind neuerdings auch im Gesetz erklärt, und zwar in § 3b AsylG, dessen Lektüre hier ausdrücklich empfohlen wird.

Behauptet jemand, verfolgt zu werden, fällt der Grund aber, warum ihm gravierende Verletzungen oder der Tod angedroht wird, nicht in den Katalog der oben genannten Verfolgungsgründe, kommt die Flüchtlingsanerkennung nicht in Betracht. In der Praxis des Bundesamts sind solche Fälle nicht selten und in der Flüchtlingsberatung ist immer auf diesen Punkt hinzuweisen. Persönlich schwerwiegende Schicksale, die ihren Grund in familiären oder nachbarschaftlichen Auseinandersetzungen haben, wie sie oft auf der Welt zu Verfolgungssituationen führen, sind flüchtlingsrechtlich nicht erheblich, weil es hier an einem anerkannten Verfolgungsgrund – und meist auch einem zureichenden Verfolgungsakteur – fehlt.

### 3. Flüchtlingseigenschaft nach der Genfer Konvention

**Beispiel:**

G und F streiten sich in Afghanistan über die Erbschaft eines größeren Landstücks. G wird dabei von dem Familienzweig des F, der früher eine hohe Position in der Provinzverwaltung innehatte, unverhohlen bedroht. Eines Tages wird das Haus des G in Brand gesetzt und G schwer misshandelt. G flieht mit seiner engsten Familie nach Deutschland. Das Bundesamt wird den Flüchtlingsstatus des G – unabhängig von der Frage, ob es den Sachvortrag für glaubhaft hält – schon deswegen verneinen, weil G nicht wegen eines gesetzlich bestimmten Verfolgungsgrundes Verletzungen befürchten muss. Der Grund der Verfolgung liegt hier in einem kriminellen Unrecht des F, der seine wie auch immer berechtigten Rechtsansprüche durch den Einsatz von Gewalt illegal durchsetzt. Das Bundesamt wird in diesem Fall außerdem an der Wiederholung der Verfolgung zweifeln, weil mit der Zerstörung des Hauses und der Flucht des G für den F kein Anlass bestehe, weiter aktiv zu werden. G könne sich in einem anderen Landesteil eine neue Existenz aufbauen.

### 3.6.2 Rassistische Verfolgung und Verfolgung wegen der Nationalität

Mit rassistischer Verfolgung sind die Fälle einer Verfolgung gemeint, die an die Hautfarbe, Herkunft oder ethnische Zugehörigkeit anknüpft (so definiert in § 3b Abs. 1 Nr. 1 AsylG). Der Begriff Nationalität ist hier nicht beschränkt auf die Staatsangehörigkeit zu verstehen, er kann auch eine Gruppe bezeichnen, die sich kulturell, sprachlich oder ethnisch von der übrigen Bevölkerung unterscheidet (§ 3b Abs. 1 Nr. 3 AsylG). Diesen beiden Merkmalen, das sei an dieser Stelle kurz festgehalten, ist gemeinsam, dass sie für den Betroffenen unverfügbar, also nicht ohne Weiteres änderbar sind.

### 3.6.3 Verfolgung wegen der Religion

Religion meint eine Glaubensüberzeugung, die sich auf das Sein des Menschen, den Sinn des Daseins und seine Beziehung zu einem wie auch immer geglaubten Gott bezieht, oder die ein Sinn- und Moralgefüge postuliert und dabei ohne den Gottesgedanken auskommt (wie z. B. der Buddhismus). Geschützt ist auch eine explizit atheistische Vorstellung, oder auch der Wunsch, sich mit Religion

## III. Die verschiedenen Schutzstatus

nicht befassen zu wollen („negative Religionsfreiheit"). Es kommt bei allem darauf an, dass es sich um eine die persönliche Identität und Lebensform prägende Grundhaltung handelt.

Bei der Reichweite dessen, was als Religionsbetätigung geschützt ist, hat der europäische Richtliniengeber einen bedeutsamen Schritt getan, der mittlerweile auch in § 3b Abs. 1 Nr. 2 AsylG seinen Niederschlag gefunden hat:

§ 3b Abs. 1 Nr. 2 AsylG:

„der Begriff der Religion umfasst insbesondere theistische, nichttheistische und atheistische Glaubensüberzeugungen, die Teilnahme oder Nichtteilnahme an religiösen Riten im privaten oder öffentlichen Bereich, allein oder in Gemeinschaft mit anderen, sonstige religiöse Betätigungen oder Meinungsäußerungen und Verhaltensweisen Einzelner oder einer Gemeinschaft, die sich auf eine religiöse Überzeugung stützen oder nach dieser vorgeschrieben sind;"

Geschützt ist die Religion seitdem nämlich nicht nur im privaten, sondern auch im öffentlichen Bereich. Wer wegen der Teilnahme an Gottesdiensten oder religiösen Feiern in der Öffentlichkeit verfolgt wird, kann sich ebenso auf den Verfolgungsgrund der Religion berufen, wie jemand, der wegen religiöser Meinungsäußerungen, dem Tragen von religiösen Symbolen oder der Werbung für einen bestimmten religiösen Glauben behelligt wird. Das früher anzutreffende Argument, die Religionsfreiheit sei bereits gewahrt, solange das häusliche Beten nicht verfolgt werde (und man solle sich doch in diesen häuslichen Bereich zurückziehen), hat in dem aktuellen Flüchtlingsrecht keine Stütze mehr.

Der Verfolgungsgrund der Religion gilt konsequenterweise auch für die Personen, die wegen ihrer religionskritischen Äußerungen und Handlungen – oder auch wegen ihrer Weigerung, an bestimmten Riten teilzunehmen – als Ungläubige, Ketzer oder Häretiker verfolgt werden oder denen der Vorwurf der Apostasie (Glaubensabfall) gemacht wird. Die Religionsfreiheit umfasst eben auch die Freiheit, nicht religiös zu sein oder auch an religiösen Glaubenssätzen zu zweifeln.

Die religionskritische Handlung muss nicht zwingend gegenüber Staat oder einer mächtigen mit dem Staat verbundenen Amtskirche vollzogen werden. Da es auch hier nichtstaatliche Verfolgung (siehe dazu unten 3.8) geben kann, kommt auch eine flüchtlingsrechtlich

## 3. Flüchtlingseigenschaft nach der Genfer Konvention

relevante Verfolgung in Betracht, wenn gesellschaftlich mächtige Milizen unter Androhung von Gewalt zur Teilnahme an vermeintlich religiös gebotenen Handlungen aufrufen oder vorgeblich gotteslästerliches Verhalten ahnden.

**Beispiel:**

T kommt aus dem Land Z, in dem es derzeit keine effektive Staatsgewalt gibt. Als junger Mann wurde er von einer Gruppe religiöser Milizen dazu aufgefordert, im Namen Gottes an Kämpfen gegen Andersgläubige und Abtrünnige teilzunehmen. T weigert sich, er sagt, dass Gewalt gegen Andersgläubige seinem Religionsverständnis widerspreche. Er wird mit dem Tod bedroht. Seine Eltern beschließen, dass er das Land verlassen solle. T kann sich hier auf den Verfolgungsgrund der Religion berufen, in Betracht käme aber auch politische Verfolgung.

### 3.6.4 Verfolgung wegen der politischen Überzeugung

Der Begriff der Überzeugung umfasst Meinungen und Grundhaltungen (§ 3b Abs. 1 Nr. 5 AsylG), politisch ist eine Überzeugung, wenn sie sich auf das gesellschaftliche Zusammenleben und dessen Organisation bezieht. Es ist nicht entscheidend, dass der Antragsteller wegen dieser Überzeugung tätig geworden ist. Es ist auch außerdem nicht erheblich, ob der Betreffende eine geäußerte Meinung wirklich hat, sofern die Verfolgung nur an diese Äußerung anknüpft. Wie § 3b Abs. 2 AsylG zeigt, muss der Verfolgte nicht einmal eine bestimmte politische Äußerung getätigt haben, solange der Verfolger davon ausgeht, dass die andere Person ein politischer Dissident ist.

Eine abweichende politische Überzeugung muss nicht mündlich oder schriftlich zum Ausdruck gebracht werden, obwohl das sicherlich der Hauptfall ist: Sie kann sich auch aus Handlungen ergeben, die der Verfolger auf eine kritische Überzeugung zurückführt. Die Teilnahme an Demonstrationen oder politisch motivierten Streiks können somit ebenfalls politische Verfolgung begründen wie auch umgekehrt die Weigerung, sich an kollektiven von der Staatsführung verordneten Handlungen zu beteiligen. Der Fantasie eines totalitären Regimes, in den winzigsten Lebensäußerungen den Ausdruck von Opposition zu sehen, ist bekanntlich keine Grenze gesetzt.

### III. Die verschiedenen Schutzstatus

Eine oppositionelle Haltung kann im Einzelfall auch dem zugerechnet werden, der den Militärdienst verweigert, das Land illegal verlässt oder in einem (feindlichen) Staat Asyl beantragt. Die Beurteilung hängt davon ab, was der verfolgende Staat als Ausgangspunkt für den Ausdruck einer staatsfeindlichen Gesinnung ansieht und was der Antragsteller an Verfolgungshandlungen mit Grund befürchten muss. Wann Verfolgung einsetzt, bestimmt eben der Verfolger und nicht der schutzgewährende Staat.

**Beispiel:**

Die Bewertung, ob einem syrischen Staatsangehörigen, der nach seiner illegalen Ausreise in der Bundesrepublik Asyl beantragt hat, im Falle seiner Rückkehr mit politisch motivierten Sanktionen zu rechnen hat, ist keine asylrechtliche, sondern eine praktisch-politische. Entscheidend ist die Aussage, ob das Regime in Damaskus mit der erforderlichen Wahrscheinlichkeit solche Sanktionen aus genau diesem Grunde (der Wehrdienstentziehung als politische Äußerung) trifft.

#### 3.6.5 Verfolgung wegen der Zugehörigkeit zu einer bestimmten sozialen Gruppe

Der Verfolgungsgrund der Gruppenzugehörigkeit ist ein Auffangtatbestand. Er erfasst heute auch Fälle, an die man im Jahr 1951 noch gar nicht gedacht hat, als die Konvention verabschiedet wurde.

Damit dieser Verfolgungsgrund angenommen werden kann, muss der betreffende Antragsteller bezogen auf sein Herkunftsland Mitglied einer sozialen Gruppe im Sinne der Flüchtlingskonvention sein und seine Verfolgung muss an diese Gruppenzugehörigkeit anknüpfen.

Eine soziale Gruppe wird durch zwei Merkmale bestimmt, wobei das erste Merkmal das innere verbindende Element der Mitglieder betrifft, das zweite die Betrachtung von außen:

**§ 3b Abs. 1 Nr. 4 AsylG:**

„eine Gruppe gilt insbesondere als eine bestimmte soziale Gruppe, wenn

a) die Mitglieder dieser Gruppe angeborene Merkmale oder einen gemeinsamen Hintergrund, der nicht verändert werden kann, gemein haben oder Merkmale oder eine Glaubensüberzeugung teilen, die so bedeutsam für die Identität oder das Gewissen sind, dass der Betreffende nicht gezwungen werden sollte, auf sie zu verzichten, und

## 3. Flüchtlingseigenschaft nach der Genfer Konvention

b) die Gruppe in dem betreffenden Land eine deutlich abgegrenzte Identität hat, da sie von der sie umgebenden Gesellschaft als andersartig betrachtet wird;

(...)"

Aus dem ersten Teil der Definition wird ersichtlich, dass die verklammernde Eigenschaft, die allen Gruppenmitgliedern gemeinsam ist, nicht frei oder jedenfalls nur schwer disponibel ist. Deutlich ist das bei einem „angeborenen Merkmal". Rassistische Verfolgung wäre demnach immer auch ein Fall von § 3b Abs. 1 Nr. 4 AsylG, so wie auch die geschlechtsspezifische Verfolgung. Der mögliche Einwand mit dem Hinweis, dass die geschlechtliche Identität durchaus auch das Ergebnis einer Konstruktion sein könne, ändert daran nichts. Das Gesetz stellt in § 3b Abs. 1 Nr. 4 AsylG nämlich jetzt klar:

**§ 3b Abs. 1 Nr. 4 letzter Halbs. AsylG:**

„(...) eine Verfolgung wegen der Zugehörigkeit zu einer bestimmten sozialen Gruppe kann auch vorliegen, wenn sie allein an das Geschlecht oder die geschlechtliche Identität anknüpft."

Auch der unveränderliche gemeinsame Hintergrund kann eine Rolle spielen. Damit sind etwa die Fälle einer sozialen oder beruflichen Stellung erfasst. Wer in einem streng durchdifferenzierten Klassen- oder Kastensystem lebt, kann seine soziale Stellung selbst nicht verändern. Knüpft die Verfolgung an eine solche Stellung an, kann Verfolgung wegen Zugehörigkeit zu einer bestimmten sozialen Gruppe vorliegen.

Offener für Interpretation ist aber der dritte Fall, denn hier ist das verklammernde Merkmal nicht angeboren oder ein unveränderbarer Hintergrund, sondern fußt in einer Gewissens- oder Glaubensüberzeugung. Hier könnte der Betreffende möglicherweise auf die Ausübung seines Glaubens oder Gewissens verzichten. Was das Pendel dann aber wieder in die Richtung Unveränderbarkeit ausschlagen lässt, ist der Umstand, dass das Merkmal für die Identität oder das Gewissen des Einzelnen so bedeutsam ist, dass man ihn nicht zwingen sollte, hierauf zu verzichten. Bei dieser Umschreibung kann man an tiefe, die Identität prägende persönliche Überzeugungen denken, wie sie bei der religiösen oder politischen Verfolgung schon angeklungen sind.

## III. Die verschiedenen Schutzstatus

Der wichtigste Anwendungsfall hier ist allerdings der Schutz von Menschen, die wegen ihrer sexuellen Orientierung verfolgt werden. Diese sind von den anderen Verfolgungsgründen nicht begünstigt. Der Europäische Gerichtshof hat in seiner wichtigen Entscheidung aus dem Jahr 2013 (EuGH, Urt. v. 07.11.2013, Az.: C-199/12, C-200/12, C-201/12) herausgehoben, dass es sich bei der homosexuellen Orientierung um ein Merkmal handelt, das so bedeutsam für die Identität ist, dass man nicht gezwungen werden sollte, hierauf zu verzichten.

Als zweites muss die externe Betrachtung ergeben, dass die Gruppe von außen als anders empfunden wird. Das ist aber immer dann der Fall, wenn Menschen wegen ihres Andersseins besonders wahrgenommen, bezeichnet oder behandelt werden.

Bei der Frage, ob es diese externe Betrachtung tatsächlich gibt, wird zuweilen auf die Verfolgungsintensität (oder sogenannte Verfolgungsdichte) geblickt. Dem liegt die Annahme zugrunde, dass eine Verfolgung wegen eines Gruppenmerkmals nur dann vorliegen könne, wenn sich diese Verfolgung mit einer statistischen Relevanz fassen lasse. Diese Betrachtungsweise darf sicherlich nicht allzu schematisch angewandt werden. Zu berücksichtigen bleibt immer, dass der Verfolgung Willkür anhaftet, die sich nicht im statistischen Wege einfangen lässt.

Im Sinne eines effektiven Flüchtlingsschutzes konnte man in der Literatur und in einigen Gerichtsurteilen einen Aufschwung von verfolgten Gruppen beobachten. So wurde von der Gruppe der von ihrem Mann verstoßenen pakistanischen Frauen gesprochen. Diese Gruppenbildung ist indes nicht erforderlich, weil auch hier auf den Bezugspunkt des Geschlechts zurückgegriffen werden kann. Untergruppen sind dann nicht nötig. In die Diskussion gebracht wurde auch z. B. die Gruppe der von der somalischen al-Shabaab-Miliz angeworbenen jungen Männer. Aber auch diese Gruppenbildung ist im Sinne eines Flüchtlingsschutzes nicht erforderlich. Hier wäre es sinnvoll, die drohende Verfolgung als politisch oder religiös motiviert (Weigerung, an einem „heiligen Krieg" mitzuwirken) zu betrachten.

Ein ähnliches Beispiel ist die „Gruppe der Helfer"; auch hier muss für den effektiven Flüchtlingsschutz nicht künstlich eine bestimmte Gruppe gebildet werden. Wer etwa als Nichtjude während des Nationalsozialismus Juden versteckte, musste selbst mit Verfolgung rechnen. Das Flüchtlingsrecht diskutiert nun, wie solche Helfer zu

## 3. Flüchtlingseigenschaft nach der Genfer Konvention

behandeln sind. Hier ließe sich als Verfolgungsgrund eine dem Regime widersprechende politische Haltung anführen, vielleicht auch eine Verfolgung, die an eine Gewissensbetätigung anknüpft und damit letztlich religiös wäre. In der Literatur wird aber auch die Gruppe der Helfer gebildet: Menschen, die über das Merkmal des Helfens zusammengefasst sind und wegen ihres Helfens als andersartig eingeschätzt und verfolgt werden. Letzteres hätte den Vorteil, dass hier alle Motive gleichermaßen zum Zuge kämen, eben auch weniger hehre Motive, die nicht politisch-religiös unterfüttert sind. Andererseits lassen sich auch bei dem Merkmal der politischen Verfolgung die eigentlichen Motive des Verfolgten ausblenden: Es kommt immer darauf an, was der Verfolger für den Anlass der Verfolgung nimmt. Wer als Verfolger den Helfer für einen Oppositionellen hält, verfolgt ihn aus politischen Gründen, auch wenn der Betreffende andere Motive hat.

**Wichtig:** Die Verfolgung wegen der Zugehörigkeit zu einer sozialen Gruppe darf nicht mit dem Begriff „Gruppenverfolgung" verwechselt werden. Die Gruppenverfolgung spielt eine Rolle im Zusammenhang mit der Verfolgungswahrscheinlichkeit. Wenn bekannt ist, dass eine Gruppe in einem Land mit Verfolgungsmaßnahmen bedroht ist, kann damit auch die Verfolgungsgefahr eines Einzelnen hergeleitet werden, auch wenn er persönlich noch keine Verfolgungsmaßnahme erlitten hat.

### 3.7 Verknüpfung zwischen Verfolgungsgrund und Verfolgungshandlung

Für die Flüchtlingsanerkennung kommt es darauf an, dass die Verfolgungshandlung gerade wegen des bestimmten Verfolgungsgrundes stattfindet. Für die meisten Fälle liegt dieser Zusammenhang auf der Hand. Etwas schwieriger ist es, wenn nicht der Verfolgungsgrund selbst die Verletzungshandlung motiviert, sondern die Verfolgung nur damit zusammenhängt, dass ein Schutz nicht geboten wird. Dass dies genauso zu behandeln ist, wird durch die Qualifikationsrichtlinie neuerdings (seit 2011) klargestellt, denn danach kann die „Verknüpfung zwischen den (…) Gründen" auch in „dem Fehlen von Schutz vor solchen Handlungen bestehen" (Art. 9 Abs. 3 QRL).

**Beispiel:**

L ist Mitglied eines Minderheitenclans in Somalia. Er verursacht bei einem Autounfall leichtfertig den Tod eines anderen, des-

## III. Die verschiedenen Schutzstatus

sen Familie einem sehr einflussreichen Clan angehört. Eine sich anschließende Bedrohungslage wegen einer privaten Rache gegenüber L ließe sich über die soziale Gruppe des Minderheitenclans erfassen. Der Zusammenhang zwischen der Verfolgung (Drohung mit Rache und Tod) und der Gruppenzugehörigkeit des L besteht aber nicht unmittelbar. L wird nicht wegen der Zugehörigkeit zum Minderheitenclan bedroht, sondern wegen der Schuld an dem tödlichen Autounfall. Der Bezug zur Gruppenzugehörigkeit ergibt sich aber dadurch, dass er wegen dieses Umstandes zum Opfer der Rache wird, weil weder der eigene Clan noch ein anderer ihm aufgrund seiner Gruppenzugehörigkeit Schutz bieten.

### 3.8 Staatliche und nichtstaatliche Verfolgung

Anders als für eine Asylanerkennung ist es bei der Annahme einer Flüchtlingseigenschaft nicht erheblich, ob die Verfolgung staatlich oder nichtstaatlich ist. Auch nichtstaatliche Verfolgung kann flüchtlingsrechtlich relevant sein, wenn der Staat oder in ihm herrschende Organisationen dagegen nichts ausrichten können oder wollen (§ 3c AsylG). Die Verfolgung kann daher auch in einem zerfallenen Staat von marodierenden Milizen oder Clans ausgehen. Sie kann aber auch in einem bestehenden Staat aus der Mitte der Gesellschaft verübt werden, wenn es zu gemeinsamen Übergriffen gegen Minderheiten kommt und die Polizei nicht einschreitet, weil sie dazu „erwiesenermaßen nicht in der Lage oder willens ist". Gewalt und Verfolgung, die von einer Familie ausgehen (z. B. im Zusammenhang mit einer geschlechtsspezifischen Verfolgung), ließen sich hier auch nennen.

Als weiteres Beispiel könnte eine Fehde genannt werden, die sich aus der Verletzung von Eheschließungsvereinbarungen ergeben hat, sofern gegen die Verfolgung staatliche Hilfe nicht zu bekommen ist. Desgleichen wäre hier die drohende Genitalverstümmelung zu sehen: Es mag sein, dass diese Form der Gewalt gegen Mädchen in einem Staat gesetzlich verboten ist, aber von den Familien unbehelligt gefordert und praktiziert wird. Auch dann könnten diese Handlungen als flüchtlingsrelevant anerkannt werden, auch wenn die Verfolgung nicht vom Staat ausgeht – und nach formaler Gesetzeslage auch gar nicht stattfinden darf. Entscheidend ist, dass sie stattfindet und staatlich nicht unterbunden wird.

## 3. Flüchtlingseigenschaft nach der Genfer Konvention

Allerdings liegt bei nichtstaatlicher Verfolgung die Annahme nahe, dass die Verfolgungsgefahr lokal begrenzt ist. Dann nämlich verweist das Flüchtlingsrecht den Betroffenen in diese sicheren Landesteile. Sofern also die Verfolgung tatsächlich landesweit droht, sollte das von dem Betroffenen und seinen Vertretern immer sorgfältig herausgearbeitet werden. Zum „internen Schutz" oder der „inländischen Fluchtalternative" (siehe sogleich unter 3.9).

Ein gutes Beispiel für den Fall, dass weder staatliche noch der Fall tolerierter staatlicher Gewalt vorliegt, bietet der sog. Amtswalterexzess. Damit meint man den Fall, dass ein Amtsträger seine dienstlichen Befugnisse auf eigenen Entschluss hin überschreitet und gegenüber einem Dritten Verletzungshandlungen begeht. Sofern dieser Exzess in einer vereinzelten Handlung besteht, die nachweislich von der staatlichen Verwaltung nicht gewünscht und als kriminelles Unrecht geahndet wird, wird dieses Verhalten dem Staat nicht als Verfolgungshandlung zugerechnet. Es handelt sich aus diesem Grunde auch nicht um nichtstaatliche Verfolgung, weil die Staatsgewalt, sobald sie davon Kenntnis hat, einschreiten könnte und wollte.

**Beispiel:**

G wird in dem Staat Y, über den bekannt ist, dass dort Rassismus und Polizeigewalt verboten und missbilligt sind, nachts wegen eines Verkehrsdeliktes festgenommen und über Nacht auf der Polizeiwache arrestiert. In den frühen Morgenstunden wird G von dem Sicherheitsbeamten S, ohne dass seine Kollegen dies mitbekommen, rassistisch beleidigt und misshandelt. Weil in diesem Fall feststeht, dass Rassismus und Polizeigewalt in Y bestraft und missbilligt werden und das Verhalten des S ein vereinzeltes und spontanes Tun darstellt, wird man das Handeln des S nicht dem Staat Y zurechnen. Eine Flüchtlingsanerkennung scheidet mangels staatlicher Verfolgung aus. Der G könnte den S gerichtlich wegen der Verletzungen belangen, sofern ihm das Gericht mit seinem Vortrag glaubt.

### 3.9 Inländische Fluchtalternative

Eine Anerkennung als Flüchtling ist ausgeschlossen, wenn es für den Ausländer in seinem Herkunftsland Landesteile gibt, in denen er vor der Verfolgung sicher ist. Diese Frage stellt sich oft bei Fällen

## III. Die verschiedenen Schutzstatus

der nichtstaatlichen Verfolgung, weil hier die Machtsphäre der verfolgenden Gruppierungen häufig lokal begrenzt ist. Geht die Verfolgung vom Staat aus, wird man regelmäßig annehmen, dass der betroffene Flüchtling landesweit verfolgt wird. Anders aber, wenn Clans, Milizen oder Familien die Verfolgungsakteure sind: Dann wendet das Bundesamt vielleicht mit Recht ein, dass es für den Ausländer auch in seinem Herkunftsstaat Regionen geben kann, in denen er die Verfolgung nicht fürchten muss. Ob wirklich Sicherheit vor Verfolgung besteht, muss dann im Einzelnen geprüft werden.

**Beispiel:**

A ist afghanischer Staatsangehöriger aus der Provinz Kandahar, er arbeitet bei westlichen Organisationen als Berater. Er wurde in seinem Heimatort mehrfach von Mitgliedern der Taliban aufgesucht und dazu gedrängt, diese Kooperation zu beenden. Weil er sich beharrlich weigerte, erhielt er Todesdrohungen. Das Bundesamt lehnt eine Verfolgungsgefahr mit dem Argument ab, dass A in Kabul oder auch in Herat sicher sei. Eine entsprechende Auskunftslage lege nahe, dass der Einfluss der Taliban nicht nach Kabul und Herat reiche, wo A in der Anonymität der Großstadt Schutz finde.

Neben der Sicherheit vor Verfolgung sind aber noch weitere Voraussetzungen zu prüfen: Es muss feststehen, dass der Ausländer gefahrlos in diese Landesteile reisen kann und dort auch Aufnahme findet (§ 3e AsylG). Außerdem muss es dem Ausländer zumutbar sein, sich dort niederzulassen. Für die Frage nach der Zumutbarkeit spielen alle individuellen Aspekte eine Rolle, wie etwa familiäre Bezüge, soziale, sprachliche und kulturelle Differenzen und nicht zuletzt die Aussichten, ein wirtschaftliches Auskommen zu finden.

**Beispiel:**

Im Beispiel des A könnte das Gericht (die jeweiligen einzelnen Umstände unterstellt) zu der Auffassung gelangen, dass ihm die Aufnahme in Kabul nicht zuzumuten sei, weil er z. B. aufgrund einer mangelnden Schulbildung oder dem Fehlen von verwandtschaftlichen Beziehungen kaum Aussicht auf ein wirtschaftliches Auskommen habe; zudem laufe er dann auch Gefahr, Opfer von Kriminellen zu werden. Freilich spielt die Frage der Aufnahmebedingungen in Kabul oder Herat dann keine

### 3. Flüchtlingseigenschaft nach der Genfer Konvention

> Rolle, wenn das Gericht zu der Auffassung gelangt, dass die Verfolgungsgefahr durch die Taliban auch an diesem anderen Ort fortbesteht.

### 3.10 Ausschlussgründe

Die Flüchtlingsanerkennung unterliegt Ausschlussgründen, und zwar dann, wenn der Verfolgte vor der Einreise seinerseits schwere Verbrechen begangen hat oder dann in Deutschland aufgrund seines Handelns eine Sicherheitsgefahr darstellt. Die Folge ist, dass dieser Antragsteller schlussendlich doch nicht zu einer Flüchtlingsanerkennung kommt. Weil solche Personen aber in ihrem Herkunftsland mit Verfolgung rechnen müssen, werden sie nicht abgeschoben, sie bekommen allerdings nicht den Flüchtlingsstatus (und auch keinen subsidiären Schutz). Sie dürfen aber aus humanitären Gründen (z. B. als Geduldete) in Deutschland bleiben.

Die Ausschlussgründe lassen sich in zwei Gruppen einteilen, das sind zunächst die Straftaten und Handlungen, die der Ausländer vor der Aufnahme in Deutschland begangen hat. Das müssen dann Kriegsverbrechen, Verbrechen gegen die Menschlichkeit oder schwerwiegende nichtpolitische Straftaten im Ausland gewesen sein oder auch Handlungen gegen die Ziele der Vereinten Nationen (§ 3 Abs. 2 AsylG).

Die zweite Gruppe betrifft die Fälle, in denen der Ausländer in Deutschland eine schwerwiegende Gefahr für die Sicherheit darstellt, weil er hier zu einer Freiheitsstrafe von mindestens drei Jahren verurteilt worden ist. Wurde die Straftat auf bestimmte Weise begangen und richtete sie sich dabei gegen die sexuelle Selbstbestimmung einer anderen Person oder andere Rechtsgüter, wie sie in § 60 Abs. 8 Satz 3 AufenthG genannt sind, dann kann auch schon eine Verurteilung zu einem Jahr Freiheitsstrafe (auch mit Bewährung) zum Ausschluss aus der Flüchtlingsanerkennung führen. Die letztere Regelung ist neu, sie wurde unter dem Eindruck der Ereignisse in der Kölner Silvesternacht 2015/2016 in das Gesetz aufgenommen und sollte diese besondere Form der aus einer Menschenmenge begangenen sexuellen Nötigung oder Eigentumsverletzung erfassen. Diese Regelung gilt aber nur für den Flüchtlingsschutz, nicht für den subsidiären Schutz.

## III. Die verschiedenen Schutzstatus

**Beispiel:**

A, dessen Asylverfahren noch nicht abgeschlossen ist, und B, sein Zimmergenosse in der Unterkunft, der bereits als Flüchtling anerkannt wurde, sind wegen einer gemeinschaftlichen sexuellen Nötigung, die nach der Überzeugung des Strafgerichts während eines Volksfestes unter Anwendung von List begangen worden ist, jeweils zu einer Bewährungsstrafe von 14 Monaten verurteilt worden. Für A ist das ein Ausschlussgrund, der einer Flüchtlingsanerkennung im Weg steht. Bei B kann das Bundesamt, sobald es von der Verurteilung erfährt, einen Widerruf der Anerkennung durchführen.

### 3.11 Widerruf und Rücknahme

Flüchtlingsschutz wird nicht unbegrenzt gewährt. Ändern sich die Verhältnisse im Herkunftsland oder fallen sonst die Gründe weg, die für eine Verfolgungsgefahr gesprochen haben, kann das Bundesamt eine Flüchtlingsanerkennung widerrufen (§ 73 AsylG). Der Widerruf ist eine behördliche Vorgehensweise, die es auf allen Gebieten des Verwaltungsrechts gibt. Ein solcher Widerruf hat keine Rückwirkung, alle bislang als Flüchtling erlangten Vergünstigungen bleiben rechtmäßig, der Widerruf richtet sich auf die Zukunft. Etwas anders ist die Rücknahme; sie betrifft den Fall, dass die Anerkennung anfänglich schon fehlerhaft war, also nie hätte erteilt werden dürfen. Der Flüchtling muss nach Bestandskraft des Widerrufs- oder Rücknahmebescheides seinen Flüchtlingsausweis zurückgeben und verliert möglicherweise – aber eher selten – auch seinen Aufenthalt. Ausführlich zu Widerruf und Rücknahme, siehe unten in Kap. XII.

### 3.12 Zusammenfassung und Checkliste

Die Flüchtlingsanerkennung setzt die begründete Furcht vor einer bestimmten individuellen Verfolgung wegen einer der fünf genannten Verfolgungsgründe voraus.

**Flüchtlingsanerkennung:**

- begründete Furcht (mit beachtlicher Wahrscheinlichkeit)
- vor Verfolgung (drohende Verfolgungshandlungen)

- durch den Staat oder im Zuge nichtstaatlicher Verfolgung, wenn Staat entweder nicht willens oder in der Lage ist, Schutz zu bieten
- wegen einer der fünf Verfolgungsgründe (rassistische Verfolgung, Verfolgung wegen Religion, Nationalität, politische Überzeugung und Zugehörigkeit zu einer bestimmten sozialen Gruppe)
- kein Schutz im Herkunftsland (keine inländische Schutzalternative)
- kein Ausschlussgrund

## 4. Der subsidiäre Schutz (§ 4 AsylG)

### 4.1 Grundgedanke: Drohen eines ernsthaften Schadens

Der subsidiäre Schutz setzt nicht bei einer individuellen Verfolgung an, sondern gibt solchen Menschen eine Bleibeperspektive, die ohne Opfer von individueller Verfolgung zu werden, Gefahr laufen, einen ernsthaften Schaden bei Rückkehr in ihrem Herkunftsland zu erleiden. Was ein ernsthafter Schaden ist, wird in § 4 Abs. 1 AsylG definiert. Es sind hier drei Gruppen von Fällen genannt. Gefahrenmaßstab ist das Vorliegen „stichhaltiger" Gründe. Ob der Wahrscheinlichkeitsmaßstab hier ein anderer ist als bei der flüchtlingsrechtlichen Beurteilung, ist in der Theorie umstritten. Die Praxis macht aber keinen Unterschied und sieht die „stichhaltigen Gründe" als gegeben an, wenn ebenfalls eine „beachtliche" Wahrscheinlichkeit für den ernsthaften Schaden besteht.

Mit dem subsidiären Schutz wurde eine Lücke im Menschenrechtsschutz geschlossen. Aus der Erfahrung, dass es schwerwiegende Beeinträchtigungen auch für die Menschen gibt, die nicht von Verfolgung im klassischen Sinne betroffen sind, hat man – auch mit Blick auf die vielen Geflüchteten wegen der jugoslawischen Nachfolgekriege (1991–2001) – in der Europäischen Union 2004 eine Konsequenz gezogen und den subsidiären Schutz eingeführt. Dieser subsidiäre Schutz sollte die Regelungen der Genfer Konvention ergänzen. Das kommt auch in der Bezeichnung „subsidiär" zum Ausdruck, was so viel bedeutet wie „hilfsweise" oder „ergänzend". Aus diesem Grund prüft das Bundesamt den subsidiären Schutz auch nur dann, wenn es den Flüchtlingsstatus versagt. Der anerkannte Flüchtling benötigt den ergänzenden Schutz nicht.

## III. Die verschiedenen Schutzstatus

Von diesen Regelungen zum subsidiären Schutz haben hauptsächlich die potenziellen zivilen Opfer eines bewaffneten Konflikts, also Bürgerkriegsflüchtlinge, profitiert. Sie kommen nicht in den Genuss einer Flüchtlingsanerkennung, eben weil sie in der Regel nicht individuell wegen bestimmter Merkmale verfolgt werden. Sie werden jetzt aber subsidiär geschützt.

Die Rechtsstellung eines Ausländers, dem der subsidiäre Schutz zuerkannt wurde, ist zuletzt verbessert worden, er ist aber noch immer schlechter als der Status, der einem anerkannten Flüchtling gewährt wird. Das zeigt sich an der Dauer der Aufenthaltserlaubnis, die dem Berechtigten bei Ersterteilung gegeben wird, der Chance auf unbefristeten Aufenthalt und vor allem aber bei den Regeln zum Familiennachzug.

Der europäische Gesetzgeber hat drei Fälle des subsidiären Schutzes geschaffen, das ergibt sich aus Art. 15 der Qualifikationsrichtlinie. In unserem Asylgesetz findet sich der subsidiäre Schutz – mit seinen drei Fallvarianten – in § 4 AsylG.

> **§ 4 Abs. 1 AsylG:**
>
> „Ein Ausländer ist subsidiär Schutzberechtigter, wenn er stichhaltige Gründe für die Annahme vorgebracht hat, dass ihm in seinem Herkunftsland ein ernsthafter Schaden droht. Als ernsthafter Schaden gilt:
>
> 1. die Verhängung oder Vollstreckung der Todesstrafe,
> 2. Folter oder unmenschliche oder erniedrigende Behandlung oder Bestrafung oder
> 3. eine ernsthafte individuelle Bedrohung des Lebens oder der Unversehrtheit einer Zivilperson infolge willkürlicher Gewalt im Rahmen eines internationalen oder innerstaatlichen bewaffneten Konflikts."

### 4.2 Die drei Varianten eines ernsthaften Schadens

#### 4.2.1 Die drohende Verhängung oder Vollstreckung der Todesstrafe (§ 4 Abs. 1 Nr. 1 AsylG)

Diese Regelung schützt solche Personen, denen in ihrem Herkunftsland die Verhängung oder die Vollstreckung der Todesstrafe droht. Auf einen politischen Hintergrund der Bestrafung kommt es nicht an. Wem wegen eines politischen Delikts die Todesstrafe droht, kann sich möglicherweise auf die Verfolgung im Sinne der Flüchtlingskonvention berufen. Der subsidiäre Schutz trägt dem Gedanken Rechnung, dass die Tötung eines Menschen unabhängig von

## 4. Der subsidiäre Schutz (§ 4 AsylG)

irgendeinem Grund und auch im Rahmen eines ansonsten rechtsstaatlichen Strafverfahrens gegen unsere Wertordnung verstößt. Der Person kann gegebenenfalls in Deutschland ein Strafverfahren drohen, wenn ihr ein Verbrechen vorgeworfen wird; im Übrigen kann ebenso wie beim Flüchtling der Ausschluss der Schutzberechtigung drohen, wenn der Antragsteller nachweislich ein schweres Verbrechen begangen hat. Eine Abschiebung in diesem Zusammenhang scheidet wegen der drohenden Todesstrafe aber aus.

Von der Abschiebung zu unterscheiden ist die Auslieferung. Hier steht der Auslieferungsantrag eines anderen Staates im Zentrum. Die gesetzlichen Regelungen hierzu finden sich, sofern es um Auslieferungen über die Grenzen der EU hinausgeht, im IRG, dem Gesetz über den internationalen Rechtsverkehr in Strafsachen. Entscheidungen über die Auslieferung treffen die Oberlandesgerichte (§ 13 Abs. 1 IRG), also nicht das Bundesamt. Auch eine Bundesamtsentscheidung ist für die Auslieferung an sich nicht verbindlich, das ordnet § 6 AsylG ausdrücklich an. Hieran zeigt sich, dass das Auslieferungsrecht und das Asylrecht getrennte Wege gehen, was nicht sehr überzeugend ist, aber historische Gründe hat.

Aufgrund einer Zusicherung des ersuchenden Staates, eine Todesstrafe nicht zu verhängen oder sie nicht zu vollstrecken, kann eine Auslieferung zulässig sein oder werden. Ob dieses Prinzip bei einer Abschiebung angewendet werden kann, ist umstritten. Es hätte dann zur Folge, dass auch eine Abschiebung möglich wäre, wenn der Zielstaat der Abschiebung versichert, dass die Todesstrafe nicht verhängt oder vollstreckt wird.

*4.2.2 Folter oder unmenschliche oder erniedrigende Behandlung oder Bestrafung (§ 4 Abs. 1 Nr. 2 AsylG)*

Die Abgrenzung zwischen Folter, unmenschlicher und erniedrigender Behandlung muss hier nicht vollzogen werden, für die Handhabung des Schutztatbestandes ist das nicht erforderlich. Wichtig in diesem Zusammenhang ist es aber zu wissen, dass diese Regelung auf den Wortlaut des Art. 3 der Europäischen Menschenrechtskonvention (EMRK) zurückgeht und dass die Begriffe auch im Sinne dieser Vorschrift auszulegen sind. Auch in Art. 4 der Grundrechtecharta der EU ist der der gleiche Wortlaut zu finden.

## III. Die verschiedenen Schutzstatus

**Art. 3 EMRK:**
„Niemand darf der Folter oder unmenschlicher oder erniedrigender Strafe oder Behandlung unterworfen werden."

Da es hier ja um den subsidiären Schutz geht, scheiden Folter und unmenschliche (oder erniedrigende) Behandlung bzw. Strafe aus, die zugleich Verfolgung darstellen. Diese Fälle führen zum Flüchtlingsschutz.

Fälle, für die § 4 Abs. 1 Nr. 2 AsylG praktisch wird, können also nur dann vorliegen, wenn schwerwiegende Menschenrechtsverletzungen drohen, die nicht verfolgungsbezogen sind, weil sie z. B. in nicht diskriminierender Weise alle Bürger erfassen oder keinen bestimmten Verfolgungsgrund nach der Genfer Konvention erkennen lassen. Das können dann etwa menschenrechtswidrige Haftbedingungen oder Polizeimethoden sein. In Betracht kommen auch unverhältnismäßig hohe oder menschenunwürdige Strafen (z. B. Körperstrafen), insbesondere wenn die zugrundeliegenden Delikte in der Bundesrepublik gar nicht oder nur geringfügig bestraft werden.

**Beispiel:**

Auch die Sanktion des eritreischen Staates im Zusammenhang mit illegaler Ausreise und dem Verdacht der Wehrdienstentziehung gehört hierher – allerdings nur dann, wenn man hier nicht von einer Verfolgung nach der Genfer Konvention ausgeht. Nach der Auskunftslage kommt es im Falle von eritreischen Rückkehrern, die ihr Land zuvor ohne Ausreiseerlaubnis verlassen haben, zu Verhörmethoden und Sanktionen, die gegen Art. 3 EMRK verstoßen.

Auch die Fälle einer drohenden Verelendung, etwa im Falle einer großen Hungersnot, ließen sich über diese Norm lösen. Allerdings wird dieser Weg von der Rechtsprechung nicht mitgegangen, denn es gilt, dass der ernsthafte Schaden im Sinne des § 4 Abs. 1 Satz 2 auf einen Akteur i. S. v. § 4 Abs. 3 i. V. m. § 3c AsylG zurückzuführen sein muss. Bei einer Hungersnot, Pandemie oder allgemeinen Gründen der Verelendung gibt es aber keinen Akteur. Anders ist das bei dem Abschiebungsverbot nach § 60 Abs. 5 AufenthG, dort kommt es auf einen Akteur nicht an; mehr dazu in Kap. III.5.2.

## 4. Der subsidiäre Schutz (§ 4 AsylG)

Einen weiteren wichtigen Anwendungsbereich hat § 4 Abs. 1 Nr. 2 AsylG, wenn wegen der Regelungen über das Folgeverfahren kein Flüchtlingsschutz mehr erteilt werden kann (§ 28 Abs. 2 AsylG). Dann kann die drohende Verfolgung auch als Verstoß gegen das Folterverbot wenigstens zu einem subsidiären Schutzstatus führen.

**Beispiel:**
Nach negativem Ende seines Asylverfahrens schließt sich K einer regimekritischen Gruppierung in München an. Ihre Mitglieder werden im Herkunftsland bei Rückkehr nachweislich verfolgt. Auch wenn es sehr wahrscheinlich ist, dass die Verfolgung auch den K treffen würde, wegen § 28 Abs. 2 AsylG darf er sich in seinem Folgeverfahren (also zweiten Asylverfahren) nicht mehr darauf berufen, weil es sich hier um einen selbst geschaffenen Verfolgungsgrund handelt. Damit ist der K aber nicht ganz schutzlos. Wegen der drohenden menschenrechtswidrigen Behandlung und Folter hat er einen Anspruch auf Zuerkennung des subsidiären Schutzes in der Variante des § 4 Abs. 1 Nr. 2 AsylG.

### 4.2.3 Zivile Opfer bei einem bewaffneten innerstaatlichen Konflikt (§ 4 Abs. 1 Nr. 3 AsylG)

Der wichtigste Fall des subsidiären Schutzes findet sich in Nr. 3: Hier werden Zivilpersonen erfasst, denen willkürliche Gewalt infolge eines bewaffneten Konflikts in ihrem Herkunftsland und in dieser Folge eine ernsthafte individuelle Gefahr für Leben oder körperliche Unversehrtheit droht. Zur Frage, was ein bewaffneter Konflikt ist, hat der EuGH in der Entscheidung Diakité (Urt. v. 30.01.2014, Az.: C-285/12) die Hürden für eine Anwendung der Norm gesenkt. Es ist nicht erforderlich, dass es sich um eine bewaffnete Auseinandersetzung im Sinne des Völkerrechts handelt und dass die beteiligten Verbände armeeartig oder sonst organisiert sind. Es genügt, dass es sich um eine bewaffnete Gruppe handelt, die entweder eine andere Gruppierung oder die Regierungstruppen bekämpft. Auch die etwaige Dauerhaftigkeit des Konflikts spielt keine Rolle. § 4 Abs. 1 Nr. 3 AsylG kann damit die Landgewinne der Taliban in Afghanistan ebenso umfassen wie die Kämpfe der al-Shabaab-Miliz in Somalia.

Auch dazu, wie die „ernsthafte individuelle Bedrohung" zu ermitteln ist, hat der EuGH eine wichtige Entscheidung (Elgafaji, Urt.

**III. Die verschiedenen Schutzstatus**

v. 17.02.2009, Az.: C-465/07) getroffen: Das Merkmal „individuell" ist nämlich auch im Sinne von „konkret" auszulegen. Damit ergeben sich zwei Varianten, wie diese individuelle Bedrohung hergeleitet werden kann. Neben der Möglichkeit, diese Gefahr auf spezifische gefahrbegründende Umstände in der Person des Betroffenen zurückzuführen (z. B. einer beruflichen Tätigkeit als Arzt oder Polizist o. ä.), kann die Bedrohung aber auch dadurch konkret werden, dass die willkürliche Gewalt in einer Region ein so hohes Niveau erreicht, dass sich die ernsthafte Gefahr für jeden allein durch die Anwesenheit seiner Person an einem bestimmten Ort ergibt.

Diesen Grad der Gefahr hat das Bundesverwaltungsgericht bisher immer statistisch anhand der Opferzahlen in einer Region ermittelt. Maßgeblich hierfür war die Heimatregion des Antragstellers. Bei der statistischen Methode wird so vorgegangen, dass man Berichte über Opferzahlen und die Bevölkerungszahl in einer Region in ein Verhältnis setzt. In der Leitentscheidung des Bundesverwaltungsgerichts aus dem Jahr 2011 wurde eine Quote von 1:800 (das entspricht einer Prozentwahrscheinlichkeit von 0,125 %) als noch nicht ausreichend angesehen, um eine solche ernsthafte Gefahr zu bejahen (BVerwG, Urt. v. 17.11.2011, Az.: 10 C 13.10). Wurde schon diese Quote nicht erreicht, wurde die weitere Prüfung abgebrochen. Auf anderweitige Aspekte der Gefahrerhöhung kam es nicht an. Einen subsidiären Schutz gab es nicht mehr.

Dieser Fokussierung auf die Statistik hat der EuGH aber im Juni 2021 eine Absage erteilt (EuGH, Urt. v. 10.06.2021, Az.: C-901/19) und ausgeführt, dass auch bei der Ermittlung einer allgemeinen Gefahr eine Gesamtbetrachtung unter Einschluss aller individuellen Umstände stattzufinden habe. Damit können Zivilpersonen, die weder für sich auf gefahrbegründende Umstände verweisen können, noch in einer Region leben, in der die Quote der Opfer statistisch relevant ist (also deutlich über 0,125 % liegt), verlangen, dass eine Gesamtbetrachtung aller Umstände erfolgt, um die ernsthafte Bedrohung zu ermitteln. Im Anschluss an diese Entscheidung ist mit einem weiteren Anwendungsbereich der Vorschrift zu rechnen. Als berücksichtigungsfähige Aspekte nennt der EuGH die Art, die Dauer und Intensität des Konfliktes, seine geografische Ausweitung und auch die besondere Aggressivität von Konfliktparteien gegenüber der Zivilbevölkerung.

5. Die nationalen Abschiebungsverbote (§ 60 Abs. 5 und 7 AufenthG)

### 4.3 Interner Schutz und Ausschlussgründe

Das Gesetz verweist auf die §§ 3 ff. AsylG, sodass auch die Regeln über den internen Schutz, also die Möglichkeit, im Inland Schutz zu finden, als Ausschlussgrund gelten. Den Ausschluss wegen noch im Ausland begangener Kriegsverbrechen gibt es auch hier. Im Übrigen kann der subsidiäre Schutz versagt werden, wenn ein Antragsteller in seiner Person eine Gefahr für die Allgemeinheit oder die Sicherheit in der Bundesrepublik Deutschland darstellt.

## 5. Die nationalen Abschiebungsverbote (§ 60 Abs. 5 und 7 AufenthG)

### 5.1 Die Voraussetzungen des nationalen Abschiebeschutzes

Das deutsche Ausländerrecht kennt zwei weitere Tatbestände für Abschiebungsverbote, die allerdings nur noch dann vom Bundesamt geprüft werden, wenn Asyl und internationaler Schutz nicht eingreifen oder auch, wenn Ausschlussgründe einen internationalen Schutz versperren. Weil es sich um eine deutsche Regelung handelt, die nicht von der EU vorgegeben ist, spricht man hier auch von den nationalen Abschiebungsverboten oder dem nationalen Abschiebeschutz.

Der nationale Abschiebeschutz greift ein, wenn dem Ausländer durch eine Abschiebung entweder eine Verletzung derjenigen Rechte droht, die durch die Europäische Menschenrechtskonvention geschützt sind (§ 60 Abs. 5 AufenthG) oder wenn ihm damit „eine erhebliche konkrete Gefahr für Leib, Leben oder Freiheit" droht (§ 60 Abs. 7 Satz 1 AufenthG).

In der Praxis haben diese nationalen Abschiebungsverbote eine immer größere Bedeutung gewonnen. Das lag auch daran, dass in vielen Teilen der Welt, aus denen Asylantragsteller kommen, verheerende humanitäre Bedingungen herrschen, die Voraussetzungen für einen internationalen Schutz aber nicht erfüllt werden. Der andere Grund ist, dass das Gesetz seit 2016 verlangt, dass das Bundesamt auch bei Entscheidungen, in denen es einen Asylantrag mangels Zuständigkeit oder Zulässigkeit nicht zur inhaltlichen Prüfung annimmt, jetzt immer auch die Abschiebungsverbote zu prüfen hat. Das kann dann auch dazu führen, dass selbst europäische Staaten, wenn sie die Zielstaaten einer Überstellung oder

III. Die verschiedenen Schutzstatus

Abschiebung werden sollen, nach den Kriterien des § 60 Abs. 5 oder Abs. 7 AufenthG zu prüfen sind.

### 5.2 Abschiebeschutz bei drohender Verelendung (§ 60 Abs. 5 AufenthG)

An dieser Norm kann man gut erkennen, dass hinter den Abschiebeschutzregelungen kein durchdachtes Gesamtkonzept steht, die Vorschriften überschneiden sich. In § 60 Abs. 5 AufenthG verweist das Gesetz nämlich auf die Europäische Menschenrechtskonvention:

**§ 60 Abs. 5 AufenthG:**

„Ein Ausländer darf nicht abgeschoben werden, soweit sich aus der Anwendung der Konvention vom 4. November 1950 zum Schutze der Menschenrechte und Grundfreiheiten (BGBl. 1952 II S. 685) ergibt, dass die Abschiebung unzulässig ist."

Das Problem ist hier, dass sich § 60 Abs. 5 AufenthG, soweit er auf Art. 3 EMRK Bezug nimmt, mit § 4 Abs. 1 Nr. 2 AsylG überschneidet. Denn dort stehen ebenfalls Folter, erniedrigende oder unmenschliche Behandlung bzw. Strafe als Bedrohungsszenario im Mittelpunkt. In der flüchtlingsrechtlichen Literatur wird aber hier ein wichtiger Unterschied gemacht, der zwischen § 60 Abs. 5 AufenthG und dem § 4 Abs. 1 Nr. 2 AsylG (subsidiärer Schutz) abgrenzen soll: Den Unterschied macht der schadenverursachende Akteur. Nur wenn es namentlich einen solchen Akteur als Verursacher der Menschenrechtsverletzung gibt (einen *warlord*, eine Miliz u. a.), kann es den subsidiären Schutz geben, fehlt er, kommt nur das Abschiebungsverbot in Betracht.

Das genau geschieht aber bei den typischen Fällen der Verelendung, hier ist eine unmenschliche Lebenssituation, die keinem bestimmten Verursacher zur Last gelegt werden kann, der Grund für die Bewertung. Dann greift das Abschiebungsverbot nach § 60 Abs. 5 AufenthG in Verbindung mit Art. 3 EMRK ein. Aspekte einer solchen Verelendung beschränken sich auch nicht auf die materielle Versorgungslage (also die Aussichten, ein existenzsicherndes Auskommen, Wohnung und medizinische Versorgung zu erhalten), sondern auch auf den Schutz vor Kriminalität oder das Abgleiten in Prostitution und Suchtmittelabhängigkeit. Bei der Beurteilung, ob eine solche Verelendung droht, kommt es auf die Verhältnisse im Herkunftsland an und auf die betroffene Person, etwa deren Schutzbedürf-

## 5. Die nationalen Abschiebungsverbote (§ 60 Abs. 5 und 7 AufenthG)

tigkeit (Geschlecht, Alter, Gesundheitszustand, Arbeitsfähigkeit, Qualifikationen u. a.), die Dauer der Abwesenheit und die für den Betroffenen erreichbaren familiären Netzwerke und Beziehungen, die einem im Herkunftsland weiterhelfen.

> **Beispiel:**
> A und B sind mit ihren drei minderjährigen Kindern aus Afghanistan in die Bundesrepublik gekommen. Im Asylverfahren stellt sich heraus, dass sie in ihrer Herkunftsprovinz weder Chancen auf Arbeit haben noch familiäre Netzwerke weiterhelfen, um den Lebensunterhalt für sich und ihre Kinder zu sichern. Nach der oben genannten Ansicht steht ihnen, sollte kein besserer Schutzstatus zuerkannt werden können, jedenfalls das Abschiebungsverbot nach § 60 Abs. 5 AufenthG in Verbindung mit Art. 3 EMRK zu (so etwa VGH München, Urteil v. 21.11.2014, Az.: 13a B 14.30284). Der subsidiäre Schutz nach § 4 Abs. 1 Nr. 2 AsylG scheidet hier aus, weil kein bestimmter Akteur für die menschenunwürdige Lebenssituation verantwortlich ist.

Bei der Frage, inwiefern persönliche Fähigkeiten (erlernter Beruf und andere soziale Kompetenzen) gegen die Wahrscheinlichkeit der Verelendung sprechen, müssen die aktuellen Verhältnisse im Herkunftsland betrachtet werden. Vor dem Hintergrund der COVID-19-Pandemie hatte der VGH Mannheim in einer Entscheidung aus dem Februar 2021 (Urt. v. 03.02.2021, Az.: A 11 S 2042/20) festgestellt, dass die Wirtschaft Afghanistans in der Folge der Pandemie derart zusammengebrochen sei, dass selbst junge, gesunde und arbeitsfähige Männer keine Arbeit mehr fänden, soweit sie nicht auf die Vermittlung durch familiäre Netzwerke ein Jobangebot bekämen. Für diejenigen, die solche Beziehungen nicht haben, droht damit der Absturz in die Verelendung.

Mit dem Abschiebungsverbot nach § 60 Abs. 5 AufenthG kann auch auf Bedrohungslagen reagiert werden, die die Folgen von Klimawandel oder anderen grenzüberschreitenden Gefahren darstellen, wie etwa Naturkatastrophen, langanhaltende Dürren mit weitgehenden Ernteausfällen, Überschwemmungen, Pandemien (wie etwa die COVID-19-Pandemie) oder technische Unglücksfälle, wie etwa Reaktorunfälle, die ganze Landstriche unbewohnbar machen können.

III. Die verschiedenen Schutzstatus

## 5.3 Abschiebeschutz nach § 60 Abs. 7 AufenthG

### 5.3.1 Anwendungsfälle

Der Abschiebeschutz nach § 60 Abs. 7 AufenthG greift dann, wenn Umstände und Verhältnisse im Zielstaat eine individuelle Lebensgefahr begründen. Diese Vorschrift hat in den vergangenen Jahren allerdings zunehmend an Bedeutung verloren, weil Gesetzesänderungen der jüngsten Vergangenheit den Geltungsbereich eingeschränkt und die Anforderungen an die Beweise erhöht haben. Zeitgleich ist das Abschiebungsverbot nach § 60 Abs. 5 – basierend auf neuerer Rechtsprechung des EGMR zu Art. 3 EMRK – aufgewertet worden, sodass es den § 60 Abs. 7 Satz 1 AufenthG bei Extremgefahren im Zielstaat ablöst.

### 5.3.2 Gefahr der Verelendung und des Hungers

Der Betroffene muss die Gefahr der Verelendung mit einer beachtlichen Wahrscheinlichkeit dartun. Außerdem muss diese Gefahr konkret sein und mit dem besonderen Charakter des Betroffenen und seiner Situation zu tun haben. Allgemeine Gefahren, die jeden in einem betreffenden Herkunftsland treffen, werden hier nicht berücksichtigt (§ 60 Abs. 7 Satz 5 AufenthG). Kommen aber mehrere individuelle Gründe zusammen, dann kann bei schutzbedürftigen Menschen ohne Familienbezug im Herkunftsstaat ein nationales Abschiebungsverbot zuteilwerden, wenn Hunger und Verelendung zur Lebensbedrohung werden.

Wie oben bereits ausgeführt, werden die Fälle einer lebensbedrohlichen Versorgungssituation zunehmend über § 60 Abs. 5 AufenthG in Verbindung mit Art. 3 EMRK gelöst. Das hat den Vorteil, dass der Ausschluss für allgemeine Gefahren dann auch nicht mehr eingreift.

### 5.3.3 Lebensgefahr wegen nicht ausreichender medizinischer Versorgung

**Beispiel:**

B leidet unter einer schwerwiegenden insulinpflichtigen Diabetes. In seinem Herkunftsstaat M ist das Insulin aber nach Aussage der WHO nicht für B verfügbar (auch nicht in anderen Teilen des Landes). Im Übrigen stehen B auch keine Mittel zur Verfügung, Insulin kühl zu lagern. In diesem Fall kann ein Abschiebeverbot ausgesprochen werden, wenn B infolge der dann

## 5. Die nationalen Abschiebungsverbote (§ 60 Abs. 5 und 7 AufenthG)

unterbleibenden medizinischen Versorgung mit dem baldigen Tod oder einer wesentlichen Gesundheitseinbuße zu rechnen hätte.

Der Gesetzgeber hat hier inzwischen klargestellt, dass die Gesundheitsversorgung nicht an deutschen Verhältnissen zu messen ist, außerdem genügt es, wenn die Gesundheitsversorgung wenigstens in einem einzelnen Landesteil möglich ist. Hinzu kommt, dass es sich um „lebensbedrohliche oder schwerwiegende Erkrankungen" handeln muss, die sich durch die Abschiebung „wesentlich verschlechtern".

**§ 60 Abs. 7 AufenthG:**

Von der Abschiebung eines Ausländers in einen anderen Staat soll abgesehen werden, wenn dort für diesen Ausländer eine erhebliche konkrete Gefahr für Leib, Leben oder Freiheit besteht. § 60a Absatz 2c Satz 2 und 3 gilt entsprechend. Eine erhebliche konkrete Gefahr aus gesundheitlichen Gründen liegt nur vor bei lebensbedrohlichen oder schwerwiegenden Erkrankungen, die sich durch die Abschiebung wesentlich verschlechtern würden. (...)

Es kommt damit auf die eminente gesundheitliche Verschlechterung an oder die Lebensgefahr, die durch die Nichtbehandlung entsteht. Die Nichtbehandlung muss nicht daran liegen, dass ein Medikament oder eine Behandlungsmethode im Land überhaupt nicht zur Verfügung stehen, sie muss konkret dem Antragsteller nicht zugänglich sein. Zu fragen ist also, ob ein Medikament von einer Krankenversicherung, dem staatlichen Gesundheitsamt oder anderen Institutionen zu einem verhältnismäßigen Preis zur Verfügung gestellt wird. Das kann schließlich auch der Schwarzmarkt sein, wenn der Antragsteller die Preise zu zahlen in der Lage ist. Nicht zu unterschätzen ist auch der Aspekt der Lagerung: Bei bestimmten Medikamenten scheidet eine Versorgung aus, wenn keine Kühlmöglichkeiten bestehen.

**Nachweise bei einem medizinisch begründeten Abschiebungsverbot:**

- qualifiziertes ärztliches Attest über eine schwerwiegende Erkrankung (bei PTBS: fachärztliches Attest)
- Beschreibung der erforderlichen Therapie und Medikation

## III. Die verschiedenen Schutzstatus

- gesundheitliche Folgen (drohender Tod, wesentliche Verschlechterung einer ohnehin schwerwiegenden Erkrankung) einer unterbleibenden Therapie oder Medikamenteneinnahme (mit Angabe einer zeitlichen Entwicklung)
- Verfügbarkeit der betreffenden Therapie und Medikamente im Herkunftsland

### 5.4 Fazit

Das nationale Abschiebungsverbot erfasst somit diejenigen Ausländer, denen Gefahren jenseits von Verfolgung oder Gefahr nach § 4 AsylG drohen. Es ist daher als Auffangtatbestand gut geeignet, auch um einzelne Fälle zu lösen.

### 6. Übersicht: Die verschiedenen Schutztatbestände

| Bezeichnung | Gesetzlicher Tatbestand | Voraussetzungen |
| --- | --- | --- |
| Asylberechtigung | Art. 16a GG | (hier nicht behandelt, weil in der Praxis selten) |
| Flüchtlingseigenschaft | § 3 AsylG, § 60 Abs. 1 AufenthG, Genfer Flüchtlingskonvention | begründete Furcht vor Verfolgung (im Sinne der fünf Verfolgungsgründe) |
| Subsidiärer Schutz | § 4 AsylG | stichhaltige Gründe für einen ernsthaften Schaden im Herkunftsland (§ 4 Abs. 1 Nr. 1–3 AsylG) |
| Nationale Abschiebungsverbote | § 60 Abs. 5 und 7 AufenthG | drohende Verelendung mit der Intensität einer Menschenrechtsverletzung (EMRK) oder drohende wesentliche Gesundheitsverschlechterung bei einer bereits schwerwiegenden Erkrankung |

# IV. Folgen der Anerkennung

| | | |
|---|---|---|
| 1. | Die Aufenthaltserlaubnis für Schutzberechtigte | 105 |
| 1.1 | Grundsatz | 105 |
| 1.2 | Die Aufenthaltserlaubnis nach § 25 Abs. 1 bis 3 AufenthG: Bedingungen | 106 |
| 1.3 | Passpflicht und Identitätsklärung bei einer Aufenthaltserlaubnis nach § 25 Abs. 1 bis 3 AufenthG | 107 |
| 1.4 | Die Folgen einer nicht nachgewiesenen Identität | 108 |
| 1.5 | Sonderfall: der „antragsunabhängige Aufenthalt" bei § 25 Abs. 1 und 2 AufenthG | 109 |
| 2. | Passerteilung | 110 |
| 2.1 | Grundsatz der Passpflicht | 110 |
| 2.2 | Der Reiseausweis für Flüchtlinge („Flüchtlingspass", „blauer Pass") | 111 |
| 2.3 | Reiseausweis für Ausländer („grauer Pass") | 111 |
| 2.4 | Schutzzuerkennung und Reiseausweis (Übersicht) | 112 |
| 3. | Die Wohnsitzbeschränkung für Schutzberechtigte (§ 12a AufenthG) | 113 |
| 3.1 | Offizielles Ziel der Regelung | 113 |
| 3.2 | Die vier Formen der Wohnsitzbeschränkung des § 12a AufenthG | 114 |
| 3.3 | Ausnahmen von der Wohnsitzbeschränkung | 115 |
| 3.4 | Konsequenzen bei einer Verletzung der Wohnsitzbeschränkung | 116 |
| 4. | Der Familiennachzug zu Schutzberechtigten | 116 |
| 4.1 | Grundsatz des Familiennachzugs | 116 |
| 4.2 | Familiennachzug zu anerkannten Flüchtlingen und Asylberechtigten | 119 |
| 4.3 | Familiennachzug zu subsidiär Schutzberechtigten | 121 |
| 4.4 | Familiennachzug und nationale Abschiebungsverbote | 122 |
| 4.5 | Elternnachzug (§ 36 Abs. 1 AufenthG) | 122 |

| | | |
|---|---|---|
| 4.6 | Familiennachzug und Schutzberechtigung: Übersicht.... | 123 |
| 4.7 | Das Verfahren des Familiennachzugs ................................ | 124 |
| 5. | Familienasyl und internationaler Schutz bei Familien (§ 26 AsylG) ............................................................................ | 127 |
| 5.1 | Begriff des Familienasyls bzw. internationaler Familienschutz ................................................................. | 127 |
| 5.2 | Familienschutz für Ehegatten ........................................ | 129 |
| 5.3 | Familienschutz für minderjährige ledige Kinder (§ 26 Abs. 2 AsylG) ...................................................... | 131 |
| 5.4 | Familienschutz für Eltern und Geschwister von Anerkannten (§ 26 Abs. 3 AsylG) ...................................... | 132 |
| 5.5 | Familienschutz bei Tod oder späterer Auflösung der Ehe ................................................................................ | 133 |
| 6. | Aufenthaltsverfestigung bei Schutzberechtigten .......... | 134 |
| 6.1 | Grundsatz ...................................................................... | 134 |
| 6.2 | Die unbefristete Aufenthaltserlaubnis ............................ | 134 |
| 6.3 | Die Einbürgerung ........................................................... | 136 |

# IV. Folgen der Anerkennung

## 1. Die Aufenthaltserlaubnis für Schutzberechtigte

### 1.1 Grundsatz

Die wichtigste Folge aus der Schutzzuerkennung ist der erlaubte Aufenthalt. Menschen, die wegen drohender Gefahren nicht wieder in ihr Herkunftsland zurückkehren können, sind eben genau auf diesen Schutz angewiesen. Das ist ja auch der Grundgedanke beim Non-Refoulement. Den Anerkannten werden der Aufenthalt und die Wiedereinreise in das Bundesgebiet erlaubt. Eine häufig gestellte Frage in der Beratung ist die nach der Dauer dieses Aufenthalts, der aus der Schutzanerkennung folgt. Hier ist wieder auf die Zweiteilung des Verfahrens hinzuweisen: Das Bundesamt selbst hat nur über den Schutzantrag entschieden, die Ausländerbehörde entscheidet sodann über die Erteilung der sich daraus ergebenden Aufenthaltserlaubnisse (§ 25 AufenthG). Für die Aufenthaltsperspektive des Anerkannten bedeutet das aber auch, dass der Aufenthalt immer wieder zu verlängern ist, solange der Schutzstatus vom Bundesamt nicht in einem Widerrufsverfahren wieder beseitigt worden ist. Das Bundesamt prüft das Fortbestehen des Schutzstatus bei bestimmten Anlässen (dazu mehr unten in Kap. XII), oder aber auch dann, wenn ihm Umstände dazu bekannt werden. Die Quote der Fälle, die nach einer Prüfung der Widerrufsvoraussetzungen wirklich mit einem Widerruf enden, ist aber verschwindend gering (und liegt derzeit deutlich unter 5%).

Die Aufenthaltserlaubnisse werden wie folgt erteilt:

| Schutzstatus | Aufenthalt | Mindestdauer bei Ersterteilung | Erwerbstätigkeit |
|---|---|---|---|
| Asylanerkennung | § 25 Abs. 1 AufenthG | 3 Jahre | unbeschränkt erlaubt |
| Flüchtlingsanerkennung | § 25 Abs. 2, 1. Alt. AufenthG | 3 Jahre | unbeschränkt erlaubt |
| Subsidiärer Schutz | § 25 Abs. 2, 2. Alt. AufenthG | 1 Jahr (2 Jahre bei Verlängerung) | unbeschränkt erlaubt |

## IV. Folgen der Anerkennung

| Schutzstatus | Aufenthalt | Mindestdauer bei Ersterteilung | Erwerbstätigkeit |
|---|---|---|---|
| Nationale Abschiebungsverbote | § 25 Abs. 3 AufenthG | 1 Jahr | unbeschränkt erlaubt |

Die Beseitigung der Schutzgewährung erfolgt allein im Wege von Widerruf, Rücknahme und – neuerdings nur noch ganz selten – dem Erlöschen. Es kommt vor, dass das Bundesamt vereinzelt eine Schutzanerkennung zurücknimmt, weil eine Täuschung im Spiel war, aber flächendeckende Widerrufe wegen einer Verbesserung der Verhältnisse im Herkunftsland stehen angesichts der weltweiten Krisen sicherlich nicht bevor. Vereinzelte Widerrufe, die an die Veränderung in den persönlichen Verhältnissen des Ausländers anknüpfen (z. B. Gesundung, Rückreise in das Herkunftsland, Erreichen der Volljährigkeit u. a.) finden aber statt.

### 1.2 Die Aufenthaltserlaubnis nach § 25 Abs. 1 bis 3 AufenthG: Bedingungen

Auf die Erteilung der Erlaubnisse nach § 25 Abs. 1 und 2 AufenthG hat der Schutzberechtigte einen Anspruch. Das sind die Fälle von Asylberechtigung und internationalem Schutz. Liest man den § 25 Abs. 2 AufenthG, stellt man fest, dass dieser Anspruch aber nur für diejenigen gilt, die den internationalen Schutz vom Bundesamt bekommen haben. Damit wird nochmal deutlich, dass eine ausländische Anerkennung, etwa die in einem anderen Staat der Welt erlangte Flüchtlingseigenschaft, nicht zu einem Aufenthalt verhilft – jedenfalls nicht nach § 25 Abs. 2 AufenthG.

Der Grundsatz des Non-refoulement gilt allerdings weiter, wie sich dem § 60 Abs. 1 AufenthG entnehmen lässt: Wer eine ausländische Flüchtlingsanerkennung besitzt, darf auch von den deutschen Behörden nicht in den Staat der Verfolgung abgeschoben werden, er kann daraus jedoch kein Aufenthaltsrecht ableiten und unter Umständen droht ihm die Abschiebung in den Staat der Schutzgewährung (§ 29 Abs. 1 Nr. 2 und 4 AsylG).

Bei einer deutschen Schutzzuerkennung prüft die Ausländerbehörde allerdings durch Abfrage bei den deutschen Sicherheitsdiensten (Verfassungsschutz, BND, BKA u. a.), ob es entgegenstehende ge-

## 1. Die Aufenthaltserlaubnis für Schutzberechtigte

wichtige Sicherheitsinteressen gibt. Das führt dann häufig zu Verzögerungen bei der Erteilung.

Im Fall des § 25 Abs. 3 AufenthG ist das etwas anders, hier „soll" die Aufenthaltserlaubnis erteilt werden, wenn eine entsprechende Bundesamtsentscheidung vorliegt. Das Abschiebungsverbot begründet keinen Anspruch auf die Erteilung des Aufenthalts. Die Ausländerbehörde kann diese Erlaubnis verweigern, wenn der Ausländer in einem anderen Staat Aufenthalt nehmen kann. Dieser Verweigerungsgrund ist aber sehr viel seltener anzutreffen, als man bei Lektüre der Vorschrift meinen könnte. Allerdings können auch bestimmte Straftaten einer Erteilung der Aufenthaltserlaubnis nach § 25 Abs. 3 AufenthG entgegenstehen.

### 1.3 Passpflicht und Identitätsklärung bei einer Aufenthaltserlaubnis nach § 25 Abs. 1 bis 3 AufenthG

Alle Aufenthaltserlaubnisse, die auf eine positive Bundesamtsentscheidung zurückgehen, das sind die Absätze 1 bis 3 des § 25 AufenthG, haben gemeinsam, dass dem Antragsteller ein Abschiebungsverbot aus Gründen zuerkannt wird, die im Herkunftsland liegen. Mit einem solchen Schutzgrund ist oft die Einreise ohne Papiere und ohne Visum verbunden. Auch die Obliegenheit, den eigenen Lebensunterhalt zu sichern, kann nicht zur Bedingung einer Aufenthaltserlaubnis gemacht werden, wenn der Aufenthalt der Schutzgewährung dienen soll. Aus diesem Grund hat der Gesetzgeber bei allen diesen Aufenthalten nach § 25 Abs. 1 bis 3 AufenthG eine Sonderregelung eingeführt, die den Betroffenen von den allgemeinen Erteilungsvoraussetzungen nach § 5 Abs. 1 und 2 AufenthG freistellt. Der Ausländer muss für den Erhalt seiner Aufenthaltserlaubnis keinen Pass vorlegen und auch nicht seine Identität geklärt haben. Auch andere Erteilungsvoraussetzungen gelten nicht. Das besagt § 5 Abs. 3 AufenthG. Das ist keine Ermessensvorschrift, sondern für die Behörden verbindlich. Ausländerinnen und Ausländer bekommen mit dem positiven Bundesamtsbescheid auf ihren Antrag hin ihre Aufenthaltserlaubnis auch ohne Pass. In den elektronischen Aufenthaltstitel, in dem ein Bild des Inhabers ist, wird dann der Vermerk „Ausweisersatz" eingetragen, das ist ebenfalls eine verbindliche Regelung (§ 48 Abs. 4 AufenthG). Diese Ausnahmeregelung gilt ebenso bei der Verlängerung, die Ausländerbehörde darf also auch nicht später die Verlängerung der Aufenthaltserlaubnis nach § 25 Abs. 1 bis 3 AufenthG von der Vorlage

## IV. Folgen der Anerkennung

eines Passes abhängig machen. Der Ausländer genügt mit diesem Ausweisersatz der Passpflicht (§ 3 Abs. 1 S. 2 AufenthG), allerdings kann er mit diesem Dokument nicht reisen. Ein Ausweisersatz ist kein Reisedokument.

### 1.4 Die Folgen einer nicht nachgewiesenen Identität

Auch die ungeklärte Identität kann dem Schutzberechtigten nicht vorgehalten werden, wenn es um die Entscheidung geht, die Aufenthaltserlaubnis zu erteilen. Wenn allerdings keine Nachweise für die Identität vorgelegt werden (z. B. ein abgelaufener Nationalpass u. ä.), wird die Ausländerbehörde den Zusatzvermerk im Ausweisersatz eintragen, dass die „Personalien auf den Angaben des Inhabers beruhen". Infolgedessen werden die betreffenden Personen zum Teil von Vergünstigungen oder Berechtigungen ausgeschlossen, bei denen es auf eine geprüfte Identität ankommt (oder bei denen die Behörden meinen, dass das der Fall sei). Das kann bedeuten, dass eine Kfz-Anmeldung oder der Führerscheinerwerb scheitert, einem die Arbeit auf dem Rollfeld eines Flughafens wegen der Sicherheitsüberprüfung verweigert wird, eine Eheschließung nicht stattfinden kann und keine Geburtsurkunde für ein in Deutschland geborenes Kind erteilt wird (sondern nur ein Auszug aus dem Geburtenregister, § 35 Abs. 1 PStV). Zudem kann es Schwierigkeiten bei den Banken geben (wegen Kontoeröffnung oder Krediten); 2016 wurde aber der Anspruch auf ein Basiskonto gesetzlich geregelt, sodass die Eröffnung eines solchen Kontos nicht mehr aufgrund des Zusatzvermerks abgelehnt werden darf. Schließlich wirkt sich eine ungeklärte Identität auch später noch auf das Einbürgerungsverfahren aus, denn auch die Einbürgerung verlangt ausdrücklich eine geklärte Identität (§ 10 Abs. 1 Satz 1 StAG).

Die Voraussetzung der geklärten Identität, etwa bei der Kfz-Anmeldung, ist gerichtlich nicht abschließend geklärt. Für den Führerschein ist seit einer Entscheidung des Bundesverwaltungsgerichts klar, dass der Zusatzvermerk unbeachtlich ist, wenn ansonsten eine konsistente Angabe der Personalien über die gesamte Aufenthaltszeit gemacht wurde, also sich keine Widersprüche ergeben. Versteht man Identität in diesem Sinne relativ, also so, dass ein Ausländer konsequent über eine längere Zeit unter denselben Personalien auftritt („relative Identität"), dann ist auch der Rechtsverkehr geschützt. Im Falle der Kfz-Anmeldung wäre geklärt, an wen sich ein Unfallbeteiligter zu wenden hätte, um einen Schadensersatz geltend

## 1. Die Aufenthaltserlaubnis für Schutzberechtigte

zu machen. Auf die „absolute Identität", also die Personalien aus dem Herkunftsland, kommt es für diese Zwecke nicht an.

### 1.5 Sonderfall: der „antragsunabhängige Aufenthalt" bei § 25 Abs. 1 und 2 AufenthG

Eine praktisch wichtige Besonderheit besteht für die Erlaubnisse nach § 25 Abs. 1 und 2 AufenthG. Hier begründet das Gesetz eine „antragsunabhängige Aufenthaltserlaubnis", die dadurch entsteht, dass der Ausländer die Anerkennung erhält, ohne dass er dazu schon ein Aufenthaltsdokument erhalten haben bzw. sogar zur Ausländerbehörde gegangen sein muss.

Gerade in Zeiten langer Wartefristen bei den Ausländerbehörden hat sich diese Vorschrift als großer Vorteil herausgestellt. Die Ausländerbehörden erteilen den anerkannten Ausländern daher beim ersten Besuch schon eine „Fiktionsbescheinigung", die diesen erlaubten Aufenthalt bescheinigt. Wie schon bei der Verlängerung eines befristeten Aufenthalts (§ 81 Abs. 4 AufenthG) besteht die Fiktion darin, dass der Aufenthalt „als erlaubt" gilt.

Dieses Papier wird dann später gegen die Aufenthaltserlaubnis, die ja zumeist als Chipkarte erteilt wird, ausgetauscht.

Welchen Vorteil diese Regelung hat, die übrigens auch für den subsidiär Schutzberechtigten gilt, zeigt dieses Beispiel:

**Beispiel:**

F aus Syrien hat während seines Asylverfahrens ein Studium aufgenommen. Am 08.01.2021 erhält er den Bescheid, dass ihm der subsidiäre Schutz zuerkannt wird. Die Ausländerbehörde kann ihm zur Erteilung der Aufenthaltserlaubnis (nach § 25 Abs. 2, 2. Alt. AufenthG) erst für Juli 2021 einen Termin geben. Trotzdem ist F bereits mit Erhalt des positiven Bescheides nach der Meinung vieler zum Bezug von BAföG berechtigt, denn er „besitzt" bereits den Aufenthalt, der nach § 8 BAföG grundsätzlich zu Leistungen berechtigt.

Die antragsunabhängige Aufenthaltserlaubnis gibt es im Falle des § 25 Abs. 3 AufenthG (also bei den nationalen Abschiebungsverboten) nicht.

IV. Folgen der Anerkennung

## 2. Passerteilung

### 2.1 Grundsatz der Passpflicht

Nach § 3 AufenthG ist jeder Ausländer, der sich rechtmäßig in der Bundesrepublik aufhalten will, verpflichtet, einen Pass zu besitzen. Der Pass weist die Identität und die Staatsangehörigkeit nach, er ist damit die Voraussetzung, um einen Ausländer wieder in seinen Herkunftsstaat abschieben zu können. Wer jedoch einen Aufenthalt nach § 25 Abs. 1 bis 3 AufenthG besitzt, hat Anspruch auf einen Ausweisersatz und ist damit nicht mehr passpflichtig.

Allerdings ist der Pass zugleich die Voraussetzung, um reisen zu können, da die meisten anderen Staaten an den zulässigen Grenzübertritt den Besitz eines Passes knüpfen. Das gilt bei Nicht-EU-Bürgern auch für Reisen in der EU. Auch bei der Wiedereinreise in die Bundesrepublik benötigt der drittstaatsangehörige Ausländer einen Pass.

Die Kontaktstelle, die für die Erteilung eines Passes für einen Ausländer zuständig ist, ist die konsularische Vertretung seines Heimatlandes, also das örtliche Konsulat oder die Botschaft in Berlin. Hieraus ergeben sich zwei Konsequenzen, es kann erstens der Fall eintreten, dass dem Ausländer aufgrund seiner Verfolgung der Kontakt mit seiner Heimatvertretung nicht mehr zugemutet werden kann. Das erklärt die Existenz des Flüchtlingspasses. Zweitens ist auch bei Personen, die nicht als Flüchtlinge anerkannt sind und die sich an ihre Heimatvertretung wenden können, nicht immer gewährleistet, dass sie auch den Pass erhalten. Die Erteilung ist eben auch von der Mitwirkung der Heimatvertretung und den Behörden im Heimatland abhängig. Falls es dann trotz Bemühens nicht zu einer Passerteilung kommt, weil amtliche Register oder Eintragungen fehlen oder die Heimatvertretung aus Gründen, auf die der Ausländer keinen Einfluss hat, keinen Pass ausstellt, kann ein Passersatz der deutschen Ausländerbehörde erteilt werden (Reiseausweis für Ausländer nach § 5 AufenthV).

Wenn keine Nachweise für die Identität vorgelegt werden (z. B. ein abgelaufener Nationalpass u. ä.), wird in diesen Passersatz der Zusatz eingetragen: „Personalien beruhen auf den Angaben des Inhabers". Zu den Folgen, die ein solcher Zusatzvermerk mit sich bringt, s. o. Abschn. 1.4.

## 2. Passerteilung

### 2.2 Der Reiseausweis für Flüchtlinge („Flüchtlingspass", „blauer Pass")

#### 2.2.1 Allgemeines

Der Flüchtlingspass bzw. der „Reiseausweis für Flüchtlinge" ist einer der Reiseausweise, die deutsche Behörden an Ausländer ausgeben. Der Flüchtlingspass wird auch „Konventionspass" genannt, was daran liegt, dass der Anspruch des Flüchtlings, einen solchen Pass zu erhalten, in der Genfer Flüchtlingskonvention geregelt ist. Dieser Pass hat in Deutschland eine blaue Farbe und wird daher auch „blauer Pass" genannt. Einen ausländischen Flüchtlingspass erkennt man sehr gut daran, dass er die Konvention vom 28.07.1951 erwähnt, damit ist die Genfer Flüchtlingskonvention gemeint. Hintergrund dieser Regelung ist, dass der Flüchtling mit dem Verlust des Schutzes, den er von seinem Herkunftsstaat erhält (er kann ja seine Herkunftslandvertretung nicht mehr zumutbar aufsuchen), auch die Möglichkeit verliert, einen Pass zu bekommen. Ohne Konventionspass würde er nicht mehr reisen können. Allerdings, auch hier gilt: Ohne weitere externe Nachweise steht auch in einem Flüchtlingspass der Satz: „Personalien beruhen auf den Angaben des Inhabers."

#### 2.2.2 Erteilung

Der Flüchtlingspass wird dem Asylberechtigten und dem anerkannten Flüchtling erteilt. Zuständig ist die Ausländerbehörde.

### 2.3 Reiseausweis für Ausländer („grauer Pass")

Weniger komfortabel gestaltet sich die Passlage für den subsidiär Schutzberechtigten. Er hat keinen Anspruch auf einen Konventionspass. In Betracht kommt für ihn die Erteilung des Reiseausweises für Ausländer („grauer Pass"). Maßstab hierfür ist § 5 AufenthV. Ein solcher Reiseausweis kann einem Ausländer von den deutschen Behörden erteilt werden, wenn der Betreffende keinen Pass hat und er „ihn nicht auf zumutbare Weise erlangen kann" (§ 5 Abs. 1 AufenthV). Gegenüber der Behörde kann man auch auf Art. 24 Abs. 2 der Qualifikationsrichtlinie verweisen: Nach Art. 24 Abs. 2 QRL „stellen die Mitgliedstaaten Personen, denen der subsidiäre Schutzstatus zuerkannt worden ist" und die keinen nationalen Pass erhalten können, Dokumente für Reisen außerhalb ihres Hoheits-

## IV. Folgen der Anerkennung

gebietes aus, „es sei denn, dass zwingende Gründe der nationalen Sicherheit oder öffentlichen Ordnung dem entgegenstehen".

Damit hat auch der subsidiär Schutzberechtigte einen Anspruch, manche Ausländerbehörden legen aber die Worte „für Reisen" so eng aus, dass sie nach der konkret geplanten Reise fragen, bevor sie den Pass zeitlich beschränkt dazu ausstellen. Eine solche Auslegung ist allerdings überspannt, es gibt keinen Hinweis, dass die Richtlinie nicht allgemein das Reisen im Auge hatte.

Damit läuft es für den Betroffenen darauf hinaus, Bemühungen zur Passbeschaffung nachzuweisen. Bei der Frage, ob er alles Erforderliche unternommen hat, kommt es auf die Zumutbarkeit an. Hier kann bei subsidiär Schutzberechtigen, die von ihrem Herkunftsland bedroht werden, ein guter Grund liegen, sich nicht an die Heimatvertretung zu wenden.

### 2.4 Schutzzuerkennung und Reiseausweis (Übersicht)

Damit ergibt sich die folgende Übersicht, was den Passbesitz angeht.

| Schutzstatus | Pass | Bemerkungen |
| --- | --- | --- |
| Asylanerkennung | Flüchtlingspass | Verpflichtung der Staaten zur Ausstellung eines Reiseausweises für Flüchtlinge (Art. 28 GK, Art. 24 Abs. 1 QRL) |
| Flüchtlingsanerkennung | Flüchtlingspass | Verpflichtung der Staaten zur Ausstellung eines Reiseausweises für Flüchtlinge (Art. 28 GK, Art. 24 Abs. 1 QRL) |
| Subsidiärer Schutz | Nationalpass oder Reiseausweis für Ausländer oder Ausweisersatz | Erteilung eines Reiseausweises nach den Voraussetzungen des Art. 24 Abs. 2 QRL, sonst nach allgemeinen Regeln § 5 AufenthV. In jedem Fall besteht Anspruch auf Ausweisersatz. |

## 3. Die Wohnsitzbeschränkung für Schutzberechtigte (§ 12a AufenthG)

| Schutzstatus | Pass | Bemerkungen |
|---|---|---|
| Nationale Abschiebungsverbote | Nationalpass (Reiseausweis für Ausländer, Ausweisersatz) | Es gelten die allgemeinen Regeln. Soweit der Berechtigte seinen Nationalpass nicht erhalten kann, kann er unter den Voraussetzungen des § 5 AufenthV einen Reiseausweis für Ausländer bekommen. Auch hier besteht in jedem Fall Anspruch auf einen Ausweisersatz. |

## 3. Die Wohnsitzbeschränkung für Schutzberechtigte (§ 12a AufenthG)

### 3.1 Offizielles Ziel der Regelung

Mit dem Integrationsgesetz und dem neuen § 12a AufenthG hat der Gesetzgeber 2016 eine Wohnsitzbeschränkung eingeführt, die vier einzelne Regelungen hat. Von § 12a AufenthG betroffen sind alle, die eine Schutzzuerkennung erhalten haben, auch Asylberechtigte und anerkannte Flüchtlinge. Die Wohnsitzbeschränkung gilt für drei Jahre, gerechnet ab dem Tag der erstmaligen Erteilung der Aufenthaltserlaubnis nach § 25 AufenthG. Nur die erste dieser Regelungen (§ 12a Abs. 1 AufenthG) gilt kraft Gesetzes im ganzen Bundesgebiet, die anderen drei bedürfen einer Umsetzung durch die Länder. Das ist in einigen Ländern bereits geschehen (z. B. in Bayern, NRW), manche haben erklärt, darauf zu verzichten. Die vierte Regelung ist, soweit ersichtlich, noch überhaupt nicht umgesetzt worden. Bei der Beratung von Ausländern ist somit das Landesrecht zu beachten.

Auf der ersten – bundesweit geltenden Stufe – will das Gesetz verhindern, dass Anerkannte ohne Zustimmung der Behörden ihr Bundesland wechseln. Die anderen Stufen betreffen die Wohnsitzaufnahme innerhalb des Bundeslandes. Die offizielle Gesetzesbegründung ist die Verhinderung von Ghettobildung und die Erleichterung der Integration. Das ist kritisiert worden, insbesondere auch deswegen, weil die Regelung die freie Wohnsitznahme von Flüchtlingen einschränkt. Hier sei daran erinnert, dass es erst 2008 das Bundesverwaltungsgericht war, das eine Wohnsitzbeschränkung für Flüchtlinge, die man aus haushaltspolitischen Gründen (zur ge-

## IV. Folgen der Anerkennung

steuerten Verteilung der Soziallasten) eingeführt hatte, wegen der Genfer Konvention für rechtswidrig hielt. Der Gesetzgeber hat hieraus Konsequenzen gezogen und begründet die neue Wohnsitzbeschränkung nun integrationspolitisch. Es ist abzusehen, dass auch diese Regelung die höchsten Gerichte beschäftigen wird.

Die Wohnsitzbeschränkung wird auf Antrag des Ausländers gestrichen, wenn einer der Ausnahmetatbestände vorliegt, die das Gesetz in § 12a Abs. 5 AufenthG näher umschrieben hat. Hierzu zählen, kurz gesagt, die Arbeitsaufnahme, Studium, (Berufs)Ausbildung oder der Umstand, dass es an einem anderen Ort noch Familienmitglieder gibt.

### 3.2 Die vier Formen der Wohnsitzbeschränkung des § 12a AufenthG

*3.2.1 Die Beschränkung auf das Bundesland (§ 12a Abs. 1 AufenthG)*

Diese Regelung gilt bundesweit; sie verpflichtet diejenigen, die nach dem 01.01.2016 eine Aufenthaltserlaubnis nach § 25 AufenthG erhalten haben oder erhalten, in dem Bundesland zu wohnen, in dem sie auch schon ihr Asylverfahren durchlaufen haben. Wohnsitzbeschränkungen schließen natürlich nicht die Mobilität aus, Besuche und auch längere Abwesenheiten sind zulässig, solange nicht der Wohnsitz, also der Lebensmittelpunkt, in ein anderes Bundesland verlagert wird.

*3.2.2 Die beiden Tatbestände der Zuweisung an bestimmte Orte innerhalb des Bundeslandes (§ 12a Abs. 2 und 3 AufenthG)*

Ausländer können – allerdings nur, wenn Landesrecht dies vorsieht – verpflichtet werden, nach ihrer Anerkennung an einem bestimmten Ort Wohnung zu nehmen bzw. dort zu bleiben, wo sie zum Zeitpunkt der Anerkennung wohnen. Das betrifft zum einen die Gruppe derer, die noch in einer Aufnahmeeinrichtung oder einer anderen vorübergehenden Unterkunft wohnen (Abs. 2). Hier gibt es aber eine Frist, innerhalb derer die Zuweisung zu erfolgen hat (in der Regel sechs Monate mit der Option einer einmaligen Verlängerung um weitere sechs Monate). Die Wohnpflicht am Ort der Zuweisung gilt dann bis zum Ende des dritten Jahres. In Abs. 3 wird die Behörde ermächtigt, auch andere Personen, die also nicht mehr in einer Aufnahmeeinrichtung wohnen, an bestimmte Orte

## 3. Die Wohnsitzbeschränkung für Schutzberechtigte (§ 12a AufenthG)

zu verweisen (oder den Ort der aktuellen Wohnung), wenn dies die Integration erleichtert. Die Zuweisung ist aber nur innerhalb von sechs Monaten nach Anerkennung oder der ersten Erteilung der Aufenthaltserlaubnis möglich. Die örtliche Beschränkung gilt dann hier auch wieder drei Jahre.

### 3.2.3 Verbot der Wohnsitznahme bzw. „negative Zuweisung"

Das Gesetz gestattet es dem Landesgesetzgeber, einen Ausländer aus seinem Wohngebiet in ein anderes zu verweisen, wenn „zu erwarten ist, dass der Ausländer Deutsch dort nicht als wesentliche Verkehrssprache nutzen wird". Auch hier ist die Zuweisung nur innerhalb der ersten sechs Monate nach Erteilung der Aufenthaltserlaubnis zulässig. Sie gilt dann aber bis zum Ende der Wohnsitzbeschränkung (also bis zum Ende des dritten Jahres). Diese „negative Zuweisung" ist derzeit in keinem Bundesland umgesetzt.

### 3.3 Ausnahmen von der Wohnsitzbeschränkung

Da die gesetzliche Regelung die Integration von Ausländern zum Ziel hat, ist es folgerichtig, dass eine behördliche Bestimmung des Wohnortes wegfällt, sofern der Ausländer sich beruflich integriert. In § 12a Abs. 5 AufenthG sind diese Fälle genannt. Auf Antrag wird die Wohnsitzbeschränkung aufgehoben, wenn der Ausländer eine sozialversicherungspflichtige Berufstätigkeit in Aussicht hat, die die eigene Existenz sichert (hier kann als Mindesteinkommen für eine alleinstehende Person der Betrag von 715 Euro genannt werden), oder wenn er eine Berufsausbildung oder ein Studium aufnehmen kann. Hierzu gehören auch berufsvorbereitende Maßnahmen, Berufsorientierung und Studienkollegs (als Vorbereitung des Studiums). Im Sinne der Integration ist aber auch weit auszulegen (was Ausländerbehörden auch oft tun) und auf studienvorbereitende Sprachkurse oder Praktika zu erstrecken.

Auf diese Ausnahmen kann der Ausländer sich auch berufen, wenn nicht er selbst, aber ein Ehegatte, eingetragener Lebenspartner oder ein minderjähriges Kind Ausbildung oder Berufstätigkeit an einem anderen Ort ausüben kann. Schließlich gilt, dass die Wohnsitzregelung aufzuheben ist, wenn der Ehegatte, ein eingetragener Lebenspartner oder minderjährige ledige Kinder an einem anderen Ort leben.

IV. Folgen der Anerkennung

### 3.4 Konsequenzen bei einer Verletzung der Wohnsitzbeschränkung

Der Ausländer, der sich entgegen einer Wohnsitzregelung an einem Ort niederlässt, läuft Gefahr, dass das Sozialamt Leistungen mit dem Argument der Unzuständigkeit verweigert. Der Betroffene kann aber bei dem örtlich gelegenen Sozialamt im Bedarfsfall eine vorübergehende Hilfe beantragen. Klagen gegen die Wohnsitzbeschränkung haben keine aufschiebende Wirkung. Hält der Ausländer die Entscheidung der Behörde für rechtswidrig, muss er sich dieser erst einmal beugen, es sei denn, dass er erfolgreich ein Eilverfahren führt.

## 4. Der Familiennachzug zu Schutzberechtigten

### 4.1 Grundsatz des Familiennachzugs

#### 4.1.1 Der in Deutschland lebende „Stammberechtigte"

Das Recht, die eigene ausländische Familie nach Deutschland nachziehen zu lassen, steht nicht jedem zu, der in Deutschland lebt. Hier ist zu unterscheiden. Deutsche (§ 28 AufenthG) und freizügige EU-Bürger in Deutschland (§ 3 FreizügG/EU) sind hierzu grundsätzlich berechtigt, bei den anderen Ausländern hängt dies von deren Aufenthaltsstatus ab. Wer als Ausländer dazu berechtigt ist, erfährt man durch Lektüre der §§ 29, 30, 32, 36 und 36a AufenthG. Dort finden sich auch die Vorschriften für den Familiennachzug zu schutzberechtigten Ausländern.

Aus diesem Grundsatz folgt aber auch eine weitere missliche Botschaft, nämlich dass Geflüchtete, die noch im Asylverfahren sind, oder die nach einer Ablehnung geduldet werden, kein Recht haben, Familienmitglieder aus dem Ausland nachziehen zu lassen.

Eine praktisch wichtige Ausnahme macht allerdings die „Dublin-Verordnung". Bei dieser Vorschrift, die unten im Kap. VII, Abschn. 2 erläutert wird, handelt es sich um eine Zuständigkeitsregelung für Asylanträge im europäischen Raum. Eine Folge dieser Regelung sind die Überstellungen von Antragstellern in den Staat der Zuständigkeit. Diese Überstellungen werden von den Betroffenen häufig nicht gewünscht, weil sie gerade den Zielstaat der Überstellung hatten meiden wollen. Die positive Seite der Dublin-Regelung ist aber, dass sich die Zuständigkeit auch dadurch ergeben kann, dass ein anderes Familienmitglied sich in einem bestimmten anderen

## 4. Der Familiennachzug zu Schutzberechtigten

europäischen Land befindet und dort das Asylverfahren durchläuft; dann ist eine Überstellung des anderen Teils in diesen Staat ein Akt der Familienzusammenführung. Und das Besondere ist: Die Familienzusammenführung funktioniert bereits vor dem Ende des Asylverfahrens (ja, sie setzt das Asylverfahren gerade voraus).

**Beispiel:**

D ist 14 Jahre alt und als unbegleitete Minderjährige in die Bundesrepublik gekommen. Einige Monate später, das Verfahren von D in Deutschland ist noch nicht beendet, stellt sich heraus, dass M, die Mutter der D, nach Griechenland gelangt ist und dort einen Asylantrag gestellt hat. Der Vater von D, der zugleich auch der Ehegatte der M ist, befindet sich in der Türkei. Nach der Dublin-VO bestehen nun gute Chancen, dass M und D zusammengeführt werden, mit guten Gründen am Ort der D, also in Deutschland. Dass der Vater auch dazukommen kann, ist hier aber nicht möglich, da die Türkei nicht am Dublin-System teilnimmt. Für ihn ergibt sich eine Chance des Familiennachzugs aus der Türkei erst dann, wenn seine Ehefrau oder das Kind einen gesicherten Rechtsstatus in Deutschland haben.

### 4.1.2 Familienbegriff – nachzugsberechtigte Familienmitglieder

Maßgeblich ist nicht nur, wer in Deutschland nach dem Nachzug seiner ausländischen Familie ruft, sondern auch, welche Familienmitglieder nachreisen sollen. Das Familiennachzugsrecht differenziert hier zwischen der Kernfamilie – das sind Ehegatten (und natürlich auch eingetragene Lebenspartner) und minderjährige ledige Kinder. Es genügt für den Familiennachzug zu Schutzberechtigten, dass die Kinder bei Antragstellung (Visumantrag) unter 18 Jahre alt sind; die im sonstigen Ausländerrecht anzutreffende Einschränkung beim selbstständigen Nachzug von Kindern über 16 Jahren (§ 32 Abs. 1 AufenthG) gilt hier nicht.

Die Eltern von minderjährigen ledigen Kindern gehören zur Kernfamilie, sie haben aber ihren eigenen Paragrafen, nämlich den § 36 Abs. 1 AufenthG. Alle übrigen Fälle von Familiennachzug, also beispielsweise Geschwister zu Geschwistern oder Eltern zu erwachsenen Kindern – oder umgekehrt –, fallen unter den „sonstigen Familiennachzug". Der ist in § 36 Abs. 2 AufenthG erfasst und steht

## IV. Folgen der Anerkennung

unter der besonders hohen Voraussetzung, dass der Nachzug zur Vermeidung einer „besonderen Härte" erfolgt.

Der Nachzug im Falle von Ehegatten oder Kindern hat für die Beteiligten den Vorteil, dass hier wegen der Grundrechtsbezogenheit (dem Schutz der Familie, Art. 6 GG) der Spielraum der Behörden für eine Ablehnung deutlich kleiner ist als bei dem „sonstigen Familiennachzug". Aber auch dort kann, insbesondere wenn das Kindeswohl betroffen ist, das Recht auf Schutz der Familie die Falllösung bestimmen.

**Wichtig:** Wenn das Ausländerrecht oder auch das Freizügigkeitsrecht von Lebenspartnern spricht, meint es Partner in einer registrierten gleichgeschlechtlichen Lebensgemeinschaft, die aus den Gründen des jeweiligen Heimatrechts nicht heiraten durften, sondern nur eine staatliche Eintragung erhalten konnten (so wie in Deutschland bis Herbst 2017). Nicht gemeint sind hier die Fälle einer nichtehelichen Lebensgemeinschaft. Verlobte oder Lebensgefährten haben diesen aufenthaltsrechtlichen Status nicht, sondern müssten heiraten. Allerdings, die Verlobung kann Grund für ein Visum sein, wenn die Eheschließung in der Bundesrepublik beabsichtigt ist und ein Termin zur Eheschließung beim Standesamt in Deutschland feststeht. Eine unmittelbar bevorstehende Eheschließung wird auch aufenthaltsrechtlich als Duldungsgrund beachtet. Im EU-Freizügigkeitsrecht gibt es allerdings seit Kurzem eine Regelung, die auch die nichteheliche Lebensgemeinschaft aufenthaltsrechtlich erfasst, allerdings müssen Lebensgemeinschaft und Grund der Angewiesenheit des EU-Bürgers auf die Anwesenheit des Partners besonders begründet werden (§ 1 Abs. 1 Nr. 4c und § 3a FreizügG/EU).

### 4.1.3 Vorliegen der allgemeinen Erteilungsvoraussetzungen

Außerdem müssen in der Regel auch die allgemeinen Erteilungsvoraussetzungen vorliegen, etwa Wohnung und Lebensunterhalt. Dieser Hinweis ist hier wichtig, weil es für den Familiennachzug zu Schutzberechtigten Erleichterungen gibt, wenn der Familiennachzug rechtzeitig angezeigt wird (§ 29 Abs. 2 Satz 2 Nr. 1 AufenthG). Im Übrigen setzt der Familiennachzug voraus, dass das Familienmitglied einen Pass besitzt und mit dem entsprechenden Visum einreist.

## 4. Der Familiennachzug zu Schutzberechtigten

### 4.1.4 Besonderheiten beim Ehegattennachzug

Der Ehegattennachzug ist an den Nachweis bestimmter Sprachkenntnisse geknüpft; es gibt allerdings eine Reihe von Ausnahmen im Gesetz. Auch die Rechtsprechung behandelt diese Frage differenziert. Von Interesse ist hier aber, dass bei den Ehegatten von Schutzberechtigten von dem obligatorischen Sprachnachweis (auf dem Niveau A 1) abgesehen wird, sofern die Ehe mit dem Schutzberechtigten vor der Einreise geschlossen worden ist (§ 30 Abs. 1 Satz 2 Nr. 1 AufenthG). Es genügt daher eine Heirat in einem Transitland auf der Flucht. Es wird nicht wie beim Familienflüchtlingsschutz verlangt, dass die Ehe bereits im Land der Verfolgung geschlossen worden ist.

Da der Nachzug eines Ehegatten nur gewährt wird, um die eheliche Lebensgemeinschaft zu führen, muss eine entsprechende Absicht bestehen. Dies führt in den Visumverfahren bei Angehörigen von Schutzberechtigten selten zu Schwierigkeiten. Gleichwohl ist dieser Punkt bei der Beratung im Blick zu behalten, wie das folgende Beispiel zeigt:

**Beispiel:**

S war 2015 als Flüchtling in die Bundesrepublik gekommen, nach einem sehr langen Asylverfahren wird er 2020 anerkannt und möchte seine Ehefrau E nachziehen lassen. In Deutschland hatte er zwischenzeitlich Frau F kennengelernt, mit der er ein Kind hat, das aber getrennt von ihm bei der Mutter wohnt. Die Ausländerbehörde weiß von dem Kind und wirft nun die Frage auf, ob S mit der E überhaupt noch eine Lebensgemeinschaft anstrebe. Das soll in einer zeitgleichen Befragung der beiden Eheleute bei Ausländerbehörde und Botschaft aufgeklärt werden.

### 4.2 Familiennachzug zu anerkannten Flüchtlingen und Asylberechtigten

#### 4.2.1 Grundsatz

Asylberechtigte und anerkannte Flüchtlinge haben das Recht, die Kernfamilie nachziehen zu lassen. Das ist aus § 29 Abs. 2 AufenthG ersichtlich: Inhaber einer Aufenthaltserlaubnis nach § 25 Abs. 1 und 2, 2. Alt. und § 26 Abs. 3 AufenthG haben das Recht, ihre Familie

## IV. Folgen der Anerkennung

nachziehen zu lassen. Die Rede ist hier von den minderjährigen Kindern und Ehegatten bzw. gleichgeschlechtlichen Lebenspartnern des Schutzberechtigten. Sonstige Familienangehörige können im Rahmen des § 36 Abs. 2 AufenthG nachziehen – wenn der Härtefall anerkannt wird.

### 4.2.2 „Privilegierter Familiennachzug" und „fristwahrende Anzeige"

Für sehr viel Beratungsbedarf hat die „fristwahrende Anzeige" gesorgt. Dabei geht es hier nicht um den Familiennachzug insgesamt, sondern nur um den „privilegierten" Nachzug von Ehegatten und minderjährigen Kindern, also den Nachzug ohne die Obliegenheit, Einkommen und Wohnung nachzuweisen. Gleichwohl kann diese Frage über das Schicksal eines Nachzugsantrages insgesamt entscheiden, weil viele Anerkannte in Deutschland eben nicht gleich erwerbstätig werden, sondern ihren Integrationskurs durchlaufen und Deutsch lernen, nicht aber gleich den Lebensunterhalt für eine Familie sichern können.

Die fristwahrende Anzeige hat innerhalb von drei Monaten nach „unanfechtbarer Anerkennung" bzw. „Zuerkennung" des Schutzes zu erfolgen. Damit meint das Gesetz den Zeitpunkt der Zustellung des Bescheides. Ein positives Gerichtsurteil löst diese Frist noch nicht aus, ebenso wenig der Umstand, dass ein positives Urteil rechtskräftig geworden ist. Es zählt der Tag, an dem der positive Bundesamtsbescheid eingeht, was dann diese Frist auslöst. Zur Fristwahrung genügt die Anzeige an eine der beteiligten Behörden. Anzugeben sind der Name des Schutzberechtigten, der Umstand, dass der Familiennachzug gewünscht ist und der Name der nachziehenden Familienmitglieder. Es empfiehlt sich, dies über das Internet zu tun. Das Auswärtige Amt hält dazu eine Seite bereit, die über den Suchbegriff „fristwahrende Anzeige" leicht zu finden ist. Nach Eingabe der Daten wird eine PDF-Datei mit einem QR-Code kreiert, die man ausdruckt und/oder abspeichert, um sie dann als Nachweis im Visumverfahren vorzulegen.

**Wichtig:** Die fristwahrende Anzeige und die damit gewollte Privilegierung betreffen immer nur den Familiennachzug von Ehegatten und minderjährigen Kindern zu einem anerkannten Flüchtling, nicht den der Eltern zu ihren minderjährigen Kindern. Auch bei einem sonstigen Familiennachzug ist diese Anzeige (und damit die Frist)

### 4. Der Familiennachzug zu Schutzberechtigten

unerheblich. Das gilt auch für subsidiär Schutzberechtigte, für diese ist eine fristwahrende Anzeige ebenfalls nicht erforderlich.

Wenn diese Frist versäumt ist und der in Deutschland lebende anerkannte Flüchtling den Lebensunterhalt für seine Familie nicht aufbringen kann, ist der Nachzug noch immer möglich. Die Behörde kann diesen im Ermessenswege trotzdem gewähren. Das wird sie insbesondere dann tun, wenn der Unterhalt wenigstens teilweise gedeckt ist oder eine besondere Härte vorliegt.

### 4.3 Familiennachzug zu subsidiär Schutzberechtigten

*4.3.1 Neuregelung seit August 2018*

Die Rechte von subsidiär Schutzberechtigten sind, was ihren Familiennachzug betrifft, seit dem 01.08.2018 neu definiert. Seit diesem Tag gibt es den Familiennachzug wieder. Der Familiennachzug war für mehr als zwei Jahre ganz ausgesetzt gewesen. Angehörige, die wegen dieser Regelung kein Visum bekommen haben, können das jetzt nachholen, sofern sie die Voraussetzungen heute noch erfüllen (z. B. bei Altersgrenzen von Kindern). Allerdings ist die Neuregelung nicht mit dem vergleichbar, was bis zum Jahr 2016 galt. Der Nachzug zu subsidiär geschützten Familienmitgliedern ist jetzt auf 1.000 Personen pro Monat kontingentiert und von einer humanitär begründeten Auswahlentscheidung abhängig – und somit auch nicht mehr mit einem gerichtlich durchsetzbaren Anspruch versehen.

Geregelt ist das in § 36a AufenthG, der in seinem Absatz 2 die humanitären Gründe für einen Nachzug aufzählt, etwa den Fall einer schon langwährenden Trennung, das Kindeswohl von betroffenen minderjährigen Kindern, Gefahren für Angehörige im Aufenthaltsstaat u. a. In Absatz 3 stehen die Ausschlussgründe gegen den Nachzug, hier sind etwaige Strafverurteilungen zu berücksichtigen, und, was praktisch am wichtigsten ist, der Umstand, dass die Ehe nicht bereits vor der Flucht aus dem Herkunftsland geschlossen worden ist.

*4.3.2 Das Verfahren bei den Angehörigen von subsidiär Schutzberechtigten*

Auch bei diesem Familiennachzug ist der Antrag des Familienangehörigen bei der deutschen Auslandsvertretung als Visumantrag zu stellen. Um die 1.000 Personen auszuwählen, die jeden Monat das Einreisevisum bekommen sollen, braucht es eine Behörde, die das

## IV. Folgen der Anerkennung

zentral prüft und die Anträge miteinander vergleicht. Das macht das Bundesverwaltungsamt in Köln, das die Anträge über die Auslandsvertretungen (Botschaften und Konsulate) dann zur Prüfung erhält. Weil es auf humanitäre Gründe ankommt, die eben sehr persönlich sind, sollten die Familienangehörigen in ihren Anträgen klare Aussagen zu den Punkten machen, die den Familiennachzug zeitnah erfordern. Außerdem sollten sie Nachweise (z. B. Atteste, eidesstattliche Versicherungen) dazu beifügen. Auf eine Anzeigefrist kommt es nicht an. Da aber auch hier die Minderjährigkeit eines Einreisenden Tatbestandsvoraussetzung ist, sollte man in diesem Fall mit der Antragstellung keine Zeit verlieren.

### 4.4 Familiennachzug und nationale Abschiebungsverbote

Das Recht zum Familiennachzug für Personen, bei denen lediglich ein Abschiebungsverbot nach § 60 Abs. 5 und 7 AufenthG festgestellt worden ist, wird nur unter den engen Voraussetzungen des § 29 Abs. 3 AufenthG gewährt. Diese Vorschrift besagt, dass der Nachzug „nur aus völkerrechtlichen oder humanitären Gründen oder zur Wahrung politischer Interessen der Bundesrepublik Deutschland erteilt werden" darf. Über Ausnahmefälle, die es immer wieder gibt, können Beratungsstellen sehr gut Auskunft geben.

### 4.5 Elternnachzug (§ 36 Abs. 1 AufenthG)

Das Thema „Elternnachzug" besteht meistens nur bei unbegleiteten minderjährigen Flüchtlingen. Der Nachzug bei § 36 Abs. 1 AufenthG setzt ja gerade voraus, dass der in Deutschland lebende Schutzberechtigte sich hier minderjährig ohne Elternteil aufhält. Für den Nachzug ist nach der bisherigen Rechtsprechung des Bundesverwaltungsgerichts erforderlich, dass auch die Visumerteilung (nicht nur der Antrag!) bereits vor dem Volljährigwerden des jungen Menschen erfolgt. Das führt zu einem engen Zeitregime und verlangt besondere Beachtung bei der Beratung. Die Entscheidung des Bundesverwaltungsgerichts, die diese Voraussetzung aufgestellt hat, ist im Internet zu finden, sie wurde am 18.04.2013 verkündet (BVerwG, Az.: 10 C 9.12).

Mittlerweile gibt es aber auch eine wichtige Entscheidung des EuGH, die das Zeitregime gerade anders ordnet. Der EuGH konnte hier entscheiden, weil die zugrunde liegende Regelung aus dem Unionsrecht stammt, nämlich aus der Familienzusammenführungsricht-

## 4. Der Familiennachzug zu Schutzberechtigten

linie. Der EuGH stellt in seiner Entscheidung vom 12.04.2018 (Az.: C-550/16) für die Minderjährigkeit auf den Asylantrag ab: Demnach reicht es aus, wenn der unbegleitete Teil seinen Asylantrag noch in der Zeit der Minderjährigkeit gestellt hat und dann erst nach Volljährigkeit als Flüchtling anerkannt worden ist und dann innerhalb von drei Monaten nach Anerkennung der Familiennachzug bei der Behörde eingeleitet wird. Das Problem hier ist derzeit aber, dass die deutschen Visumbehörden dieses Urteil nicht als für die deutsche Praxis anwendbar erachten. Hier wird die weitere Entwicklung und Rechtsprechung abzuwarten sein.

**Wichtig:** Der Elternnachzug setzt voraus, dass bei dem Kind Asyl, Flüchtlingsstatus oder subsidiärer Schutz ausgesprochen worden sind. Soweit das Kind subsidiär schutzberechtigt ist, kommt es auch auf eine Auswahlentscheidung nach § 36a AufenthG an; hier gilt auch die erwähnte EuGH-Entscheidung nicht (sie betraf nur anerkannte Flüchtlinge). Das Kindeswohl ist aber auf jeden Fall zu berücksichtigen.

### 4.6 Familiennachzug und Schutzberechtigung: Übersicht

| Schutzstatus | Familiennachzug | Privilegierter Nachzug | Anzeigefrist |
|---|---|---|---|
| Asylanerkennung | Anspruch für Kinder und Ehegatten des Berechtigten | ohne Lebensunterhalt und Wohnnachweis, wenn Frist gewahrt | 3 Monate nach Erhalt der Anerkennung |
| | Anspruch für Eltern des minderjährigen unbegleiteten Berechtigten | kein Lebensunterhalt nachzuweisen | besondere Fristen für den Elternnachzug beachten! |
| Flüchtlingsanerkennung | Kinder und Ehegatte des Berechtigten | ohne Lebensunterhaltssicherung und Wohnnachweis, wenn Frist gewahrt | 3 Monate nach Erhalt der Anerkennung |
| | Eltern des minderjährigen unbegleiteten Berechtigten | kein Lebensunterhalt zu sichern | besondere Fristen für den Elternnachzug beachten! |

## IV. Folgen der Anerkennung

| Schutzstatus | Familiennachzug | Privilegierter Nachzug | Anzeigefrist |
|---|---|---|---|
| Subsidiärer Schutz | Kinder und Ehegatten des Berechtigten | keine Lebensunterhaltssicherung erforderlich | keine Frist, aber Kontingent ohne Rechtsanspruch |
|  | Eltern des minderjährigen unbegleiteten Berechtigten | keine Lebensunterhaltssicherung erforderlich | keine Frist, aber Kontigent ohne Rechtsanspruch |
| Nationale Abschiebungsverbote | nur aus völkerrechtlichen oder humanitären Gründen |  |  |

Die in dem Schaubild genannten Kinder müssen bei der Antragstellung für das Visum minderjährig sein, wenn es um ihren eigenen Nachzug geht. Der Elternnachzug bezieht sich auf den Nachzug zu einem unbegleiteten minderjährigen Flüchtling in Deutschland; hier muss allerdings nach Auffassung des BVerwG die Minderjährigkeit noch am Tag der Visumerteilung für die Eltern fortbestehen.

### 4.7 Das Verfahren des Familiennachzugs

#### 4.7.1 Visumverfahren

Das Familiennachzugsverfahren ist ein Visumverfahren bei der zuständigen deutschen Auslandsvertretung. Eine Einreise ohne ein solches Visum ist nicht möglich (es sei denn, der Ausländer fällt unter eine der in Kap. I.2 genannten Ausnahmen). Das Visum ist von dem ausländischen Teil bei der zuständigen Auslandsvertretung zu beantragen. Anders als im Asylverfahren, bei dem der Ausländer Beweiserleichterungen zur Seite hat, belehrt werden muss und insgesamt von einem ganzen System aus Normen profitieren kann, die seinem Schutz dienen, ist der Ausländer bei der Botschaft auf sich gestellt und mit seinen Nachweisen in der Bringschuld. Dazu kommt dann auch noch, dass mit dem Verfahren ausgerechnet die Teile der Familie befasst sind, die die wenigsten Erfahrungen mit deutschem Verwaltungshandeln haben.

## 4. Der Familiennachzug zu Schutzberechtigten

*4.7.2 Zuständigkeit bei der deutschen Auslandsvertretung*

Das Familiennachzugsverfahren ist bei der Deutschen Botschaft im Staat des ausländischen Familienmitglieds zu führen. Andere Zuständigkeiten können sich aber ergeben, wenn die Bundesrepublik dort keine konsularische Vertretung unterhält oder diese wegen der Sicherheitslage oder aus anderen Gründen vorübergehend geschlossen ist. Die Zuständigkeit kann sich aber auch deswegen verschieben, weil die ausländischen Familienmitglieder bereits in einen Transitstaat migriert sind. Dann ist es aber für die Antragsteller erforderlich, einen regelmäßigen Aufenthalt in diesem anderen Staat zu begründen, weil sonst die dortige Deutsche Botschaft den Antrag wegen Unzuständigkeit nicht prüfen wird.

**Beispiel:**

S ist die somalische Ehefrau des in Deutschland anerkannten F. Weil sie die Botschaft in Nairobi (die auch für die Visumverfahren von Somalis zuständig ist) nicht erreichen kann, reist sie mit ihren Kindern nach Uganda, um dort den Antrag bei der Deutschen Botschaft zu stellen. Die Botschaft in Kampala (Uganda) verweist sie darauf, dass sie ihren regelmäßigen Aufenthalt in Uganda nachzuweisen habe und dass sie dies durch eine Registrierung in einem UNHCR-Flüchtlingslager tun könne. Mit dieser Bescheinigung kann das Verfahren fortgesetzt werden.

*4.7.3 Das Botschaftsverfahren*

Es ist zu empfehlen, sich auf der Internetseite der deutschen Auslandsvertretung über das Verfahren und die notwendigen Dokumente zu informieren. Ferner ist es in der Regel unumgänglich, einen Termin zur Visumantragstellung zu buchen. Die fristwahrende Anzeige genügt nicht, das Visumverfahren muss durch einen Antrag eingeleitet werden. Die Terminbuchung geschieht in der Regel ebenfalls über die Homepage der Auslandsvertretungen. Dabei ist schon bei der Buchung darauf zu achten, dass ein nationales Visum für einen Zeitraum von mehr als 90 Tagen zum Zwecke der Familienzusammenführung begehrt wird. Würde man einen Termin für die Beantragung eines Schengen-Visums (bis zu 90 Tage) gebucht haben, wäre dies nicht hilfreich. Geht es um den Nachzug eines alleinstehenden Kindes, ist auch die rechtliche Vertretung im

## IV. Folgen der Anerkennung

Verfahren zu klären; es muss dazu eine Vollmacht für den Vertreter vorgelegt werden.

### 4.7.4 Notwendige Dokumente und Nachweise

Welche Dokumente vorzulegen sind, kann nicht pauschal gesagt werden. Personenstands- und Identitätsdokumente sind in jedem Fall erforderlich. Schon der visierfähige Pass kann in einigen Ländern ein Problem darstellen. Die Möglichkeiten, das Visum ohne den eigenen Nationalpass, sondern mit einem bei der Botschaft erstellten Reiseausweis für Ausländer zu erhalten, sind voraussetzungsvoll: Nach § 11 AufenthV ist die Zustimmung des Innenministeriums bzw. einer von ihm bestimmten Stelle (derzeit das BAMF) erforderlich.

Geht es um ein nachziehendes minderjähriges Kind, dessen anderer Elternteil im Herkunftsland verbleibt, müssen familienrechtliche Vorgaben wie das Sorgerecht und das Aufenthaltsbestimmungsrecht des anderen Elternteils beachtet werden. Wie diese Nachweise aussehen, richtet sich nach dem Familienrecht des Herkunftsstaates. Bei dem Kindernachzug wird in der Regel auch ein Abstammungsgutachten, also ein DNA-Test, verlangt, der von den Antragstellern zu bezahlen ist. Sofern die Behörde Zweifel hat, kann auch eine Altersfeststellung eingeleitet werden. Es ist nicht selten, dass der Verdacht aufkommt, dass Jugendliche die Altersgrenze der Volljährigkeit vor der Antragstellung bereits überschritten haben.

Wenn es um eine Ehe geht und die Eheurkunde den Behörden nicht ausreicht, kann ein Vertrauensanwalt der Botschaft beauftragt werden, der die Eheschließung durch Einsicht in die Register bestätigt. In Betracht kommt auch, den Vortrag der Eheschließung durch Zeugenberichte und Fotos zu untermauern. Das ergibt sich aus Art. 11 der Familiennachzugsrichtlinie: Der Antrag darf nicht ausschließlich wegen fehlender Dokumente abgelehnt werden, wenn plausible Erklärungen das Fehlen erklären und andere Indizien für die familiäre Bindung benannt werden.

### 4.7.5 Zustimmungserfordernis der örtlichen Ausländerbehörde

Die Visumerteilung bedarf beim Familiennachzug nach § 31 AufenthV der Zustimmung der örtlichen Ausländerbehörde unter der Beteiligung der lokalen Ausländerbehörde, die mit der Prüfung der Wohn- und Einkommensverhältnisse betraut ist. Das ist auch der Grund, warum ihr der Nachweis über die fristwahrende Anzeige

## 5. Familienasyl und internationaler Schutz bei Familien (§ 26 AsylG)

zu übermitteln ist. Die lokale Ausländerbehörde prüft bei einem Ehegattennachzug auch die Absicht der Eheleute, eine Lebensgemeinschaft zu begründen.

### 4.7.6 Fazit

Der Familiennachzug ist ein wichtiger Teil der Asylberatung, der meistens schon beim ersten Beratungsgespräch angesprochen wird, allerdings erst wirklich begonnen werden kann, wenn der Asylantragsteller in Deutschland die Anerkennung erhalten hat. Trotzdem ist es wichtig, die familiäre Situation zu kennen, weil dann nämlich ermittelt werden kann, ob ein bestimmter Schutzstatus wegen der Aussichten auf den Familiennachzug anzustreben ist. Das Botschaftsverfahren ist langwierig und die Buchung eines Termins oft schon die erste größere Hürde. Außerdem können nicht geringe zusätzliche Kosten entstehen, um Vertrauensanwälte und Gutachten zu bezahlen. Bei der Frage des Familiennachzugs sollte auf der deutschen Seite in jedem Fall eine Beratungsstelle einbezogen werden. Viele kirchliche und andere Beratungsstellen haben über die vergangenen Jahre einen großen Erfahrungsschatz zu diesem Thema angesammelt und stehen bei den schwierigen Fragen nach den richtigen und erforderlichen Dokumenten und bei den anderen Fragen des Verfahrens hilfreich zur Seite.

## 5. Familienasyl und internationaler Schutz bei Familien (§ 26 AsylG)

### 5.1 Begriff des Familienasyls bzw. internationaler Familienschutz

§ 26 AsylG regelt den Fall, wie sich die Schutzzuerkennung eines Familienmitglieds auf ein anderes Mitglied auswirkt. Die Idee des Familienschutzes ist es, diesen Schutz auf andere Mitglieder zu erstrecken, wenn die Familie im Herkunftsland schon bestand, auch wenn das betreffende Familienmitglied selbst nicht persönlich verfolgt wird. Dieses andere Familienmitglied muss daher selbst keine Verfolgungsgefahr vortragen, es genügt, auf die Schutzzuerkennung des anderen Familienangehörigen hinzuweisen.

> **Beispiel:**
> R ist als kritischer Zeitungsredakteur in seinem Herkunftsland verfolgt worden. Er wurde in Deutschland als Flüchtling anerkannt. Seine Ehefrau, mit der er schon im Herkunftsland ver-

## IV. Folgen der Anerkennung

heiratet gewesen war, erhält auch den Flüchtlingsschutz – mit dem Argument des § 26 AsylG.

Hier geht es nicht um Sippenhaft oder die Vorstellung, dass ein Regime die Familie des Oppositionellen ebenfalls fokussiert verfolgt. Wäre das der Fall, hätten die Mitglieder eine eigene Verfolgung zu befürchten. Der Familienschutz soll, so besagt es die Literatur, das Bundesamt und die Gerichte entlasten sowie die Integration der nächsten Angehörigen erleichtern.

Die Vorschrift regelt in den ersten vier Absätzen die familiären Folgen der Asylanerkennung. In Abs. 5 wird aber klargestellt, dass dies alles auch für die international Schutzberechtigten gilt, was in der Praxis aufgrund der sehr viel höheren Fallzahlen von sehr viel größerer Bedeutung ist. Damit ist aber auch klar, dass auch ein subsidiär Schutzberechtigter seine Schutzzuerkennung an seine Familie vermitteln kann.

Der Familienschutz steht dem Schutz aufgrund eigener Verfolgung vollständig gleich. Eine Ausnahme gibt es nur dahin, dass Eltern, die ihren Schutz den Familienregeln verdanken, selbst diesen Schutz nicht an Kinder weitervermitteln können (§ 26 Abs. 4 Satz 2 AsylG).

Der Schutz ist durch einen üblichen Asylantag geltend zu machen, was etwa auch zu einer Wohnpflicht oder gar einer Verteilung führen kann. Auch die Ausschlussgründe sind die gleichen. Weil der Schutz abhängig ist (Juristen sagen dazu „akzessorisch"), hängt das Schicksal weiter an dem des ursprünglich berechtigten Familienmitglieds. Erlischt das Recht dort bei diesem Familienmitglied, so kann es auch zu einem Widerruf der Anerkennung bei der übrigen Familie kommen.

Für den Antrag auf Familienflüchtlingsschutz gibt es auch Fristen, die zu beachten sind. Außerdem kommt es in einigen Fällen darauf an, dass die Familie bereits im Herkunftsstaat gegründet worden ist. Damit fallen etwa solche Partner aus dem Familienschutz, die sich erst auf der Flucht kennengelernt und geheiratet haben. Auch bei später geborenen Kindern wird dieser Gedanke angewandt, was im Falle unverheirateter Eltern bei dem Bundesamt dann zu der nicht mehr überzeugenden Lösung führt, Kind und Mutter als Familie anzusehen, den Vater aber flüchtlingsschutzrechtlich nicht mit dem Kind zu verbinden.

## 5. Familienasyl und internationaler Schutz bei Familien (§ 26 AsylG)

### 5.2 Familienschutz für Ehegatten

#### 5.2.1 Grundsatz

Damit der Ehegatte (oder Lebenspartner) in den Genuss des Familienschutzes kommt, muss der anerkannte Teil, der „Stammberechtigte", unanfechtbar anerkannt und sein Status darf nicht Gegenstand eines Widerrufs oder einer Rücknahme sein. Wichtig ist außerdem, dass die Ehe bereits im Staat der Verfolgung bestanden hat. Das Bestehen einer Ehe wird grundsätzlich nach dem Recht des Herkunftsstaates beurteilt. Es kann also auch eine rituelle oder religiöse Eheschließung ausreichen, es kommt nur darauf an, dass es in dem Herkunftsstaat zu den Rechtswirkungen der Ehe gekommen ist. Eine Grenze wird aber bei Minderjährigenehen gezogen, die unter das neue Gesetz zur Bekämpfung von Kinderehen fallen. Allerdings wirkt sich die Unwirksamkeit einer Ehe wegen Minderjährigkeit hier nicht per se aus. Das stellt der ebenfalls neu eingefügte Satz 2 in § 26 Abs. 1 AsylG klar. Sofern nämlich der Teil profitiert, der selbst minderjährig geheiratet hatte, bleibt es beim Familienschutz.

> **Beispiel:**
>
> F hat als 15-Jährige im Heimatland den zu diesem Zeitpunkt 19-jährigen K geheiratet. Der K wird als Flüchtling anerkannt. Auch F erhält den Flüchtlingsschutz als Ehegattin, obwohl ihre Ehe nach deutschem Recht unwirksam ist. Das ergibt sich aus § 26 Abs. 1 Satz 2 AsylG.

Diese Ausnahme gilt aber nicht zugunsten des zum Zeitpunkt der Eheschließung volljährigen Ehegatten. Wäre die Lage im vorgenannten Beispiel umgekehrt und die F selbstständig anerkannt worden, käme der K nicht in den Genuss des Familienschutzes, weil die Ehe mit der F unwirksam ist. Hier gilt die Ausnahme nicht.

**§ 26 Abs. 1 Satz 2 AsylG:**

„Für die Anerkennung (…) nach Satz 1 ist es unbeachtlich, wenn die Ehe nach deutschem Recht wegen Minderjährigkeit im Zeitpunkt der Eheschließung unwirksam oder aufgehoben worden ist; dies gilt nicht zugunsten des im Zeitpunkt der Eheschließung volljährigen Ehegatten."

## IV. Folgen der Anerkennung

### 5.2.2 Fristen

Der andere Ehegatte muss einen eigenen Antrag stellen, um in den Genuss des Familienschutzes zu kommen. Entscheidend ist aber, ob der Antrag fristgerecht gestellt wird. Maßgeblich ist hier der Zeitpunkt der Einreise: Ist der Ehegatte erst nach der Anerkennung des anderen Ehegatten in die Bundesrepublik eingereist, muss der Antrag unverzüglich, also in der Regel innerhalb einer Frist von zwei Wochen, gestellt werden. Umstände des Einzelfalles sind aber bei der Frage der Fristeinhaltung zu berücksichtigen. War der Ehegatte schon vor der Anerkennung seines Ehepartners eingereist, gibt es keine Frist.

> **Beispiel:**
>
> R aus Syrien ist als Flüchtling anerkannt, seine Ehefrau E kommt im Wege des Familiennachzugs später nach Deutschland. Da E und R bereits in Syrien, dem Land der Verfolgung, verheiratet waren, besteht grundsätzlich Anrecht auf Familienschutz. Der Antrag ist dann fristgerecht, das heißt innerhalb von zwei Wochen nach Einreise zu stellen.

Das Beispiel zeigt, dass die Begleitung eines Familiennachzugs nicht endet, wenn das Visum erteilt ist. Für den Familienschutz ist schnelles Handeln erforderlich. Es ist aber vor der Stellung eines solchen Antrags auch zu klären, ob der Flüchtlingsstatus wirklich gewünscht ist. Im Hinblick darauf, dass zukünftige Reisen in das Herkunftsland ausfallen, verzichten viele auf den Familienschutz und belassen es bei einer Aufenthaltserlaubnis als Ehegatte. Eine andere Frage betrifft die Wohnsituation während dieses Asylverfahrens. Hier kommt es wesentlich darauf an, ob der nachziehende Ehegatte bereits eine Aufenthaltserlaubnis hat, die über die sechs Monate hinaus gültig ist, die der § 14 Abs. 2 Nr. 1 AsylG für eine schriftliche Asylantragstellung ohne Wohnpflicht verlangt.

> **Beispiel:**
>
> Ehefrau E aus dem vorherigen Beispiel erhält einige Tage nach ihrer Einreise eine Aufenthaltserlaubnis nach § 30 AufenthG zum Familiennachzug mit einer Gültigkeitsdauer von einem Jahr. Damit kann sie ihren eigenen Antrag auf Erteilung des Familienflüchtlingsschutzes, der ja auch einen Asylantrag nach § 14 AsylG darstellt, schriftlich stellen und muss nicht in eine

# 5. Familienasyl und internationaler Schutz bei Familien (§ 26 AsylG)

Aufnahmeeinrichtung einziehen. Sicherlich könnte sie diesen Antrag auch ohne diesen Aufenthaltstitel stellen, dann würde sie aber wohnpflichtig und müsste, um nicht länger von ihrem Ehemann durch die anderweitige Unterbringung getrennt zu sein, Verlegungs- und Urlaubsanträge stellen.

## 5.3 Familienschutz für minderjährige ledige Kinder (§ 26 Abs. 2 AsylG)

Die minderjährigen Kinder eines anerkannten Schutzberechtigten erhalten den Schutz über den anerkannten Elternteil, wenn sie noch ledig sind und die Anerkennung nicht zu widerrufen oder zurückzunehmen ist. Für die Frage der Minderjährigkeit gilt das deutsche Recht. Es gibt auch hier keine Frist: Solange die Anerkennung nicht widerrufen und das Kind noch nicht volljährig geworden ist, kann der Antrag erfolgreich gestellt werden.

Eine Einschränkung, die sich nicht wörtlich aus dem Gesetz ergibt, wird allerdings in der Bundesamtspraxis vorgenommen und zum Teil von Gerichten bestätigt: Vor dem Hintergrund, dass der Familienschutz eine Familie verlangt, wird – so wie bei der Ehe in Abs. 1 – nach dem Bestehen der Familie im Herkunftsland gefragt. Das ist auf den ersten Blick unpassend, wenn das Kind in Deutschland geboren wurde, aber der Blick wird dann auf die Eltern gerichtet und die Frage, ob sie bereits im Herkunftsland eine Familie gegründet haben.

**Beispiel:**

A ist ein anerkannter Flüchtling aus Äthiopien, er hat in Deutschland die M kennengelernt, die ebenfalls aus Äthiopien stammt, aber nach einem erfolglosen Verfahren geduldet wird. Beide bekommen ein Kind, die Beziehung endet, das Kind lebt bei seiner Mutter. Das Sorgerecht erhält A nicht. Der Vorschlag des Beraters, einen Asylantrag für das Kind zu stellen, um so der Mutter einen besseren Aufenthalt zu verschaffen, führt nicht zum Erfolg. Das Bundesamt lehnt ab und rechnet das Kind flüchtlingsschutzrechtlich nicht der Familie des A zu, weil die Ehe der beiden Eltern noch nicht im Herkunftsland bestanden hat.

## IV. Folgen der Anerkennung

Wichtig im Zusammenhang mit dem Familienschutz von Kindern ist auch noch der Hinweis auf § 26 Abs. 4 Satz 2 AsylG. Dieser besagt, dass Kinder eines Erwachsenen, der selbst „nur" Familienschutz erhalten hat, nicht in den Genuss des Schutzes kommen. Ein Elternteil, das seinen Schutz nur aufgrund der Familienschutzregeln erhalten hat, kann diesen Schutz also nicht an Kinder weitergeben.

**Beispiel:**

A hat seinen Flüchtlingsstatus nach § 26 Abs. 1 AsylG erhalten, weil seine Ehefrau als engagierte Oppositionspolitikerin beim Bundesamt anerkannt worden war. Er selbst hatte keine Verfolgungsgründe. Eines Tages meldet sich der B, ein 16-jähriger Junge, Kind von A aus einer früheren Beziehung, der alleine in die Bundesrepublik nachgezogen und zunächst in einer Wohngruppe für UMF untergebracht war. Der Betreuer regt an, doch einen Antrag auf Familienasyl für B zu stellen, weil sein Vater ja anerkannt sei. Das Bundesamt lehnt den Antrag mit Recht ab und verweist auf das Gesetz (§ 26 Abs. 4 Satz 2 AsylG).

Dieser Ausschluss bei der Weitergabe des Familienschutzes gilt aber nur für den gerade genannten Fall eines anerkannten Elternteils im Verhältnis zu den Kindern. Geht es um einen Erwachsenen, kann dieser den Schutz auch von einem Kind oder seinem Ehegatten erhalten, auch wenn diese den Schutz selbst nur abgeleitet erhalten haben.

### 5.4 Familienschutz für Eltern und Geschwister von Anerkannten (§ 26 Abs. 3 AsylG)

Dieser Schutz von Eltern und minderjährigen Geschwistern eines anerkannten Minderjährigen folgt demselben Prüfschema wie der Ehegattenschutz. Das heißt dann aber auch, dass die besondere Frist gilt, falls die Einreise erst nach der Anerkennung erfolgt. Die Familie muss im Herkunftsland bestanden haben und die Antragstellung nach Anerkennung des Minderjährigen unverzüglich erfolgen. Dem Kriterium „Familie im Herkunftsstaat", das in diesem Fall auch so im Gesetz steht, wird man gerecht, indem wenigstens irgendwelche Akte der Familiengründung im Herkunftsland erkennbar sind.

## 5. Familienasyl und internationaler Schutz bei Familien (§ 26 AsylG)

**Beispiel:**

Die Eheleute A und B aus Somalia kommen mit ihrem einjährigen Mädchen C und seinem 8-jährigen Bruder D nach Deutschland. Die C erhält wegen der Gefahr einer Genitalverstümmelung beim Bundesamt den Flüchtlingsschutz. Daraufhin erhalten auch die Eltern und der ältere Bruder den Familienschutz nach § 26 Abs. 3 AsylG. Auf eine Frist kommt es nicht an, weil Eltern und Bruder D vor der Anerkennung der C nach Deutschland eingereist waren. Wenn jetzt nach der Anerkennung der weitere Bruder E in Deutschland geboren wird, dann gilt die Frist. Der Antrag ist unverzüglich zu stellen. Das liegt daran, weil man hier die Geburt als „Einreise" betrachtet.

Der Familienschutz ist aber dann ausgeschlossen, wenn er so dasjenige Familienmitglied begünstigen würde, das mit seiner Gewalt oder Bedrohung erst die Anerkennung ausgelöst hat (§ 26 Abs. 6 AsylG).

**Beispiel:**

Die 16-jährige R flieht vor einer Zwangsheirat. Ihr Vater V, von dem die Bedrohung im Wesentlichen ausging, kommt nach Anerkennung der R ebenfalls nach Deutschland und beantragt Asyl. Den abgeleiteten Schutz von seiner Tochter kann er wegen § 26 Abs. 6 AsylG nicht bekommen.

### 5.5 Familienschutz bei Tod oder späterer Auflösung der Ehe

Wenn man mit der herrschenden Meinung den Sinn des Familienschutzes wesentlich in der Integration der Familienangehörigen sieht, dann wird der Status nicht dadurch in Gefahr gebracht, dass die Ehe scheitert oder der Stammberechtigte stirbt. Ein Widerrufsverfahren des Bundesamts würde in diesen Fällen ohne Effekt bleiben. Davon zu unterscheiden ist jedoch der Fall, dass der ehemals Stammberechtigte seinen eigenen Schutz – etwa durch einen Widerruf – verliert, dann kann sich das auf die Familienangehörigen auswirken, weil dann der Grund für die Anerkennung überhaupt wegfällt. Ein Widerrufsverfahren gegenüber den Angehörigen könnte dann zu einer Aufhebung aller Anerkennungsbescheide der Familienmitglieder führen.

IV. Folgen der Anerkennung

## 6. Aufenthaltsverfestigung bei Schutzberechtigten

### 6.1 Grundsatz

Mit den Chancen der Aufenthaltsverfestigung verbindet man die Frage, wie rasch ein anerkannter Ausländer in den Genuss eines unbefristeten und von seinem Schutzstatus unabhängigen Aufenthaltsgerät. Auch hier ist entscheidend, welchen Schutzstatus der Betreffende zunächst innehat. Neben der unbefristeten Aufenthaltserlaubnis ist bei einem Blick in die Zukunft auch an die Einbürgerung zu denken, die in manchen Fallkonstellationen sogar einfacher zu erlangen ist.

### 6.2 Die unbefristete Aufenthaltserlaubnis

*6.2.1 Vorteile der unbefristeten Aufenthaltserlaubnis*

Die unbefristete Aufenthaltserlaubnis eröffnet eine klare Aufenthaltsperspektive, es sind keine Termine für eine Verlängerung mehr nötig. Das Aufenthaltsrecht gilt unbefristet und ein in Deutschland geborenes Kind des Ausländers erwirbt die deutsche Staatsangehörigkeit, wenn dieser Elternteil bei Geburt mindestens acht Jahre in Deutschland lebt (§ 4 Abs. 3 StAG). Trotzdem: Man kann diese unbefristete Aufenthaltserlaubnis im Ausnahmefall auch noch verlieren, nämlich dann, wenn man das Bundesgebiet ohne vorherige Rücksprache mit der Ausländerbehörde über sechs Monate verlässt (§ 51 Abs. 1 Nr. 7 AufenthG) oder wenn man (z. B. wegen einer Straftat) als Gefahr für die öffentliche Sicherheit angesehen und ausgewiesen wird (Ausweisung, §§ 53 ff. AufenthG). Der Verlust wegen der längeren Abwesenheit tritt bei anerkannten Flüchtlingen aber nicht ein, solange noch der Flüchtlingspass gilt (§ 51 Abs. 7 AufenthG).

*6.2.2 Die unbefristete Aufenthaltserlaubnis für Asylberechtigte und anerkannte Flüchtlinge*

Für gut integrierte Asylberechtigte und Flüchtlinge ist die unbefristete Aufenthaltserlaubnis schon nach drei Jahren möglich. Hier zählen die Zeiten des vorangegangenen Asylverfahrens mit; ein Faktor, der in der Beratung leicht zu übersehen ist. Allerdings macht das Gesetz die Integration fest an dem „Beherrschen der deutschen Sprache", das entspricht dem Anforderungsniveau von C 1, und einer „weit überwiegenden Lebensunterhaltssicherung". Sehr praxisnah ist das nicht; wer dieses Sprachniveau erlernt, hat möglicherweise

## 6. Aufenthaltsverfestigung bei Schutzberechtigten

wenig Zeit für den Broterwerb. Vorteile kann diese Regelung aber für junge Menschen in der Ausbildung bringen, sofern sie vor dem 18. Lebensjahr eingereist sind; sie sind dann wegen der Ausbildung vom Nachweis der Lebensunterhaltssicherung freigestellt (§§ 26 Abs. 3, 35 Abs. 1 AufenthG).

§ 26 Abs. 3 AufenthG hält aber noch eine weitere Regelung bereit, die gegenüber anderen Ausländern einen Vorteil bringt: Nach fünf Jahren entsteht ein Anspruch auf eine unbefristete Aufenthaltserlaubnis, wenn der anerkannte Flüchtling (oder Asylberechtigte) „hinreichende" Deutschkenntnisse hat, also B 1, und nur noch „überwiegend" seinen Lebensunterhalt selbst bestreiten kann. Der Vorteil liegt hier nicht bei der Voraufenthaltszeit; der Regelfall der unbefristeten Aufenthaltserlaubnis knüpft ebenfalls an die fünf Jahre an. Der Vorteil liegt hier bei den anderen Bedingungen. Das Erfordernis der 60 Pflichtbeiträge für die Rentenversicherung ist hier zum Beispiel nicht zu beachten. Selbstverständlich kann der Schutzberechtigte sich dann auch nach sechs oder sieben Jahren auf diese Vorschrift berufen, wenn er erst dann zu einer Lebensunterhaltssicherung kommt und die notwendigen Rentenzeiten noch fehlen.

Voraussetzung in allen Fällen ist aber, dass das Bundesamt der Ausländerbehörde mitgeteilt hat, dass es den Schutzstatus nicht widerrufen oder zurücknehmen will. Bei denjenigen, die in den Jahren 2015, 2016 und 2017 ihre Flüchtlingsanerkennung bekommen haben, muss die Ausländerbehörde vor Erteilung der Niederlassungserlaubnis nach § 26 Abs. 3 AufenthG diese Erklärung vom Bundesamt ausdrücklich erhalten haben, sonst darf sie nicht erteilen.

### 6.2.3 Unbefristete Aufenthaltserlaubnis für subsidiär Schutzberechtigte

Besondere Regelungen für die Inhaber eines subsidiären Schutzes gibt es nicht. Sie sind an die allgemeinen Regeln des § 9 AufenthG gebunden und erwerben den Anspruch auf eine unbefristete Aufenthaltserlaubnis erst nach fünf Jahren – und in der Regel unter Nachweis von Lebensunterhaltssicherung und Rentenzeiten (60 Monate Pflichtbeiträge). Einziger Vorteil ist, dass die Zeit des Asylverfahrens auch bei ihnen angerechnet wird (§ 55 Abs. 3 AsylG). Wegen des Nachweises von Rentenzeiten kann in diesen Fällen eine Einbürgerung anzuraten sein, bei der die Rentenzeiten nicht nachzuweisen sind.

## IV. Folgen der Anerkennung

### 6.2.4 Unbefristete Aufenthaltserlaubnis für Inhaber eines Abschiebungsverbotes

Für Personen, denen nur ein Abschiebungsverbot zur Seite steht, gibt es überhaupt keine Sonderregeln gegenüber anderen Ausländern. Auch die Zeit des Asylverfahrens wird hier nicht auf die fünf Jahre angerechnet, die nach § 9 AufenthG nachzuweisen sind. Eine Ausnahme davon macht § 26 Abs. 4 AufenthG, der bei einer Niederlassungserlaubnis im Ermessensweg auch die Berücksichtigung des Asylverfahrens zulässt. Außerdem gibt es die Möglichkeit, bei Personen, die als Minderjährige eingereist sind, auf eine Lebensunterhaltssicherung im Falle der Ausbildung zu verzichten (§ 35 Abs. 1 AufenthG).

### 6.2.5 Übersicht: Schutzzuerkennung und unbefristete Aufenthaltserlaubnis

| Schutzstatus | Regelung | Voraufenthalt | Sonderregelung |
| --- | --- | --- | --- |
| Flüchtlingsanerkennung/Asylberechtigung | § 26 Abs. 3, 1. Alt. AufenthG | 3 Jahre | Beherrschen der deutschen Sprache (C 1), weit überwiegende Lebensunterhaltssicherung |
| Flüchtlingsanerkennung/Asylberechtigung | § 26 Abs. 3, 2. Alt. AufenthG | 5 Jahre | hinreichende deutsche Sprachkenntnisse, überwiegende Lebensunterhaltssicherung |
| Subsidiär Schutzberechtigte | § 9 AufenthG | 5 Jahre | Lebensunterhaltssicherung, 60 Pflichtbeiträge zur Rentenversicherung |
| Inhaber nationaler Abschiebungsverbote | § 9 AufenthG | 5 Jahre | Lebensunterhaltssicherung, 60 Pflichtbeiträge zur Rentenversicherung |

### 6.3 Die Einbürgerung

#### 6.3.1 Vorteile einer Einbürgerung

Oft wird die Einbürgerung als der Endpunkt der Aufenthaltsverfestigung betrachtet. Gegenüber einer unbefristeten Aufenthaltserlaubnis hat die Einbürgerung einige Vorteile, wie die nachstehende Übersicht zeigt. Dabei ist es nicht nur die Teilhabe am demokratischen Staatswesen, die hier im Zentrum des Interesses steht:

## 6. Aufenthaltsverfestigung bei Schutzberechtigten

**Wichtige Vorteile einer Einbürgerung:**

- dauerhaftes Aufenthalts- und Einreiserecht (deutsche Staatsangehörigkeit kann nur unter den Voraussetzungen des Art. 16 Abs. 1 GG entzogen werden)
- Verbesserungen beim Nachzug des ausländischen Teils der Familie
- Zugang zu Ämtern (Beamtentum)
- aktives und passives Wahlrecht
- Vererbbarkeit des Staatsangehörigkeitsstatus nach § 4 StAG
- konsularischer Schutz (problematisch bei „Doppel-Staatern")

Neben diesen wichtigen Vorteilen wird in der Beratung oft das Visumregime anderer Staaten als Grund für eine Einbürgerung genannt. In der Tat haben Inhaber deutscher Reisepässe vielfach Privilegien, was die Einreisevoraussetzungen in andere Länder angeht.

Natürlich spielt auch der Wunsch eine Rolle, nach langer Zeit wieder in das Herkunftsland reisen zu können. Flüchtlinge, die schon längere Zeit in Deutschland leben und die aufgrund zwischenzeitlicher Änderungen gefahrlos in das Herkunftsland reisen könnten, bevorzugen dafür den deutschen Reisepass anstatt mit der unbefristeten Aufenthaltserlaubnis und als Noch-Staatsangehöriger den ehemaligen Verfolgerstaat zu besuchen.

### 6.3.2 Einbürgerung von Asylberechtigten und anerkannten Flüchtlingen

Die Genfer Flüchtlingskonvention fordert den aufnehmenden Staat auf, die Einbürgerung des anerkannten Flüchtlings zu fördern. Besondere Regeln im deutschen Staatsangehörigkeitsgesetz gibt es aber nicht. Eine Privilegierung des Flüchtlings findet sich nur bei der Frage der Beschaffung von Identitätsdokumenten aus dem Herkunftsstaat. Außerdem ist der Flüchtling davon befreit, mit dem Herkunftsstaat den Kontakt zu seiner Entlassung aus der dortigen Staatsangehörigkeit zu suchen. Bei der Einbürgerung eines Flüchtlings wird die Mehrstaatigkeit hingenommen.

Diese Sonderstellung ist neuerdings aber nicht mehr so viel wert: Zum einen verlangen die Einbürgerungsbehörden seit 2019 auf gesetzlicher Grundlage (§ 10 Abs. 1 StAG) die Identitätsklärung,

## IV. Folgen der Anerkennung

was bei anerkannten Flüchtlingen dazu führen kann, dass sie dann doch noch gehalten werden, einen Nationalpass zu beantragen, um damit im Einbürgerungsprozess ihre Personalien nachzuweisen. Zum anderen ist der Einbürgerungsantrag meist auch Anlass für das Bundesamt, den Widerruf wegen des Wegfalls des Schutzgrundes zu prüfen.

Einen Nachteil kann die Einbürgerung eines anerkannten Flüchtlings haben, wenn einer seiner Familienangehörigen seinen eigenen Schutz im Wege des Familienschutzes von ihm ableitet. Das Bundesamt und mit ihm die herrschende Meinung bei den Gerichten sehen in dem Erlöschen des Flüchtlingsstatus bei einem Stammberechtigten einen Widerrufsgrund für das Familienmitglied:

**Beispiel:**

Der Regierungskritiker S ist als Flüchtling anerkannt, sein 20-jähriger Sohn F, der als Familienangehöriger auch den Flüchtlingspass besitzt, ist wegen verschiedener Delikte, die er noch in Jugendjahren begangen hat, nicht in einen unbefristeten Aufenthalt gekommen. Auch seine Chancen auf eine Einbürgerung stehen deswegen schlecht. Wegen einer neuerlichen Straftat droht die Ausländerbehörde Konsequenzen an. In dieser Situation wird sein Vater S auf seinen Antrag hin in den deutschen Staatsverband eingebürgert. Die Folge für F ist verheerend: Weil bei seinem Vater der Flüchtlingsstatus erloschen ist, will das Bundesamt nun den nachgeordneten Flüchtlingsschutz (§ 26 AsylG) bei Sohn F widerrufen. F, dem in seiner Person keine Verfolgung droht, muss nun Maßnahmen der Ausländerbehörde befürchten.

Im eben geschilderten Fall hätte die Beratung auch die Folgen der Einbürgerung für die Familie ins Auge fassen müssen.

# V. Unzulässige Asylanträge wegen Berührung mit einem anderen Staat

| | | |
|---|---|---|
| 1. | Unzulässige Asylanträge nach § 29 AsylG | 140 |
| 1.1 | Was sind unzulässige Asylanträge? | 140 |
| 1.2 | Unzulässigkeit wegen Drittstaatsbezugs | 141 |
| 1.3 | Andere unzulässige Asylanträge | 142 |
| 2. | Unzulässige Anträge wegen anderweitiger Zuständigkeit aufgrund der Dublin-III-VO | 142 |
| 2.1 | Die Dublin-III-VO | 142 |
| 2.2 | Die Dublin-Kriterien | 149 |
| 2.3 | Zuständigkeit bei mehrmalig gestellten Asylanträgen | 153 |
| 2.4 | Pflicht zum Selbsteintritt und Überstellungsverbot | 154 |
| 2.5 | Das Dublin-Verfahren | 156 |
| 2.6 | Der „Dublin-Bescheid" | 160 |
| 2.7 | Überstellungsfrist und Überstellung | 161 |
| 2.8 | Tipps für die Beratung mit „Dublin-Fällen" | 166 |
| 3. | Unzulässige Anträge wegen einer Schutzerteilung in der EU | 167 |
| 3.1 | Grundsatz | 167 |
| 3.2 | Inhalt des „Drittstaatenbescheides" | 167 |
| 3.3 | Rechtsmittel gegen einen Drittstaatenbescheid | 169 |
| 4. | Unzulässige Anträge wegen Schutzes in einem sonstigen Staat (§ 29 Abs. 1 Nr. 4 AsylG) | 171 |
| 5. | Unzulässige Zweitanträge | 171 |
| 5.1 | Begriff | 171 |
| 5.2 | Prüfungsschema bei einem Zweitantrag | 172 |
| 5.3 | Der Bescheid bei erfolglosem Zweitantrag | 173 |
| 5.4 | Rechtsmittel | 173 |

# V. Unzulässige Asylanträge wegen Berührung mit einem anderen Staat

## 1. Unzulässige Asylanträge nach § 29 AsylG

### 1.1 Was sind unzulässige Asylanträge?

Im August 2016 wurde § 29 AsylG völlig neu gefasst und damit alle unzulässigen Asylanträge in einem neuen Paragrafen geregelt. Unzulässige Asylanträge zeichnen sich dadurch aus, dass das Schutzbegehren nicht mehr inhaltlich geprüft wird, weil der Antrag entweder bei der Behörde im falschen Staat gestellt wurde oder weil schon eine andere Entscheidung, sei sie positiv oder negativ, über den Schutzantrag existiert und das Bundesamt nicht verpflichtet ist, den Fall wieder aufzugreifen.

**Wichtig:** Bei unzulässigen Anträgen tritt das BAMF nicht in die eigentliche Prüfung der Verfolgungsgründe ein; es lehnt mit der Begründung ab, dass es den Antrag nicht prüfen muss.

In diesem Abschnitt werden die Fälle vorgestellt, in denen das BAMF einen Asylantrag als unzulässig ablehnt, weil der Asylsuchende durch seine vorherige Berührung mit einem anderen Staat hierzu Anlass gegeben hat. Dieser Anlass ist nicht zwingend durch einen vorherigen Aufenthalt oder eine Durchreise begründet, es kann auch sein, dass von dem anderen Staat ein Visum erteilt worden ist oder dass sich dort Familienmitglieder aufhalten, weswegen Deutschland für den Asylantrag nicht zuständig ist.

Ablehnungen „als unzulässig" sind durch diese Formulierung im Bescheid erkennbar. Sie unterscheiden sich oft nach dem Zielort der Abschiebungsandrohung. Die Abschiebung kann in den anderen zuständigen Staat erfolgen, den Staat, in dem bereits Schutz gewährt wurde, oder in den Herkunftsstaat. Solche Ablehnungen als unzulässig verlangen nach der neuesten Rechtsprechung des Bundesverwaltungsgerichts auch eine andere Reaktion des Anwalts bei der Klage als sonst. Hier ist nämlich eine Anfechtungsklage zu erheben, keine Verpflichtungsklage (dazu mehr in Kap. XI. 2.2).

# 1. Unzulässige Asylanträge nach § 29 AsylG

## 1.2 Unzulässigkeit wegen Drittstaatsbezugs

Es gibt vier Fälle, in denen ein Asylantrag als unzulässig abgelehnt wird, weil der Antragsteller zuvor in relevanter Weise Berührung mit einem anderen Staat hatte.

**Übersicht: Die Fälle der Unzulässigkeit wegen Drittstaatsbezugs**

| Sachlage | Reaktion des BAMF | Rechtsnorm / Stichwort |
|---|---|---|
| Für den (noch nicht positiv beschiedenen oder bereits abgelehnten) Asylantrag ist nach der Dublin-III-Verordnung ein anderer Staat Europas zuständig. | Ablehnung des Asylantrags als unzulässig und Abschiebungsanordnung oder Abschiebungsandrohung in den zuständigen Dublin-Staat | § 29 Abs. 1 Nr. 1 AsylG „Dublin-Fall" |
| Der Antragsteller hat bereits den Flüchtlingsstatus oder subsidiären Schutz in einem anderen EU-Staat. | Ablehnung des Asylantrags als unzulässig und Abschiebungsandrohung in den betreffenden anderen EU-Staat | § 29 Abs. 1 Nr. 2 AsylG „Anerkannten-Fall" |
| Der Antragsteller hat in einem sonstigen Staat (außerhalb der EU) Schutz gefunden. | Ablehnung des Asylantrags als unzulässig und Abschiebungsandrohung in diesen anderen Staat (sofern der Staat den Geflüchteten zurücknimmt) | § 29 Abs. 1 Nr. 4 AsylG „sonstiger sicherer Staat" |
| Der Antragsteller ist in einem anderen Dublin-Staat abgelehnt, Deutschland ist (z. B. wegen Fristablaufs) zuständig geworden und erkennt keine neuen Gründe („Wiederaufnahmegründe") an. | Ablehnung des Asylantrags als unzulässig, Abschiebungsandrohung in den Herkunftsstaat | § 29 Abs. 1 Nr. 5 2. Alt. AsylG „Zweitantragsfall" (§ 71a AsylG)" |

V

## V. Unzulässige Asylanträge

### 1.3 Andere unzulässige Asylanträge

Es gibt noch einen weiteren Fall eines unzulässigen Antrags, hier besteht aber kein Bezug zu einem anderen Staat, deswegen wird dieser Fall gesondert behandelt. Das ist der Folgeantrag nach § 71 AsylG, wenn der Ausländer bereits in Deutschland einen Asylantrag gestellt hatte und sein neuer Antrag – wieder in Deutschland gestellt, aber ohne erforderliche neue Gründe – aus diesem Grund nicht nochmals zur Prüfung angenommen wird.

### 2. Unzulässige Anträge wegen anderweitiger Zuständigkeit aufgrund der Dublin-III-VO

#### 2.1 Die Dublin-III-VO

##### 2.1.1 Inhalt: Zuständigkeits- und Übernahmeregelung

Die Dublin-VO – oder förmlicher: Verordnung (EU) Nr. 604/2013 – ist zunächst einmal eine Zuständigkeitsregelung. Sie trifft keine Entscheidungen darüber, ob einem einzelnen Antragsteller ein Schutzstatus zusteht, sondern besagt, welcher der am Dublin-System teilnehmenden Staaten für einen in der Dublin-Zone gestellten Asylantrag zuständig ist. Zugleich ist sie aber auch eine Übernahmeregelung, weil hier auch geregelt ist, unter welchen Bedingungen ein Antragsteller von einem auf den anderen Staat überstellt werden kann und von dem anderen Staat aufzunehmen ist.

„Dublin" kann man außerdem auch als ein konstruktives Zuständigkeitssystem betrachten, weil bei einer ablehnenden Entscheidung des unzuständigen Staates der andere Staat, der zuständig ist, an den Flüchtling mitzuteilen ist – und noch wichtiger – dieser Staat auch verbindlich zuständig ist. Dass es sich um eine konstruktive Zuständigkeitsregelung handelt, ergibt der Vergleich mit der Drittstaatenregelung in Art. 16a Abs. 2 GG: Dort kann ein Schutzantrag abgelehnt werden, ohne dass sich damit die Zuständigkeit eines anderen Staates begründet.

Dieses konstruktive Element findet seinen Niederschlag darin, dass nicht allein objektive Kriterien über die Zuständigkeit entscheiden (sie sind natürlich von besonderer Bedeutung), sondern dass die Zuständigkeit selbst erst durch ein Übernahmeverfahren begründet wird.

## 2. Anderweitige Zuständigkeit aufgrund der Dublin-III-VO

**Beispiel:**

A stellt einen Asylantrag in Deutschland. Er war über Italien ohne Papiere in den Dublin-Raum eingereist; das ergibt sich aus den Fingerabdrücken, die von ihm gespeichert sind. Nach der Dublin-VO ist Italien für den Asylantrag zuständig. Das aber genügt noch nicht. Die Dublin-VO verlangt von den deutschen Behörden einen fristgerechten Übernahmeantrag an Italien. Erst, wenn Italien diesen Antrag ausdrücklich annimmt oder durch Schweigen, das hier als Annahme angesehen wird, dem Antrag beitritt, wird Italien zuständig.

Die Dublin-III-VO geht aber noch weiter: Sie vereinigt diese beiden Aspekte, Zuständigkeits- und Übernahmeregelung, auf die Weise, dass sie einen endgültigen Übergang der Zuständigkeit eines Staates auf ein bestimmtes Asylverfahren daran anknüpft, dass auch die Überstellung des Ausländers zeitnah durchgeführt worden ist. Damit soll erreicht werden, dass der Geflüchtete in einen Staat überstellt wird, dessen Verpflichtung zur Behandlung des Asylantrags feststeht – oder umgekehrt betrachtet, dass der Staat des eigentlichen Aufenthalts ab einem gewissen Zeitpunkt die Verantwortung für das Verfahren übernimmt. Die Erklärung für diese Verfahrensweise ist in den Zielen der Dublin-VO zu suchen, nämlich schnell und effektiv den zuständigen Staat zu ermitteln und zugleich zu verhindern, dass ein Geflüchteter in die Situation gerät, keinen für ihn zuständigen Staat (mehr) zu haben (no refugee in orbit).

**Beispiel:**

In dem vorherigen Beispiel hat die Bundesrepublik rechtzeitig das Übernahmeverfahren begonnen und Italien hat dem Antrag zugestimmt. Damit beginnt aber eine weitere Frist zu laufen, nämlich die Überstellungsfrist. Wenn Deutschland es nun versäumt, den A innerhalb dieser Frist (normalerweise: sechs Monate) nach Italien zu überstellen, fällt die Zuständigkeit für das Asylverfahren an Deutschland. Der von A in Deutschland gestellte Antrag wird nun doch im nationalen deutschen Verfahren geprüft.

Dass wir es bei der Dublin-Verordnung mit einer eigenen Rückführungsregelung zu tun haben, erkennt man auch daran, dass für

## V. Unzulässige Asylanträge

Dublin-Überstellungen kein Pass des Ausländers vorliegen muss. Für eine Dublin-Überstellung genügt ein Laissez-Passer, wie es in der Verordnung definiert ist. Bei einer Abschiebung in das Herkunftsland muss dagegen der Nachweis erbracht werden, dass die betreffende Person tatsächlich Staatsangehörige dieses Herkunftsstaates ist. Dazu ist ein Pass oder aktuelles Heimreisedokument dieses Staates erforderlich. Bei einer Dublin-Überstellung ergibt sich die Übernahmepflicht des aufnehmenden anderen europäischen Staates nicht aus der Staatsangehörigkeit des Ausländers, sondern aus dem Dublin-Verfahren.

### 2.1.2 Der Name „Dublin-Verordnung"

Der Name „Dublin" erklärt sich übrigens daraus, dass der heutigen Verordnung (mittlerweile „Dublin-III-VO") ein Übereinkommen des Jahres 1990 von mehreren europäischen Staaten vorangegangen ist, das damals in der irischen Hauptstadt Dublin abgeschlossen worden war und das damals die Zuständigkeit der Vertragsstaaten für die Asylanträge regelte. Da man Übereinkommen, also Verträge zwischen Staaten, häufig nach dem Ort benennt, an dem dieser Vertrag geschlossen wurde (z. B. Vertrag von Maastricht, Genfer Konvention), sprach man früher vom „Dubliner Übereinkommen". An diesem Sprachgebrauch hat man festgehalten, obwohl die heutige Verordnung (EU) Nr. 604/2013 mit der Stadt Dublin nichts mehr zu tun hat, denn wie jede EU-Verordnung wurde auch sie in Brüssel verabschiedet. Aber so ist es dabei geblieben, die Regelungen zur innereuropäischen Zuständigkeit für Asylanträge als „Dublin-Recht" zu bezeichnen. Das geschieht übrigens auch international: Wer mit finnischen oder italienischen Flüchtlingsberatern spricht, wird sofort verstanden, wenn er das „Dublin-System" oder „the Dublin regulation" erwähnt.

### 2.1.3 Die teilnehmenden Staaten

Der Kreis der europäischen Staaten, der Dublin-Recht anwendet, ist nicht mit dem Kreis der EU-Staaten deckungsgleich. Der EU-Mitgliedstaat Dänemark hatte sich an der Annahme der Dublin-III-VO nicht beteiligt (siehe den Erwägungsgrund 42), ist aber gemeinsam mit den Nicht-EU-Staaten Island, Norwegen, Liechtenstein und der Schweiz durch Abkommen dem Dublin-System beigetreten. Nach dem Austritt des Vereinigten Königreichs aus der EU und der An-

## 2. Anderweitige Zuständigkeit aufgrund der Dublin-III-VO

kündigung, sich an dem System nicht beteiligen zu wollen, gilt die Dublin-VO derzeit in 30 europäischen Staaten.

### 2.1.4 Der persönliche Anwendungsbereich

Mit dem persönlichen Anwendungsbereich ist die Frage gemeint, für wen dieses Regelwerk gilt. Sie gilt nämlich nicht für alle Geflüchteten, sondern nur für jene, die in einem der Dublin-Staaten einen Asylantrag gestellt haben, der entweder noch offen ist, zurückgenommen oder abschlägig beschieden worden ist. Daraus folgt, dass die Dublin-Regeln nicht gelten für Geflüchtete, die überhaupt keinen Asylantrag gestellt haben, und solche, deren Anträge bereits positiv beschieden worden sind. Es ergibt sich folgende Übersicht:

| Dublin-Verfahren | Kein Dublin-Verfahren |
| --- | --- |
| Asylantrag in einem Dublin-Staat, der<br>– noch nicht beschieden ist<br>– zurückgenommen wurde<br>– abgelehnt wurde | Keine Asylantragstellung im Dublin-Raum<br><br>Zuerkennung des internationalen Schutzes (Flüchtlingsstatus oder subsidiärer Schutz) in einem EU-Staat |

**Praxis-Hinweis:**

Weil das Dublin-Verfahren nur durch einen Asylantrag ausgelöst wird, kann sich in einer Beratungssituation die strategische Frage stellen, ob ein Asylantrag überhaupt sinnvoll ist, weil man Dublin-Zuständigkeit und Überstellung meiden will. In Betracht kommt es, einen auf die Feststellung der nationalen Abschiebungsverbote beschränkten Antrag zu stellen. Das ist natürlich nur dann möglich, wenn es noch keinen Asylantrag in einem anderen europäischen Staat gibt.

**Beispiel:**

G ist eine äthiopische Frau, die mit einem Schengen-Visum aus Spanien nach Deutschland eingereist ist. Sie hat noch keinen Asylantrag irgendwo in Europa gestellt. In der Beratung stellt sich die Frage, ob sie ihren Antrag auf die nationalen Abschiebungsverbote (§ 60 Abs. 5 und 7 AufenthG) beschränkt stellen soll. Dann löst dieser Antrag kein Dublin-Verfahren aus. Auf der

## V. Unzulässige Asylanträge

anderen Seite bekommt sie nicht den gestatteten Aufenthalt, den man mit dem Asylantrag erhält. Sie müsste einen Antrag auf Duldung stellen oder bei der Ausländerbehörde erreichen, dass die Abschiebung nicht vor Antragsprüfung durchgeführt wird.

Wenn der Asylantrag schon gestellt worden ist, wäre auch noch die Rücknahme des Asylantrags möglich, um das Dublin-Verfahren zu vermeiden. Im Fall der G aus dem oben genannten Beispiel könnte der Anwalt raten, einen bereits in Deutschland gestellten Asylantrag wieder zurückzunehmen. Die Überstellung nach Spanien wird dadurch aber nur dann ausgeschlossen, wenn der Asylantrag noch vor dem Übernahmeverfahren (also hier der Anfrage an Spanien) zurückgenommen werden würde. Wichtig ist auch der Hinweis, die Dublin-III-VO führt nur bei einem ersten Asylantrag in einem Staat zu einem Zuständigkeitsbestimmungsverfahren, nicht, wenn in demselben Staat ein zweiter, ein Folgeantrag, gestellt wird.

**Beispiel:**

R ist aus Äthiopien über Italien nach Deutschland gekommen. Das Dublin-Verfahren endet wegen Fristablaufs mit der Zuständigkeit Deutschlands. R wurde aber vom BAMF im nationalen Verfahren mit seinem Asylantrag abgelehnt. Nach zwei Jahren geduldeten Aufenthalts stellt R einen Folgeantrag, weil sich in seiner Person wesentliche neue Gründe ergeben haben. Ein Dublin-Verfahren findet hier nicht statt, Deutschland ist für den Folgeantrag zuständig.

### 2.1.5 Regelungsprinzipien der Dublin-III-VO

Das Dublin-System wird in der Literatur als Antwort auf die Schengen-Regelung angesehen. Mit der Öffnung der Binnengrenzen zwischen europäischen Staaten im Zuge des Schengener Übereinkommens, das seit 1985 schrittweise immer mehr europäische Staaten betraf und zu immer mehr offenen europäischen Binnengrenzen führte, wollte man auf die potenzielle Binnenwanderung von Asylsuchenden reagieren. Konnte man einen Flüchtling früher durch die Grenzkontrollen davon abhalten, in einen anderen europäischen Staat zu reisen, um dort ein weiteres Asylverfahren zu beginnen, fiel diese Form der Einschränkung nunmehr weg. An diese Stelle

## 2. Anderweitige Zuständigkeit aufgrund der Dublin-III-VO

trat das Dublin-System mit dem Prinzip, dass jeder Flüchtling nur noch in einem – und zwar dem für ihn zuständigen – europäischen Staat seinen Asylantrag stellen sollte. Diesen Staat sollte sich die flüchtende Person auch nicht selbst aussuchen dürfen, sondern er bestimmte sich nach objektiven Kriterien des Dublin-Übereinkommens. Und so gilt es auch heute: Es sind die folgenden drei Grundsätze, die das Dublin-Verfahren durchziehen:

- one chance only (nur ein Asylantrag in der Dublin-Zone)
- no cherry picking (keine freie Wahl des Asylstaates)
- no refugee in orbit (für einen Flüchtling gibt es immer einen zuständigen Staat; dass sich kein einziger europäischer Staat findet, der für den Geflüchteten zuständig ist oder Staaten darüber uneinig sind, dass der andere Staat zuständig ist, soll es nicht geben)

### 2.1.6 EURODAC-Datenbank

Das organisatorische Herzstück des Dublin-Systems ist die Datenbank EURODAC. Dazu gehört auch die Verpflichtung der teilnehmenden Staaten, relevante Ereignisse – also das Stellen eines Asylantrags, die illegale Einreise und andere Tatbestände – mit diesen Fingerabdrücken gemeinsam abzuspeichern. Der Nachweis von Fingerabdrücken in einem anderen Staat (hier spricht man von sogenannten „EURODAC-Treffern") ist meistens auch Grundlage für ein Ersuchen an den anderen Staat, den Flüchtling zu übernehmen oder zurückzunehmen.

Es gibt zwei wichtige Kategorien von sogenannten EURODAC-Treffern, die definiert sind:

Treffer der Kategorie 1 = Asylantragstellung

Treffer der Kategorie 2 = illegaler Grenzübertritt aus einem Nicht-Dublin-Staat

**Beispiel:**

L ist über Sizilien aus Libyen nach Deutschland gelangt. Bei seiner Einreise hat die italienische Polizei seine Fingerabdrücke abgenommen und gespeichert. Eine EURODAC-Anfrage der deutschen Behörden ergab einen „Treffer der Kategorie 2" für Italien. Damit war dem BAMF klar, dass L in Italien die Außengrenze des Dublin-Raums illegal überschritten hatte (EURO-

## V. Unzulässige Asylanträge

> DAC-Treffer 2 weist auf die illegale Einreise über eine Außengrenze in das Dublin-Gebiet hin).

Neben der EURODAC-Datenbank gibt es als andere wichtige Einrichtung noch das Visa-Informationssystem (VIS). Dort wird eine Visaerteilung durch einen anderen europäischen Staat des Schengen-Raums gespeichert. Wenn dann ein sogenannter Vis(a)-Treffer vorliegt, erkennt das Bundesamt, von welchem Staat wann ein Visum erteilt worden ist.

### 2.1.7 Probleme mit Dublin-III

Das Dublin-System lebt von der Prämisse gleicher Bedingungen und Chancen in den verschiedenen europäischen Staaten, was aber zu keinem Zeitpunkt realistisch war. Hinzu kommt, dass ein an objektiven Kriterien orientiertes System an den Wünschen und Lebensplänen der Betroffenen vorbeigeht, was umso dramatischer wird, je ungleicher die wirtschaftlichen Verhältnisse in den verschiedenen Staaten sind und je stärker auch eine Mobilität nach einer Flüchtlingsanerkennung eingeschränkt ist. Die Perspektive nämlich, nach einer Anerkennung innerhalb der EU in den Wunschstaat weiterwandern zu können, ist nicht wirklich vorhanden, weil die Binnenfreizügigkeit für Drittstaatsangehörige (nach der Daueraufenthaltsrichtlinie) erst nach fünf Jahren beginnt – und auch das nur bei eigener Lebensunterhaltssicherung.

Am Beispiel Griechenlands konnte man in den Jahren 2007 ff. beobachten, wie die höchstrichterliche Rechtsprechung in den europäischen Staaten einschließlich des EGMR (und mit Zustimmung des EuGH) die Dublin-Überstellungen für einen Staat immer umfänglicher aussetzten, weil das Asylsystem dort schwerwiegende Mängel aufwies und zum Teil noch immer aufweist. Damit wurde auch der europarechtliche Vertrauensgrundsatz durchbrochen, der in der Annahme besteht, dass alle Mitgliedstaaten gleichermaßen die Grundrechte der Asylantragsteller achten. Schließlich hat dann auch die deutsche Bundesregierung im Jahr 2012 eine generelle Erklärung abgegeben, Flüchtlinge nicht mehr nach Griechenland zu überstellen. Das wird heute aber wieder anders gesehen und die Überstellungen wurden im Frühsommer 2017 teilweise wieder aufgenommen. Zu den rechtlichen Folgen dieser Missstände in anderen

## 2. Anderweitige Zuständigkeit aufgrund der Dublin-III-VO

Staaten, siehe unten Abschn. 2.4. „Pflicht zum Selbsteintritt und das Überstellungsverbot".

### 2.2 Die Dublin-Kriterien

#### 2.2.1 Zuständigkeitskriterien nach Art. 8–15 Dublin-III-VO

Die Zuständigkeitskriterien sind in den Art. 8–15 der Dublin-III-VO geregelt. Die Zuständigkeit ist auch in dieser numerischen Reihenfolge von Art. 8–15 zu prüfen. Das ergibt sich aus Art. 7 Dublin-III-VO. Bei den Kriterien kommen mehrere Grundprinzipien zum Tragen: Zunächst geht es um unbegleitete Minderjährige, die eine Sonderrolle einnehmen. Dann werden Regelungen geprüft, die der Zusammenführung erwachsener Antragsteller innerhalb des Dublin-Raums dienen. Schließlich werden Asylsuchende nach dem „Verursacherprinzip" an den Staat verteilt, der deren Einreise in irgendeiner Weise zu verantworten hat. Führen alle diese Kriterien zu keinem anderen Staat, ist der Staat der Antragstellung zuständig.

#### 2.2.2 Selbsteintritt („Souveränitätsklausel")

Unabhängig von allen Kriterien kann der Staat, in dem ein Antrag gestellt wurde, die Prüfung jederzeit auch ohne Einhaltung der Zuständigkeitsregeln selbst übernehmen (Art. 3 und Art. 17 Dublin-III-VO). Das liegt daran, dass die Dublin-III-VO keine Einschränkung der Souveränität eines einzelnen Staates begründet. Den eintretenden Staat treffen dann gegebenenfalls Mitteilungspflichten an den anderen Staat (falls bereits ein Übernahmeverfahren durchgeführt worden ist). Gegenüber dem Asylsuchenden stellt dieses Vorgehen keinen Nachteil dar, da er mit seiner Schutzantragstellung ja gerade zum Ausdruck gebracht hat, dass er den Antrag in dem betreffenden Staat geprüft wissen will.

Eine andere Frage (die auch in dem anderen Zusammenhang bearbeitet wird) ist die der Verpflichtung zum Selbsteintritt, ob also ein Staat der Asylantragstellung zur Übernahme des Asylverfahrens durch einen Selbsteintritt verpflichtet ist. Ein Staat kann aus Gründen der Wahrung von Menschenrechten und anderen Rechtsgrundsätzen verpflichtet sein, den Selbsteintritt auszuüben, um Schaden von dem Schutzsuchenden abzuwenden. Dies wird unten im Zusammenhang mit den Gründen für eine Rechtmäßigkeit der Zuständigkeitsentscheidung behandelt. In der unionsrechtlichen Diskussion und auch beim EuGH wird dieses Thema unter der Über-

## V. Unzulässige Asylanträge

schrift „Überstellungsverbot" behandelt. Überstellungsverbot und Selbsteintrittspflicht bezeichnen den gleichen rechtlichen Sachverhalt, nämlich dass ein Dublin-Verfahren gegenüber einem im Einzelfall unzureichenden Zielstaat zur Wahrung grundlegender Rechte des Geflüchteten abgebrochen werden muss.

### 2.2.3 Unbegleitete Minderjährige (Art. 8 Dublin-III-VO)

Bei unbegleiteten Minderjährigen ist der Dublin-Staat zuständig, in dem sich ein Familienangehöriger, Geschwisterteil oder Verwandter (Art. 8 Abs. 2 Dublin-III-VO) rechtmäßig aufhält, allerdings muss die Übernahme dem Kindeswohl entsprechen. Interessant ist hier, dass nach der Definition für „Verwandte" gemäß Art. 2 lit. h Dublin-III-VO auch volljährige Onkel, Tanten oder Großeltern in Betracht kommen. Das Verhältnis kann auch durch Adoption begründet worden sein. Wichtig ist aber, dass dieses Adoptionsverhältnis – oder auch eine Vormundschaft – bereits am Tag der Antragstellung bestanden hat. Für die Zuständigkeitsbestimmung gilt nämlich dieser Tag (Art. 7 Abs. 2 Dublin-III-VO, sogenannte „Versteinerungstheorie").

Das Kindeswohl entscheidet auch darüber, bei welchem Familienangehörigen das Verfahren fortgeführt wird, wenn es mehrere Familienangehörige in verschiedenen Staaten gibt.

Fehlt es im Dublin-Gebiet an einem solchen Familienangehörigen, dann wird der Staat der Antragstellung zum zuständigen Staat (Art. 8 Abs. 4 Dublin-III-VO). Das gilt seit einer Entscheidung des Europäischen Gerichtshofs auch, wenn der Minderjährige zuvor in einem anderen Staat einen Asylantrag gestellt hat, dann aber weitergereist ist. Die Begründung hierfür ist, dass sich hier auch das Kindeswohl auswirkt. Man will ihm keinen weiteren Ortswechsel zumuten (EuGH, Urt. v. 06.06.2013, Az.: C-648/11).

### 2.2.4 Familienzusammenführung von Volljährigen (Art. 9–11 Dublin-III-VO)

In den Art. 9–11 Dublin-III-VO finden sich Vorschriften zur Familienzusammenführung während des Verfahrens. Im Unterschied zu der Familienzusammenführung von UMF greifen die Art. 9–11 Dublin-III-VO nur ein, wenn in dem anderen Staat ein Familienangehöriger lebt, der selbst internationalen Schutz erhalten hat oder sich als Asylsuchender dort aufhält. Asylsuchender ist auch noch ein Antragsteller im Klageverfahren nach einem ablehnenden Bescheid. Famili-

## 2. Anderweitige Zuständigkeit aufgrund der Dublin-III-VO

enangehörige – hier gilt die Definition in Art. 2 lit. g Dublin-III-VO –, die einen anderen Hintergrund ihres Aufenthalts haben, lösen den Dublin-Familiennachzug nicht aus. Für den Zuständigkeitsübergang ist erforderlich, dass der Zusammenführungswille kundgetan wird.

**Beispiel:**
Die beiden volljährigen Afghanen D und C stellen in Deutschland einen Asylantrag. Beide haben einen Ehegatten in Frankreich und wollen dorthin überstellt werden. Die Frau des D hat in Frankreich einen Asylantrag gestellt, die Ehefrau des C studiert dort mit einem Studienvisum. Nur D kann den Familiennachzug über das Dublin-Verfahren erhalten. Für den C gelten diese Regeln nicht, hier kann Frankreich über die Ermessensklausel des Art. 11 Abs. 2 Dublin-III-VO zuständig werden.

In Art. 11 Dublin-III-VO findet sich eine Regelung zur Zusammenführung von Familien, die zeitlich versetzt und getrennt in verschiedenen Staaten ihren Antrag stellen. Solche Fälle der Trennung während der Flucht sind nicht selten und werden hier aufgefangen.

**Praxis-Hinweis in der Beratung:**
Familienzusammenführung über Dublin ist ein wichtiges, aber auch unübersichtliches Beratungsthema. Wegen der im Dublin-Verfahren geltenden kurzen Fristen ist hier außerdem Eile geboten. Sobald sich Anhaltspunkte für die Anwesenheit von Angehörigen in einem anderen Dublin-Staat ergeben, sollte eine Flüchtlingsberatung kontaktiert werden. Diese Beratungsstelle verfügt im besten Fall auch über Kontakte in den anderen Dublin-Staat, sodass auch der im Ausland befindliche Teil der Familie beraten und die Zusammenführung koordiniert werden kann.

### 2.2.5 Verursacherprinzip

Wird die Zuständigkeit nicht nach den vorherigen Kriterien geklärt, kommt das „Verursacherprinzip" zur Anwendung. Zuständig ist der Staat, der ein Visum oder eine Aufenthaltserlaubnis erteilt hat (Art. 12 Dublin-III-VO) oder der die illegale Einreise des Asylantragstellers nicht verhindert hat (Art. 13 Abs. 1 Dublin-III-VO). Wichtig

## V. Unzulässige Asylanträge

ist, dass es sich hier um die illegale Einreise aus einem Nicht-Dublin-Staat handelt. Eine Einreise ohne Überschreitung einer Dublin-Außengrenze ist hier irrelevant. Bei der Zuständigkeit aufgrund Visumerteilung ist darauf hinzuweisen, dass die Visumerteilung ausreicht; der Antragsteller muss nicht in dem Land der Visumerteilung gewesen sein.

> **Beispiel:**
>
> T hat ein Schengen-Visum der Auslandsvertretung von Portugal. Damit fliegt er am 05.08.2020 nach Rom, um dann mit dem Zug nach München zu fahren. Dort stellt er einen Asylantrag. Portugal ist wegen des Visums zuständig.

Zu beachten ist aber, dass die Zuständigkeit bei illegaler Einreise – wie auch bei Visum- oder Titelerteilung – nach einiger Zeit erlischt.

> **Beispiel:**
>
> Im Falle des T war das Visum bis zum 18.08.2020 gültig. Die Zuständigkeit wegen eines Visums endet sechs Monate nach Ablauf des Visums (Art. 12 Abs. 4 Dublin-III-VO). Würde T seinen Asylantrag erst nach dem 18.02.2021 stellen, wäre nicht mehr Portugal, sondern Deutschland zuständig.

Auch die Wirkungen der illegalen Einreise sind zeitlich beschränkt. Eine Migration innerhalb des Dublin-Raums kann dann auch zu einer neuen Zuständigkeit führen, wenn der Antragsteller sich nach der illegalen Einreise über eine gewisse Zeit in einem weiteren Staat aufhält, bevor er sich neuerlich woanders hinwendet und dort einen Asylantrag stellt.

> **Beispiel:**
>
> A reist am 01.08.2019 von der Türkei aus nach Griechenland ein – und von dort weiter nach Österreich, wo er sich nachweislich über 5 Monate aufhält. Er kommt Anfang August 2020 nach Deutschland, wo er am 15.08.2020 (erstmals) einen Asylantrag stellt. Für den Antrag ist nach Art. 13 Abs. 1 und 2 Dublin-III-VO nicht mehr Griechenland zuständig, sondern wegen des mindestens 5-monatigen Aufenthalts Österreich.

## 2. Anderweitige Zuständigkeit aufgrund der Dublin-III-VO

### 2.2.6 Auffangregelung

In den Art. 14–17 Dublin-III-VO finden sich noch einige Sonderregeln, die aber wenig praktische Bedeutung haben.

### 2.3 Zuständigkeit bei mehrmalig gestellten Asylanträgen

#### 2.3.1 Grundsatz

Nicht im Katalog der Zuständigkeitskriterien nach Art. 8–15 Dublin-III-VO behandelt ist der Fall der mehrmaligen Schutzantragstellung. Wie hier zu verfahren ist, ergibt sich aber aus Art. 23 Dublin-III-VO. Darin wird der Fall geregelt, wenn ein Ausländer, der in einem anderen Staat bereits ein Anerkennungsverfahren begonnen hat, in dem Staat seines neuen Aufenthalts einen „neuen" Schutzantrag stellt. Hier gilt der Grundsatz, dass der Staat der Antragstellung zur Wiederaufnahme verpflichtet ist. Im Einzelnen gilt das unter den folgenden drei Voraussetzungen:

Der Antragsteller

- hat während der Prüfung seines ersten Antrags diesen Staat verlassen (Art. 18 Abs. 1 lit. b),
- hat seinen im anderen Staat gestellten Antrag zurückgenommen (Art. 18 Abs. 1 lit. c),
- ist mit seinem dort gestellten Antrag abgelehnt worden (Art. 18 Abs. 1 lit. c).

#### 2.3.2 Kollisionsfälle

Mit diesem weiteren Kriterium können sich natürlich Kollisionsfälle ergeben, wenn ein Antragsteller nach einer Asylantragstellung weiterreist und einen erneuten Antrag stellt. Diese Fälle werden aber dadurch gelöst, dass ein Staat nach der Dublin-VO immer nur einen anderen Staat nach dem anderen wegen der Übernahme anfragen kann. Begrenzt werden solche mehrmaligen Anfragen aber dann auch noch durch die Fristen.

> **Beispiel:**
>
> A reist am 06.02.2020 illegal über Italien ein und stellt noch in der gleichen Woche in der Schweiz einen Asylantrag. Noch bevor die Schweiz über den Antrag entscheiden kann, fährt A über die Grenze nach Deutschland, um am 05.08.2020 einen

## V. Unzulässige Asylanträge

weiteren Asylantrag zu stellen. Das BAMF sieht beide EURO-DAC-Treffer in der Datenbank und hat nun die Wahl, entweder Italien wegen der Übernahme des Flüchtlings anzufragen oder die Schweiz. Nach der Dienstanweisung müsste das BAMF die Schweiz anfragen; es könnte aber auch Gründe geben, erst Italien anzufragen.

### 2.4 Pflicht zum Selbsteintritt und Überstellungsverbot

*2.4.1 Die Voraussetzung: „systemische Mängel"?*

Es gibt Staaten, die dem Geflüchteten nicht den Standard gewähren, den das Unionsrecht vorsieht. Wann das dazu führt, dass der Staat des Aufenthaltes dazu verpflichtet wird, das Asylverfahren zugunsten des Betroffenen an sich zu ziehen, hat seit den erwähnten Griechenlandfällen viele Gerichte befasst. Heute ist diese Pflicht dem Grunde nach unumstritten, wenn sich die Verhältnisse in dem anderen Staat als derart nachteilig darstellen, dass der Betroffene dort nicht mit einem zweckgerichteten Verfahren oder mit einer anforderungsgemäßen Unterbringung und sozialen Sicherung rechnen kann. Problematisch ist nur der Maßstab dafür, wann diese Grenze überschritten ist. In seiner Entscheidung „M.S.S." hat der EuGH 2011 (EuGH, Urt. v. 21.12.2011, Az.: C-411/10, C-493/10) die Selbsteintrittspflicht als Folge einer Grundrechtsverletzung aufgrund des Bestehens „systemischer Mängel" postuliert. „Systemische Mängel" und die dadurch hervorgerufene Grundrechtsverletzung mussten zusammenkommen. Der Begriff der „systemischen Mängel" (genauer: „systemischer Schwachstellen") hat dann 2013 auch Eingang in den Normtext der Dublin-III-VO gefunden (in Art. 3 Abs. 2 Dublin-III-VO).

*2.4.2 Die Diskussion heute*

Dass eine Selbsteintrittspflicht oder das Überstellungsverbot immer die „systemischen Mängel" voraussetzte, ohne dass es auf die einzelne Grundrechtsverletzung allein ankam, hat nie wirklich eingeleuchtet. In der Rechtsprechung wurde das zögerlich herausgearbeitet. Was die Maßstäbe, aber vor allem die Anwendung dieser Maßstäbe betrifft, ist das Bild der Rechtsprechung uneinheitlich. Wie das jeweilige Verwaltungsgericht in diesen Dublin-Fällen entscheidet, hängt von den einzelnen Richtern und Kammern ab, die mit dem Fall befasst sind. Insgesamt aber lässt sich sagen, dass die

## 2. Anderweitige Zuständigkeit aufgrund der Dublin-III-VO

Wahrscheinlichkeit eines Selbsteintritts höher ist, wenn die individuelle Schutzbedürftigkeit des Ausländers deutlicher heraussticht. Eine wichtige Entscheidung hierzu ist im Frühjahr 2019 ergangen. In dem Fall „Jawo" des EuGH (Urt. v. 19.03.2019, Az.: C 163/17) war die Frage aufgeworfen worden, ob es zu einem Überstellungsverbot kommt, wenn der Dublin-Antragsteller in einen formal zuständigen Staat abgeschoben wird, in dem er im Falle seiner Anerkennung auf Lebensbedingungen stößt, die der EU-Grundrechtecharta widersprechen. Der EuGH bejaht diese Frage und führt aus, dass diese Schwelle für einen gesunden und nicht vulnerablen Antragsteller dann erreicht ist, „wenn die Gleichgültigkeit der Behörden eines Mitgliedstaats zur Folge hätte, dass eine ... Person sich unabhängig von ihrem Willen und ihren persönlichen Entscheidungen in einer Situation extremer materieller Not befände". Der Gerichtshof stellt aber auch klar, dass vulnerable Personen durch den Nachweis ihrer besonderen persönlichen Bedürfnisse dieses Kriterium auch erfüllen können.

### 2.4.3 Die Rechtsprechung bei „problematischen" Dublin-Staaten

Es ist aber nicht mehr nur Griechenland, das hier als Problem genannt wird. Mittlerweile begleiten die Berichte aus vielen europäischen Ländern die Dublin-Diskussion. Sei es, dass dort der Zugang zu Wohnungen, insbesondere für Familien mit Kindern, der Zugang zum Arbeitsmarkt oder zu sozialen und medizinischen Leistungen für Antragsteller im Argen liegen oder dass vereinzelte Staaten (wie Ungarn schon vor mehreren Jahren) sogar geäußert haben, überhaupt keine Flüchtlinge mehr aufnehmen zu wollen.

**„Problematische" Dublin-Staaten:**

- Griechenland: Derzeit keine Überstellungen von vulnerablen Personen, bei sonstigen Personen bestehen relativ gute Chancen im gerichtlichen Verfahren, zum Teil lehnt Griechenland die Übernahme auch unter Verweis auf das überlastete Aufnahmesystem ab.
- Italien: Bei Familien mit kleinen Kindern bestehen derzeit gute Chancen im gerichtlichen Verfahren, vereinzelt entscheiden die Gerichte auch zugunsten von Alleinstehenden.

## V. Unzulässige Asylanträge

- Ungarn: Lange Zeit gab es überhaupt keine Überstellungen nach Ungarn, sie finden aber vereinzelt wieder statt, allerdings mit relativ guten Chancen im gerichtlichen Verfahren.
- Malta: Sowohl bei vulnerablen Personen als auch bei nichtvulnerablen Personen bestehen Chancen im gerichtlichen Verfahren.
- Bulgarien: Bei nicht-vulnerablen Personen geht die Rechtsprechung mittlerweile davon aus, dass Überstellungen unproblematisch sind. Gewisse Chancen bestehen bei vulnerablen Personen im Gerichtsverfahren.

**Praxis-Hinweis:**
Sofern ein erwachsener Geflüchteter einen dieser Staaten auf der Reise passiert hat und somit Anzeichen dafür bestehen, dass das Bundesamt eine Rücküberstellung dorthin anvisieren könnte (weil dort etwa ein illegaler Grenzübertritt stattfand oder ein Asylantrag gestellt worden ist), sollte Akteneinsicht beantragt werden, um zu ermitteln, ob Fingerabdrücke in diesem anderen Staat vorliegen. Es lässt sich dann auch feststellen, ob von deutscher Seite bereits die Übernahme durch den anderen Staat beantragt worden oder gar bestätigt worden ist und wann wichtige Fristen ablaufen oder womöglich schon abgelaufen sind.

### 2.5 Das Dublin-Verfahren

*2.5.1 Grundsatz: Zuständigkeitsübergang durch ein Übernahmegesuch und Übernahme*

Wegen der mit der Dublin-Systematik angestrebten konstruktiven Zuweisung ist für den Übergang einer Zuständigkeit ein Übernahmeverfahren erforderlich, das mit der ausdrücklichen oder stillschweigenden Übernahme des Flüchtlings durch den anderen Staat endet. Weil allerdings auch das Beschleunigungsgebot gilt und dieses Übernahmeverfahren an Fristen bindet, hat ein Staat schon zu Beginn des Asylverfahrens entscheidende Fristen zu beachten, wenn er sich die Chance erhalten will, einen Antragsteller an einen anderen Dublin-Staat zur weiteren Durchführung des Verfahrens zu überstellen.

## 2. Anderweitige Zuständigkeit aufgrund der Dublin-III-VO

**Wichtig:** Der Wechsel der Zuständigkeit für den Asylantrag eines Ausländers kann nur durch ein rechtzeitig eingeleitetes Dublin-Verfahren herbeigeführt werden. Dazu ist fristgerecht ein Antrag an den anderen Staat zu richten, den man für den eigentlich zuständigen hält. Unterbleibt dies oder wird diese Anfrage zu spät gestellt, bleibt es dabei, dass der Staat zuständig ist, in dem der Geflüchtete sich gerade befindet.

### 2.5.2 Das Aufnahme- und das Wiederaufnahmegesuch

Das Dublin-Verfahren beim Bundesamt kann auf zwei verschiedene Übernahmeersuchen hinauslaufen, je nachdem, ob der Ausländer in einem anderen Staat bereits einen Asylantrag gestellt hat oder nicht. Zu unterscheiden sind das Aufnahme- und das Wiederaufnahmeersuchen.

| | | |
|---|---|---|
| Aufnahmeverfahren (englisch: take charge) | Art. 21 Dublin-III-VO | Asylantragsteller hat erstmals in der Bundesrepublik einen Asylantrag gestellt (und nicht woanders), für diesen Antrag ist nach Art. 8–16 Dublin-III-VO aber ein anderer Staat zuständig. |
| Wiederaufnahmeverfahren (englisch: take back) | Art. 23 Dublin-III-VO | Asylantragsteller hat bereits in einem anderen Staat einen Asylantrag gestellt, der noch offen ist, zurückgenommen oder abgelehnt wurde. |

Die beiden Aufnahmeverfahren unterscheiden sich nur hinsichtlich der Fristen, nach denen eine Zustimmungsfiktion eintritt.

### 2.5.3 Frist für das Gesuch zur (Wieder-)Aufnahme

Für die Frist, die das Bundesamt nach Kenntnis des Dublin-Falles hat, um ein Gesuch zu lancieren, gibt es zwei Berechnungsweisen (Art. 21 Abs. 1 bzw. Art. 23 Abs. 2 Dublin-III-VO). Sie liegt bei drei Monaten ab Asylantrag oder zwei Monaten ab Kenntnis des EURODAC-Treffers.

Die Dublin-Verordnung stellt für den Fristablauf auf die Asylantragstellung ab; für Deutschland ist aber mittlerweile geklärt, dass das nicht der Tag der formellen Asylantragstellung ist (der ja möglicher-

## V. Unzulässige Asylanträge

weise sehr viel später liegt), sondern der Tag, an dem das Bundesamt über das Asylgesuch erfährt. Die Frist ist abgelaufen, wenn die Frist bereits nach einer der beiden Berechnungen abgelaufen ist.

| Frist zur Stellung des Ersuchens | Aufnahme-gesuch | Wiederaufnahme-gesuch |
|---|---|---|
| nach Bekanntwerden des Asylgesuchs | 3 Monate | 3 Monate |
| nach Bekanntwerden des EURODAC-Treffers | 2 Monate | 2 Monate |

**Wichtig:** Der EuGH hat entschieden, dass der Asylsuchende aus der Fristüberschreitung das Recht ableiten kann, sein Asylverfahren im aktuellen Staat der Antragstellung zu bekommen, auch dann, wenn der andere Staat die betreffende Person trotz Fristablaufs übernehmen möchte (EuGH, Urt. v. 26.07.2017, Az.: C-670/16).

### 2.5.4 Die Reaktion des ersuchten Staates

Auf das Ersuchen kann der andere Staat mit „ja" oder „nein" antworten. Diese Antworten sind selbsterklärend. Zu klären ist aber, wie die Anfrage zu behandeln ist, wenn der angefragte Staat schweigt und nicht antwortet. Hier gilt die Zustimmungsfiktion, das heißt, der andere Staat wird nach gewisser Zeit des Schweigens zuständig. Wie lange diese Frist ist, kommt in der nachfolgenden Übersicht zum Ausdruck.

| Zustimmung durch Schweigen | Aufnahmeersuchen | Wiederaufnahme |
|---|---|---|
| bei EURODAC-Treffer | 1 Monat | 2 Wochen |
| ohne EURODAC-Treffer als Beweismittel | 2 Monate | 1 Monat |

**Beispiel:**

F stellt in Deutschland einen Asylantrag. Das BAMF ermittelt über EURODAC, dass F über Italien illegal in das „Dublin-Gebiet" eingereist ist. Am 26.09.2020 richtet das BAMF ein Übernahmeersuchen an Italien. Daraufhin kommt keine Antwort aus Italien.

## 2. Anderweitige Zuständigkeit aufgrund der Dublin-III-VO

> Wegen der Zustimmungswirkung des Schweigens ist Italien ab dem 26.10.2020 für das Verfahren des F zuständig. Ab diesem Tag läuft auch die Überstellungsfrist.

### 2.5.5 Schaubild: Der Ablauf des Dublin-Verfahrens

Ein Dublin-Verfahren, das mit der Überstellung des Flüchtlings an den anderen Staat abschließt, hat dann folgende Schritte:

**Der Ablauf des Dublin-Verfahrens**

- Ermittlung, ob die Voraussetzungen für die Zuständigkeit eines anderen Staates vorliegen („Dublin"-Interview, Fingerabdrucknahme, Prüfung der EURODAC-Treffer)

↓

- Entscheidung, ob eine Anfrage an den anderen Staat stattfinden soll (anstatt eines Selbsteintritts); das kann bei bestimmten vulnerablen Personen angezeigt sein

↓

- Fristgerechter Aufnahmeantrag an den betreffenden Staat (mit dem Inhalt, dass der Flüchtling übernommen wird)

↓

- Annahme des Antrags durch den anderen Staat (wobei ein Schweigen nach Ablauf einer bestimmten Zeit als Zustimmung gewertet wird)

↓

- Bescheid an den Betroffenen, in dem ihm mitgeteilt wird, dass sein Asylantrag unzulässig ist und seine Abschiebung an den zuständigen Staat angeordnet wird (gegen diesen Bescheid ist eine Klage statthaft, die aber wegen der fehlenden aufschiebenden Wirkung mit einem Eilantrag zu verbinden ist)

↓

- Überstellung des Betroffenen innerhalb der regulären Überstellungsfrist von sechs Monaten (Beginn der Frist ist der Tag des Zuständigwerdens des anderen Staates); diese Frist kann auf 18 Monate (bei Flüchtigsein) verlängert werden.

**V**

V. Unzulässige Asylanträge

## 2.6 Der „Dublin-Bescheid"

### 2.6.1 Inhalt

Der Inhalt des Dublin-Bescheids ergibt sich aus § 29 Abs. 1 Nr. 1 AsylG. Der Asylantrag wird als „unzulässig" abgelehnt, weil nicht Deutschland, sondern der andere Staat zuständig ist. Der zuständige Staat wird in dem Bescheid genannt. Es werden dann noch die nationalen Abschiebungsverbote mit Blick auf den anderen europäischen Staat geprüft. Mit der ablehnenden Entscheidung wird eine Abschiebungsanordnung verbunden, die für die Verwaltung den Vorteil hat, dass hier ohne Androhung direkt vollzogen werden kann. Damit hat ein negativer Dublin-Bescheid folgenden Inhalt:

**Negativer Dublin-Bescheid:**

- „Der Asylantrag wird als unzulässig abgelehnt."
- „Die Abschiebung in den zuständigen europäischen Staat ... wird angeordnet."
- „Nationale Abschiebungsverbote liegen nicht vor."

### 2.6.2 Zustellung

Dieser Bescheid wird nach § 31 Abs. 1 Satz 5 AsylG direkt dem Antragsteller zugestellt, der Rechtsanwalt, auch wenn er sich mit Vollmacht zur Akte gemeldet hat, erhält nur eine Abschrift. Das ist eine Regelung, die für die anwaltliche Praxis misslich ist, weil der Bevollmächtigte nicht wirklich weiß, wann der Bescheid dem Betroffenen zugegangen ist, denn nur dieser Zugang ist für die Frist entscheidend.

**Praxis-Hinweis:**

Ein Asylantragsteller sollte darauf hingewiesen werden, dass er immer dann, wenn er Schreiben des Bundesamts erhält (insbesondere, wenn sie sich in einem gelben Umschlag befinden), diese unverzüglich auch seinem Anwalt weiterleiten soll. Dabei sollte das Eingangsdatum mitgeteilt werden. Er sollte wissen, dass der Anwalt bei einem Dublin-Verfahren nicht immer alle Schreiben direkt bekommt.

## 2. Anderweitige Zuständigkeit aufgrund der Dublin-III-VO

### 2.6.3 Rechtsmittel

Gegen einen Dublin-Bescheid ist die Klageerhebung statthaft. Weil die Klage keine aufschiebende Wirkung hat, muss ein Eilantrag erhoben werden (§ 34a Abs. 2 AsylG). Frist für beides ist eine Woche nach Zustellung.

### 2.7 Überstellungsfrist und Überstellung

#### 2.7.1 Normaler Fristlauf

Mit dem Übergang der Zuständigkeit auf den ersuchten Staat beginnt die sechsmonatige Überstellungsfrist (Art. 29 Abs. 1 Dublin-III-VO). Auch diese Frist birgt eine Folge, nämlich das Zurückfallen der Zuständigkeit auf den Staat des gegenwärtigen Aufenthaltes, falls die Überstellung nicht innerhalb der Frist durchgeführt worden ist (Abs. 2). Ziel ist es dabei, eine schnelle Entscheidung über das Schicksal des Betroffenen herbeizuführen und den Zustand eines „refugee in orbit" zu verhindern.

#### 2.7.2 Drittschützender Charakter der Fristenregel

Wegen dieses Gedankens wird der Frist heute auch drittschützender Charakter zugesprochen. Für den Betroffenen heißt das, dass er sich auch in einem Klageverfahren auf den Fristablauf berufen kann. Das ist keine selbstverständliche Betrachtungsweise. Viele Gerichte hatten diesen Drittschutz mit dem Argument verneint, dass die Dublin-Regeln nur zwischen den Staaten Rechtswirkungen entfalten könnten – nicht aber zugunsten des Geflüchteten. Hier war es für die deutsche Diskussion das Bundesverwaltungsgericht, das mit seinem Urteil vom 26.05.2016 (Az.: 1 C 15.15) klarstellte, dass der Geflüchtete sich auch klageweise auf den Fristablauf berufen können müsse, sonst drohe der „refugee in orbit", also dass sich kein Staat mehr für ihn zuständig fühle.

> **Beispiel:**
> Für K war Spanien durch Schweigen auf ein Übernahmeersuchen zuständig geworden. Die Überstellungsfrist läuft aber ohne eine Überstellung ab. K kann sich in einem Klageverfahren darauf berufen, dass Deutschland zuständig ist, sollte das Bundesamt den Antrag wegen der angeblichen anderweitigen Zuständigkeit nicht mehr prüfen oder ihn gar nach Spanien überstellen wollen.

V. Unzulässige Asylanträge

### 2.7.3 Beginn und Ende des Fristlaufs

Für die Beratung in Dublin-Fällen spielt der Anfang der Überstellungsfrist eine wichtige Rolle. Sie beginnt mit dem Zuständigwerden des anderen Staates. Das ist entweder der Tag, an dem die Zustimmung erklärt wird, oder wenn die Frist zur Ablehnung abgelaufen ist und der andere Staat durch Schweigen zuständig wird, an dem Tag nach Ablauf dieser Frist. In letzterem Fall sind Charakter des Verfahrens (Aufnahme oder Wiederaufnahme) und die Art der Anfrage zu beachten.

**Beispiel:**

Das BAMF hat zu dem Asylantrag des R einen EURODAC-Treffer in Italien der Kategorie 2 gefunden und stellt am 21.07.2021 einen Aufnahmeantrag an Italien. Italien schweigt. Nach Ablauf der einmonatigen Frist am 21.08.2021 ist Italien ab dem 22.08.2021 zuständig. Die sechsmonatige Überstellungsfrist läuft noch bis zum 21.01.2022. Kommt es nicht zur Überstellung, ist ab dem 22.01.2022 Deutschland für den Asylantrag zuständig.

### 2.7.4 Einfluss der Rechtsmittel auf den Fristablauf

Es gibt im Dublin-Recht eine Sonderregel für den Fall, dass der Staat, der zur Überstellung befugt ist, durch ein Rechtsmittel einstweilig an der Überstellung gehindert ist (Art. 29 Dublin-III-VO). Dann läuft die sechsmonatige Frist wieder neu an, wenn die aufschiebende Wirkung wegfällt. Das ist bei einem gewonnenen Eilverfahren nur dann problematisch, wenn das Gericht später anders entscheidet und in der Hauptsache ablehnt. Solche Fälle sind jedoch selten.

Viel gravierender ist diese Regelung aber, wenn der Eilantrag verloren geht. Dann tritt zwar keine aufschiebende Wirkung ein, das ist es ja, was einen verlorenen Eilantrag auszeichnet. Aber hier kommt zum Tragen, dass jeder Eilantrag, auch der erfolglose, nach § 34a Abs. 2 Satz 2 AsylG dazu führt, dass wenigstens eine ganz kurze Zeit lang – zwischen Eilantragstellung und Entscheidung des Gerichts – eine Überstellung nicht vollzogen werden darf. Das genügt, um die Frist nach Art. 29 Abs. 2 Dublin-III-VO wieder neu zum Laufen zu bringen.

## 2. Anderweitige Zuständigkeit aufgrund der Dublin-III-VO

> **Beispiel:**
>
> Der erwachsene junge Mann R soll nach Italien überstellt werden. Die Überstellungsfrist begann am 29.05.2021, der Bescheid wurde ihm erst am 21.07.2021 zugestellt. Mit seinem Anwalt bespricht R sofort die Folgen eines Eilantrags. Die Überstellungsfrist würde ohne Eilantrag am 29.11.2021 auslaufen. Wenn er aber den Eilantrag fristgerecht Ende Juli stellt und dieser dann Anfang August 2021 vom Gericht negativ beschieden würde, dann würde es nicht nur bei der Überstellung bleiben, die Frist würde Anfang August wieder neu zu laufen beginnen und erst Anfang Februar 2022 ablaufen. Angesichts der geringen Chancen, bei einem erwachsenen, gesunden Mann die Überstellung nach Italien gerichtlich abzuwenden, rät der Anwalt vom Eilantrag ab, um den Fristablauf nicht noch weiter hinauszuzögern. Der Anwalt erhebt nur die Klage – ohne einen Eilantrag – und hofft, dass das Bundesamt die Überstellung in den verbleibenden Monaten bis November nicht organisieren kann.

### 2.7.5 Verlängerung der Frist bei Inhaftierung und „Flüchtigsein" (Art. 29 Abs. 2 Dublin-III-VO)

#### 2.7.5.1 Ziel der Regelung

Um dem Ausländer damit keinen Anreiz zu bieten, sich der Überstellung zu entziehen, kann die Überstellungsfrist verlängert werden, wenn der Ausländer „flüchtig" ist (Art. 29 Abs. 2 Dublin-III-VO). Die Überstellungsfrist kann im Falle dieses Flüchtigseins höchstens auf 18 Monate verlängert werden. Ist der Asylantragsteller in Haft (und kann daher nicht überstellt werden), verlängert sich die Frist auf ein Jahr. Nach Ablauf dieser verlängerten Frist ist dann wieder der Staat des gegenwärtigen Aufenthalts zuständig. Das gilt auch für die 18-monatige Frist, nach ihrem Ablauf kommt es zur Zuständigkeit des Aufenthaltsstaates.

In der Literatur wird das Flüchtigsein zuweilen weit ausgelegt und dahin zusammengefasst, dass damit alle Sachverhalte erfasst sind, in denen der Antragsteller aus von ihm zu vertretenden Gründen für die Behörden nicht auffindbar ist oder sonst das Verfahren absichtlich behindert.

Problematisch daran ist allerdings, dass der Asylantragsteller nicht gezwungen ist, sich ohne Unterbrechung in seiner Unterkunft auf-

## V. Unzulässige Asylanträge

zuhalten. Im Gegenteil, er darf, auch wenn er der Wohnpflicht unterliegt, seine Aufnahmeeinrichtung verlassen. Ob seine Abwesenheit von der Unterkunft ein Flüchtigsein darstellt, hängt wesentlich vom Zeitpunkt und den Umständen ab. Es kommt auf eine Abwesenheit mit der Absicht an, sich der Überstellung zu entziehen.

### 2.7.5.2 Sogenannte Nachtzeitverfügung

Manche Ausländerbehörden behelfen sich hier zum Nachweis mit einer schriftlichen Ladung des Betroffenen vor der Überstellung: Erscheint der Ausländer nicht, wird von einem Flüchtigsein ausgegangen. Ähnlich wirken sogenannte Nachtzeitverfügungen, also Weisungen der Ausländerbehörde, sich in bestimmten Nächten in der Einrichtung aufzuhalten. Wenn der Ausländer dann zur Abschiebung nicht angetroffen wird, wird von einem Flüchtigsein ausgegangen. Diese Verfahrensweise verkennt aber, dass seit 2019 gesetzlich klargestellt ist, dass die Wohnungen von Ausländern für eine Abschiebung nicht zur Nachtzeit betreten werden dürfen (§ 58 Abs. 7 AufentG).

Außerdem steht die Ausländerbehörde noch vor einem anderen Dilemma. Im Hinblick auf das Verbot, den Abschiebungstermin anzukündigen (§ 59 Abs. 1 S. 5 AufenthG), müsste sie die Verfügung ausdrücklich auf mehrere Nächte beziehen; das wiederum wäre nicht verhältnismäßig, weil der Ausländer in seiner Lebensführung eingeschränkt würde. Im Einzelnen ist hier noch vieles unklar, etwa ob eine Anzeigepflicht bei Verlassen der Unterkunft – statt einer Anwesenheitspflicht – zu einer anderen Beurteilung der Verhältnismäßigkeit führt.

### 2.7.5.3 Nachweispflicht der Ausländerbehörde

Zur Feststellung des Flüchtlingseins können aber auch andere Indizien herangezogen werden, etwa der Umstand, dass die persönlichen Gegenstände nicht mehr in der Unterkunft sind und der Betroffene über Tage nicht mehr gesehen wurde. Allein genügend ist es nicht, wenn der Hausmeister der Einrichtung die Abmeldung vorgenommen hat, weil der Betreffende in letzter Zeit nicht zu den Mahlzeiten erschienen ist. Gegen ein Flüchtigsein kann aber dann auch sprechen, dass der Ausländer nach dem Termin zur geplanten Abschiebung wieder in der Unterkunft gesehen wird. Für das Flüchtigsein ist die Ausländerbehörde in der Nachweispflicht;

## 2. Anderweitige Zuständigkeit aufgrund der Dublin-III-VO

sie muss konkret darlegen, wann die Abschiebung hätte vollzogen werden sollen und wo und wann der Ausländer nicht angetroffen worden ist. Sie muss auch die Gründe nennen, aus denen sie das Flüchtigsein schlussfolgert.

### 2.7.6 Meldung des Flüchtigseins

Nach § 9 Abs. 2 der Durchführungsverordnung zur Dublin-VO ist der überstellende Staat verpflichtet, noch vor Ablauf der Überstellungsfrist an den anderen Staat Meldung zu machen, wenn eine Überstellung aufgrund von Flüchtigsein nicht stattfinden kann. Nur dann wird die Überstellungsfrist auf die 18 Monate verlängert. Unterlässt er es, geht nach Ablauf der ursprünglichen Überstellungsfrist die Zuständigkeit wieder an den Staat des Aufenthalts über.

**Praxis-Hinweis:**
Steht ein Flüchtigsein im Raum, sollte durch eine Akteneinsicht ermittelt werden, ob noch während des Laufs der Überstellungsfrist die erforderliche Meldung an den anderen Staat gemacht wurde. Ist dies nicht geschehen, ist die Bundesrepublik für das Verfahren zuständig. Auf die Frage, ob der Betroffene wirklich im rechtlichen Sinne flüchtig war, kommt es dann nicht mehr an.

### 2.7.7 Kirchenasyl und „Flüchtigsein"

Ein Fall, der die öffentliche Diskussion öfter beschäftigt, ist das sogenannte Kirchenasyl. Dem liegt die Annahme zugrunde, dass es sich bei Kirchenräumen um sakrale Räume handelt, in die die Staatsgewalt nicht gegen den Willen – jedenfalls auch nicht ohne einen besonderen rechtfertigenden Grund – interveniert. Im Zuge von Dublin-Überstellungen kommt es immer wieder zu Fällen des Kirchenasyls durch Kirchengemeinden. Im Hinblick auf das Flüchtigsein wurde vorgebracht, dass der Aufenthaltsort der Behörde bekannt sei und sie nicht davon abgehalten würde, die Überstellung vorzunehmen. Der Einwand der Kritiker, dass es ein solches Kirchenasyl kirchen- oder staatskirchenrechtlich gar nicht gebe und auch keine „rechtsfreien" Räume existierten, greift zu kurz. Im Ergebnis unterstützt diese Argumentation die Auffassung der Kirchengemeinden, weil sie herausstellt, dass die Entscheidung der Behörden, die Überstellung nicht durchzuführen, gerade eine eigene – vor allem aber

## V. Unzulässige Asylanträge

der Behörde zuzurechnende Entscheidung – darstellt. Diese Auffassung ist mittlerweile auch in den Entscheidungen höherer Gerichte bis hin zum Bundesverwaltungsgericht zu finden, sodass das Kirchenasyl nach der herrschenden Meinung keine Verlängerung des Fristlaufs wegen Flüchtigseins auslöst.

Allerdings müssen dann einige Grundvoraussetzungen erfüllt sein: Wichtig bei Kirchenasylen ist es, dass die beteiligten Behörden nahtlos über den Aufenthaltsort des Ausländers informiert sind, um den Vorwurf des Flüchtigseins nicht aufkommen zu lassen. In der Zwischenzeit haben auch Gespräche zwischen Bundesamt und den Kirchen stattgefunden, was zu dem „Dossierverfahren" geführt hat. Will eine Kirchengemeinde ein Kirchenasyl in einem Dublin-Fall begründen, übersendet es dem Bundesamt ein Dossier mit den Gründen, warum die Gemeinde meint, dass mit der Überstellung für den Ausländer und seine Familie eine besondere Härte verbunden sei. Stimmt das Bundesamt diesem Dossier zu, kommt es meist zum Selbsteintritt. Stimmt es nicht zu und wird das Kirchenasyl von der Gemeinde trotzdem fortgesetzt, macht das Bundesamt in der Regel die Meldung an den anderen Staat, dass der Ausländer untergetaucht sei. Dann kommt es darauf an, wie das örtliche Verwaltungsgericht diese Frage beurteilt, was aber angesichts der mittlerweile deutlichen Rechtslage vorhersehbar ist.

### 2.8 Tipps für die Beratung mit „Dublin-Fällen"

Dublin-Verfahren sind ohne die Hilfe erfahrener Beratungsstellen oder Anwälte nicht zu begleiten. Zu empfehlen ist es, regelmäßig die Akteneinsicht zu beantragen, um Erkenntnisse über stattfindende Dublin-Verfahren zu erhalten.

Hilfreich ist es ferner, gemeinsam mit den Betroffenen ausführliche schriftliche Erklärungen zu den Erlebnissen in einem Transitland zu erarbeiten. Diese können dem Bundesamt oder dem Gericht vorgelegt werden. Sie sollten Auskunft darüber geben, falls es zu menschenunwürdigen Bedingungen gekommen ist. In diese Erklärung wären die folgenden Punkte aufzunehmen:

## 3. Unzulässige Anträge wegen einer Schutzerteilung in der EU

**Aussagen über die Lebensverhältnisse in einem Transitstaat:**
- Dauer des Aufenthalts, Orte, Begleitpersonen
- Wohnverhältnisse (Art der Unterkünfte, Privatsphäre und Sicherheit, bei Familien: gemeinsame und ggf. kindgerechte Unterbringung)
- mögliche Schulbesuche bei Kindern
- erhaltene Sozialleistungen
- Zugang zu medizinischen Leistungen (gab es Krankheiten, die nicht behandelt wurden?)
- Arbeitsmöglichkeiten (welche Anstrengung wurde zur Arbeitssuche unternommen und mit welchem Erfolg?)
- Umstände des Asylverfahrens: Möglichkeit der Antragstellung, Anhörung mit Dolmetscher, Rechtsbeistand, Bescheid mit Rechtsmittelbelehrung
- besondere Vorkommnisse (z. B. Übergriffe und Fremdenfeindlichkeit, Verhalten der Polizei)

## 3. Unzulässige Anträge wegen einer Schutzerteilung in der EU

### 3.1 Grundsatz

Wer in einem anderen Staat der EU den internationalen Schutz erhalten hat, kann in der Bundesrepublik diesen Schutz nicht noch einmal bekommen. Der Antrag ist unzulässig (§ 29 Abs. 1 Nr. 2 AsylG). Das Bundesamt prüft dann nur noch, ob die Abschiebung in diesen Staat der Schutzgewährung an einem nationalen Abschiebungsverbot (§ 60 Abs. 5 und 7 AufenthG) scheitern könnte.

### 3.2 Inhalt des „Drittstaatenbescheides"

Diese Bescheide werden beim Bundesamt „Drittstaatenbescheide" genannt. Das Bundesverwaltungsgericht spricht hier von Fällen der „Sekundärmigration", weil es um die Weiterwanderung in der EU nach einer Anerkennung geht.

## V. Unzulässige Asylanträge

**Bescheid nach § 29 Abs. 1 Nr. 2 AsylG:**

- „Der Asylantrag wird als unzulässig abgelehnt."
- „Abschiebungsverbote hinsichtlich des Staates der Anerkennung (z. B. Italien) liegen nicht vor."
- „Die Abschiebung in den Staat der Anerkennung (z. B. Italien) wird angedroht."
- „Eine Abschiebung in den Herkunftsstaat (z. B. Somalia) ist verboten."
- („Die Abschiebung wird ausgesetzt.")

Das Verbot einer Abschiebung in den Herkunftsstaat folgt daraus, dass dieser Schutz durch die Anerkennung im Ausland für den Betroffenen feststeht. Das ist auch für deutsche Behörden bindend. Ein im Ausland anerkannter Flüchtling kann nicht in den Staat der Verfolgung abgeschoben werden (§ 60 Abs. 1 Satz 2 AufenthG). Das gilt auch für Personen mit einem ausländischen subsidiären Schutz (§ 58 Abs. 1b AufenthG analog).

Dass das Bundesamt die Abschiebung hier zuweilen aussetzt (dann ist auch kein Eilantrag erforderlich), liegt an § 37 AsylG. Der hat nämlich die bemerkenswerte Folge, dass erfolgreiche Eilanträge bei Drittstaatenbescheiden dazu führen, dass der ganze Bescheid unwirksam wird. Das will das Bundesamt vermeiden. Und so setzt es bei umstrittenen Staaten, bei denen es eine Aufhebung des Sofortvollzugs durch das Gericht nicht ausschließt, die Abschiebung aus. Dann geht das Verfahren seinen normalen Gang und das Gericht muss in einer mündlichen Verhandlung über die Rechtmäßigkeit der Abschiebung in den anderen EU-Staat entscheiden.

**Wichtig:** Wer in einem anderen Staat als Flüchtling anerkannt ist, darf auch von Deutschland aus nicht in den Verfolgerstaat abgeschoben werden. Er bekommt aber keine Aufenthaltserlaubnis nach § 25 Abs. 2 AufenthG, weil diese Vorschrift nur für Anerkannte gilt, die ihren Status vom deutschen Bundesamt erhalten haben. Allerdings, wer als anerkannter Flüchtling mit einer Anerkennung aus dem Ausland eine bestimmte Zeit in Deutschland rechtmäßig verbracht hat, für den geht die Zuständigkeit für die Ausstellung des Reiseausweises auf den neuen Staat über. Dann kann er wenigstens von der deutschen Ausländerbehörde den Flüchtlingspass verlangen, auch wenn er aufenthaltsrechtlich nicht den Flüchtlingsschutz

## 3. Unzulässige Anträge wegen einer Schutzerteilung in der EU

genießt. Der Übergang der Verantwortung ergibt sich aus dem Straßburger Übereinkommen.

### 3.3 Rechtsmittel gegen einen Drittstaatenbescheid

#### 3.3.1 Problemlage

Auch im Kontext der Anerkannten wirken sich die ungleichen Verhältnisse in der EU aus. Die Betroffenen beklagen, je nach Transitstaat, mangelnden Zugang zu Sozialleistungen, Medizin, Arbeit oder Wohnung. Die Klagen reichen hin bis zu dem Vorwurf menschenunwürdiger Bedingungen. Eine Rolle spielt auch, dass einige Staaten (z. B. Italien) Wohnkapazitäten auf die „Dublin-Rückkehrer" und Asylantragsteller konzentrieren, Anerkannte aber nicht mehr ausreichend versorgt werden. Das Argument, dass es in Staaten, wie z. B. in Italien, auch für die einheimische Bevölkerung keine engmaschige Sozialhilfe gebe, Flüchtlinge in diesem Sinne also auch nicht schlechter gestellt seien, hat im Kontext mit Geflüchteten aber nicht den gleichen Zugzwang: Menschen, die als Geflüchtete nach Europa gelangen, haben in der Regel gerade keinen familiären Rückhalt, wie er etwa Einheimischen zur Bewältigung von Lebenskrisen zur Verfügung steht. Diese Situation wird auch dadurch verstärkt, dass Sekundärmigration, also die Weiterwanderung innerhalb der EU, auch bei Anerkannten rechtlich nicht vorgesehen ist: Eine reguläre Binnenwanderung scheitert hier in der Regel, weil die fünfjährige Voraufenthaltszeit bei gleichzeitiger Lebensunterhaltssicherung, die von der EU-Daueraufenthaltsrichtlinie verlangt wird, nicht erfüllt ist.

#### 3.3.2 Klage und Eilantrag

Klage und Eilantrag gegen den Drittstaatenbescheid sind binnen einer Woche zu stellen. Wenn das Bundesamt den Vollzug „ausgesetzt" hat, ist der Eilantrag nicht erforderlich.

#### 3.3.3 Die Begründung des Rechtsmittels

Hier ist mit den Problemfällen umzugehen wie mit den Dublin-Fällen, das tut auch der EuGH. In der Entscheidung „Ibrahim u. a." (EuGH, Urt. v. 19.03.2019, Az.: C-297/17, C-318/17, C-319/17 und C-438/17) hat der EuGH die gleichen Voraussetzungen formuliert wie in der oben genannten Entscheidung zu „Dublin". Es kommt damit auf die Situation drohender extremer materieller Not an. Für vulnerable Antragsteller wäre das mit dem Nachweis ihrer per-

## V. Unzulässige Asylanträge

sönlichen Bedürfnisse zu begründen. Die Folge ist dann, dass das Bundesamt die Flüchtlingsanerkennung oder Schutzanerkennung nicht mehr gegen die Zulässigkeit des Asylantrags wenden darf. Damit muss das Bundesamt den Asylantrag nochmal prüfen, ist dabei aber nicht an die Entscheidung im anderen EU-Staat gebunden. Dass das Bundesamt in Fällen der Vulnerablen den Asylantrag als unzulässig ablehnt, aber wegen der drohenden Grundrechtsverletzung Abschiebungsverbote erteilt, ist dann inkonsequent und rechtswidrig. Alles in allem ist in diesem Bereich des Flüchtlingsrechts noch einiges unklar. Z. B., wie etwa mit dem Fall umzugehen ist, dass das Bundesamt dann bei der neuerlichen Prüfung den Schutzantrag ablehnt (siehe dazu das folgende Beispiel).

**Beispiel:**

Das Ehepaar R und W aus Äthiopien hat mit zwei Kindern im Kindergarten- und Vorschulalter in Italien die Flüchtlingsanerkennung erhalten. Ihre Asylanträge wurden deswegen in Deutschland als unzulässig abgelehnt. Bei Gericht konnten sie – auch wegen der besonderen Erkrankung des R – und wegen der Aussicht auf die prekäre Unterbringungssituation und der besonderen Schutzbedürftigkeit der Kleinkinder die Feststellung erhalten, dass eine Überstellung unionsrechtswidrig wäre. Damit haben R und W mit ihren Kindern Anspruch auf ein vollständiges Verfahren beim Bundesamt. Allerdings ist das Bundesamt nicht gezwungen, den Flüchtlingsschutz – so wie die italienischen Behörden – zuzuerkennen. Eine Bindungswirkung in diese Richtung gibt es nicht. Deutschland ist nach wie vor verboten, nach Äthiopien abzuschieben, muss aber nicht den Flüchtlingsschutz erteilen. Auch eine Abschiebung nach Italien kommt nicht mehr infrage.

R und W müssen dann mit ihrer Schutzanerkennung in Deutschland leben. Nach der erforderlichen Zeit des Voraufenthalts wechselt dann auch die Zuständigkeit für die Verlängerung des italienischen Flüchtlingspasses nach dem Straßburger Übereinkommen auf die deutschen Behörden. Das führt dann zu der auf den ersten Blick seltsamen Situation, dass R und W (und die Kinder) einen deutschen „blauen" Pass besitzen (Flüchtlingspass), allerdings mit einer Aufenthaltserlaubnis nach § 25 Abs. 5 AufenthG.

## 5. Unzulässige Zweitanträge

Im Eilverfahren bezüglich eines Drittstaatenbescheides muss der Antragsteller vortragen, dass „ernstliche Zweifel an der Rechtmäßigkeit des angegriffenen Verwaltungsaktes" bestehen (§ 36 Abs. 4 AsylG). Dieser Maßstab ist für den Antragsteller ungünstiger als bei der Anfechtung eines „Dublin-Bescheides". Dieser Unterschied ist nicht nachvollziehbar und kann nur als Fehler bei der Verweisung durch den Gesetzgeber erklärt werden.

### 3.3.4 Folgen eines erfolgreichen Eilverfahrens

Wer seinen Eilantrag gegen den Drittstaatenbescheid gewinnt, begegnet einem Kuriosum. In § 37 Abs. 1 AsylG wird nämlich als Folge einer stattgebenden gerichtlichen Eilentscheidung angeordnet, dass der ganze Bundesamtsbescheid unwirksam wird. Damit erledigt sich auch die Klage. Der Beschwerdeführer gewinnt auf ganzer Ebene. Der Eilbeschluss im Asylverfahren ist auch nicht anfechtbar. Das Bundesamt muss das Verfahren in der Sache fortführen und hat den Schutzantrag vollständig inhaltlich zu prüfen.

## 4. Unzulässige Anträge wegen Schutzes in einem sonstigen Staat (§ 29 Abs. 1 Nr. 4 AsylG)

Diese Fälle sind derzeit äußerst selten. Sicherer Staat kann in diesem Kontext jeder Staat des früheren Aufenthalts irgendwo in der Welt sein, wo der Antragsteller keine Abschiebung in den Verfolgerstaat fürchten musste. Es ist nicht erforderlich, dass der sichere Staat die Genfer Flüchtlingskonvention unterzeichnet hat, allerdings müssen Mindeststandards für die Existenzsicherung erfüllt sein. Weil aber der sichere Staat zur Übernahme bereit sein muss, ist der Anwendungsbereich dieser Regelung gering. Das kann sich aber ändern, wenn es entsprechende Übernahmevereinbarungen mit Transitstaaten außerhalb Europas gibt.

## 5. Unzulässige Zweitanträge

### 5.1 Begriff

Ein Zweitantrag (§ 71a AsylG) liegt vor, wenn der Asylantragsteller bereits zuvor in einem sicheren Drittstaat, also einem EU-Staat, in der Schweiz oder Norwegen, einen erfolglosen Asylantrag gestellt hat. In den meisten Fällen geht dem Zweitantrag ein Dublin-Verfahren voraus, weil nach den oben beschriebenen Regeln der

## V. Unzulässige Asylanträge

andere europäische Staat zuständig ist, wenn dort ein erfolgloser Asylantrag gestellt worden ist. Warum es dann dazu kommt, dass das Bundesamt einen Bescheid über einen Zweitantrag macht, liegt daran, dass Deutschland durch Fristablauf oder Selbsteintritt zuständig geworden ist.

> **Beispiel:**
>
> M hat in den Niederlanden Asyl beantragt, wurde dort aber abgelehnt. Sie reist daraufhin in die Bundesrepublik weiter und stellt einen weiteren Antrag. Das dadurch ausgelöste Dublin-Verfahren endet mit der Zuständigkeit Deutschlands, weil M nicht während der Überstellungsfrist in die Niederlande zurücküberstellt worden ist. Daraufhin ist Deutschland zuständig und prüft den Antrag der M als Zweitantrag.

### 5.2 Prüfungsschema bei einem Zweitantrag

Bei einem Zweitantrag prüft das Bundesamt den Asylantrag nur, wenn es zuständig ist und wenn Wiederaufgreifensgründe nach § 51 VwVfG vorliegen. Solche Wiederaufgreifensgründe sind neue Gründe, die erst nach der Ablehnung im ersten Staat entstanden sind. Es können auch neue Beweismittel sein, damit unterscheidet sich der Zweitantrag nicht von einem Folgeantrag. Diese neuen Gründe oder Beweismittel sollen dem Gesetz nach innerhalb von einer Frist von drei Monaten vorgetragen werden. Diese Frist ist aber nach der Auffassung des EUGH nicht mehr unionsgemäß, weil sie in der Verfahrensrichtlinie nicht mehr erwähnt wird. Es ist aber trotzdem zu empfehlen, die Dreimonatsfrist zu beachten, wenn es sich zeitlich ausgeht.

> **Beispiel:**
>
> Wenn M aus dem vorherigen Beispiel zur Vorsitzenden einer im Herkunftsland verbotenen exilpolitischen Partei gewählt worden ist (und damit in Verfolgungsgefahr gerät) und sie den Antrag in Deutschland zur Sicherheit innerhalb der Dreimonatsfrist gestellt hat, dann bestünden gute Chancen, dass ihr Asylantrag nochmals – jedenfalls hinsichtlich der neuen Gründe – geprüft wird. Es bestehen auch gute Gründe, dass sie sogar den Flüchtlingsschutz erhält, weil man an der Anwendung des § 28 AsylG auf Zweitanträge zweifeln kann.

# 5. Unzulässige Zweitanträge

## 5.3 Der Bescheid bei erfolglosem Zweitantrag

Das Bundesamt lehnt den Asylantrag als unzulässig ab und prüft die Abschiebungsverbote hinsichtlich des Herkunftslandes. Damit verknüpft es eine Abschiebungsandrohung in den Herkunftsstaat.

**Bescheid nach § 29 Abs. 1 Nr. 5 AsylG (Zweitantrag):**

- „Der Asylantrag wird als unzulässig abgelehnt."
- „Abschiebungsverbote hinsichtlich des Herkunftsstaates liegen nicht vor."
- „Die Abschiebung in den Herkunftsstaat wird angedroht."

## 5.4 Rechtsmittel

### 5.4.1 Klage und Eilantrag

Gegen die Entscheidung sind Klage und Eilantrag zu erheben. Die Frist hierfür ist eine Woche.

### 5.4.2 Gründe im Rechtsmittelverfahren

Klage und Eilantrag gegen diesen Bescheid können verschieden begründet werden. Es kann sowohl die Grundannahme des Bundesamts, dass es sich um einen Zweitantrag handelt, angezweifelt werden, wie auch die herkunftslandbezogene Wertung, dass keine Wiederaufgreifensgründe und keine Abschiebungsverbote vorliegen. Zu der Frage, ob es in dem anderen europäischen Staat wirklich ein abgeschlossenes Verfahren gibt, hat das Bundesverwaltungsgericht im Dezember 2016 eine wichtige Entscheidung getroffen (BVerwG, Urt. v. 14.12.2016, Az.: 1 C 4.16): Danach ist es Aufgabe des Bundesamts, zu ermitteln und zu belegen, dass es ein abgeschlossenes Verfahren in dem anderen Staat gab. Dabei ist auch zu beachten, ob ein wegen Weiterreise eingestelltes Asylverfahren in diesem Staat vielleicht noch wiederaufnahmefähig war (vergleichbar der Regelung in § 33 Abs. 5 AsylG, die es in allen EU-Staaten gibt).

Sicherlich kein häufiger Fall, aber gegen den Bescheid können auch Einwände hinsichtlich des ersten Verfahrens vorgebracht werden, wenn dieses Verfahren etwa den Mindeststandards nicht genügt hat oder wenn der betreffende EU-Staat nicht an die europäischen Standards gebunden war (so wie Dänemark, das die Qualifikationsrichtlinie nicht angenommen hat).

## V. Unzulässige Asylanträge

**Die Begründung bei der Ablehnung eines Zweitantrags:**

- Einwände gegen die Behandlung als Zweitantrag:
  - Ein Asylverfahren im Erststaat hat nicht stattgefunden oder ist noch nicht erfolglos abgeschlossen (sondern kann noch ohne Einbußen wiederaufgenommen werden; diese Umstände sind vom BAMF zu ermitteln).
  - Das Asylverfahren hat nicht den europäischen Standards genügt (oder der betreffende Staat ist nicht an die QRL gebunden).
- Einwände gegen die Unzulässigkeitsentscheidung: Es liegen neue Gründe (Wiederaufgreifensgründe) vor.
- Einwände gegen die Ablehnung der Abschiebungsverbote: Es drohen im Herkunftsland die Gefahren nach § 60 Abs. 5 und 7 AufenthG.

# VI. Asylantragstellung, Verteilung und gestatteter Aufenthalt

| | | |
|---|---|---|
| 1. | Der Asylantrag (§ 13 AsylG) | 177 |
| 1.1 | Inhalt des Asylantrags | 177 |
| 1.2 | Die Beschränkung des Asylantrags | 178 |
| 1.3 | Zuständige Behörde | 180 |
| 1.4 | Die persönliche und örtliche Dimension der Antragstellung | 181 |
| 2. | Die Asylantragstellung | 183 |
| 2.1 | Die beiden Wege der Asylantragstellung: persönlich und schriftlich | 183 |
| 2.2 | Der Ablauf der persönlichen Antragstellung | 185 |
| 2.3 | Die schriftliche Antragstellung | 190 |
| 3. | Auswirkungen der Asylantragstellung auf das Aufenthaltsrecht | 191 |
| 3.1 | Erlöschen bestimmter Aufenthaltstitel durch Asylantragstellung | 191 |
| 3.2 | Titelerteilungssperre während des Asylverfahrens | 193 |
| 3.3 | Titelerteilungssperre nach einer Ablehnung des Asylantrags | 195 |
| 4. | Der gestattete Aufenthalt | 196 |
| 4.1 | „Vorwirkung des Flüchtlingsschutzes" | 196 |
| 4.2 | Beginn des gestatteten Aufenthalts | 196 |
| 4.3 | Die Dokumente des gestatteten Aufenthalts | 197 |
| 4.4 | Mobilität während des gestatteten Aufenthalts | 198 |
| 4.5 | Das Ende des gestatteten Aufenthalts | 199 |
| 5. | Die Rücknahme des Asylantrags | 200 |
| 5.1 | Grundsatz | 200 |
| 5.2 | Zeitliche Dimension der Rücknahme und ihre Folgen | 200 |
| 6. | Mitwirkungspflichten und Sanktionen | 201 |

| | | |
|---|---|---|
| 6.1 | Grundsatz......................................................................... | 201 |
| 6.2 | Wichtige Pflichten und Sanktionen................................. | 202 |
| 6.3 | Verschulden................................................................... | 204 |
| 6.4 | Pflichten im „beschleunigten Verfahren" (§ 30a AsylG). | 204 |
| 6.5 | Duldungspflichten gegenüber einer Durchsuchung (§ 15 Abs. 4 AsylG)......................................................... | 205 |
| 6.6 | Mitwirkung bei der Identitätsfeststellung...................... | 205 |
| 6.7 | Die Rücknahmefiktion nach § 33 AsylG.......................... | 207 |

**VI**

# VI. Asylantragstellung, Verteilung und gestatteter Aufenthalt

## 1. Der Asylantrag (§ 13 AsylG)

### 1.1 Inhalt des Asylantrags

Mit dem Asylantrag, das wurde oben schon gesagt, begehrt der Ausländer eine Entscheidung des BAMF über seinen abschiebeschutzrechtlichen Status. Der Asylantrag ist in § 13 Abs. 2 AsylG definiert und hat zwei Teile, den Asylantrag nach Art. 16a GG und den Antrag auf Zuerkennung des internationalen Schutzes (der wiederum zwei Teile hat):

**Asylantrag (§ 13 Abs. 2 AsylG):**

- Antrag auf Anerkennung als Asylberechtigter
- Antrag auf internationalen Schutz (§ 1 AsylG), d. h.
  - Anerkennung als Flüchtling (§ 3 AsylG)
  - Zuerkennung des subsidiären Schutzes (§ 4 AsylG)

Aus § 31 Abs. 2 AsylG folgt, dass das Bundesamt auch noch die nationalen Abschiebungsverbote nach § 60 Abs. 5 und 7 AufenthG prüft, auch wenn sie nicht zum Asylantrag gehören. Allerdings tut es das erst, wenn der Asylantrag abgelehnt wird, sei es als unbegründet, sei es als unzulässig. Dass diese Prüfung für alle unzulässigen Anträge stattfindet, ist erst im August 2016 in das Gesetz aufgenommen worden. Es gilt also z. B. auch bei einem Zweitantrag: Wenn das Bundesamt den Antrag für unzulässig erachtet, dann prüft es wenigstens noch die nationalen Abschiebungsverbote – und zwar im Hinblick auf den Staat der Überstellung.

Auch der Antrag auf die Erteilung eines Familienschutzes (Familienasyl, Familienflüchtlingsstatus, subsidiärer Schutz für die Familie) für den Familienangehörigen eines Stammberechtigten nach § 26 AsylG stellt einen regulären Asylantrag dar. Er folgt den allgemeinen Regeln.

## VI. Asylantragstellung, Verteilung und gestatteter Aufenthalt

**Beispiel:**
Ehefrau E aus Syrien ist im Wege des Familiennachzugs zu ihrem in Deutschland als Flüchtling anerkannten Ehemann S gekommen. Sie will auch den Flüchtlingsschutz, den sie als Ehegattin über § 26 Abs. 1 AsylG bekommen könnte. Dazu muss sie einen Asylantrag stellen, der hinsichtlich Antragstellung und Verfahren den üblichen Vorgaben für Asylanträge entspricht. Das heißt, die E muss gegebenenfalls den Antrag persönlich stellen und möglicherweise auch in einer Aufnahmeeinrichtung wohnen.

### 1.2 Die Beschränkung des Asylantrags

#### 1.2.1 Beschränkung des Antrags auf den internationalen Schutz

Der Asylantrag lässt sich auch beschränkt auf den internationalen Schutz stellen. Das ist von § 13 Abs. 2 Satz 2 AsylG als ein möglicher Weg vorgegeben. In der Praxis geschieht dies, wenn man den Antrag auf Asyl nach Art. 16a GG deswegen nicht stellt, weil schon die Einreise über einen sicheren Drittstaat einer Anerkennung im Weg steht. Aber auch, wenn man den Antrag auf Asyl vollständig gestellt hat, verfahren viele Anwälte später so, dass sie in einem Klageverfahren nur noch den internationalen Schutz beantragen, weil sie das Risiko der Ablehnung des Asylantrags, was mit einer höheren Kostenbelastung verbunden ist, meiden wollen. Da die Folgen von Asyl nach Art. 16a GG und Flüchtlingsschutz gleich sind, wirkt sich diese Beschränkung nicht auf das Leben des Betroffenen aus.

#### 1.2.2 Unzulässige Beschränkung allein auf den internationalen subsidiären Schutz (§ 4 AsylG)

Für einen beschränkten Antrag auf den subsidiären Schutz gibt es eigentlich ein praktisches Bedürfnis, etwa wenn der Antragsteller erkenntlich nur die Voraussetzungen des subsidiären Schutzes erfüllt; dem geltenden Recht ist diese Antragstellung allerdings fremd. Der Antrag auf Zuerkennung des internationalen Schutzes ist nicht teilbar. Wer also nur den subsidiären Schutz möchte, muss einen Antrag auf Zuerkennung des internationalen Schutzes stellen. Das ist dann ein Asylantrag. Das bedeutet dann aber in der Konsequenz auch, dass er möglicherweise in die Pflicht kommt, in einer

# 1. Der Asylantrag (§ 13 AsylG)

Aufnahmeeinrichtung zu wohnen. Außerdem kann das, wie jeder Asylantrag, ein Dublin-Verfahren auslösen.

Im Klageverfahren sieht es dann aber anders aus, hier ist ein beschränkter Antrag zulässig. Das liegt daran, dass nicht der Asylantrag vor Gericht anhängig ist, sondern die einzelnen Aussagen des angefochtenen Bescheides.

## 1.2.3 Beschränkung auf die Voraussetzungen des § 60 Abs. 5 oder 7 AufenthG („nationaler Abschiebeschutz")

Der Antrag kann auf Feststellungen über die Voraussetzungen des § 60 Abs. 5 und 7 AufenthG beschränkt werden. Dann haben wir es aber nicht mehr mit einem Asylantrag zu tun.

Bei welcher Behörde dieser beschränkte Antrag dann zu stellen ist, richtet sich danach, ob für den Ausländer früher bereits ein Asylverfahren durchgeführt worden war oder nicht. War das noch nicht der Fall, dann ist der beschränkte Antrag auf die Feststellungen der nationalen (zielstaatsbezogenen) Abschiebungsverbote bei der örtlich zuständigen Ausländerbehörde zu stellen (§ 71 AufenthG). Weil es sich hier aber um zielstaatsbezogene Abschiebungsgründe handelt, für die eine besondere Fachkompetenz bei dem BAMF besteht, ist das BAMF von der Ausländerbehörde bei der Bearbeitung dieses Antrags zu beteiligen (§ 72 Abs. 2 AufenthG). Beteiligung heißt aber nicht, dass sich in der Entscheidung die Rechtsansicht des BAMF durchsetzen muss, die Ausländerbehörde kann von dem Inhalt der Stellungnahme abweichen. Da es im Außenverhältnis die Ausländerbehörde ist, die die Verantwortung für die Richtigkeit der Entscheidung übernimmt und diese gegebenenfalls auch vor dem Verwaltungsgericht vertreten muss, ist das auch folgerichtig.

Der beschränkte Antrag auf Feststellung der nationalen Abschiebungsverbote hat einen Vorzug immer dort, wo man die negativen Folgen der Asylantragstellung vermeiden will. Das kann dann der Fall sein, wenn man die Wohnpflicht in der Aufnahmeeinrichtung, ein Dublin-Verfahren oder die Sperrwirkung des § 10 AufenthG vermeiden will.

Im Unterschied zum Asylantrag hat dieser beschränkte Antrag aber auch keine Aufenthaltsgestattung zur Folge. Die vorläufige Aufenthaltssicherung, die mit der Stellung eines Asylantrags verbunden ist, fällt hier weg. Der Ausländer ist möglicherweise auf einen ge-

## VI. Asylantragstellung, Verteilung und gestatteter Aufenthalt

richtlichen Eilantrag zu verweisen, um eine Abschiebung vor der Entscheidung über den beschränkten Schutzantrag zu verhindern.

Auf einen Aspekt bei der Beschränkung ist aber noch zu verweisen, nämlich auf den, dass das Vorbringen, das man mit dem Antrag auf Feststellung der nationalen Abschiebungsverbote macht, zum Antrag passen muss. Wer mit dem Antrag – und zu seiner Begründung – die Furcht vor politischer Verfolgung vorbringt, wird bei der Ausländerbehörde keine Prüfung der Abschiebungsverbote erreichen. Vielmehr wird die Behörde unter Hinweis, dass hier eigentlich ein Asylantrag gestellt werde, den Betroffenen an das Bundesamt verweisen. Damit ist dieser beschränkte Antrag wirklich nur in den Fällen zielführend, wenn es auch inhaltlich um die Tatbestände des § 60 Abs. 5 und 7 AufenthG geht – und nicht zugleich das Begehren um den Schutz vor Verfolgung oder einem ernsthaften Schaden vorliegt.

> **Beispiel:**
> Die R ist mit einem Besuchsvisum von Spanien in die Bundesrepublik gekommen. Um dem Dublin-Verfahren und der Überstellung nach Spanien zu entgehen, rät ihr Rechtsanwalt zu einem beschränkten Antrag und beantragt bei der Ausländerbehörde die Feststellung von Abschiebungsverboten (§ 60 Abs. 5 und 7 AufenthG). In seinem Schreiben an die Ausländerbehörde verweist der Rechtsanwalt auf die besondere Bedrohung wegen der regimekritischen Aktivitäten seiner Mandantin. Die Ausländerbehörde verweist die R – mit Recht – zur Asylantragstellung an das Bundesamt.

### 1.3 Zuständige Behörde

Zuständige Behörde für die Entgegennahme und Prüfung der Asylanträge ist das BAMF (§ 5 Abs. 1 AsylG), Entscheidungen des BAMF sind gegenüber anderen Behörden verbindlich (§ 6 AsylG). Die Ausländerbehörde ist nur für die Ausführung der Bundesamtsentscheidungen zuständig. Einzige Ausnahme: Der beschränkte Antrag, wie er soeben in 1.2 vorgestellt wurde. Aber auch hier ist das Bundesamt zu konsultieren. Diese Arbeitsteilung ist deswegen auch sinnvoll, weil mit dem BAMF eine Behörde tätig wird, die besondere Kenntnisse über die Verhältnisse in den Herkunftsländern hat und sammelt. Auch das Personal des BAMF ist für die Aufgabe

# 1. Der Asylantrag (§ 13 AsylG)

der Asylentscheidung dem Anspruch nach besonders ausgebildet, was sich daran zeigt, dass es bei dieser Behörde besonders geschulte Mitarbeiter gibt, die etwa unbegleitete minderjährige Flüchtlinge oder traumatisierte Asylsuchende befragen. Das BAMF ist, wie andere Behörden auch, hierarchisch aufgebaut. Neben der Zentrale in Nürnberg, die dem Bundesministerium des Innern untersteht, gibt es zahlreiche Außenstellen. Die Einzelentscheider, die über die Asylanträge entscheiden, sind weisungsgebunden. So kann das Amt eine einheitliche Entscheidungspraxis herbeiführen.

## 1.4 Die persönliche und örtliche Dimension der Antragstellung

### 1.4.1 Asylmündigkeit

Die Asylmündigkeit liegt heute bei 18 Jahren und ist damit an die europarechtlichen Vorgaben und auch das übrige deutsche Minderjährigenrecht (§ 106 BGB) angepasst. Die zuletzt viel kritisierte frühere Regelung, wonach bereits ein 16-jähriger Ausländer rechtswirksam einen Asylantrag stellen konnte, ist im Oktober 2015 abgeschafft worden. Der jetzt geltende § 12 AsylG setzt für die Wirksamkeit von Verfahrenshandlungen die allgemeine Volljährigkeit nach dem deutschen Bürgerlichen Gesetzbuch (BGB) voraus und zwar unabhängig von der Volljährigkeit im Heimatrecht des Ausländers (§ 12 Abs. 2 AsylG). Auch die Regelungen des deutschen BGB zur Geschäftsunfähigkeit und Betreuung bei Erwachsenen finden Anwendung.

### 1.4.2 Persönliche Dimension des Asylantrags

Der Antrag wird regelmäßig vom Antragsteller selbst gestellt. Stellvertretung ist grundsätzlich möglich, allerdings durch das Erfordernis der persönlichen Antragstellung (§ 14 Abs. 1 AsylG) stark eingeschränkt. Damit ist eine Stellvertretung unter Vorlage einer Vollmacht nur möglich, wenn die Asylantragstellung ausnahmsweise schriftlich ohne eigene Vorsprache erfolgen kann. Hauptfall der Stellvertretung ist daher die schriftliche Asylantragstellung durch einen Vormund für sein Mündel, einen unbegleiteten minderjährigen Flüchtling. Daneben ist die Stellvertretung bei verschiedenen Verfahrenshandlungen möglich, wobei hier die Rücknahme des Antrags als häufigste zu nennen ist.

## VI. Asylantragstellung, Verteilung und gestatteter Aufenthalt

### 1.4.3 Minderjährige Kinder des Antragstellers

Minderjährige Kinder des Antragstellers müssen nicht persönlich zur Antragstellung erscheinen. Das ergibt sich aus § 14a Abs. 1 AsylG, der besagt, dass mit der Antragstellung eines Ausländers qua Gesetz ein Asylantrag sogleich auch für alle minderjährigen Kinder des Antragstellers gestellt wird. Das gilt auch für die Fälle, in denen ein Kind während eines laufenden Asylverfahrens in der Bundesrepublik geboren wird oder nachträglich einreist. Diese Vorschrift dient der Verfahrensbeschleunigung; der Ausländer kann diese Antragstellung nicht verhindern. Er kann insbesondere nicht mehr, so wie vormals, mit der Antragstellung für sein Kind aus taktischen Gründen warten (z. B. bis er oder ein anderes Familienmitglied unanfechtbar abgelehnt ist). Der Ausländer kann lediglich auf die Durchführung des gesetzlich angeordneten Verfahrens für das Kind verzichten, wenn für das Kind eigene Fluchtgründe nicht geltend gemacht werden können oder sollen. Die Folge des Verzichts ist dann aber, dass ein späterer Antrag als Folgeantrag behandelt wird (§ 71 Abs. 1 Satz 3 AsylG).

**Wichtig:** Sofern Eltern eines im Laufe des Verfahrens geborenen Kindes einen Anwalt beauftragt hatten, dürfen sie nicht vergessen, ihrem Rechtsanwalt auch die Geburt eines weiteren Kindes mitzuteilen und eine entsprechende erweiterte Vollmacht zu unterschreiben. Das Bundesamt darf alle Schreiben und auch den Bescheid für das neugeborene Kind an die Eltern richten, solange eine Mandatsanzeige des Anwalts noch nicht vorliegt. In dieser Konstellation kommt es gelegentlich vor, dass Eltern den gegen ihr Kind ergangenen Bescheid weder ihrem Anwalt weiterleiten, noch selbst für das Kind Klage erheben, weil sie annehmen, dass der Bescheid auch ihrem Anwalt zugegangen ist – das aber ist nicht der Fall.

Eine spätere Anerkennung des Kindes im Wege des Familienasyls ist damit aber nicht ausgeschlossen, da diese dann im Wege eines Folgeantrags erfolgt, wenn mit der Anerkennung des Stammberechtigten ein neuer Grund vorliegt und geltend gemacht wird (siehe zum Thema „Folgeantrag" auch Kap. XIII). Für die Vertretung der eigenen minderjährigen Kinder hat § 12 Abs. 3 AsylG eine Sonderregelung, die das normale familienrechtliche Vertretungsrecht durchbricht.

## 2. Die Asylantragstellung

**§ 12 Abs. 3 AsylG:**

„Im Asylverfahren ist vorbehaltlich einer abweichenden Entscheidung des Familiengerichts jeder Elternteil zur Vertretung eines minderjährigen Kindes befugt, wenn sich der andere Elternteil nicht im Bundesgebiet aufhält oder sein Aufenthaltsort im Bundesgebiet unbekannt ist."

Nach dieser Regelung kann z. B. ein Vater, wenn er – wie nicht selten der Fall – kein Sorgerecht für sein Kind hat, zum Vertreter im Asylverfahren werden, wenn die Mutter nicht in Deutschland ist.

### 1.4.4 Örtliche Dimension der Antragstellung

Wie oben angedeutet, ist der Schutzantrag auf die Verhinderung der Abschiebung gerichtet. Er setzt damit die Anwesenheit des Antragstellers im Bundesgebiet voraus. Eine Asylantragstellung im Ausland oder vom Ausland aus gibt es nicht, ebenso wenig wie ein Visum zur Asylantragstellung im Inland.

Wo innerhalb der Bundesrepublik der Asylantrag zu stellen ist, richtet sich bei der persönlichen Antragstellung danach, welche Außenstelle zuständig ist (§ 14 Abs. 1 AsylG). Bei der schriftlichen Antragstellung ist der Antrag an die Zentrale in Nürnberg zu richten (§ 14 Abs. 2 AsylG).

## 2. Die Asylantragstellung

### 2.1 Die beiden Wege der Asylantragstellung: persönlich und schriftlich

#### 2.1.1 Regelfall: persönliche Antragstellung (§ 14 Abs. 1 AsylG)

Das deutsche Asylverfahren kennt zwei Wege der Antragstellung. Der Regelfall ist die persönliche Antragstellung, die bei der zuständigen Außenstelle des Bundesamts zu erfolgen hat (§ 14 Abs. 1 AsylG). Dazu muss natürlich erst ermittelt werden, welche die zuständige Außenstelle ist, und der Ausländer muss sich dorthin begeben, weil er zur Antragstellung persönlich erscheinen muss. In den Jahren 2015 und 2016 waren hierfür eine Ladung und ein Termin erforderlich. Aktuell genügt es, innerhalb der Öffnungszeiten bei der Außenstelle zu erscheinen. Das alles führt zu dem für Außenstehende etwas unübersichtlichen Verfahren, das mit den Begriffen „Asylgesuch", „BÜMA" und „Ankunftsnachweis" verbunden ist. Das Asylgesuch ist demnach noch nicht der Antrag, sondern

## VI. Asylantragstellung, Verteilung und gestatteter Aufenthalt

bereitet ihn sozusagen nur vor. Zwischen Herbst 2015 und Sommer 2016 konnte allein die Zeit zwischen Asylgesuch und Antragstellung mehrere Monate umfassen. Verständlicher wäre die Verfahrensweise vielleicht, wenn zunächst ein Asylantrag gestellt würde und dann die Verteilung innerhalb der Bundesrepublik beginnen würde. Der Gesetzgeber hat sich aber für ein anderes Verfahren entschieden und die Verteilung gewissermaßen vor die eigentliche Asylantragstellung gezogen. Der Effekt ist, dass hier Asylgesuch und Asylantrag unterschieden werden müssen.

### 2.1.2 Ausnahme: schriftliche Antragstellung (§ 14 Abs. 2 AsylG)

Der Gesetzgeber musste allerdings auch Fälle berücksichtigen, in denen Menschen nicht mobil sind, Menschen, die nicht bei einer Außenstelle zur Asylantragstellung erscheinen können. Für sie gibt es das schriftliche Verfahren nach § 14 Abs. 2 AsylG. Das ist für die Betroffenen ein positiver Ausnahmefall, weil dieser Personengruppe das Verteilungsverfahren, die lange Wohnpflicht in der Aufnahmeeinrichtung und der Termin zur persönlichen Antragstellung erspart bleiben. In § 14 Abs. 2 Nr. 1–3 AsylG sind diese Personen benannt, die ihren Asylantrag schriftlich beim Bundesamt stellen können.

§ **14 Abs. 2 Satz 1 AsylG:**

„Der Asylantrag ist beim Bundesamt zu stellen, wenn der Ausländer

1. einen Aufenthaltstitel mit einer Gesamtgeltungsdauer von mehr als sechs Monaten besitzt,

2. sich in Haft oder sonstigem öffentlichem Gewahrsam, in einem Krankenhaus, einer Heil- oder Pflegeanstalt oder in einer Jugendhilfeeinrichtung befindet, oder

3. minderjährig ist und sein gesetzlicher Vertreter nicht verpflichtet ist, in einer Aufnahmeeinrichtung zu wohnen."

Allen diesen Personen ist gemeinsam, dass sie ihren Aufenthaltsort nicht verlassen können oder sollen (bei Haft und Klinikaufenthalt versteht sich das von selbst). Unter diese Regelung fallen auch die unbegleiteten minderjährigen Flüchtlinge, die in einer Jugendhilfeeinrichtung wohnen (das kann dann sogar auch noch nach dem 18. Geburtstag von Vorteil sein, wenn die Jugendhilfemaßnahme fortgesetzt wird und der Antrag auch dann noch schriftlich gestellt werden kann). Praktisch besonders ist der Fall bei denjenigen, die einen Aufenthaltstitel von mehr als sechs Monaten Geltungsdauer

## 2. Die Asylantragstellung

haben. Es kommt hier nicht darauf an, dass der Aufenthalt bei Asylantragstellung noch mehr als sechs Monate gültig ist, sondern dass er zu irgendeinem Zeitpunkt sechs Monate und einen Tag gültig war.

**Beispiel:**

Der Student S aus einem menschenrechtlich kritischen Staat hat seit zwei Jahren eine Aufenthaltserlaubnis nach § 16b AufenthG, die wegen mangelnder Studienleistungen vermutlich nicht mehr verlängert werden wird. Er will einen Asylantrag stellen. Wenn S dies noch vor Ablauf seiner Aufenthaltserlaubnis tut, kann er seinen Asylantrag schriftlich stellen. Er erspart sich dann das Verteilungsverfahren und die Wohnpflicht in der Aufnahmeeinrichtung. Er kann am Ort seines Studienaufenthaltes weiter wohnen und – wenn er möchte – auch studieren. Zu der Frage, ob Asylantragsteller während des Verfahrens ein Studium aufnehmen können, siehe Kap. VIII.

### 2.2 Der Ablauf der persönlichen Antragstellung

#### 2.2.1 Das Asylgesuch und die Verteilung

Wenn ein Ausländer einen Asylantrag stellen will und dazu eine öffentliche Stelle kontaktiert, wird er an eine der vier im Gesetz genannten Empfangsstellen für Asylgesuche verwiesen. Diese vier Stellen sind die Grenzbehörde (§§ 18 und 18a AsylG), die Polizei- oder Ausländerbehörde (§ 19 AsylG) oder eine Außenstelle des Bundesamts (§ 21 AsylG). Erst dort bringt der Ausländer sein Asylgesuch an. Im Gesetz heißt es, dass er „um Asyl nachsucht". Er wird dann auf die nächste Außenstelle verwiesen (wenn er nicht sowieso schon dort vorspricht) und es beginnt das Verteilungsverfahren nach §§ 45 und 46 AsylG. Die Verteilung soll erreichen, dass Asylsuchende in der Bundesrepublik nach einem Schlüssel gerecht – und zwar im Einklang mit Leistungsfähigkeit und Bevölkerungszahl – verteilt werden. Dies geschieht durch das EASY-System (Erstverteilung Asyl), das sich nach der Aufnahmequote (§ 45 Abs. 1 Satz 2 AsylG) und damit nach dem sogenannten Königsteiner Schlüssel richtet.

# VI. Asylantragstellung, Verteilung und gestatteter Aufenthalt

> **Königsteiner Schlüssel**
>
> Der Königsteiner Schlüssel bestimmt das Verhältnis, in dem bestimmte Lasten (meist Kosten) zwischen den Bundesländern verteilt werden. Er errechnet sich aus dem Steueraufkommen und der Bevölkerungszahl der Länder. Danach trägt z. B. das Land Nordrhein-Westfalen die meisten Lasten, das Land Bremen die geringsten.

Bei der Bestimmung der zuständigen Aufnahmeeinrichtung ist aber neben diesen wirtschaftlichen Daten auch zu berücksichtigen, dass die zugeordnete Außenstelle des BAMF den Asylantrag thematisch bearbeiten kann (das ergibt sich aus § 46 Abs. 1 Satz 2 AsylG). Damit soll dem Umstand Rechnung getragen werden, dass auch das BAMF Spezialisierungen vornimmt und eben nicht alle Herkunftsländer in allen Außenstellen bearbeitet werden.

Der Ausländer kann zu diesem Zeitpunkt schon versuchen, Einfluss auf die Verteilung zu nehmen, indem er auf enge familiäre Beziehungen in der Bundesrepublik hinweist, falls solche denn im Inland bestehen.

## 2.2.2 „Ankunftsnachweis"

Ein Prüfverfahren des BAMF setzt dieses Asylgesuch zwar noch nicht in Gang, aber es löst bereits Rechte und Pflichten des Ausländers aus. Da im Zuge der gestiegenen Flüchtlingszahlen der Zeitraum zwischen Asylgesuch und der späteren Antragstellung immer länger war, war zur Klarstellung und Dokumentation dieses zwischenzeitlichen Rechtsstatus ein weiteres Papier erforderlich geworden. Der Gesetzgeber hat dazu im Herbst 2015 mit § 63a AsylG die „Bescheinigung über die Meldung als Asylsuchender" (kurz: „BÜMA") eingeführt, die seit einer weiteren Neuregelung im Februar 2016 jetzt „Ankunftsnachweis" heißt.

## 2.2.3 Die persönliche Antragstellung in der zuständigen Außenstelle

Der Ausländer ist verpflichtet, sich in diese für ihn zuständige Aufnahmeeinrichtung zu begeben, um dann dort bei der zugeordneten Außenstelle persönlich seinen Asylantrag zu stellen (§ 20 Abs. 1 bzw.

## 2. Die Asylantragstellung

§ 22 Abs. 3 AsylG). Kommt er dem nicht nach, gilt sein Antrag (den er strenggenommen noch gar nicht gestellt hat) als zurückgenommen.

Über den Ablauf der formalen Asylantragstellung macht das Gesetz keine Aussagen. Es ordnet lediglich an, dass dabei eine Belehrung in einer für ihn verständlichen Sprache überreicht wird, die über die aufenthaltsrechtlichen Folgen der Antragstellung, seine Mitwirkungspflichten und die Folgen einer Antragsrücknahme unterrichtet. Die erhaltenen Belehrungen hat der Ausländer zu quittieren (§ 14 Abs. 1 Satz 2 AsylG). Ferner werden von dem Antragsteller Lichtbilder (Passbilder) angefertigt und die Fingerabdrücke von allen zehn Fingern und den Handballen abgenommen. Von dieser ED-Behandlung sind Kinder unter 14 Jahren ausgenommen. Es werden die Personalien aufgenommen, die dann in der Asylakte als „Niederschrift Teil 1" enthalten sind. Dort findet sich oben rechts auch das Datum der Antragstellung.

Im Zusammenhang mit der Antragstellung findet oft auch die Dublin-Befragung zum Reiseweg statt. Sofern der Reisepass des Ausländers nicht schon von der Ausländerbehörde eingezogen worden ist, nimmt das BAMF mit der Antragstellung auch den Pass des Ausländers zu den Akten. Die Rückgabe des Passes richtet sich nach § 65 AsylG.

### 2.2.4 Wohnpflicht in der Aufnahmeeinrichtung

Bevor der Antragsteller in die Kommunen verteilt wird (§ 50 AsylG), wird er in einer zentralen Aufnahmeeinrichtung wohnpflichtig. Diese Wohnpflicht besteht nach der neuen Rechtslage für 18 Monate (§§ 47–50 AsylG), nach der alten Rechtslage waren es noch sechs Monate. Diese Verlängerung der Wohnpflicht wurde von Seiten der Flüchtlingshelfer deutlich kritisiert, denn Wohnpflicht bedeutet zentrale Unterbringung gemeinsam mit vielen anderen Geflüchteten, Versorgung durch Sachleistungen (Essen im Speisesaal, Kleidung aus der Kleiderkammer u. a.) statt der Geldleistungen sowie den Ausschluss der privaten Mobilität (§ 56 AsylG) und von der Erwerbtätigkeit (§ 61 AsylG); diese Rechte sind nach dem AsylG für die Personen ausgeschlossen, die sich noch in der Wohnpflicht befinden.

Die Verlängerung der Wohnpflicht auf 18 Monate durch das Migrationspaket 2019 (vorher: 6 Monate) hat das Asylverfahren und die soziale Situation der Antragsteller nachhaltig verändert. Auch der Zugang zur Zivilgesellschaft wird damit länger eingeschränkt, wenn

## VI. Asylantragstellung, Verteilung und gestatteter Aufenthalt

die Unterbringung in zentralen Einrichtungen länger dauert. Die Wohnpflicht in der Aufnahmeeinrichtung besteht grundsätzlich für bis zu 18 Monaten, wobei sie im Einzelfall auch verkürzt, aber auch noch verlängert werden kann. Eine positive Ausnahme gibt es nur für Familien mit minderjährigen Kindern, sie unterliegen lediglich 6 Monate lang der Wohnpflicht, und zwar unabhängig vom Herkunftsland. Damit gilt diese Begünstigung auch für Menschen aus sicheren Herkunftsstaaten, die ansonsten keine rechtliche Chance haben, der Wohnpflicht – außer bei einer positiven Bundesamtsentscheidung – zu entgehen (§ 47 Abs. 1a AsylG).

Für alle anderen Asylantragsteller gelten, soweit sie nicht wegen minderjähriger Kinder aus der Wohnpflicht gefallen sind, die folgenden Gründe für das Ende der Wohnpflicht und die Möglichkeit, dezentral untergebracht zu leben:

**Beendigungsgründe für die Wohnpflicht in der Aufnahmeeinrichtung:**

- nach Schutzanerkennung durch das Bundesamt (Asyl, internationaler Schutz oder Abschiebungsverbote, § 50 Abs. 1 Nr. 1 AsylG)
- wenn eine Landesbehörde eine anderweitige Unterbringung anweist (§ 47 Abs. 1 Nr. 1 AsylG)
- wenn nach der negativen Bundesamtsentscheidung die Abschiebungsandrohung vollziehbar ist, aber die Abschiebung nicht in angemessener Zeit möglich ist (§ 49 Abs. 1 AsylG)
- wenn nach einer negativen Bundesamtsentscheidung Klage erhoben wurde und diese aufschiebende Wirkung hat (§ 50 Abs. 1 Nr. 2 AsylG), das gilt aber nicht bei Dublin-Bescheiden oder Personen mit einer Schutzanerkennung im EU-Ausland
- wenn aus Gründen der öffentlichen Gesundheitsvorsorge, der Sicherheit u. ä. eine anderweitige Unterbringung angeordnet wird (§ 49 Abs. 2 AsylG)
- nach Ablauf von 18 Monaten, wenn die Wohnpflicht nicht verlängert wurde

Bei einem Blick in diese Liste der Beendigungsgründe springt ins Auge, dass es den Entlassungsgrund des langen Bundesamtsverfahrens nicht mehr gibt. Früher wurden die Antragsteller noch wäh-

## 2. Die Asylantragstellung

rend des laufenden Asylverfahrens verteilt, wenn das Bundesamt mitteilte, dass nicht mit einer baldigen Entscheidung zu rechnen sei. Das gibt es nicht mehr. Entlassungen sind jetzt nur noch frühestens nach Bekanntgabe der Entscheidung die Regel.

Die 18-monatige Wohnpflicht kann aber auch verlängert werden: Zum einen durch das jeweilige Bundesland, dieses ist ermächtigt, die Zeit der Wohnpflicht durchgängig auf 24 Monate zu verlängern, allerdings unter Anerkennung der oben genannten Gründe für eine frühere Entlassung. Daneben kann die Wohnpflicht individuell verlängert werden, wenn der Antragsteller gegen bestimmte Mitwirkungspflichten verstoßen hat.

Kommt es nach dem Ende der Wohnpflicht zur Verteilung in die Kommunen, erfolgt dies durch eine Zuweisungsentscheidung. Gegen die Zuweisungsentscheidung an einen bestimmten Ort kann zwar Klage erhoben werden, diese hat aber keine aufschiebende Wirkung. Die Erfolgsaussichten einer solchen Klage sind auch sehr gering, weil rechtlich zwingende Gründe allenfalls aus einer Verletzung der familiären Einheit denkbar sind.

Es empfiehlt sich aber, Verteilungswünsche (z. B. im Hinblick auf Zugang zu Arbeit oder Studium) der zuständigen Landesbehörde mitzuteilen. Sofern Kapazitäten frei sind, dürften diese Anregungen berücksichtigt werden.

### 2.2.5 Personen aus sicheren Herkunftsstaaten

Personen aus sicheren Herkunftsstaaten, die einen Asylantrag gestellt haben, werden schon seit 2015 nicht mehr in die Landkreise verteilt. Sie bleiben in der Aufnahmeeinrichtung bis zu einem erfolgreichen Abschluss ihres Verfahrens (§ 47 Abs. 1a AsylG). Werden sie abgelehnt, bleiben sie dort bis zur Ausreise. Ausnahmen gelten aber für Familien mit minderjährigen Kindern.

# VI. Asylantragstellung, Verteilung und gestatteter Aufenthalt

## 2.2.6 Übersicht: Antragstellung und Wohnen bei der persönlichen Antragstellung

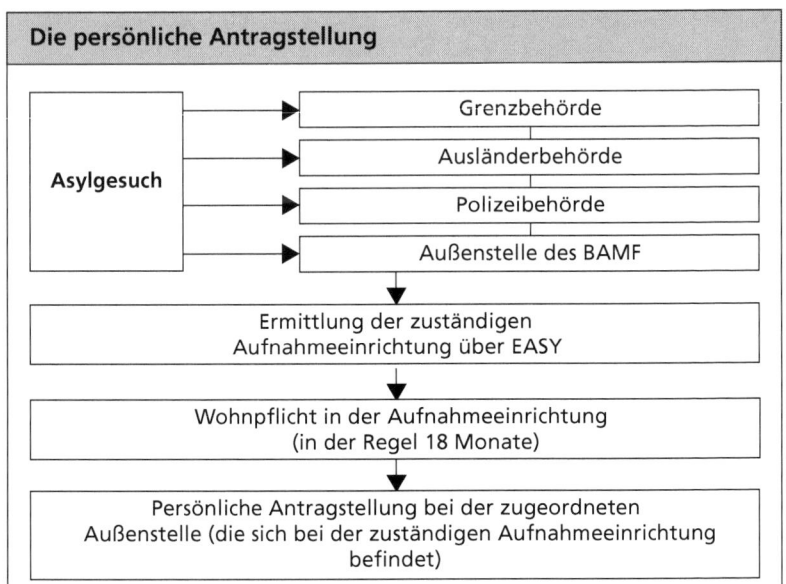

## 2.3 Die schriftliche Antragstellung

### 2.3.1 Ablauf

Die schriftliche Antragstellung besteht in einem entsprechenden Schreiben an das Bundesamt für Migration und Flüchtlinge in Nürnberg. Im Falle eines UMF hat dies der Vormund zu verfassen und zu unterschreiben. Der Antrag kann auch auf den Flüchtlingsschutz beschränkt werden. Die Antragstellung per Fax empfiehlt sich, weil mit dem Sendebeleg gleich ein Nachweis vorliegt. Nach einigen Tagen erhält der Antragsteller eine Eingangsbestätigung, die für die Ausländerbehörde wichtig ist. Sie ist die Grundlage für die Ausstellung der Aufenthaltsgestattung. Die ED-Behandlung wird in den Fällen der schriftlichen Antragstellung dann bei der Anhörung nachgeholt. Nach dem Eingang des Antrags bei der Zentrale wird eine Außenstelle bestimmt, die das Verfahren weiterführt (§ 14 Abs. 3 Satz 3 AsylG).

*2.3.2 Keine Begründung erforderlich*

Bei der Antragstellung ist eine Begründung nicht erforderlich, auch wenn das von dem BAMF im Internet angebotene Formular (das nicht benutzt werden muss) einen solchen Punkt enthält. Die Frage, ob eine solche Begründung aber vielleicht empfehlenswert ist, wird von den Verfahrensberatern durchaus unterschiedlich beantwortet. Selbstverständlich ist es hilfreich, wenn der Anhörer schon bei erster Durchsicht der Akte einen Eindruck erhält, welche Gründe das Asylverfahren bestimmen. Auf der anderen Seite besteht die Gefahr sich widersprechender Einlassungen, insbesondere dann, wenn die schriftliche Begründung nicht mit einem zuverlässigen Dolmetscher erarbeitet worden ist.

*2.3.3 Kein Umzug erforderlich*

Aussagen über die Wohnsitznahme bei einer schriftlichen Asylantragstellung erübrigen sich, da keine Verteilung stattfindet und somit auch keine Wohnpflicht in der Aufnahmeeinrichtung begründet wird. Es bleibt bei der Wohnung, in der der Antragsteller aktuell am Tag der schriftlichen Antragstellung wohnt.

# 3. Auswirkungen der Asylantragstellung auf das Aufenthaltsrecht

## 3.1 Erlöschen bestimmter Aufenthaltstitel durch Asylantragstellung

*3.1.1 Grundaussage*

Da die Asylantragstellung unmittelbar zu einem Recht zum vorläufigen Verbleib im Bundesgebiet führt, hat der Gesetzgeber als Kehrseite verschiedene negative aufenthaltsrechtliche Folgen an die Antragstellung geknüpft. Bestimmte Aufenthaltstitel und Aufenthaltstitel mit kurzer Geltungsdauer erlöschen. Diese Folgen treten

## VI. Asylantragstellung, Verteilung und gestatteter Aufenthalt

mit der Asylantragstellung ein. In der Rechtsberatung sollte darauf hingewiesen werden.

### 3.1.2 Erlöschen kurzer Aufenthaltstitel durch die Stellung des Asylantrags

Nach § 55 Abs. 2 AsylG erlöschen alle Aufenthaltstitel und Visa mit einer Geltungsdauer bis zu (einschließlich) sechs Monaten.

**Beispiel:**

C ist mit einem Schengen-Visum (Gültigkeit 3 Monate) nach Deutschland gekommen. Sie trägt sich mit dem Gedanken, einen Asylantrag zu stellen. Im Beratungsgespräch äußert sie die Absicht, eine Cousine in Brüssel besuchen und wieder zurückkehren zu wollen. Dieses Vorhaben wäre nach der Asylantragstellung nicht mehr realisierbar.

### 3.1.3 Erlöschen bestimmter humanitärer Aufenthaltstitel durch die Stellung des Asylantrags

Was weniger bekannt ist, ist die etwas versteckte Regelung in § 51 Abs. 1 Nr. 8 AufenthG. Demnach erlöschen auch bestimmte humanitäre Aufenthaltstitel unabhängig von ihrer Geltungsdauer, wenn ein Asylantrag gestellt wird. Diese Regelung betrifft die Erlaubnisse nach §§ 22, 23 und 25 Abs. 3–5 AufenthG.

**Beispiel:**

A hat aus humanitären Gründen eine Aufenthaltserlaubnis nach § 25 Abs. 5 AufenthG. Einige Jahre später ergeben sich politische Änderungen in seinem Herkunftsland. In der Beratungsstunde wird überlegt, ob A über einen Asylantrag zu einer Statusverbesserung kommen könnte. Mit Recht weist man ihn darauf hin, dass er – ungeachtet der Frage nach den Erfolgsaussichten – mit einem solchen Antrag seinen Aufenthaltstitel (vorläufig) verliert und in eine Aufenthaltsgestattung wechselt. Da seine Aufenthaltserlaubnis mehr als sechs Monate gültig war, muss er aber nicht in die Aufnahmeeinrichtung.

# 3. Auswirkungen der Asylantragstellung auf das Aufenthaltsrecht

## 3.2 Titelerteilungssperre während des Asylverfahrens

### 3.2.1 Die Erteilung neuer Aufenthaltstitel

In der Zeit während des Asylverfahrens, das stellt § 10 Abs. 1 AufenthG klar, darf – von sehr seltenen Ausnahmen abgesehen – keine Aufenthaltserlaubnis mehr neu erteilt werden, sofern kein Anspruch auf diese bestimmte Aufenthaltserlaubnis besteht.

**§ 10 Abs. 1 AufenthG:**

„Einem Ausländer, der einen Asylantrag gestellt hat, kann vor dem bestandskräftigen Abschluss des Asylverfahrens ein Aufenthaltstitel außer in den Fällen eines gesetzlichen Anspruchs nur mit Zustimmung der obersten Landesbehörde und nur dann erteilt werden, wenn wichtige Interessen der Bundesrepublik Deutschland es erfordern."

Wem während eines Asylverfahrens etwa eine Arbeitsstelle als Fachkraft angeboten wird, kann nicht in diesen anderen Aufenthalt (nach § 18a AufenthG) wechseln. Eine Ausnahme bilden die Aufenthaltserlaubnisse, auf die der Ausländer einen Anspruch hat (z. B. in bestimmten Fällen des Familiennachzugs). Die „blaue Karte" (§ 18b Abs. 2 AufenthG) und neuerdings auch der Studienaufenthalt (§ 16b AufenthG) sind als Anspruchserlaubnisse ausgestaltet. Die Ausländerbehörde muss den Titel erteilen, wenn die Voraussetzungen vorliegen. Damit wäre die Hürde des § 10 Abs. 1 AufenthG eigentlich genommen, aber für Asylsuchende bringt das aber leider keinen Vorteil: Asylantragsteller – und auch Geduldete – sind ausdrücklich von diesen Aufenthalten ausgeschlossen (vgl. § 19f Abs. 1 AufenthG). Damit bleiben nur die familienschutzrechtlichen Anspruchsaufenthalte.

Wichtig in § 10 AufenthG ist die Formulierung „vor bestandskräftigem Abschluss". Damit ist klar, dass eine Titelerteilung auch noch versperrt bleibt, wenn zwar das Asylverfahren beim Bundesamt vorbei ist, der Asylantrag dann aber noch weiter bei einem Verwaltungsgericht anhängig ist. Das hat das Bundesverwaltungsgericht in seinem Urteil vom 17.12.2015 (Az.: 1 C 31.14) betont. Eine praktische Konsequenz hat das für Personen, die nach einer teilweisen Anerkennung ihr Asylverfahren im Klageweg weiter betreiben. Wer dann beispielsweise nationale Abschiebungsverbote zuerkannt erhalten hat, aber weiter eine Klage auf den internationalen Schutz führt, erhält in dieser Zeit keine Aufenthaltserlaubnis nach § 25 Abs. 3 AufenthG. In dieser Norm heißt es nämlich,

## VI. Asylantragstellung, Verteilung und gestatteter Aufenthalt

dass der Antragsteller mit einem nationalen Abschiebeschutz eine Aufenthaltserlaubnis erhalten „soll". Er bleibt bis zum Ende des Gerichtsverfahrens (unter Umständen bis zur Klagerücknahme) bei seiner Aufenthaltsgestattung. § 25 Abs. 3 AufenthG, so das Bundesverwaltungsgericht, begründet eben keinen Anspruch.

**Beispiel:**
L ist aus Afghanistan; sie hat vom Bundesamt ein nationales Abschiebungsverbot erhalten. Sie klagt vor dem Verwaltungsgericht auf den besseren Schutz, weil sie ihre Furcht vor geschlechtsspezifischer Verfolgung nicht gewürdigt sieht. Bis zum Ende des Gerichtsverfahrens muss sie weiter mit der Aufenthaltsgestattung leben, da § 25 Abs. 3 AufenthG keinen Anspruch vermittelt.

Anders ist das, wenn man von dem Bundesamt bereits den Schutzstatus nach § 4 AsylG (subsidiärer Schutz) erhalten hat. Hier greift die Ausnahme, weil der Anerkannte einen Anspruch auf eine Aufenthaltserlaubnis nach § 25 Abs. 2, 2. Alt. AufenthG hat, auch wenn das Asylverfahren noch nicht beendet ist, weil er noch den Flüchtlingsstatus einklagt.

### 3.2.2 Keine Nachteile bei der Verlängerung bestehender Aufenthaltstitel

Hat der Ausländer jedoch schon eine Aufenthaltserlaubnis, die nicht durch die Asylantragstellung erloschen ist, richtet sich die Verlängerung nach den allgemeinen Regeln. Einschlägig ist hier dann § 10 Abs. 2 AufenthG. Das heißt, die Asylantragstellung hat in diesem Fall keine Auswirkungen auf den Aufenthalt.

**Beispiel:**
R ist aus Syrien und arbeitet als Webdesignerin in einer Agentur. Sie hat schon über ein Jahr eine Aufenthaltserlaubnis nach § 18a AufenthG. Sie fragt in der Beratungsstelle, ob sie einen Asylantrag stellen könne und ob das Auswirkungen auf ihren Aufenthalt habe. Hier gilt, dass ihr Aufenthalt durch die Antragstellung nicht erlischt und auch nach Ablauf verlängert wird, wenn die Erteilungsvoraussetzungen (Arbeitsstelle in der Agentur u. a.) weiter vorliegen. Da sie auch nicht in einer Aufnahmeeinrichtung eine Wohnung nehmen muss, wirkt sich

## 3. Auswirkungen der Asylantragstellung auf das Aufenthaltsrecht

die Asylantragstellung nicht auf ihr Leben aus. Sie kann auch Auslandsreisen unternehmen, sofern ihr Pass noch gültig ist (und sie ihn im Besitz hat).

### 3.3 Titelerteilungssperre nach einer Ablehnung des Asylantrags

#### 3.3.1 Grundlage

Das Gesetz sperrt den Ausländer nach abgelehntem Asylantrag auch für zukünftige Aufenthaltstitel. Diese Sperre gilt bis zur Ausreise. Welche Aufenthalte dann noch möglich sind, ergibt sich aus § 10 Abs. 3 AufenthG (siehe hierzu auch oben den Abschnitt „Aufenthaltschance ohne Schutzanerkennung", Kap. I, 4.8.2). Entscheidend für die Aussichten ist, ob das Asylverfahren mit einer einfachen Ablehnung oder mit einer Ablehnung als „offensichtlich unbegründet" im Sinne des § 30 Abs. 3 Nr. 1–6 AsylG endete.

#### 3.3.2 Nach einfacher Ablehnung (§ 10 Abs. 3 Satz 1 AsylG)

Einem Ausländer, dessen Asylantrag einfach abgelehnt worden ist (oder der seinen Asylantrag zurückgenommen hat), darf vor der erneuten Wiedereinreise ein Aufenthalt nur erteilt werden, wenn er auf diesen Titel einen Anspruch hat.

Im Ermessenswege kann der Ausländer die folgenden weiteren Aufenthalte bekommen:

- alle Aufenthalte aus dem 5. Abschnitt des Aufenthaltsgesetzes, das sind: §§ 23, 23a, 24, 25 Abs. 3–5, 25a und 25b
- Aufenthalte, für die der Gesetzgeber die Anwendung auch bei einer Ablehnung gesondert anordnet: § 19d (dort Abs. 3)

#### 3.3.3 Nach Ablehnung als „offensichtlich unbegründet" gemäß § 30 Abs. 3 Nr. 1–6 AsylG

Wessen Asylantrag als „offensichtlich unbegründet" abgelehnt worden ist, unterliegt weiteren einschneidenden Einschränkungen. Das ergibt sich aus der Sonderregelung in § 10 Abs. 3 Satz 2 AsylG. Allerdings gilt dies nur dann, wenn die Offensichtlichkeitsablehnung auf § 30 Abs. 3 Nr. 1–6 AsylG fußt und diese Normen im Bescheid ausdrücklich nennt. Wer mit seinem Asylantrag scheitert und nur einen „Offensichtlichkeitsbescheid" i. S. d. § 30 Abs. 1 AsylG erhält, ist davon nicht betroffen.

## VI. Asylantragstellung, Verteilung und gestatteter Aufenthalt

Der Ausländer ist dann von allen Aufenthalten vor einer Ausreise gesperrt, außer er hat einen Anspruch darauf. Ansonsten kann ein Aufenthalt nur nach §§ 23a, 25 Abs. 3, 25a und 25b AufenthG erteilt werden.

> **Praxis-Hinweis in der Beratung:**
> Es ist möglicherweise ratsam, den Asylantrag wegen einer bevorstehenden „OU"-Ablehnung erst nicht zu stellen, aber eben auch zurückzunehmen, weil sich dann nur die einfachen Folgen nach § 10 Abs 3 Satz 1 AsylG ergeben.

**Wichtig:** Die Offensichtlichkeitsentscheidung bei Personen aus sicheren Herkunftsstaaten ergeht nach § 29a AsylG; sie löst diese Erteilungssperre nicht aus. Diese Personen fallen aber unter die sehr viel weitgehendere Regelung des § 11 Abs. 7 AufenthG (Erwerbs- und Aufenthaltsverbot).

### 4. Der gestattete Aufenthalt

#### 4.1 „Vorwirkung des Flüchtlingsschutzes"

Dass der Aufenthalt einem Asylsuchenden gestattet ist, wird in der flüchtlingsrechtlichen Literatur als Vorwirkung des Schutzes betrachtet. Das ist auch folgerichtig; solange der Antrag noch nicht geprüft ist, steht noch nicht fest, dass der Ausländer ohne Verletzung seiner Rechte abgeschoben werden kann. Erst die negative Asylentscheidung würde diesen Weg freimachen. Eine vorherige Abschiebung wäre bei einem gestellten Asylantrag rechtswidrig.

#### 4.2 Beginn des gestatteten Aufenthalts

*4.2.1 Bei persönlicher Antragstellung*

Bei der persönlichen Antragstellung muss die Gestattungswirkung in irgendeiner Weise an die Äußerung des Asylgesuchs anknüpfen. Der Gesetzgeber hat das Problem neuerdings so gelöst:

**§ 55 Abs. 1 Satz 1 AsylG:**

„Einem Ausländer, der um Asyl nachsucht, ist zur Durchführung des Asylverfahrens der Aufenthalt im Bundesgebiet ab Ausstellung des Ankunftsnachweises (...) gestattet (...)."

## 4. Der gestattete Aufenthalt

Die Gestattung beginnt demnach mit dem Erhalt des Ankunftsnachweises.

### 4.2.2 Bei schriftlicher Antragstellung

Bei der schriftlichen Antragstellung gibt es kein Asylgesuch und keinen Ankunftsnachweis. Der gestattete Aufenthalt beginnt mit der Stellung des Asylantrags. Dem Ausländer ist dann binnen von drei Werktagen die Aufenthaltsgestattung nach § 63 AsylG auszuhändigen. Zuständig ist hier die Ausländerbehörde.

### 4.3 Die Dokumente des gestatteten Aufenthalts

#### 4.3.1 Übersicht

Der gestattete Aufenthalt wird durch einen Ankunftsnachweis oder – nach der Antragstellung – durch eine Aufenthaltsgestattung nachgewiesen. Antragsteller, die ihr Asylgesuch vor dem Sommer 2016 gestellt haben, mögen noch eine „Bescheinigung über die Meldung als Asylsuchender" besitzen. Diese kann für die Berechnung der Voraufenthaltszeiten hilfreich sein.

#### 4.3.2 Inhalt der Dokumente

Ankunftsnachweis und Aufenthaltsgestattung enthalten die Personalien des Asylsuchenden. Soweit die Identität nicht geklärt ist, findet sich der Zusatz: „Personalien beruhen auf den Angaben des Inhabers." Ansonsten treffen sie Aussagen darüber, wie weit der Radius der Mobilität eines Asylsuchenden ist und ob er grundsätzlich erwerbstätig werden darf. Diese Rechte sind allerdings Gegenstand der Veränderung, sodass hier immer aktuell geprüft werden sollte, ob die Angaben noch auf dem aktuellen Stand sind. Es ist jedenfalls nicht ausgeschlossen, dass Angaben falsch sind. In diesem Fall sollte der Antragsteller wegen der Änderung bei der Ausländerbehörde vorsprechen.

> **Praxis-Hinweis:**
> Die Aufenthaltsgestattung gibt auch das Bundesamtsaktenzeichen wieder. Das mag für die Beratung wichtig sein, wenn etwa ein Akteneinsichtsrecht wahrgenommen werden soll oder sonst Korrespondenz mit dem BAMF geführt wird.

## VI. Asylantragstellung, Verteilung und gestatteter Aufenthalt

### 4.4 Mobilität während des gestatteten Aufenthalts

#### 4.4.1 Übersicht

Bei der Frage der Mobilität sind die „räumliche Beschränkung" von der Pflicht zu einer bestimmten Wohnsitznahme zu unterscheiden. Erstere ist die einschneidendere Regelung: Sie besagt, dass es einem Ausländer nicht gestattet ist, sich in der Bundesrepublik oder einem Bundesland frei zu bewegen.

#### 4.4.2 „Räumliche Beschränkung"

Die „räumliche Beschränkung", die in den §§ 56–59 AsylG sehr ausführlich geregelt war – und es noch immer ist –, hat mit dem § 59a AsylG, der im Dezember 2014 neu in das Gesetz kam, ihren wesentlichen Anwendungsbereich verloren. Jetzt gilt, dass diese Beschränkung nach einem dreimonatigen gestatteten Aufenthalt erlischt. Als Ausnahme bleibt nur, dass eine Person noch verpflichtet ist, in der Aufnahmeeinrichtung zu wohnen („Wohnpflicht"). Hier zeigt sich allerdings, wie einschneidend die neuen Regelungen aus dem Migrationspaket 2019 sind und sie für Asylantragsteller aus sicheren Herkunftsstaaten schon immer waren, die bis über das Ende ihres Asylverfahrens zur Wohnung in der Aufnahmeeinrichtung verpflichtet sein können – und in dieser Zeit, auch über die ersten drei Monate hinaus, in ihrer Freizügigkeit beschränkt bleiben.

In § 59b AsylG findet sich die Ermächtigungsgrundlage für die Ausländerbehörde, auch bei einem Asylsuchenden nach dreimonatigem Voraufenthalt eine räumliche Beschränkung zu verhängen, wenn der Asylantragsteller rechtskräftig zu einer Strafe verurteilt ist (wobei Straftaten, die nur Ausländer begehen können, nicht zählen) oder wenn Tatsachen die Schlussfolgerung begründen, dass er gegen das Betäubungsmittelgesetz verstoßen hat. In letzterem Fall ist also keine rechtskräftige Verurteilung nötig. Schließlich kann die räumliche Beschränkung verhängt werden, wenn aufenthaltsbeendende Maßnahmen konkret bevorstehen – was aber eigentlich gar nicht sein kann, weil ein Ausländer während des Besitzes einer Gestattung gerade nicht abgeschoben werden kann.

#### 4.4.3 Grenzübertritte

Grenzübertritte mögen in der Weise möglich sein, dass der Asylsuchende die Bundesrepublik praktisch verlässt (für einen rechtmäßigen Grenzübertritt würde er allerdings einen Pass und eine

## 4. Der gestattete Aufenthalt

Aufenthaltserlaubnis für das Zielland benötigen). Die Aufenthaltsgestattung berechtigt nicht zum Grenzübertritt (§ 64 Abs. 2 AsylG). Ein Recht auf Wiedereinreise aufgrund des gestellten Asylantrages gibt es nicht. Eine Ausnahme kann mit der Ausländerbehörde verhandelt werden, wenn es berechtigte Gründe für eine Reise gibt, z. B. bei Klassenfahrten: hier ersetzt die Aufnahme in sogenannte Schülersammellisten den Reisepass (§ 4 Abs. 1 Nr. 5 AufentV).

### 4.4.4 Zuweisung in die Kommunen

Nach Ende der Wohnpflicht in der Aufnahmeeinrichtung wird der Ausländer einer Kommune oder einem Landkreis zugewiesen. Das bedeutet aber nicht, dass der Asylsuchende auf diese Kommune verpflichtet ist. Auf Antrag kann ihm (wenn sein Lebensunterhalt durch eigene Leistungen gesichert ist) der Umzug innerhalb des Bundeslandes erlaubt werden. Der Asylsuchende muss auch nicht in einer Gemeinschaftsunterkunft wohnen; findet er auf dem privaten Wohnungsmarkt eine preislich dem Niveau des AsylbLG entsprechende Wohnung innerhalb der ihm zugewiesenen Kommune oder Landkreis, kann er auch dort wohnen, erst recht, wenn er seine Miete durch eigene Einkünfte sichert.

### 4.5 Das Ende des gestatteten Aufenthalts

Der gestattete Aufenthalt endet spätestens, wenn die Entscheidung des Bundesamts unanfechtbar geworden ist (§ 67 Abs. 1 Nr. 6 AsylG). Das ist bei einer negativen Entscheidung dann der Fall, wenn keine Klage erhoben wurde oder diese endgültig erfolglos war. Dramatischer sind aber die Fälle der ablehnenden Entscheidungen, wenn die Abschiebungsandrohung (oder Abschiebungsanordnung) vorläufig vollziehbar ist. Hier erlischt der gestattete Aufenthalt, wenn eine Abschiebungsandrohung (oder Abschiebungsanordnung) bereits vorläufig vollziehbar ist. Dann ist der gestattete Aufenthalt vorbei, der Asylsuchende wird ausreisepflichtig.

VI. Asylantragstellung, Verteilung und gestatteter Aufenthalt

## 5. Die Rücknahme des Asylantrags

### 5.1 Grundsatz

Während das Gesetz dazu Anforderungen formuliert, wie ein rechtsgültiger Asylantrag zu stellen ist, schweigt es dazu, wie und bis wann der Antrag zurückgenommen werden kann. Man wird eine schriftliche Rücknahmeerklärung gegenüber dem Bundesamt als ausreichend erwarten dürfen, wenn der Ausländer eine Schutzfeststellung nicht mehr wünscht. Eine Rücknahme kann aber auch unfreiwillig in Gestalt einer Rücknahmefiktion eintreten, wenn der Ausländer sein Verfahren nicht mehr ausreichend betreibt oder betrieben hat und eine Rücknahmefiktion nach § 33 AsylG eintritt.

Um der Rechtsklarheit willen erlässt das Bundesamt im Falle der Rücknahme einen Bescheid nach § 32 AsylG, in dem es die Einstellung des Verfahrens feststellt, aber von Amts wegen noch eine Entscheidung zu dem Vorliegen der Voraussetzungen des § 60 Abs. 5 und 7 AufenthG („nationale Abschiebungsverbote") trifft. Diesen Bescheid versieht das Bundesamt mit einer Abschiebungsandrohung, die sofort vollziehbar ist.

Neben der Rücknahme kennt das Gesetz auch den Verzicht auf die Durchführung eines Asylverfahrens für ein Kind (§ 14 Abs. 3 AsylG). Dies geschieht in der Praxis dann, wenn die Eltern für das Kind keine Asylgründe geltend machen wollen oder können.

### 5.2 Zeitliche Dimension der Rücknahme und ihre Folgen

Zeitlich ist die Rücknahme bis zum Eintritt der Bestandskraft einer Ablehnung möglich; im Falle eines Gerichtsverfahrens wäre das bis zur Rechtskraft des ablehnenden Urteils. Für den Bevollmächtigten ist in einer solchen Situation zu raten, erst nach Rücknahme des Asylantrags eine prozessuale Erklärung abzugeben. Wird nur (oder zuerst) die Klage zurückgenommen, wird der zuvor angegriffene Bescheid bestandskräftig.

Umstritten ist aber, wie mit einer solchen Rücknahme umzugehen ist, wenn das Gesetz an den Fall eines abgelehnten Asylantrags bestimmte Folgen knüpft.

Einen wichtigen Anwendungsfall kann man sich bei einer Ablehnung des Asylantrags als offensichtlich unbegründet denken. Dann wäre es möglich, durch eine Rücknahme vor Bestandskraft, die Konsequenz des § 10 Abs. 3 Satz 3 AufenthG zu vermeiden. Ob diese Auffassung auch von der betreffenden Ausländerbehörde geteilt wird, muss aber bezweifelt werden. Eine Rücknahme vor Erlass des Offensichtlichkeitsbescheides verhindert aber auf jeden Fall diese negative Folge. Bei Antragstellern aus sicheren Herkunftsstaaten hilft die Rücknahme des Asylantrags nach der jetzt geltenden Rechtslage nicht mehr. Es kommt auch bei der Rücknahme des Asylantrags zu einem Erwerbsverbot nach § 60a Abs. 6 Satz 2 Nr. 3 AufenthG.

Auch im Hinblick auf ein bevorstehendes Dublin-Verfahren kann es zweckdienlich sein, den Schutzantrag zurückzunehmen (siehe dazu Kap. VII.2.1.4 im Zusammenhang mit dem Dublin-Verfahren).

# 6. Mitwirkungspflichten und Sanktionen

## 6.1 Grundsatz

Das AsylG erwartet von dem Asylbewerber an vielen Punkten die Mitwirkung. Für die Beratung sind die Mitwirkungspflichten deswegen wichtig, weil das Unterlassen Rechtsverluste und Sanktionen nach sich ziehen kann. Das Gesetz kennt mehrere Typen von Sanktionen: Es gibt die Rücknahmefiktion nach § 33 AsylG; in diesem Fall wirkt sich eine unterlassene Mitwirkung dahin aus, dass das Bundesamt den Asylantrag als zurückgenommen bewerten darf. Allerdings muss das Unterlassen auch zurechenbar sein, also nicht unverschuldet. Außerdem muss darüber belehrt worden sein. Diese Folgen sind erheblich, weil dies der Ablehnung des Antrags gleichkommt. Es droht möglicherweise die Abschiebung und ein erneuter Antrag wird als Folgeantrag gewertet. Es gibt aber auch Wege, ohne diese Folgen wieder in das reguläre Verfahren zurückzukommen (dazu unten). Ähnlich wirkt die Zustellungsfiktion des § 10 AsylG: Wer hier bestimmten Obliegenheiten zur Adressmitteilung an das Bundesamt nicht nachkommt, muss Schriftstücke als wirksam zugestellt gelten lassen, auch wenn er sie vielleicht niemals in Händen hatte.

Andere Sanktionen sind Leistungskürzungen (nach § 1a AsylbLG) oder Strafen (wie etwa bei Residenzpflichtverletzungen). Schließlich gibt es auch Sanktionen, die sich auf die Entscheidung über den Asylantrag selbst auswirken, etwa dass ein verspätetes Vorbringen nicht mehr berücksichtigt werden muss oder dass der Asylantrag aus Gründen mangelnder Mitwirkung auch als offensichtlich unbegründet abgelehnt werden darf.

## VI. Asylantragstellung, Verteilung und gestatteter Aufenthalt

### 6.2 Wichtige Pflichten und Sanktionen

Die folgende Übersicht zeigt die wichtigsten Pflichten und Sanktionen auf. Zu beachten ist, dass ein und derselbe Handlungs- oder Unterlassenstatbestand auch mehr als eine Sanktion nach sich ziehen kann.

| Pflicht/Obliegenheit | Norm AsylG | Sanktion | Norm AsylG |
|---|---|---|---|
| Bei illegaler Einreise ist das Asylgesuch unverzüglich zu äußern und anschließend unverzüglich der Asylantrag zu stellen. | § 13 Abs. 3 | Der Asylantrag kann, wenn er unbegründet ist, zusätzlich als „offensichtlich unbegründet" abgelehnt werden. | § 30 Abs. 3 Nr. 5 |
| | | Wird der Asylantrag nicht unverzüglich gestellt, können die Leistungen nach dem AsylbLG gekürzt werden. | § 1a Abs. 5 Satz 1 Nr. 1 AsylbLG |
| Nach dem Asylgesuch muss der Asylbewerber in bestimmter Zeit persönlich zur Asylantragstellung erscheinen. | § 23 Abs. 1 | Der Asylantrag gilt bei Unterlassen / Säumnis als zurückgenommen, wenn der Antragsteller nicht nachweist, dass er keinen Einfluss darauf hatte. | § 23 Abs. 2 mit Verweis auf § 33 |
| | | Wird der Termin nicht wahrgenommen, können auch Leistungen nach dem AsylbLG gekürzt werden. | § 1a Abs. 5 Satz 1 Nr. 6 AsylbLG |
| Persönliches Erscheinen zur Anhörung („Interview") | § 25 Abs. 1 | Unentschuldigtes Nichterscheinen kann zur Rücknahmefiktion führen. | § 33 Abs. 2 Nr. 1 |
| | | Ein unbegründeter Asylantrag kann als „offensichtlich" unbegründet abgelehnt werden. | § 30 Abs. 3 Nr. 5 |

## 6. Mitwirkungspflichten und Sanktionen

| Pflicht/Obliegenheit | Norm AsylG | Sanktion | Norm AsylG |
|---|---|---|---|
| Einhaltung der räumlichen Beschränkung | §§ 56 ff. | Bei Verlassen: Ordnungswidrigkeit, im Wiederholungsfall: Straftat | § 86 Abs. 1, § 85 Nr. 2 |
| Einhaltung der räumlichen Beschränkung im beschleunigten Verfahren | § 30a Abs. 3 | Rücknahmefiktion bei Verlassen des zugewiesenen Bezirks | § 33 Abs. 2 Nr. 3 |
| Erreichbarkeit für die Behörden in dem beschleunigten Verfahren | | Bei „Untertauchen" gilt der Asylantrag als zurückgenommen. | § 33 Abs. 2 Nr. 2 |
| Obliegenheit, nicht in das Herkunftsland zurückzureisen | | Rückreise in das Herkunftsland bewirkt Rücknahmefiktion. | § 33 Abs. 3 |
| Pflicht zur Mitteilung der Anschrift | § 10 Abs. 1 | Fiktion der wirksamen Zustellung an die letzte bekannte Anschrift | § 10 Abs. 2 |
| Vorsprache bei Behörden bei Ladung | § 15 Abs. 2 Nr. 3 | Der Asylantrag kann, wenn er unbegründet ist, zusätzlich als „offensichtlich unbegründet" abgelehnt werden. | § 30 Abs. 3 Nr. 5 |
| Passüberlassungspflicht (gilt nur für Pässe, die im Besitz des Antragstellers sind) | § 15 Abs. 2 Nr. 4 | Bei Unterlassung kann der Asylantrag, wenn er unbegründet ist, zusätzlich als „offensichtlich unbegründet" abgelehnt werden. | § 30 Abs. 3 Nr. 5 |
| | | Es können Leistungen nach dem AsylbLG gekürzt werden. | § 1a Abs. 5 Satz 1 Nr. 2 AsylbLG |

## VI. Asylantragstellung, Verteilung und gestatteter Aufenthalt

| Pflicht/Obliegenheit | Norm AsylG | Sanktion | Norm AsylG |
|---|---|---|---|
| | | Verstoß kann bei Aufforderung und nicht entschuldigtem Unterlassen zur Rücknahmefiktion führen. | § 33 Abs. 2 Nr. 1 |
| Pflicht zur Aushändigung von Urkunden und Datenträgern, insb. zur Identitätsklärung | § 15 Abs. 2 Nr. 5 und 6 | Der Asylantrag kann, wenn er unbegründet ist, zusätzlich als „offensichtlich unbegründet" abgelehnt werden. | § 30 Abs. 3 Nr. 5 |
| | | Es können Leistungen nach dem AsylbLG gekürzt werden. | § 1a Abs. 5 Satz 1 Nr. 3 und 4 AsylbLG |
| | | Verstoß kann bei Aufforderung und nicht entschuldigtem Unterlassen zur Rücknahmefiktion führen. | § 33 Abs. 2 Nr. 1 |

### 6.3 Verschulden

Die Sanktionen, die der Nichterfüllung von Mitwirkungspflichten folgen, treten nur dann ein, wenn die Unterlassung oder Handlung zu vertreten ist. Das bedeutet, dass der Asylbewerber Einfluss darauf gehabt haben muss, dass er der Pflicht nicht nachkam. Bei der Rückreise in den Herkunftsstaat wäre nach einem rechtfertigenden Grund zu suchen (z. B. dringender familiärer Grund).

Bei den Pflichtverletzungen, die eine „Offensichtlichkeitsablehnung" zur Folge haben (§ 30 Abs. 3 Nr. 5 AsylG), muss die Verletzung auch noch „gröblich" sein.

### 6.4 Pflichten im „beschleunigten Verfahren" (§ 30a AsylG)

Wer sich in dem beschleunigten Verfahren befindet, muss in der ihm zugewiesenen Einrichtung wohnen, ein Verstoß kann zur Rück-

## 6. Mitwirkungspflichten und Sanktionen

nahmefiktion führen. Die Voraussetzungen des beschleunigten Verfahrens sind in § 30a Abs. 1 AsylG geregelt. Das beschleunigte Verfahren wird allerdings derzeit nur in sehr wenigen Außenstellen des Bundesamts durchgeführt, sodass hier auf die weitere Erläuterung verzichtet wird.

### 6.5 Duldungspflichten gegenüber einer Durchsuchung (§ 15 Abs. 4 AsylG)

In den §§ 15 und 15a AsylG finden sich weitere Pflichten, insbesondere Duldungspflichten, die nicht im Sanktionenkatalog zu finden sind. Der Asylbewerber kann demzufolge auch gegen seinen Willen veranlasst werden, diese Maßnahmen zu dulden. Folgende Pflichten nennt das Gesetz:

- Duldung der körperlichen Durchsuchung und hinsichtlich mitgeführter Sachen (Taschen u. a.) bei der Frage nach Ausweisen, Flugscheinen, Datenträgern, Pässen u. a., wenn der Antragsteller trotz Aufforderung solche Dokumente bei seiner Vorsprache nicht freiwillig herausgibt

- Duldung des Auslesens von Daten auf einem mitgeführten Datenträger

- Duldung einer erkennungsdienstlichen Behandlung (insb. Fingerabdrucknahme, Anfertigen von Lichtbildern)

### 6.6 Mitwirkung bei der Identitätsfeststellung

#### 6.6.1 Vorlage und Beschaffung eines Passes (§ 15 AsylG)

Nach § 15 Abs. 1 Nr. 4 AsylG hat der Asylantragsteller einen Pass, den er in Besitz hat, herauszugeben. Hat er seinen Pass aber nicht oder nicht mehr, dann betrifft ihn diese Herausgabepflicht nicht. Allerdings stellt sich hier die Frage nach der Passbeschaffungspflicht. § 15 Abs. 1 Nr. 6 AsylG ordnet für den Fall des Nichtbesitzes eines Passes die Beschaffung von Identitätsdokumenten an; das ließe sich so verstehen, dass ein Pass damit nicht verlangt ist. Allerdings rechnet man nach allgemeiner Ansicht auch den Pass zu den Identitätsdokumenten. Trotzdem, eine Pflicht zur Beschaffung eines Nationalpasses während des laufenden Asylverfahrens besteht regelmäßig nicht. Das wird damit begründet, dass die Kontaktaufnahme mit den Behörden des Heimat- bzw. Verfolgerstaates als unzumutbar betrachtet wird, weil der Schutzantrag damit unplausibel gemacht

## VI. Asylantragstellung, Verteilung und gestatteter Aufenthalt

würde; außerdem könnte auch die Familie in dem Herkunftsland in Gefahr gebracht werden. All das kann im Einzelfall anders gewertet werden, wenn nicht der Staat die verfolgende Instanz ist, sondern ein nichtstaatlicher Akteur.

Auch dann, wenn der Asylantrag bereits bestandskräftig abgelehnt ist, lebt die Passbeschaffungspflicht wieder auf. Sie trifft damit etwa auch Folgeantragsteller (wenn das Bundesamt das Verfahren wegen neuer Gründe nicht doch noch wieder aufgenommen hat) und andere abgelehnte Asylbewerber. Was andere Identitätsdokumente anbetrifft, die ohne Botschaftskontakt zu erlangen sind, wird der Asylbewerber nicht freigestellt. Geht es um Geburts- oder Taufurkunden, die ohne staatlichen Kontakt zu erhalten sind, besteht eine diesbezügliche Beschaffungspflicht auch während des Asylverfahrens.

### 6.6.2 Erkennungsdienstliche Behandlung (§ 16 AsylG)

Im Zuge einer erkennungsdienstlichen Behandlung werden dem Asylsuchenden die Fingerabdrücke von allen zehn Fingern abgenommen, außerdem werden Lichtbilder gefertigt. Bei der Fingerabdrucknahme kommt es zuweilen vor, dass keine verwendbaren Fingerabdrücke gewonnen werden können. Das kann an einer krankhaften Veränderung der Fingerkuppen liegen, aber auch an einer mutwilligen Beschädigung. Ohne eine fachärztliche Bewertung kann das Bundesamt den Vorwurf der Manipulation aber in der Regel nicht machen. Außerdem gibt es keine Pflicht, verwendbare Fingerkuppen für die ED-Behandlung zu präsentieren; es gibt lediglich die Pflicht, Manipulationen an den Fingern zu unterlassen.

Des Weiteren sind Tonaufnahmen statthaft, die der Ermittlung der Herkunftsregion dienen sollen. Der Antragsteller wird gebeten, vorgegebene Sätze zu sprechen, die dann linguistisch mittels einer Software ausgewertet werden. Die Ergebnisse sind häufig nicht eindeutig und die Zuverlässigkeit dieser Methode wird angezweifelt.

### 6.6.3 Auslesen von Datenträgern (§ 15a AsylG)

Im Juli 2017 wurde die Auswertung von Datenträgern zum Zwecke der Identitätsfeststellung in das Gesetz eingeführt. Voraussetzung ist aber, dass kein gültiger Pass vorliegt und diese Maßnahme deswegen erforderlich ist. Datenträger sind z. B. Mobilfunkgeräte, USB-Stick, Festplatten, Laptops oder sogar Fitnessarmbänder; eine

## 6. Mitwirkungspflichten und Sanktionen

Cloud im Internet ist kein Datenträger. Rückschlüsse auf die Identität werden u. a. aus ausgelesenen Ländervorwahlen, der Sprache, in der Nachrichten verfasst sind, den Länderendungen aufgerufener Websites und Geolokationsdaten gezogen. Das Gesetz verpflichtet betroffene Personen, Zugangsdaten zur Verfügung zu stellen, die für die Auswertung des Datenträgers notwendig sind. Aufgrund des besonders wichtigen Rechtsguts des allgemeinen Persönlichkeitsrechts, das hier betroffen ist, dürfen die Daten nur zu dem Zweck gelesen werden, um die Identität und die Staatsangehörigkeit des Betroffenen zu ermitteln. Die Nutzung der Daten zur Überprüfung der Asylgründe ist unzulässig. Außerdem muss diese Maßnahme verhältnismäßig sein und sie darf nur von Mitarbeitern vorgenommen werden, die Volljuristen sind (§§ 15a Abs. 1 Satz 2 i. V. m. 48 Abs. 3a Satz 4 AufenthG). Die Verfassungsmäßigkeit der gesetzlichen Regelungen wird aufgrund des tiefgreifenden Grundrechtseingriffs in Frage gestellt. Außerdem belegen Statistiken die mangelnde Aussagekraft der Auswertungsergebnisse.

### 6.7 Die Rücknahmefiktion nach § 33 AsylG

*6.7.1 Voraussetzungen und Folgen der Rücknahmefiktion*

Wenn der Ausländer sein Verfahren nicht weiter betreibt, gilt sein Asylantrag als zurückgenommen. Die Rücknahme führt zu einem Einstellungsbescheid, der im negativen Fall, wenn auch die nationalen Abschiebungsverbote verneint werden, eine Abschiebungsandrohung in den Herkunftsstaat enthält.

*6.7.2 Die Fiktion des Nichtbetreibens*

Das Gesetz nennt vier Fälle, in denen vermutet wird, dass der Ausländer sein Verfahren nicht weiter betreibt. Die Fiktion tritt nur ein, wenn der Ausländer auf diese Folge hingewiesen worden ist. Bei den ersten drei Fällen muss hinzukommen, dass der Betroffene auf seine Säumnis oder sein Fehlen keinen Einfluss hatte. Im vierten Fall, der Rückreise in das Herkunftsland, darf kein Ausnahmefall einer sittlich gebotenen Reise vorliegen.

| Verhalten des Antragstellers | Vermutung des Nichtbetreibens |
|---|---|
| Nichtvorlage wesentlicher Informationen nach § 15 AsylG trotz Aufforderung durch die Behörde | § 33 Abs. 2 Nr. 1 AsylG |

## VI. Asylantragstellung, Verteilung und gestatteter Aufenthalt

| Verhalten des Antragstellers | Vermutung des Nichtbetreibens |
|---|---|
| Nichterscheinen bei einer Anhörung nach § 25 AsylG | § 33 Abs. 2 Nr. 1 AsylG |
| Untertauchen | § 33 Abs. 2 Nr. 2 AsylG |
| Verstoß gegen eine räumliche Beschränkung im Zuge der Residenzpflicht im beschleunigten Verfahren | § 33 Abs. 2 Nr. 3 AsylG |
| Rückreise in das Herkunftsland | § 33 Abs. 3 AsylG |

Die Rücknahmefiktion in den Fällen der Nrn. 1–3 ist erst dann ausgelöst, wenn diese nicht unverschuldet geschehen ist:

**§ 33 Abs. 2 Satz 2 AsylG:**

„Die Vermutung (...) gilt nicht, wenn der Ausländer unverzüglich nachweist, dass das in Satz 1 Nummer 1 genannte Versäumnis oder die in Satz 1 Nummer 2 und 3 genannte Handlung auf Umstände zurückzuführen war, auf die er keinen Einfluss hatte."

Bei der Rückreise ins Heimatland kann diese ausnahmsweise unschädlich sein, wenn es sich nur um einen kurzen Besuch zur Erfüllung einer sittlichen Pflicht gehandelt hat.

### 6.7.3 Der Einstellungsbescheid nach § 33 AsylG

Der Einstellungsbescheid drückt aus, dass das Verfahren aufgrund einer Rücknahme eingestellt worden ist. Es werden die nationalen Abschiebungsverbote geprüft und im Negativfall wird die Abschiebung in den Herkunftsstaat angedroht.

### 6.7.4 Rechtsmittel gegen den Einstellungsbescheid

#### 6.7.4.1 Klage und Eilantrag

Gegen diesen Beschluss müssen Klage und Eilantrag gestellt werden, die Klage selbst hat keine aufschiebende Wirkung.

#### 6.7.4.2 Begründung des Rechtsmittels

In der Begründung des Rechtsmittels sind die Umstände aufzuführen, die es nahelegen, dass den Antragsteller kein Verschulden trifft.

## 6. Mitwirkungspflichten und Sanktionen

Am häufigsten kommen Einstellungsbeschlüsse vor, weil die Asylsuchenden nicht zum Termin zur mündlichen Anhörung erschienen sind. Vielfach liegt das aber an mangelhaften Ladungen, die zu spät oder an eine falsche Adresse verschickt worden sind. Hierfür empfiehlt es sich, im Eilverfahren eidesstattliche Versicherungen der Beteiligten (z. B. des Hausmeisters) vorzulegen, die das Geschehen für das Gericht glaubhaft machen.

Neben solchen Gründen kann der Antragsteller aber auch formelle Fehler des BAMF ins Feld führen. Hier ist es eine gegebenenfalls unterlassene Belehrung nach § 33 Abs. 4 AsylG. Die Belehrung muss sich ausdrücklich und in einer für den Antragsteller verständlichen Sprache auf die drohende Rücknahmefiktion beziehen; eine allgemeine Belehrung dahin, dass mangelnde Mitwirkung zu Nachteilen führt, genügt nicht. Die Belehrung ist vom Antragsteller zu quittieren.

### 6.7.5 Der „Restart" – das besondere Wiederaufnahmeverfahren nach § 33 Abs. 5 AsylG

#### 6.7.5.1 Grundlage

Neben Klage und Eilantrag kann der Betroffene aber auch einen anderen Weg wählen, nämlich den „Restart" des Verfahrens, also die besondere Wiederaufnahme, die nicht als Neuantrag oder Folgeantrag zählt. Erklärt der Asylsuchende persönlich bei der Außenstelle, bei der er vormals zu wohnen verpflichtet war, dass er das Verfahren trotz der Einstellungsentscheidung wieder aufnehmen will, führt das Bundesamt das Asylverfahren an der Stelle fort, wo es beendet worden war. Diese Wiederaufnahmeerklärung ist aber innerhalb von neun Monaten nach Erhalt der Einstellungsentscheidung abzugeben.

Es gibt noch eine weitere wichtige Einschränkung: Jeder Asylsuchende darf nur einmal von dieser Möglichkeit Gebrauch machen. Stellt das Bundesamt ein zweites Mal das Verfahren ein, weil der Betreffende z. B. wieder nicht zum Anhörungstermin erschienen ist, dann ist ihm dieser „Restart" verwehrt.

#### 6.7.5.2 Voraussetzungen der besonderen Wiederaufnahme

Die Voraussetzungen sind in § 33 Abs. 5 AsylG geregelt:

## VI. Asylantragstellung, Verteilung und gestatteter Aufenthalt

 **§ 33 Abs. 5 Satz 2 bis 6 AsylG:**

„Ein Ausländer, dessen Asylverfahren (…) eingestellt worden ist, kann die Wiederaufnahme des Verfahrens beantragen. Der Antrag ist persönlich bei der Außenstelle des Bundesamts zu stellen, die der Aufnahmeeinrichtung zugeordnet ist, in welcher der Ausländer vor der Einstellung des Verfahrens zu wohnen verpflichtet war. Stellt der Ausländer einen neuen Asylantrag, so gilt dieser als Antrag im Sinne des Satzes 2. Das Bundesamt nimmt die Prüfung in dem Verfahrensabschnitt wieder auf, in dem sie eingestellt wurde. Abweichend von Satz 5 ist das Asylverfahren nicht wieder aufzunehmen und ein Antrag nach Satz 2 oder Satz 4 ist als Folgeantrag (§ 71) zu behandeln, wenn

1. die Einstellung des Asylverfahrens zum Zeitpunkt der Antragstellung mindestens neun Monate zurückliegt oder

2. das Asylverfahren bereits nach dieser Vorschrift wieder aufgenommen worden war."

### 6.7.5.3 Verfahren der besonderen Wiederaufnahme

Macht der Asylsuchende von dem „Restart" Gebrauch, fertigt das Bundesamt einen Aufhebungsbescheid, in dem die Einstellungsverfügung aufgehoben wird.

Der Asylsuchende sollte für die persönliche Vorsprache ein entsprechendes Schreiben bei sich haben, das er zur Erklärung seines Antrags übergibt. Es empfiehlt sich, um einen Eingangsvermerk auf einer weiteren Kopie zu bitten, diese kann der Ausländerbehörde vorgelegt werden.

---

**Beispiel für einen Antrag nach § 33 Abs. 5 AsylG:**

An das Bundesamt
– Außenstelle –

**In dem Asylverfahren**
**Antragsteller ... (Aktenzeichen: ...)**

Sehr geehrte Damen und Herren,

mit meinem heutigen persönlichen Erscheinen verbinde ich den Antrag, mein Verfahren nach § 33 Abs. 5 Satz 2 AsylG wieder aufzunehmen. Ich bitte, den Eingang dieses Antrags auf der von mir mitgeführten Kopie zu bestätigen. Ferner wird gebeten, die Ausländerbehörde über diesen Antrag zu informieren.

Mit freundlichen Grüßen
*Unterschrift*

## 6. Mitwirkungspflichten und Sanktionen

### 6.7.5.4 Entscheidung über das Vorgehen

Der Asylsuchende kann zwischen den Verfahren wählen. Wenn er mit dem Klage- und Eilverfahren beginnt, kann er den anderen Weg später noch einschlagen. Welche Verfahrensweise schneller geht, lässt sich nicht pauschal beantworten. Kosten fallen allenfalls nur bei gerichtlichen Verfahren an. Zu bedenken ist allerdings, dass der „Restart" nur einmal möglich ist, sodass man vielleicht vorsichtshalber auch eine Klage erhebt und spätestens vor Ablauf der Neunmonatsfrist die Wiederaufnahme beantragt.

Vereinzelt war der Einwand zu hören, dass der Antragsteller für Klage und Eilantrag kein Rechtsschutzbedürfnis habe, weil er den „Restart" beantragen könne oder ihn schon beantragt hat. Dem wird aber mit Recht entgegengehalten, dass der Antragsteller damit sein Wiederaufnahmerecht verbraucht und dieses für einen etwaigen zweiten Fall nicht mehr hätte. Sich also damit zu verteidigen, dass die Rücknahme in seinem Fall rechtswidrig fingiert worden ist, muss als zulässiges Vorgehen bezeichnet werden.

VI

# VII. Soziale Rechte des Antragstellers während des Verfahrens

1. Grundsatz: physisches und soziokulturelles Existenzminimum ............ 214
2. Sozialleistungen während des Verfahrens ............ 214
2.1 Prinzip ............ 214
2.2 Sachleistungsprinzip während der Wohnpflicht in der Aufnahmeeinrichtung ............ 215
2.3 Leistungen nach dem Transfer ............ 215
2.4 Leistungen nach dem Wechsel in die „Analogleistungen" ............ 215
3. Medizinische Leistungen während des Verfahrens ............ 216
3.1 Während der ersten 18 Monate des gestatteten Aufenthalts ............ 216
3.2 Nach 18 Monaten (bei Wechsel in die „Analogleistungen") ............ 216
4. Zugang zu Integrationskursen während des Verfahrens ............ 216
5. Leistungskürzungen bei mangelnder Mitwirkung und anderen Gründen ............ 217
6. Exkurs: Leistungen für Personen mit Schutzstatus und Aufenthaltserlaubnis in Deutschland ............ 217

# VII. Soziale Rechte des Antragstellers während des Verfahrens

## 1. Grundsatz: physisches und soziokulturelles Existenzminimum

Während des Verfahrens hat der Antragsteller Anspruch auf bestimmte medizinische Versorgung und soziale Leistungen. All das ergibt sich aus Verfassungsrecht (Wahrung des Existenzminimums) oder auch aus den europarechtlichen Vorgaben. Zu nennen ist hier insbesondere die EU-Aufnahmerichtlinie. Im Übrigen gilt das Asylbewerberleistungsgesetz (AsylbLG). Mit den politischen Bemühungen um eine frühzeitige Integration von Flüchtlingen, wie sie in den öffentlichen Debatten und Gesetzgebungsvorhaben 2015/2016 zum Ausdruck kamen, haben auch Fragen nach dem Zugang zu Ausbildung, Sprache und Qualifikation schon während des Asylverfahrens an Bedeutung gewonnen. Wichtig ist auch eine Entscheidung des Bundesverfassungsgerichts zum Asylbewerberleistungsgesetz aus dem Jahr 2012 (BVerfG, Urt. v. 18.07.2012, Az.: 1 BvL 10/10, 1 BvL 2/11), die in zwei Punkten zur Kenntnis zu nehmen war, dahingehend, dass das physische und soziokulturelle Existenzminimum auch für Asylsuchende gilt und die Höhe der Leistungen nicht migrationspolitisch instrumentalisiert werden darf. Vor diesem Hintergrund muss ein Minderbedarf im Einzelnen gerechtfertigt werden. Bei dem Thema „Sozialleistungen für Geflüchtete" ist zu beachten, dass viele der vom Gesetzgeber geschaffenen Regelungen (etwa Leistungskürzungen und Berechnungsweisen) in der Kritik stehen und auch einige Verfahren dazu vor dem Bundesverfassungsgericht anhängig sind.

## 2. Sozialleistungen während des Verfahrens

### 2.1 Prinzip

Die Leistungen, die der Asylsuchende nach dem AsylbLG erhält, sind von dem zeitlichen Stand des Verfahrens abhängig und davon, ob ein Asylsuchender noch der Wohnpflicht unterliegt oder nicht.

## 2. Sozialleistungen während des Verfahrens

### 2.2 Sachleistungsprinzip während der Wohnpflicht in der Aufnahmeeinrichtung

In der Aufnahmeeinrichtung gilt das Sachleistungsprinzip. Unterkunft, Verpflegung und Kleidung erhält der Asylsuchende in Gestalt von Sachleistungen. Kann Kleidung nicht als Sachleistung erbracht werden, erfolgt die Ausgabe in Form von Wertgutscheinen (§ 3 Abs. 1 AsylbLG). Darüber hinaus steht ihm ein Geldbetrag für den persönlichen Bedarf zur Verfügung. Für einen Alleinstehenden liegt der Betrag für den persönlichen Bedarf seit 2021 bei 146 Euro im Monat. Allerdings halten viele Gerichte diese Bemessung für fehlerhaft und gehen von einem Betrag von 162 Euro im Monat für einen alleinstehenden Menschen in einer Sammelunterkunft aus.

### 2.3 Leistungen nach dem Transfer

Nach dem Transfer wechselt der Asylbewerber vom Sachleistungsprinzip über in das Geldleistungsprinzip. Nach § 3 Abs. 2 AsylbLG stehen dem Alleinstehenden neben der Unterbringung (einschließlich Heizung und Hausrat) 202 Euro als notwendiger Bedarf zur Verfügung. Dazu kommen die 162 Euro persönlicher Bedarf, sodass der Gesamtbetrag bei 364 Euro liegt. Bei Unterbringung in einer Gemeinschaftsunterkunft (also wenn ein Geflüchteter nach der Verteilung mit anderen gemeinsam dezentral wohnt) reduziert sich dieser Betrag auf 328 Euro. Auch diese Berechnung halten viele Sozialgerichte für nicht gerechtfertigt, weil das Gesetz den Bedarf unter der Annahme berechnet, dass die Geflüchteten, die sich erst in der Unterkunft kennenlernen, hier eine Wirtschaftsgemeinschaft bilden. Das ist aber rein spekulativ und im Hinblick auf die Corona-Kontaktbeschränkungen erst recht nicht realisierbar.

### 2.4 Leistungen nach dem Wechsel in die „Analogleistungen"

Ein Asylbewerber, der sich länger als 18 Monate in der Bundesrepublik aufhält und der diese lange Aufenthaltsdauer nicht rechtsmissbräuchlich selbst herbeigeführt hat, erhält die sogenannten „Analogleistungen". Der Ausdruck kommt daher, dass § 2 Abs. 1 AsylbLG ab diesem Zeitpunkt auf eine entsprechende Anwendung der Vorschriften des SGB XII verweist. Wörtlich heißt es: „Abweichend von den §§ 3 und 4 sowie 6 bis 7 sind das Zwölfte Buch Sozialgesetzbuch und (…) entsprechend anzuwenden …." Damit ergeben sich für einen alleinstehenden Asylsuchenden neben der Leistung für Miete,

VII. Soziale Rechte des Antragstellers während des Verfahrens

Heizung und Hausrat 446 Euro monatlich an staatlichen Leistungen. Bei Unterbringung in einer Sammelunterkunft reduziert sich dieser Betrag auf 401 Euro, dies halten jedoch viele Gerichte ebenfalls für nicht gerechtfertigt.

## 3. Medizinische Leistungen während des Verfahrens

### 3.1 Während der ersten 18 Monate des gestatteten Aufenthalts

Auch im Hinblick auf die Berechtigung zu medizinischen Leistungen spielt der Voraufenthalt eine große Rolle. In der Zeit der ersten 18 Monate ist der Asylsuchende nach § 4 AsylbLG nur zu medizinischen Leistungen berechtigt, die zur „Behandlung akuter Erkrankungen und Schmerzzuständen" erforderlich sind. Über die zahnärztliche Behandlung heißt es dort: „Eine Versorgung mit Zahnersatz erfolgt nur, soweit dies im Einzelfall aus medizinischen Gründen unaufschiebbar ist." Die Einschränkungen bei den Gesundheitsleistungen, die sich auch bei der Übernahme von Psychotherapien bemerkbar machen, haben immer wieder zu Kritik geführt, gleichwohl bestehen sie fort.

### 3.2 Nach 18 Monaten (bei Wechsel in die „Analogleistungen")

Mit dem Wechsel in die sog. Analogleistungen erhält der Asylsuchende unbeschränkte Gesundheitsleistungen. Sie sind, auch wenn sie nicht von den gesetzlichen Krankenversicherungen erbracht werden, dem Leistungsstandard entsprechend.

## 4. Zugang zu Integrationskursen während des Verfahrens

Asylsuchende haben Zugang zu den Integrationskursen, wenn ein „dauerhafter Aufenthalt zu erwarten ist" (§ 44 Abs. 4 Nr. 1a AufenthG). Das wird allerdings nicht individuell geprüft; die Behörden gehen bei Antragstellern aus den Staaten Eritrea, Syrien und Somalia davon aus, dass gute Bleibeperspektiven bestehen. Allerdings darf den betroffenen Antragstellern keine „Dublin-Überstellung" drohen; das führt dann regelmäßig zum Ausschluss aus dem Integrationskurs. Außerdem können Asylsuchende, die vor dem 01.08.20219 eingereist sind und nicht aus sicheren Herkunftsstaaten stammen, unter den Voraussetzungen des § 44 Abs. 4 Nr. 1b AufenthG Zugang zu Integrationskursen erlangen.

6. Leistungen für Personen mit Schutzstatus u. Aufenthaltserlaubnis

Der Bescheid des Bundesamts, mit dem der Zugang zum Integrationskurs verweigert wird, kann mit einem Widerspruch angefochten werden.

## 5. Leistungskürzungen bei mangelnder Mitwirkung und anderen Gründen

Die Leistungen an einen Geflüchteten können nach § 1a AsylbLG gekürzt werden, wenn der Asylsuchende wesentliche Mitwirkungshandlungen unterlässt. Welche das sind, ist in § 1a Abs. 5 Satz 1 AsylbLG geregelt (siehe auch das Schaubild, Kap. VI.2.1). Wichtig ist, dass die Leistungen wieder in vollständiger Höhe aufzunehmen sind, wenn eine Mitwirkungshandlung nachgeholt worden ist.

Daneben können Leistungen für Personen gekürzt oder sogar ganz ausgeschlossen werden, deren Asylantrag wegen Dublin oder anderweitiger Sicherheit in der EU unzulässig ist oder die in einen anderen Staat verteilt worden sind, sich aber trotzdem noch in der Bundesrepublik aufhalten. Die Verfassungsmäßigkeit dieser Leistungskürzungen ist umstritten, weswegen diese Vorschrift von vielen Gerichten für nicht anwendbar gehalten wird.

## 6. Exkurs: Leistungen für Personen mit Schutzstatus und Aufenthaltserlaubnis in Deutschland

Personen, die Asyl, Flüchtlingsschutz oder einen Status als subsidiär Schutzberechtigte vom Bundesamt erhalten haben, haben Leistungszugang nach den allgemeinen Regeln. Sie wechseln zum Jobcenter und haben Anspruch auf Leistungen nach dem SGB II (Hartz IV). Eine Einschränkung gilt für Personen, die einen Aufenthalt nach § 25 Abs. 3 AufenthG haben (also Personen mit einem nationalen Abschiebungsverbot), sie sind bei einigen Sozialleistungen erst nach einer Wartezeit von 15 Monaten oder bei Erwerbstätigkeit gleichberechtigt (z. B. beim BAföG oder Elterngeld nach 15 Monaten). Die Zeit im Asylverfahren wird bei dieser Wartezeit allerdings mitgerechnet.

# VIII. Erwerbstätigkeit, Ausbildung und Studium während des Asylverfahrens

1. Grundsatz: Liberalisierung bei Erwerbstätigkeit, Ausbildung und Studium .................................................. 220
2. Gestattung der Erwerbstätigkeit (§ 61 AsylG) ............... 221
2.1 Erwerbsverbot während der Zeit der Wohnpflicht/ während der ersten drei Monate ........................................ 221
2.2 Erwerbsverbot für Personen aus sicheren Herkunftsstaaten im Asylverfahren ................................. 221
2.3 Möglichkeit einer Beschäftigung nach dreimonatigem Aufenthalt ........................................................................... 221
3. Berufsausbildung ............................................................. 223
4. Studium ............................................................................. 223
4.1 Grundsatz ........................................................................... 223
4.2 Studium ist keine Erwerbstätigkeit ................................. 223
4.3 Mobilität und Studium ..................................................... 224
4.4 Anerkennung der Studienvoraussetzungen .................. 224
4.5 Studienfinanzierung ........................................................ 224
4.6 Wechsel in einen Studienaufenthalt ............................. 224

# VIII. Erwerbstätigkeit, Ausbildung und Studium während des Asylverfahrens

## 1. Grundsatz: Liberalisierung bei Erwerbstätigkeit, Ausbildung und Studium

Seit 2014 hat der Gesetzgeber eine Reihe von Liberalisierungen hinsichtlich der Lebensbedingungen der Asylsuchenden vorgenommen. Es begann mit der Abschaffung der Residenzpflicht für Asylsuchende nach drei Monaten des gestatteten Aufenthalts und der Lockerung des Arbeitsverbotes ebenfalls nach einer Wartezeit von drei Monaten.

Im Juni 2019 ist dann auch noch die Vorrangprüfung (bei der Arbeitserlaubnis) für Asylsuchende und Geduldete endgültig weggefallen. Allerdings, in den Genuss dieser Vergünstigungen kommt nur, wer nicht mehr der Wohnpflicht unterliegt, womit die Verlängerung der Wohnpflicht auf nun 18 Monate in puncto Arbeit und Mobilität einen deutlichen Rückschritt darstellt. Auch für Asylantragsteller aus sicheren Herkunftsstaaten gelten diese Erleichterungen nicht, sie sind zur Erwerbstätigkeit die ganze Zeit über nicht zugelassen und in der Mobilität eingeschränkt (soweit die Wohnpflicht nicht beendet wurde).

Auch das Studium während des Asylverfahrens, das über Jahrzehnte keine Rolle gespielt hatte, wird im Gesetz jetzt ausdrücklich anerkannt, auch wenn die wichtigste Forderung, die Asylsuchenden in eine angemessene Studienfinanzierung einzubinden, noch nicht erfüllt ist. Das BAföG gilt nicht für Asylbewerber. Allerdings ist der Bezug von AsylbLG-Leistungen während eines Studiums mittlerweile unproblematisch; der früher viel diskutierte Ausschluss der Analogleistungen bei Studierenden ist vom Gesetzgeber inzwischen abgeschafft (§ 2 Abs. 1 Satz 3 AsylbLG).

## 2. Gestattung der Erwerbstätigkeit (§ 61 AsylG)

### 2.1 Erwerbsverbot während der Zeit der Wohnpflicht/während der ersten drei Monate

Während ein Antragsteller in der Aufnahmeeinrichtung wohnt, besteht ein Erwerbsverbot, unabhängig davon, wie lange der Aufenthalt schon währt. So war es vor der Erweiterung der Wohnpflicht auf 18 Monate. Weil es aber auch eine EU-Richtlinie gibt, die die Erwerbstätigkeit von Asylantragstellern nach dem 9. Monat zu einem Anspruch macht, konnte der Gesetzgeber 2019 die Wohnpflicht nicht auf 18 Monate verlängern, ohne an dem Zusammenhang zwischen dem verpflichtenden Aufenthalt in der Aufnahmeeinrichtung und dem Recht zu arbeiten etwas zu ändern. Das Ergebnis ist die Neuregelung in § 61 Abs. 2 AsylG: Nach Ablauf von 9 Monaten hat der Asylantragsteller, dessen Verfahren noch nicht endgültig, d. h. auch gerichtlich, abgeschlossen ist, einen Anspruch auf eine Arbeitserlaubnis. Das gilt auch, wenn er dann (noch) in der Aufnahmeeinrichtung wohnpflichtig ist.

### 2.2 Erwerbsverbot für Personen aus sicheren Herkunftsstaaten im Asylverfahren

Personen aus sicheren Herkunftsstaaten, die einen Asylantrag nach dem 31.08.2015 gestellt haben, sind von einem durchgängigen Erwerbsverbot bis zum Ende des Verfahrens betroffen. Bei der Frage nach dem Zeitpunkt der Antragstellung ist auf das Asylgesuch abzustellen. Eine Ausnahme für sie (etwa nach 9 Monaten) gibt es nicht.

### 2.3 Möglichkeit einer Beschäftigung nach dreimonatigem Aufenthalt

#### 2.3.1 Berechnung der Voraufenthaltszeit

Hat der Asylsuchende die Aufnahmeeinrichtung vor dem 10. Monat nach einem Transfer verlassen und ist er schon seit drei Monaten gestattet im Bundesgebiet, kann ihm die Beschäftigung erlaubt werden (§ 61 Abs. 2 Satz 1 AsylG). Ein geduldeter oder erlaubter Voraufenthalt wird hier angerechnet, sodass etwa ein Asylantragsteller, der bei seiner Asylantragstellung noch im Besitz einer Aufenthaltserlaubnis war (und daher seinen Antrag schriftlich stellen

## VIII. Erwerbstätigkeit, Ausbildung und Studium

durfte und nicht in eine Aufnahmeeinrichtung einziehen musste), die Chance hat, nahtlos weiterzuarbeiten.

### 2.3.2 Zustimmung der Ausländerbehörde und Beteiligung der Arbeitsagentur

Für die Arbeitsaufnahme ist die Zustimmung der Ausländerbehörde erforderlich. Der Antrag auf eine Arbeitserlaubnis ist für die konkrete Arbeitsstelle zu stellen. Der potenzielle Arbeitgeber füllt hierzu eine Stellenbeschreibung aus, die sich aus dem Internet herunterladen lässt. Die Ausländerbehörde beteiligt in der Regel auch die Agentur für Arbeit, die prüfen soll, ob Arbeit und Lohn den allgemeinen Bedingungen entsprechen. Hiermit soll das Lohndumping verhindert werden.

### 2.3.3 Wegfall der Vorrangprüfung

Früher hat die Arbeitsagentur auch noch geprüft, ob bevorrechtigte Arbeitnehmer für die Arbeitsstelle zur Verfügung standen. Solche bevorrechtigten Arbeitnehmer konnten nicht nur Deutsche und EU-Bürger sein, sondern auch Ausländer, die eine Arbeitserlaubnis haben (also hinsichtlich der Arbeitsaufnahme den Deutschen gleichgestellt sind). Diese Prüfung wird aber seit Juni 2019 bei Gestatteten, also Menschen im Asylverfahren, bei denen es noch keine vollziehbare Entscheidung gab, nicht mehr angewandt. Es gibt demnach keine Vorrangprüfung mehr bei den Asylsuchenden.

Auch die Leiharbeit ist damit möglich.

### 2.3.4 Ermessen und Anspruch bei der Arbeitserlaubnis

Es gab Ausländerbehörden, die ihre Zustimmung zur Beschäftigung verweigert haben, wenn der Antragsteller mit seinem Asylantrag abgelehnt worden war, auch wenn das Klageverfahren dagegen noch lief. Die Ablehnung der Arbeitserlaubnis wurde dann mit der mangelnden Bleibeperspektive begründet oder dem Hinweis auf die fehlende Identitätsklärung. Dieser Ermessensentscheidung ist aber mit dem jetzt neu geschaffenen Anspruch in § 61 Abs. 2 AufenthG die Grundlage entzogen. Die Ausländerbehörde muss die Arbeit erlauben, wenn die Bundesagentur zugestimmt hat. Nur bei Personen, die außerhalb der Aufnahmeeinrichtung leben und die zwischen 4 und 9 Monate im Asylverfahren sind, können solche Ermessensentscheidungen noch ergehen. Aber das wäre nach der hier vertretenen Auffassung unzulässig, da der Gesetzgeber bei der Liberalisierung des Arbeitsmarktzugangs solche Kriterien nicht aufgeworfen hat. Zudem hat nicht das Bundesamt das letzte Wort bei der Bleibeperspektive, sondern das Gericht. Wenn die Klage aufschiebende Wirkung hat oder im Asylverfahren Prozesskostenhilfe wegen der Erfolgsaussicht gewährt worden ist, wäre auch das zu respektieren.

## 3. Berufsausbildung

Die Aufnahme einer Berufsausbildung in einem staatlich anerkannten Ausbildungsberuf ist nur von der Ausländerbehörde zu genehmigen, die Arbeitsagenturen wirken hieran nicht mit (§ 32 Abs. 2 Nr. 2 BeschV).

Bei der Erlaubnis der Berufsausbildung konnte es früher, so wie bei der Arbeitsaufnahme, zu Problemen kommen, wenn der Ausländer sich nach abgelehntem Asylantrag in einem Klageverfahren befand oder die Identität noch nicht hinreichend geklärt war. Nach der Gesetzesänderung in § 61 AsylG hat der Asylsuchende aber ab dem 10. Monat einen Anspruch auf Erteilung der Arbeits- und damit auch der Ausbildungserlaubnis.

## 4. Studium

### 4.1 Grundsatz

Dass Asylantragsteller studieren können, hat viele Jahre keine Rolle in der Praxis oder in der Diskussion gespielt. Mit den vielen Geflüchteten, die 2015 und 2016 in die Bundesrepublik gekommen sind, hat diese Frage aber an Bedeutung gewonnen.

### 4.2 Studium ist keine Erwerbstätigkeit

Studium ist keine Erwerbstätigkeit, demnach ist das Studium von Anfang an erlaubt. Manche Ausländerbehörden stehen auf dem Standpunkt, das Studium einzuschränken, solange noch die Wohnpflicht in der Aufnahmeeinrichtung besteht. Letztlich kann dies auch auf sich beruhen, weil ein Studium selten in einem solch frühen Stadium des Aufenthalts aufgenommen wird. Problematisch ist es allerdings bei Personen aus sicheren Herkunftsstaaten.

VIII. Erwerbstätigkeit, Ausbildung und Studium

### 4.3 Mobilität und Studium

Sofern noch räumliche Beschränkungen bestehen, lassen diese sich auf Antrag mit guten Gründen beseitigen. Das gilt auch für einen Umzug, wenn dieser mit dem Studium begründet werden kann.

### 4.4 Anerkennung der Studienvoraussetzungen

Für Geflüchtete ist es schwierig, die Nachweise der Hochschulreife zu erbringen, weil Urkunden häufig nicht oder nicht im Original vorliegen. Hier hilft der Kontakt mit den Universitäten weiter, die inzwischen vielfältige Erfahrungen mit geflüchteten Studierenden haben und auch Wege wissen, wie das Studium unter solchen Bedingungen angetreten werden kann.

### 4.5 Studienfinanzierung

Während der ersten Monate ist eine Studienfinanzierung über das AsylbLG möglich. Ein Problem ergab sich in der Vergangenheit aber aus dem Wechsel in die Analogleistungen. Das hat mit dem § 22 SGB XII zu tun, der das sogenannte Subsidiaritätsprinzip aufstellt. Das besagt, dass Sozialhilfe nur dann geleistet wird, wenn nicht ein sachnäheres, spezielles Leistungssystem vorgeht. Das ist beim Studium aber der Fall, es gibt dafür nämlich das BAföG. Diese Problematik wurde 2019 durch eine Änderung im AsylbLG gelöst. Durch den neuen § 2 Abs. 1 Satz 2 und 3 AsylbLG ist sichergestellt, dass auch nach dem Wechsel in die Analogleistungen während eines Studiums weiterhin Leistungen gewährt werden.

### 4.6 Wechsel in einen Studienaufenthalt

Ein Wechsel in den Studienaufenthalt (§ 16b AufenthG) ist während des Asylverfahrens nicht möglich. Dem steht der § 10 Abs. 1 AufenthG entgegen; während des Verfahrens dürfen Aufenthaltserlaubnisse, auf die kein Anspruch besteht, nicht neu erteilt werden.

Es hilft auch nicht, dass der § 16b AufenthG zuletzt zum „Anspruchsaufenthalt" aufgewertet worden ist, da die Asylsuchenden mit der gleichen Gesetzesänderung von der Begünstigung des § 16b AufenthG ausgeschlossen worden sind (§ 19f Abs. 1 Nr. 1 AufenthG). Gleiches gilt auch für einen Aufenthalt zur Durchführung eines Forschungsprojekts (§ 18d AufenthG).

# IX. Die Anhörung zu den Verfolgungsgründen

| | | |
|---|---|---|
| 1. | Die Entscheidung des Bundesamts über Asyl und internationalen Schutz | 227 |
| 1.1 | Prüfungsmaßstab: Verfolgung oder ernsthafter Schaden bei Rückkehr | 227 |
| 1.2 | Beweiserleichterungen | 227 |
| 1.3 | Rechtliche Würdigung | 228 |
| 2. | Der Geflüchtete zwischen Darlegungslast und Amtsermittlungsgrundsatz | 228 |
| 2.1 | Darlegungslast | 228 |
| 2.2 | Amtsermittlungsgrundsatz | 229 |
| 2.3 | Die konkrete Darlegungslast im Einzelfall | 229 |
| 2.4 | Aussage- und Auskunftsverweigerungsrechte | 230 |
| 2.5 | Verspätetes Vorbringen | 231 |
| 3. | Die Anhörung von Minderjährigen | 232 |
| 3.1 | Das Mindestalter für eine Anhörung | 232 |
| 3.2 | Die Person des Anhörers bei UMF | 233 |
| 4. | Die Durchführung der Anhörung beim Bundesamt | 233 |
| 4.1 | Die Ladung zur Anhörung | 233 |
| 4.2 | Unmittelbarkeit und Vertraulichkeit der Anhörung | 233 |
| 4.3 | Dolmetscher oder Sprachmittler | 234 |
| 4.4 | Inhalt und Ablauf der Anhörung | 235 |
| 5. | Der glaubhafte Vortrag in der Anhörung | 238 |
| 5.1 | Glaubhaftigkeit und Glaubwürdigkeit | 238 |
| 5.2 | Die einzelnen Kriterien für die Glaubhaftigkeit | 239 |
| 6. | Vorbereitung und Begleitung bei der Anhörung | 243 |
| 6.1 | Hinweise und Ratschläge | 243 |
| 6.2 | Die Ermittlung der Verfolgungsgründe zur Vorbereitung | 244 |

6.3 Prüfung der menschenrechtlichen Lage im
    Herkunftsland ................................................................. 245
6.4 Die Vorbereitung auf mögliche Fragen in der
    Anhörung ...................................................................... 246
6.5 Die Einflussmöglichkeiten während der Anhörung ......... 250

# IX. Die Anhörung zu den Verfolgungsgründen

## 1. Die Entscheidung des Bundesamts über Asyl und internationalen Schutz

**1.1 Prüfungsmaßstab: Verfolgung oder ernsthafter Schaden bei Rückkehr**

Das Bundesamt prüft Asyl und internationalen Schutz, wenn es in die materielle Schutzprüfung eintritt und den Antrag nicht als unzulässig behandelt. Wenn es diese Prüfung negativ abschließt, werden die nationalen Abschiebungsverbote geprüft (§ 31 AsylG).

Wichtig ist es, den prospektiven Charakter der Entscheidung hervorzuheben, es kommt darauf an, dass die Verfolgung oder der Schaden drohen, nicht, dass sie sich schon in der Vergangenheit realisiert haben. Maßstab ist die beachtliche Wahrscheinlichkeit. Hier gibt es eine Beweiserleichterung dahin, dass nach einer Vorverfolgung auf eine Wiederholung geschlossen wird, wenn nicht ausnahmsweise das Gegenteil nachgewiesen wird (Art. 4 Abs. 4 QRL, siehe auch Kap. III 3.3).

**1.2 Beweiserleichterungen**

Davon zu unterscheiden ist das Beweismaß bei der Beurteilung von Geschehnissen im Herkunftsland, z. B. bei der Frage, ob eine Person dort Parteimitglied war und Verfolgungshandlungen hat erleiden müssen. Hier gelten mindere Anforderungen, da der Geflüchtete typischerweise solche Umstände nicht belegen kann. In der Literatur spricht man hier von der „typischen Beweisnot" eines Geflüchteten. Urkunden und sonstige Beweismittel kann er meist nicht umfänglich vorlegen, weil er sie nicht hat mitbringen können oder wollen (zum Beispiel aus Sicherheitsgründen) oder weil es solche Dokumente überhaupt nicht gibt. Man denke da an Nachweise über eine geheime Inhaftierung oder die Zahlung von Bestechungsgeldern an Sicherheitskräfte im Herkunftsland. Solche Nachweise sind verzichtbar, wenn der Antragsteller sich ausreichend um deren Vorlage bemüht hat, ihr Fehlen erklären kann und die Aussage insgesamt glaubhaft ist (Art. 4 Abs. 5 QRL). Damit rückt die Glaubhaftigkeit des Vorbringens in das Zentrum der Entscheidung.

## IX. Die Anhörung zu den Verfolgungsgründen

### 1.3 Rechtliche Würdigung

Nicht zu unterschätzen ist aber auch die rechtliche Würdigung des Geschehens. Selbst wer glaubhaft von seiner Drangsal und den Nachstellungen im Herkunftsland berichtet, muss deswegen noch nicht schutzberechtigt sein, weil es auf verfolgungsrelevante Ereignisse oder einen drohenden Schaden i. S. d. § 4 AsylG ankommt.

**Beispiel:**
A berichtet, dass die Nachbarsfamilie ihn wegen einer angeblichen Fälschung des Grundstückskaufvertrags mit dem Tode bedroht. Das BAMF schreibt in seinem Bescheid, dass es dahin stehen könne, ob der Bericht des A wahr sei, weil die hier in Rede stehende Drohung privater Natur sei und mit Hilfe der Polizei zu lösen wäre.

### 2. Der Geflüchtete zwischen Darlegungslast und Amtsermittlungsgrundsatz

#### 2.1 Darlegungslast

Die Anhörung (oder das „Interview", wie es von den Betroffenen zumeist genannt wird) ist das Herzstück des Asylverfahrens. Hier soll der Antragsteller seine Gründe schildern, weswegen er nicht mehr in sein Herkunftsland zurückkehren kann. Was hierzu genau vorzutragen ist und inwieweit das Bundesamt hierbei auch in der Pflicht ist, hat das Gesetz knapp mit zwei Grundprinzipien umrissen: Das Gesetz bürdet zunächst dem Geflüchteten eine Darlegungslast auf. § 25 Abs. 1 AsylG verlangt von ihm nämlich, selbst die Tatsachen vorzutragen, die seine Verfolgungsfurcht oder den drohenden Schaden begründen. Das richtet sich ganz besonders auf die persönlichen und individuellen Lebensumstände und Erlebnisse des Geflüchteten, die das Bundesamt nicht kennen kann.

**§ 25 Abs. 1 Satz 1 AsylG:**

„Der Ausländer muss selbst die Tatsachen vortragen, die seine Furcht vor Verfolgung oder die Gefahr eines ihm drohenden ernsthaften Schadens begründen, und die erforderlichen Angaben machen."

## 2. Zwischen Darlegungslast und Amtsermittlungsgrundsatz

### 2.2 Amtsermittlungsgrundsatz

Wenn der Geflüchtete seine persönliche Seite geschildert hat, geht die Pflicht auf das Bundesamt über, die damit verbundene Allgemeinsituation des Betroffenen und die Konsequenzen für seine Gefährdung zu ermitteln, die aus dem persönlichen Schicksal folgen. Das Bundesamt hat nämlich – und hierauf können sich der Geflüchtete und seine Berater berufen – den Sachverhalt insoweit aufzuklären und erforderliche Beweise zu erheben.

**§ 24 Abs. 1 Satz 1 AsylG:**
„Das Bundesamt klärt den Sachverhalt und erhebt die erforderlichen Beweise."

In der Praxis bedeutet das, dass das Bundesamt sich ausgehend von dem, was der Geflüchtete vorgetragen hat, ein umfassendes Bild von der Gefährdung des Betroffenen zu machen hat. Es hat sich dabei auch nicht auf die persönlich geäußerte Verfolgungsfurcht zu beschränken, sondern muss auch solche Gefahren prüfen, die der Antragsteller nicht genannt hat, die sich aber aus dem geschilderten Fall ergeben.

### 2.3 Die konkrete Darlegungslast im Einzelfall

Mit diesen beiden sich gegenüberstehenden Anforderungen – Sachverhaltsermittlung und Beweiserhebung – ist die Ermittlungslage bei der Anhörung umschrieben:

- Je individueller ein Geschehensablauf ist, umso mehr trifft den Geflüchteten die Obliegenheit, Vorgänge und Sachverhalte zu schildern.

- Je allgemeiner und objektiver Geschehen und Sachverhalte sind, desto mehr ist das Bundesamt in der Pflicht.

Natürlich ist dem Antragsteller immer auch zu raten, die allgemeinen Erkenntnisse, die sein Land betreffen, dem Bundesamt zugänglich zu machen, wenn hier das Amt noch nicht von sich aus vertiefte Kenntnisse hat oder sich anzueignen im Begriff ist.

## IX. Die Anhörung zu den Verfolgungsgründen

| Übersicht über die Darlegungslast bei der Anhörung: | |
|---|---|
| Vom Geflüchteten darzulegen (§ 25 Abs. 1 AsylG) | Amtsermittlungspflicht des Bundesamts (§ 24 Abs. 1 AsylG) |
| Individuelles, privates Geschehen | Allgemeine Sachverhalte |
| K ist Sympathisant der oppositionellen R-Partei, er hat an mehreren informellen Treffen teilgenommen. K hat für die R-Partei Propagandamaterial versteckt bzw. transportiert. | Existenz der R-Partei, Verfolgungsgefahr eines Oppositionellen, der mit der R-Partei sympathisiert oder sie unterstützt, Lage der Oppositionsparteien, Verfolgungspraxis, Verfolgungsmethoden |
| R ist ein 5-jähriges Mädchen aus Dschibuti und gehört der Ethnie der Afar an. | Gefahr der drohenden Genitalverstümmelung ist vom Bundesamt zu ermitteln |
| L ist an Diabetes erkrankt und bedarf einer bestimmten Behandlung. | Versorgungslage im Herkunftsland, Verfügbarkeit von Insulin, Erreichbarkeit von Ärzten usw. |

Gerade aber das letzte Beispiel zeigt, dass diese Aufteilung nicht schematisch vorgenommen werden darf. Beschreibt ein Geflüchteter glaubhaft bestimmte Symptome einer Krankheit, fällt die Aufklärung darüber, ob der Geflüchtete an einer bestimmten Krankheit leidet und welche Behandlungsbedürftigkeit sich daraus ergibt, wieder in das Feld der Amtsermittlung.

Eine Besonderheit gilt allerdings, wenn der Antragsteller unter einer „posttraumatischen Belastungsstörung" („PTBS") leidet. Hier verlangt das Bundesverwaltungsgericht wegen des „unscharfen Krankheitsbildes" und der „vielfältigen Symptomatik" für einen substantiierten Sachvortrag die Vorlage eines fachärztlichen Attestes, das bestimmten Mindestanforderungen genügt und etwa Angaben über die Diagnosestellung (Zahl der Therapiestunden, Methode), das Krankheitsbild und den Krankheitsverlauf u. a. enthält (Urt. v. 11.09.2007, Az.: 10 C 8.07).

### 2.4 Aussage- und Auskunftsverweigerungsrechte

Bei der Anhörung gelten die üblichen Aussageverweigerungsrechte, wie es sie in jedem Verfahren gibt. Da es hier aber keine Pflichten gibt, auszusagen (wie es etwa Zeugen vor Gericht trifft), wirken diese Rechte sich nur auf die Aussagewürdigung aus, also bei der Frage, ob ein Geschehen hinreichend glaubhaft gemacht worden

## 2. Zwischen Darlegungslast und Amtsermittlungsgrundsatz

ist. Von Bedeutung sind Auskunftsverweigerungsrechte in Bezug auf eigene Straftaten. Solche Sachverhalte müssen nicht berichtet werden, denn niemand ist gezwungen, sich selbst zu belasten (§ 56 StPO). Wer sich in einer Anhörung z. B. dahin äußert, dass er im Auftrag der al-Shabaab-Miliz einen Bombenanschlag mitvorbereiten musste, löst ein strafrechtliches Ermittlungsverfahren gegen sich aus. Auch für Taten eines Ausländers im Ausland kann die deutsche Staatsanwaltschaft zuständig sein (§§ 6 und 7 StGB).

### 2.5 Verspätetes Vorbringen

#### 2.5.1 Auswirkungen im Verfahren vor dem BAMF

Die Anhörung ist dem Gesetz nach auf die konzentrierte Schilderung aller ins Gewicht fallenden Tatsachen gerichtet. Folglich stellt es in § 25 Abs. 3 AsylG die Regel auf, verspätetes Vorbringen nach der Anhörung nicht mehr zu berücksichtigen. Dieser Satz gilt aber nicht ausnahmslos. Er gilt nur für die Fälle im Asylverfahren, in denen das verspätete Vorbringen die Entscheidung auch wirklich verzögert – das ist aber so gut wie nie der Fall. Wenn der Geflüchtete kurz vor dem Tag der Entscheidung eine neue Schilderung abgibt, die ein Nachforschen des Amtes erforderlich macht, wäre denkbar, dass das dann zur Verzögerung führen würde. Ausgenommen von der Regelung sind natürlich alle Gründe, die sich erst nach der Anhörung ergeben haben. Stellt sich nach der Anhörung heraus, dass sich Verhältnisse im Herkunftsland verschlimmert haben, ist dies vom Bundesamt selbstverständlich noch zur Kenntnis zu nehmen.

Das Nachreichen von Erklärungen ist daher nicht so strikt ausgeschlossen, wie das beim ersten Lesen des Paragrafen anklingt. Allerdings besteht die Gefahr bei einem solchen Vorbringen, dass das Amt jemandem die nachgereichten Informationen nicht mehr glaubt oder sogar das gesamte Vorbringen in Zweifel zieht. Dahinter steckt die – menschlich verständliche – Regung, dass man davon ausgeht, dass wichtige Dinge gleich erzählt werden und nicht erst später nachgeschoben werden. Hierbei handelt es sich um die von Behörde und Gericht so oft als Indiz der Unglaubhaftigkeit genannten „Steigerungen". Auch das kann natürlich seine Gründe haben. Diese Frage wird in Kap. IX Abschn. 5 über die Kriterien der Glaubhaftigkeit von Aussagen noch einmal aufgenommen.

**Als Grundsatz lässt sich aber anführen:** Verspätetes Vorbringen ist immer dann unschädlich, wenn es die Entscheidung nicht verzögert

## IX. Die Anhörung zu den Verfolgungsgründen

und wenn es keine neuen Wendungen im Verfolgungsschicksal mit sich bringt, so dass Zweifel an der Glaubhaftigkeit aufkommen.

Das Nachreichen von Dokumenten, die das bereits Geschilderte bestätigen und die der Geflüchtete erst später nachgesandt erhalten hatte, oder deren Wichtigkeit sich erst durch die Anhörung ergeben hat und die er deswegen nicht gleich mitgebracht hatte, ist immer unschädlich.

### 2.5.2 Auswirkungen auf ein späteres Gerichtsverfahren

Verspätetes Vorbringen während des Asylverfahrens wirkt sich auch nicht auf ein sich anschließendes gerichtliches Hauptsacheverfahren und die dortige mündliche Verhandlung aus. Wird die Entscheidung des Bundesamts also bei Gericht angefochten, dann können in einem Hauptsacheverfahren alle Gründe vorgetragen werden, auch wenn sich darunter Gründe finden, die in der Anhörung überhaupt nicht genannt worden sind. Maßgeblich für die Urteilsfindung ist nämlich die Sach- und Rechtslage am Tag der letzten mündlichen Verhandlung (§ 77 Abs. 2 AsylG). Bei Eilverfahren (z. B. bei einer Ablehnung als offensichtlich unbegründet, § 30 AsylG) gilt das allerdings so nicht, hier könnte es sich negativ auswirken, wenn wichtige Gründe erst nach der Anhörung genannt werden. Das Gesetz begründet hier nämlich einen erweiterten Ausschluss.

**§ 36 Abs. 4 Satz 3 AsylG (über das Eilverfahren):**

„Ein Vorbringen, das nach § 25 Abs. 3 im Verwaltungsverfahren unberücksichtigt geblieben ist, sowie Tatsachen und Umstände im Sinne des § 25 Abs. 2, die der Ausländer im Verwaltungsverfahren nicht angegeben hat, kann das Gericht unberücksichtigt lassen, wenn andernfalls die Entscheidung verzögert würde."

## 3. Die Anhörung von Minderjährigen

### 3.1 Das Mindestalter für eine Anhörung

Minderjährige unter 14 Jahren werden vom Bundesamt in der Regel nicht angehört. Das ist auch in der Dienstanweisung entsprechend niedergelegt. Den Eltern oder dem Vormund eines UMF unter 14 Jahren ist in diesem Fall aber unter Umständen geraten, schriftlich die Gründe an das BAMF mitzuteilen. Ausnahmsweise kann aber auch eine Anhörung stattfinden.

### 4. Die Durchführung der Anhörung beim Bundesamt

**3.2 Die Person des Anhörers bei UMF**

Die Anhörung von unbegleiteten Minderjährigen wird beim Bundesamt von sogenannten Sonderbeauftragten für UMF durchgeführt. Das ist Personal des Bundesamts, das für die Belange der besonders schutzbedürftigen Minderjährigen, die ohne Eltern in der Bundesrepublik sind, besonders geschult ist.

### 4. Die Durchführung der Anhörung beim Bundesamt

**4.1 Die Ladung zur Anhörung**

Zu der Anhörung wird der Antragsteller schriftlich in eine Außenstelle des Bundesamts geladen. Zur Anhörung wird auch ein Sprachmittler (Dolmetscher) bestellt. Da zumeist mehrere Antragsteller auf eine Uhrzeit geladen werden, ist mit Wartezeiten zu rechnen. Wer auf Wunsch des Antragstellers noch weiter teilnahmebefugt ist, wird unten erläutert.

Ein wichtiges Recht des Antragstellers ist es, bei begründeter Verhinderung die Verlegung des Termins zu verlangen. Auch auf den Terminplan eines Rechtsanwalts muss das Bundesamt Rücksicht nehmen, sonst wäre das Recht auf Hinzuziehung des Rechtsanwalts, das jedem Asylsuchenden zusteht, von Zufälligkeiten abhängig. Der Rechtsanwalt nimmt in der Regel aber schon aktiv den Kontakt mit dem Bundesamt auf, um einen Termin zu vereinbaren, wenn er die Absicht hat, an der Anhörung teilzunehmen.

In Zeiten der zurückgehenden Antragszahlen kommt es aber auch oft zu einer sofortigen Anhörung im Zusammenhang mit der Asylantragstellung. Hier ist dann keine Ladung mehr zu verschicken, der Ausländer wird bei Antragstellung gleich über den Anhörungstermin informiert (§ 25 Abs. 4 Satz 1 und 2 AsylG). Will der Antragsteller sich von einem Rechtsanwalt begleiten lassen, wäre das dann auch bei der Antragstellung mitzuteilen. Daraus wird deutlich, dass der Antragsteller jetzt vermehrt damit rechnen muss, dass seine Anhörung unmittelbar nach oder bei der Antragstellung stattfindet. Damit wird es wichtig, sich schon vor der Antragstellung an eine Beratungsstelle zu wenden.

**4.2 Unmittelbarkeit und Vertraulichkeit der Anhörung**

Die Anhörung muss unmittelbar zwischen dem Anhörer und dem Betroffenen erfolgen, eine Anhörung unter Zuschaltung von Vi-

## IX. Die Anhörung zu den Verfolgungsgründen

deotechnik ist ohne Einwilligung des Betroffenen nicht erlaubt. Die Vertraulichkeit der Anhörung erfordert es außerdem, dass die Anhörung in einem einzelnen abgeschlossenen Raum (und nicht in Großraumbüros) stattfindet und dass die Öffentlichkeit ansonsten ausgeschlossen ist. Die in der Anhörung gegebenen Informationen dürfen nicht an Dritte weitergegeben werden. Es begegnet häufig die Sorge der Betroffenen, dass Personen oder Institutionen im Herkunftsland über den Inhalt der Anhörung informiert werden könnten; ein solches Verhalten aufseiten des Bundesamts wäre aber eine schwere Verfehlung.

### 4.3 Dolmetscher oder Sprachmittler

Für die Anhörung soll ein Sprachmittler geladen werden, der die Muttersprache des Geflüchteten spricht. Steht ein solcher nicht zur Verfügung, kann ein Sprachmittler für eine Sprache herangezogen werden, „deren Kenntnis" beim Antragsteller „vernünftigerweise vorausgesetzt werden kann und in der er sich verständigen kann" (§ 17 AsylG). Selbstverständlich kann auf einen Dolmetscher verzichtet werden, wenn der Antragsteller gut Deutsch spricht.

Ein leider immer wieder aufgeworfenes Thema ist die Frage, ob ein Übersetzer wegen des Verdachtes der Befangenheit oder auch wegen mangelnder Kompetenz abgelehnt werden kann. Hier muss man differenzieren: Befangenheit der Übersetzungsperson kann ebenso wenig hingenommen werden wie ein befangener Entscheider. Allerdings muss der Verdacht auf sachlichen Gründen fußen. Die Befürchtung, der Angehörige einer anderen Ethnie könne das Asylbegehren gar nicht unverfälscht wiedergeben, ist in dieser pauschalen Weise ungeeignet, den Verdacht der Befangenheit zu begründen. Hier müsste vom Antragsteller eine substantiierte Mitteilung verlangt werden, was genau diese Befürchtung nährt.

Auch die mangelnde Eignung ist ein problematisches Thema. Stellt sich heraus, dass der Dolmetscher in der Anhörung die deutsche Sprache nicht ausreichend beherrscht oder dass er Sachverhalte inhaltlich falsch wiedergibt, ist das anzumahnen. Die Wirkungen einer falschen Übersetzung sind unübersehbar. Nur selten lässt sich das anhand des Protokolls später rekonstruieren. Und auch Tonaufzeichnungen stehen für diese Zwecke nicht zur Verfügung.

Der Betroffene wird in der Anhörung immer gefragt, ob die Verständigung mit dem Dolmetscher gelingt. Diese Frage sollte der

## 4. Die Durchführung der Anhörung beim Bundesamt

Geflüchtete nicht leichtfertig bejahen, wobei auch anzumerken ist, dass es schwierig ist, Verständigungsfehler zu entdecken, wenn man nur die eine der Sprachen versteht. Der ausländische Antragsteller wird es aber auch möglicherweise für unhöflich halten, dem Übersetzer mangelnde Kenntnisse der gemeinsamen eigenen Sprache ins Gesicht zu sagen.

Zur Korrektur und Kontrolle der Übersetzung kann der Antragsteller aber immer auch einen Dolmetscher seines Vertrauens (und auf eigene Kosten) zur Anhörung hinzuziehen (§ 17 Abs. 2 AsylG). Allerdings ist diesem Dolmetscher die Mitwirkung an der Befragung nicht gestattet. Es ist jedoch gestattet, dass der Antragsteller sich mit dem Dolmetscher seines Vertrauens während der Anhörung bespricht. Auf diese Weise kann der Antragsteller dann etwaige Fehler berichtigen.

### 4.4 Inhalt und Ablauf der Anhörung

#### 4.4.1 Anhörung zur Zulässigkeit des Asylantrags

Falls dieser Punkt nicht schon in einer früheren eigenen Anhörung behandelt worden ist, beginnt die Anhörung mit den Fragen zur Zulässigkeit. Für Betroffene etwas verwirrend ist, dass diese Fragen auch dann gestellt werden, wenn es zwar EURODAC-Treffer gibt, die Fristen für ein Dublin-Verfahren aber schon abgelaufen sind. Das liegt daran, dass es eben auch andere Gründe geben kann, die zu einer Unzulässigkeit des Antrags führen, z. B. Schutzanerkennungen im anderen EU-Staat.

Die Anhörung richtet sich auf humanitäre Aspekte; gefragt wird nach einer etwaigen Familientrennung während der Flucht, nach Erkrankungen, Behinderungen und Gebrechen (auch die von mitreisenden Kindern) sowie nach Schwangerschaften. Im Anschluss daran erhält der Antragsteller die Gelegenheit, sich zu seinen Erlebnissen in dem Transitstaat zu äußern. Diese Fragen sind das Resultat der oben bereits geschilderten neuen Rechtslage, auch wenn das Bundesamt den Antrag als unzulässig einstuft, muss es die nationalen Abschiebungsverbote mit Bezug auf diesen anderen Staat ermitteln.

#### 4.4.2 Ablauf der Anhörung zu den Verfolgungsgründen

Die eigentliche Anhörung wird mit einer Reihe von Fragen zur Person des Antragstellers eröffnet. Sie beziehen sich auf die Personalien, den familiären Hintergrund und die Ausbildung. Gefragt wird

## IX. Die Anhörung zu den Verfolgungsgründen

nach der letzten Anschrift, dem Zeitpunkt der Ausreise und dem Datum der Ankunft in Deutschland. Dann wird der Reiseweg, wenn er nicht vorher schon Gegenstand einer gesonderten Befragung war, ermittelt. Hier kommt es dann zu Fragen nach den finanziellen Ausgaben (für Reise und Schleusung) und wer diese Kosten verauslagte. Bei längerer Dauer der Flucht wird nach Gründen dafür gefragt (z. B. ob im Transitland gearbeitet worden ist oder Haft verhängt wurde).

Erst dann wird das Verfolgungsschicksal zum Thema. Die Frage wird offen gestellt, dem Antragsteller wird bedeutet, die Gründe zu nennen, warum er sein Land verlassen habe oder warum er nicht mehr in sein Herkunftsland zurückkehren könne. Anknüpfungspunkt für den Flüchtlingsschutz ist die Furcht vor Verfolgung oder vor einem drohenden ernsthaften Schaden. Das ist der Hintergrund dieser Fragen.

Die EU-Verfahrensrichtlinie führt hierzu aus, dass dem Antragsteller hier die Gelegenheit gegeben werden solle, im Zusammenhang zu berichten. Die Fragen der Anhörer sollen sich somit nur darauf richten, die Erzählung voranzubringen (z. B. mit Fragen wie „Was war dann?").

Nach diesem Teil kommen die Nachfragen des Anhörers, die den Sachverhalt weiter aufklären sollen, und die Fragen anderer Teilnehmer der Anhörung. Rechtsanwalt und Vormund (oder auch Betreuer) haben das Recht, Fragen zu stellen oder auch Anmerkungen zu machen.

### 4.4.3 Die Anhörungsniederschrift (das Protokoll)

Über die Anhörung ist eine Niederschrift anzufertigen, die dem Ausländer spätestens mit der Entscheidung zugänglich zu machen ist. So bestimmt es das Gesetz (§ 25 Abs. 7 AsylG). Die Anhörungsniederschrift ist von entscheidender Bedeutung; hieran orientieren sich die Entscheidung des Bundesamts und auch die Entscheidung des Gerichts.

Das Anhörungsprotokoll ist aber auch bedeutsam, weil es beim Bundesamt in vielen Fällen eine organisatorische Trennung zwischen der Durchführung der Anhörung und dem Entscheiden über den Antrag gibt. Dieser auch vom Bundesamt selbst als unbefriedigend empfundene Zustand ist das Resultat der Arbeitsteilung. Praktisch bedeutet das, dass ein Entscheider den Fall oft auf der Grund-

## 4. Die Durchführung der Anhörung beim Bundesamt

lage eines fremdverfassten Anhörungsprotokolls entscheiden muss, selbst aber weder den Betroffenen persönlich erlebt hat, noch die gestellten Fragen auswählen konnte.

Dieses Auseinanderfallen von Anhörer und Entscheider, das aus Gründen der Effizienz vom Bundesamt eingeführt worden ist, darf aber nicht zulasten des Antragstellers gehen. Diese Gefahr besteht jedoch – nicht nur, weil entscheidende emotionale Regungen, die der Anhörer nicht im Protokoll verschriftlicht hat, untergehen können. Ein Entscheider, der selbst an der Anhörung nicht teilgenommen hat, könnte sich an Antworten stoßen, die er für unzureichend oder ausweichend erachtet, die für den Anhörer in der konkreten Situation und aufgrund seines persönlichen Eindrucks der Stimmigkeit aber keine Rückfragen notwendig machten.

**Praxis-Hinweis:**
Es ist bei der Protokollierung auch von Beraterseite darauf zu achten, dass das im Protokoll wiedergegebene Geschehen auch für einen Außenstehenden Sinn ergibt. Das wird auch von vielen Anhörern so beherzigt, die mit dem Hinweis, dass der Fall ja möglicherweise von einer anderen Person entschieden werden könnte, sehr ausführlich protokollieren.

### 4.4.4 Teilnahme von Begleitpersonen

Dem gesetzlichen Vertreter eines Minderjährigen und dem Rechtsanwalt ist die Teilnahme zu gewähren. Andere Personen können als Beistände nach dem Verwaltungsverfahrensgesetz (VwVfG) teilnehmen.

§ 14 Abs. 4 VwVfG:

„Ein Beteiligter kann zu Verhandlungen und Besprechungen mit einem Beistand erscheinen. Das von dem Beistand Vorgetragene gilt als von dem Beteiligten vorgebracht, soweit dieser nicht unverzüglich widerspricht."

Diese Begleiter sind auch berechtigt, Fragen zu stellen oder Anmerkungen zu machen. Allerdings ist ihnen durch das Rechtsdienstleistungsgesetz (RDG) eine Grenze gezogen: Beistände, die keine abgeschlossene Juristenausbildung (mit 2. Examen) haben, können von der Wahrnehmung ausgeschlossen werden, wenn die Tätigkeit „eine rechtliche Prüfung des Einzelfalls erfordert" (§ 2 Abs. 1 RDG).

## IX. Die Anhörung zu den Verfolgungsgründen

Diese Grenze ist aber erst dann in Sicht, wenn der Beistand in der Anhörung für den Antragsteller rechtliche Erklärungen abgibt, z. B. den Antrag zurücknimmt oder sonst Erklärungen mit Rechtswirkung abgeben will. Bleibt es bei der Mitwirkung an der Sachverhaltsaufklärung, bei Rückfragen und Erklärungen zum Geschehen, um Missverständnisse aufzuklären, ist eine „rechtliche Prüfung" nicht erforderlich gewesen und kein Ausschlussgrund gegeben.

Wegen der Einlasskontrollen, die das Bundesamt bei seinen Außenstellen durchführt, sollte man aber als Begleitung darauf achten, dass die Teilnahme bereits vor der Anhörung angezeigt wird, sodass man auf die entsprechende E-Mail verweisen kann. Es erleichtert den Ablauf insgesamt, wenn die teilnehmenden Personen ihre Beteiligung rechtzeitig anzeigen und dabei auch eine entsprechende Einverständniserklärung des Betroffenen vorweisen können.

## 5. Der glaubhafte Vortrag in der Anhörung

### 5.1 Glaubhaftigkeit und Glaubwürdigkeit

Glaubhaftigkeit ist eine Bewertung, die sich – anders als die Glaubwürdigkeit – auf eine Aussage bezieht. Eine Aussage ist glaubhaft oder unglaubhaft, die Quelle der Aussage ist dann glaubwürdig oder unglaubwürdig. In den Asylverfahren steht allerdings fast immer die Glaubhaftigkeit im Zentrum. Das ist insbesondere dann der Fall, wenn der Antragsteller von der Beweiserleichterung nach Art. 4 Abs. 5 QRL Gebrauch machen will und er bestimmte Nachweise nicht vorlegen kann.

Das Bundesamt prüft die Glaubhaftigkeit einer Aussage anhand von drei Kriterien, die man in den Bescheiden des Amtes finden kann und die übrigens auch in § 30 Abs. 3 Nr. 1 AsylG aufgezeigt werden. Das ist zwar die Regelung der „offensichtlich unbegründeten" Asylanträge, aber die Grundaussage, woran ein unglaubhafter Vortrag zu erkennen ist, lässt sich schon dort entnehmen und auf die Fälle „einfacher" Unbegründetheit übertragen. Auch Art. 4 Abs. 5 QRL verweist auf diese Kriterien. Es kommt für eine glaubhafte Darstellung demnach darauf an, dass der Vortrag eines Asylsuchenden substantiiert ist, widerspruchsfrei und nicht mit Tatsachen (oder Annahmen) in Widerspruch steht, die man über die Verhältnisse im Herkunftsland oder Abläufe des Lebens allgemein hat.

## 5. Der glaubhafte Vortrag in der Anhörung

### 5.2 Die einzelnen Kriterien für die Glaubhaftigkeit

#### 5.2.1 Substantiiertes Vorbringen

Mit der Forderung nach substantiiertem Vortrag ist die Annahme verbunden, dass ein Mensch, der ein Geschehen selbst erlebt hat, dieses detailreich und mit Einzelheiten illustriert berichten kann. Dazu gehören auch subjektive Färbungen, etwa die Gedanken, Erwartungen und Gefühle, die jemand in den berichteten Situationen hatte. Dazu können aber auch überraschende Wendungen und belanglose Einzelheiten gehören, die für den Gang des Geschehens unerheblich sind, von denen man sich nicht vorstellen kann, dass sie ausgedacht sind.

> **Beispiel:**
>
> A (aus Äthiopien) wird bei der Anhörung gefragt, ob sie denn nach der Festnahme durch die Sicherheitskräfte auch gleich vernommen worden sei. Hierzu antwortet sie: „Nein, ich musste noch über eine Stunde warten, bis man einen Offizier gefunden hatte, der auch Oromisch spricht. Die Polizeieinheit, die mich auf der Demonstration festgenommen hatte, kam aus einer anderen Region und die sprachen nur Amharisch."

In den Ablehnungsbescheiden des Bundesamts werden unsubstantiierte Berichte, die stereotyp verlaufen, oft als „blass", „blutarm" oder „oberflächlich" kritisert. Das ist gegenüber dem Betroffenen nicht immer fair, weil er bei seinem Bericht diese Anforderung nicht unbedingt vor Augen gehabt haben muss. Außerdem ist die Art und Weise, etwas zu erleben und davon zu berichten, von Individuum zu Individuum verschieden und hängt von Bildung, Kultur und Lebenserfahrung ab.

Schwierig wird ein detaillierter Sachvortrag immer dann, wenn komplexe Sachverhalte zum Thema werden, wie etwa die Zusammenarbeit in einer oppositionellen Gruppe oder einem organisierten Ausbruch aus dem Gefängnis. Hier werden hohe Anforderungen an die Plastizität gestellt.

> **Beispiel:**
>
> Wer von dem gemeinsamen Ausbruch aus einer Haftanstalt erzählt, müsste verschiedene Stadien der Planung berichten können, aber auch Probleme, die sich planwidrig ergaben und

## IX. Die Anhörung zu den Verfolgungsgründen

> dann gelöst wurden. Er könnte auch Hoffnungen und Enttäuschungen zum Thema machen und wüsste auch zu sagen, welche Rolle andere an dem Ausbruch Beteiligte hatten oder hätten haben sollen.

In der Praxis kommt es dabei auch zu Missverständnissen, weil der Antragsteller Sachverhalte, die er gar nicht eindeutig wissen kann, die er vielleicht nur vermutet oder sich überhaupt nicht erklären kann, mit dem Siegel des Wissens präsentiert, weil er befürchtet, sonst als unglaubhaft zu erscheinen.

> **Beispiel:**
> A wird gefragt, warum er von der Polizei festgenommen worden sei. Er antwortet, weil er regimekritische Flugblätter morgens vor Gottesdienstbeginn in einer Kirche ausgelegt habe. Auf die Nachfrage, wie denn die Polizei von seiner Tätigkeit erfahren habe, antwortet er, dass der Kirchendiener ihn gesehen und an die Polizei gemeldet habe. Der Antragsteller begibt sich mit dieser Antwort in den Bereich der Vermutung, wird aber vom Bundesamt dahin verstanden, dass er sicheres Wissen wiedergibt.

Dieses Beispiel zeigt auch, wie wichtig eine gute Übersetzung ist, weil gesehen werden oder glauben, gesehen worden zu sein, einen großen Unterschied ausmacht.

### 5.2.2 Widerspruchsfreie Berichte

Das Kriterium der Widerspruchsfreiheit bezieht sich auf die Konsistenz der gesamten Erzählung, die eine Person macht. Widersprüche können sich hier durch verschiedene Berichte zum gleichen Geschehen ergeben. Das muss nicht erst der Fall sein, wenn es eine weitere Anhörung gibt, die dann mit dem Protokoll der ersten Anhörung verglichen wird. Widersprüchliche Aussagen können auch innerhalb einer Anhörung vorkommen, wenn das Geschehen später nochmal in einem anderen Zusammenhang aufgeworfen wird.

> **Beispiel:**
> K berichtet, dass er immer alleine zu den Demonstrationen gegangen sei. In einem anderen Zusammenhang erzählt er davon,

## 5. Der glaubhafte Vortrag in der Anhörung

wie er sich mit einem anderen Sympathisanten der Regierungsgegner vor einer Demonstration verabredet hatte.

Weniger schnell zu erkennen sind aber logische Widersprüche, die sich erst bei der Gesamtbetrachtung ergeben. Diese sind dann aber ein sehr schwer zu widerlegendes Indiz dafür, dass die vorgetragene Geschichte nicht stimmt.

**Beispiel:**

Ein Mann berichtet, drei Jahre inhaftiert gewesen zu sein. Im Fragenteil zu seinem familiären Hintergrund hatte er angegeben, ein Kind zu haben. Auf die Frage des Anhörers, wie alt denn das Kind gewesen sei, als er nach der Flucht aus der Haft kurz seine Familie wiedergesehen habe, antwortet er, das Kind sei etwa zwei Jahre alt gewesen. Das Bundesamt wertet diesen Widerspruch als gravierendes Indiz für die Unglaubhaftigkeit und glaubt die gesamte Inhaftierung nicht.

### 5.2.3 Vereinbarkeit mit Hintergrundwissen oder Lebenserfahrung

Das dritte Kriterium ist die Vereinbarkeit des Berichteten mit Vorwissen oder allgemeiner Lebenserfahrung. Schilderungen von der Diskriminierung bestimmter Religionsgruppen, der Einziehung von Minderjährigen zum Wehrdienst oder dem nationalen Verbot bestimmter Parteien u. v. a., die Geflüchtete eben machen, werden vom Bundesamt mit den Informationen abgeglichen, die über die menschenrechtliche Lage in einem Land bekannt sind. Dieses Wissen kann aus den Lageberichten des Auswärtigen Amtes stammen oder anderen Quellen.

**Beispiel:**

Der regimekritische L berichtet auf Nachfrage zu seiner Parteimitgliedschaft: „Das Zeichen unserer Partei war ein rotes Zahnrad auf gelbem Grund; sonst war auf der Fahne nichts." Das Bundesamt glaubt ihm die politische Tätigkeit nicht. Die Internetrecherche des Einzelentscheiders ergab nämlich, dass das Emblem der X-Partei nur die Farben rot und gelb als Streifen aufweist und die Worte „X-Partei" in schwarzen Buchstaben.

# IX. Die Anhörung zu den Verfolgungsgründen

An diesem Kriterium ist problematisch, dass das Bundesamt hier Wissen zum Maßstab macht, das durchaus auch ungesichert oder auch überholt sein kann. Es ist hier nicht einmal sicher, ob es sich um die gleiche X-Partei handelt oder vielleicht um eine Unterorganisation oder Abspaltung der Partei. In solchen Fällen ist es besonders geboten, dem Antragsteller durch Rückfragen die Möglichkeit zu geben, zu erklären, warum das Urteil des Bundesamts in seinem Fall vielleicht unzutreffend sein mag. In dem erwähnten Beispiel müsste L erklären, welche Symbole die Partei sonst benutzt und ob ihm das vom Bundesamt erwähnte Parteizeichen bekannt ist.

Auch Vorstellungen über den Ablauf von Ereignissen des täglichen Lebens, die nichts mit Länderberichten oder amtlichen Auskünften zu tun haben, sondern mit der allgemeinen Lebenserfahrung (sogenannte „Alltagstheorien"), können bei der Bewertung der Glaubhaftigkeit zum Tragen kommen.

**Beispiel:**

L berichtet, dass es nach dem Tod ihrer Eltern ihr letzter noch lebender Verwandter, der Onkel O war, der von seinen Ersparnissen die Ausreise der L bezahlt habe. Er sei für einen gefälschten Pass, das Flugticket und andere Dokumente aufgekommen, was sicher mehr als umgerechnet 10.000 Euro gekostet habe. Auf Nachfrage in der Anhörung, ob die L noch Kontakt mit O habe, verneint sie und erklärt, seit der Ausreise vor zwei Jahren nichts mehr von ihm gehört oder ihn angerufen zu haben. Das Bundesamt glaubt ihr die Geschichte nicht, es sei völlig lebensfremd, dass ein Verwandter, der einen so hohen Betrag für die Flucht aufgewendet hat, den Kontakt nicht weiter aufrechterhält und auch, dass die Nichte sich nicht bei dem Onkel meldet, schließlich wolle er ja auch wissen, ob es ihr gut gehe.

Solche Alltagstheorien haben den Vorteil, dass sie vielen intuitiv einleuchten. Die Schlüsse aus solchen Annahmen können nur entkräftet werden, indem man ihnen mit einzelnen Argumenten die Plausibilität nimmt. In diesem Beispiel könnte sich bei einer weiteren Befragung herausstellen, dass andere Verwandte in Deutschland den Kontakt zu O haben, und dass L mit der Antwort nach dem Kontakt nur den eigenen persönlichen Kontakt zu dem Onkel meinte. Es kann aber auch sein, dass die „Theorie" über die Kommunikation

## 6. Vorbereitung und Begleitung bei der Anhörung

in der Familie der L einfach nicht stimmt oder dass eine Kontaktaufnahme aus technischen Gründen nicht mehr möglich war.

## 6. Vorbereitung und Begleitung bei der Anhörung

### 6.1 Hinweise und Ratschläge

Der Vorbereitung der Anhörung kommt eine große Bedeutung zu. Ein guter Ausgangspunkt hierfür ist es, dem Betroffenen zu erklären, was die Anhörung bedeutet, wie sie abläuft und wie das Bundesamt das Vorbringen in der Regel würdigt. Gerade die Kriterien für die Ermittlung der Glaubhaftigkeit sind nicht bekannt oder transparent. Asylsuchende glauben, sie würden deswegen nach Einzelheiten gefragt, weil das Amt wissen wolle, was passiert sei. In der Tat geht es aber um die Prüfung der Stimmigkeit oder des Detailreichtums.

Wichtig ist es auch darauf hinzuweisen, dass es um das eigene Schicksal geht, darum, welche Gründe einer Rückkehr im Weg stehen. Es muss pointiert werden, dass es nicht darauf ankommt, wie die Lage im Heimatland allgemein ist, sondern dass die Asylbehörde sich für eine künftige persönlich drohende Verfolgung oder Gefahr interessiert.

Das bedeutet in erster Linie, sich von Legenden, also fremden Verfolgungsgeschichten, die möglicherweise ein Schleuser oder anderer als gut gemeinten Ratschlag mit auf den Weg gegeben hat, zu lösen. Dies ist sicherlich schwierig und erfordert den Aufbau von Vertrauen.

Bei der eigenen Geschichte ist auch auf die persönliche Rolle zu achten. Diese ist besonders herauszustellen. Das ist immer dann bedeutsam, wenn an dem Geschehen mehrere Personen beteiligt sind. Die Aussage „Wir haben Flugblätter gegen die Regierung verteilt" wirkt auf einen Anhörer unkonkret, weil sie den genauen Beitrag offen lässt. Es empfiehlt sich, auch wenn das vielleicht kulturell nicht als angemessen empfunden wird, solche Geschehnisse mehr aus der Ich-Perspektive zu erzählen.

Schließlich ist auch darauf zu verweisen, dass es für die Anhörung keine zeitlichen Beschränkungen gibt. Damit gibt es keinen Grund, sich kurz zu fassen, notfalls wird die Anhörung an einem anderen Tag fortgesetzt. Andererseits: Wenn man sich z. B. nach langer

## IX. Die Anhörung zu den Verfolgungsgründen

Wartezeit hungrig fühlt, sollte man lieber auf eine Pause drängen, als die Anhörung schnell durchzuführen.

### 6.2 Die Ermittlung der Verfolgungsgründe zur Vorbereitung

Die eigentliche Vorbereitung erfordert es, dass ein Rechtsanwalt, Begleiter oder Vormund – all die Personen, die den Antragsteller durch das Asylverfahren begleiten – genauer über das Schicksal des Betroffenen Bescheid wissen, damit sie helfen können, die entscheidenden Punkte herauszuarbeiten. Das hilft auch, während der Anhörung Falschübersetzungen zu entdecken oder zu erkennen, wenn wichtige Punkte vergessen werden.

Die Betreuer sollten mit einem Asylbewerber zunächst die aktuellen Lebensumstände im Herkunftsland erfassen. Gefragt werden sollte nach Eltern, Geschwistern, Ehegatten, Kindern und ihrem derzeitigen (oder mutmaßlichen) Aufenthaltsort, den Bedingungen, unter denen der Geflüchtete vor seiner Flucht gelebt hat (Wohnort, Familienmitglieder in der Hausgemeinschaft, Schule, eigene Arbeitstätigkeit, Beruf der Eltern, Ehegatten und Geschwister u. v. a.). Oft werden hier schon Grundzüge der Bedrohung sichtbar, seien dies familiäre, religiös-politische oder andere Anfeindungen.

Dann wäre ein tabellarischer Lebenslauf zu schreiben, der nach verschiedenen Sachthemen gegliedert werden kann:

- Links stünden die privaten Ereignisse des Antragstellers und seiner Familie: eigene Geburt, Geburt und Tod von Familienmitgliedern, Umzüge der Familie an andere Orte, eigene schulische oder berufliche Veränderungen, auch der Eltern, Eheschließungen, Geburt von Kindern, die Aufnahme oder Aufgabe eines elterlichen Familienbetriebes, der Verkauf von familieneigenem Ackerland, Inhaftierung oder Flucht von nahen Verwandten usw.;

- in der nächsten Spalte stehen die Ereignisse aus dem Leben des Antragstellers, schulisch-berufliche Wendepunkte (Einschulung, Aufnahme in die Religionsgemeinschaft, Schule und Ausbildung, Aufnahme einer Arbeit, Umzüge);

- und schließlich könnte dann in der rechten Spalte alles stehen, was für eine Verfolgungsgefahr relevant ist (z. B. politische Tätigkeit, Drohungen, Repressalien, Gewaltakte, Inhaftierungen).

## 6. Vorbereitung und Begleitung bei der Anhörung

Dieser tabellarische Aufbau hat den Vorteil besonderer Anschaulichkeit; außerdem erlaubt er es, zeitliche Abläufe besser zu vergegenwärtigen und Widersprüche rechtzeitig zu erkennen.

> **Praxis-Hinweis:**
> Für die Befragung durch das Bundesamt spielen Zeit und Ort eines Ereignisses eine große Rolle. Mit der Tabelle lassen sich diese Abläufe gut historisch erfassen: War der erste Gewaltakt gegen die Familie noch vor dem Umzug oder schon im neuen Haus? War der Antragsteller damals noch Student an der Universität, als die Polizisten zum ersten Mal kamen?

Es ist durchaus empfehlenswert, sich solche Aufzeichnungen als Gedächtnisstütze in die Anhörung mitzunehmen. Meistens wird man sie nicht benötigen. Aber auch der Anhörer weiß, dass man nervös ist, und er wird das vor dem Antragsteller liegende Papier nicht negativ bewerten.

### 6.3 Prüfung der menschenrechtlichen Lage im Herkunftsland

Die Beratung des Asylsuchenden kommt ohne Hintergrundwissen über das betreffende Herkunftsland eigentlich nicht aus. Sicher, die Geflüchteten können dazu viel berichten. Aber manchmal ist eine neutrale Quelle erforderlich. Oder man will einen Überblick über die Lage in diesem Land haben oder die Plausibilität des Gehörten prüfen. Dazu stellt das Internet unzählige Möglichkeiten zur Verfügung. Es seien hier nur ein paar kostenlose Informationsportale genannt, die sich der Länderinformation für Asylverfahren widmen:

- www.asyl.net (Informationsverbund Asyl & Migration, mit Länder- und Rechtsprechungsdatenbanken)
- www.ecoi.net (European Country of Origin Information Network)
- www.fluechtlingshilfe.ch/themen/laenderinformationen (Schweizerische Flüchtlingshilfe mit selbstrecherchierten Länderberichten)

IX. Die Anhörung zu den Verfolgungsgründen

## 6.4 Die Vorbereitung auf mögliche Fragen in der Anhörung

### 6.4.1 Erklärung der Funktion von Fragen und Vorbereitung

Bei der Vorbereitung sollten dem Antragsteller Fragen gestellt werden, wie sie auch vom Bundesamt gestellt werden könnten. Es empfiehlt sich, dieses Vorgehen kurz dahingehend zu erklären, dass solche Fragen weder als Ausdruck des Misstrauens noch der besonderen Neugier zu werten sind. Ferner sollte erklärt werden, dass der Anhörer sich ein Bild zu machen habe und dass er sich das aufgrund der besonderen Umstände (weil es sich um viele private Vorgänge in einem anderen Land handelt) nur dadurch machen kann, dass er auf eine detailreiche und widerspruchsfreie Aussage achtet.

### 6.4.2 Fragen in Zusammenhang mit politischer Aktivität und Inhaftierung

**Beispiel:**

Der Antragsteller erklärt, wegen seiner politischen Betätigung inhaftiert worden zu sein. Mit diesen Fragen muss in der Anhörung gerechnet werden:

- Worin bestand Ihre politische Tätigkeit? Wo, wann und mit wem wurde sie ausgeführt?
- Wie heißt die Partei, der Sie angehörten? Welche Ziele hatte sie? Wie sahen Parteiabzeichen oder Fahnen aus? Gab es auch andere Oppositionsparteien und warum haben Sie sich nicht diesen angeschlossen?
- Wie kam es zur Inhaftierung? Wieso fiel der Verdacht auf Sie, wer wurde mit Ihnen verhaftet, woran haben Sie erkannt, dass Sie wegen der politischen Betätigung inhaftiert wurden?
- Wie gestaltete sich Ihre Haft? Wo waren Sie untergebracht, wie waren die Haftbedingungen, waren Sie einzeln oder mit anderen inhaftiert, wie war der Gefängnisalltag?
- Wie ist es Ihnen gelungen, der Haft zu entrinnen?
- Wo waren Sie danach? Wurden Sie dann gesucht, haben Sie sich versteckt?

## 6. Vorbereitung und Begleitung bei der Anhörung

- Wie kam es zur Ausreise? Wann haben Sie diese Entscheidung gefällt? Sind Sie unter Ihren eigenen Personalien über den Flughafen ausgereist?
- Wer hat Ihnen bei der Flucht geholfen? Im Falle eines Schleusers: Wer hat ihn bezahlt, wie viel musste bezahlt werden, woher hatten Sie so viel Geld?
- Wann haben Sie Ihre Familie zuletzt gesehen? Waren Sie nach der Flucht oder Entlassung aus dem Gefängnis nochmal bei Ihrer Familie?

Das Bundesamt verwendet die Technik, diese Fragen, wie eben in dem Beispiel genannt, mit den allgemeinen Angaben zu verknüpfen, die der Antragsteller zu seinen Lebensumständen gemacht hat. Missverständnisse können sich etwa dann ergeben, wenn er bei der Angabe der letzten Wohnanschrift im Heimatland die elterliche Wohnung nennt, bei seinem Fluchtschicksal aber erklärt, er habe sich die letzten vier Monate versteckt bei einem Freund aufgehalten. Das ist ein an sich leicht aufklärbarer Widerspruch, dieser Fall zeigt aber, wie ein Anhörer oder Entscheider verschiedene Angaben des Geflüchteten in Beziehung setzt, um nach möglichen Widersprüchen zu suchen.

Bei der Schilderung einer Inhaftierung ergibt sich für einen Antragsteller schnell ein Dilemma: Erklärt er, dass die Sicherung im Gefängnis sehr professionell war, dann ist eine Flucht oft nur unter sehr glücklichen Umständen oder aufgrund einer ausgefeilten Planung möglich. Hier besteht das Risiko, dass dem Antragsteller nicht geglaubt wird. Schildert er die Haftbedingungen als eher lax, geht das Bundesamt vielleicht davon aus, dass der Antragsteller gar nicht verfolgt wird.

IX

### 6.4.3 Fragen im Zusammenhang mit einer Bedrohung durch radikale Milizen

**Beispiel:**

Ein afghanischer junger Mann berichtet, Mitglieder der Taliban hätten ihn für den Kampf rekrutiert. Er sei zunächst mitgegangen und habe bei den Taliban einige Wochen gelebt. Dann sei er von einem Besuch zu Hause nicht mehr zu den Taliban

## IX. Die Anhörung zu den Verfolgungsgründen

zurückgekehrt. Daraufhin wurden er und seine Familie bedroht. Hier könnten folgende Fragen gestellt werden:

- Was war Ihre Aufgabe im Lager der Taliban? Wie verlief ein typischer Tag?
- Gab es noch andere, die wie Sie rekrutiert worden sind?
- Wie sahen die Drohungen aus? Gegen wen wurden sie gerichtet?
- Wie haben Sie Kenntnis von dem Drohbrief erhalten, in welcher Sprache war er abgefasst? Konnten Sie diese Sprache lesen? Wo ist der Drohbrief jetzt?
- Wie sahen die Männer aus, die zu Ihnen kamen? Wie viele waren es, kamen sie zu Fuß? Waren es jedes Mal die gleichen?
- Warum sind Ihre anderen Familienmitglieder nicht geflohen?
- Wo und unter welchen Umständen haben Sie Ihre Familie zuletzt gesehen?

### 6.4.4 Fragen im Zusammenhang mit Nachfluchtaktivitäten

Nachfluchtaktivitäten (meist sind es politische Aktivitäten) haben ihren Schauplatz in der Bundesrepublik; Fragen, die sich auf einen solchen Vortrag beziehen, sind daher oft ganz praktischer Natur:

**Beispiel:**

- Wo und wann finden die Veranstaltungen Ihrer Partei statt? (Adresse, Teilnehmerzahl, Häufigkeit der Teilnahmen)
- Wie gelangen Sie dorthin? (Verkehrsmittel, Preis, Zeitaufwand)
- Mit wem gehen Sie dorthin? Wie läuft eine typische Versammlung ab? Worin besteht Ihr Beitrag? Woher wissen Sie, dass eine Versammlung stattfindet?
- Seit wann sind Sie Mitglied/Teilnehmer? (Stimmt diese Angabe mit der Bescheinigung überein?)
- Abgesehen von den Veranstaltungen – was tun Sie noch im Rahmen der Parteiarbeit?

## 6. Vorbereitung und Begleitung bei der Anhörung

- Wie werben Sie für Ihre Partei? Wo findet diese Werbung statt, wer ist die Zielgruppe? Erzählen Sie von einem solchen Gespräch! Wie erfolgreich ist Ihre Mitgliederwerbung?
- Wie heißen die regionalen/überregionalen Vorsitzenden Ihrer Partei?
- Was war das Thema der letzten Versammlung/Demonstration?

### 6.4.5 Fragen im Zusammenhang mit einer Konversion zum Christentum (Glaubenswechsel/Religionsübertritt)

Auch einem Übertritt zum Christentum, insbesondere wenn er sich zeitnah mit Aus- oder Einreise vollzieht, begegnet das Bundesamt mit Misstrauen. Die Fragen zielen auf die Motive für diesen Glaubenswechsel, was naturgemäß Schwierigkeiten aufwirft, weil es sich um innere Vorgänge handelt. Beim Bundesamt versucht man, dies mit Angaben über die religiöse Erziehung in der Herkunftsfamilie und Glaubenspraxis in der früheren Religion und mit Fragen nach der aktuellen Praxis des christlichen Glaubens aufzuklären. Dabei kann es um christliche Riten, Feiertage oder Grundaussagen des christlichen Glaubens gehen. Gefragt wird aber auch nach der Mitwirkung in einer Kirchengemeinde. In diesem Zusammenhang ist auch die Taufe wichtig, weil sie die Aufnahme in die Gemeinde bedeutet. Als Nachweis für den Glaubenswechsel genügt diese (für sich allein) aber nicht. Der Schwerpunkt der Fragen geht dahin, die Umstände, Gründe und Begleiterscheinungen des Religionswechsels zu erklären, was auch zu der Frage führt, wie denn das persönliche Umfeld auf den Wechsel reagiert hat.

### 6.4.6 Fragen im Zusammenhang mit einer Verfolgung wegen der sexuellen Identität

Wenn es etwa um Antragsteller geht, die bekunden, dass ihnen wegen ihrer homosexuellen Lebensführung Verfolgung droht, klärt das Bundesamt diesen Fall mit Fragen nach persönlichen Erlebnissen auf. Nach sexuellen Praktiken darf dabei nicht gefragt werden, das verbietet ein an Würde und Diskretion orientierter Umgang mit Asylantragstellern. Auch Vorurteile und Klischees haben in der Anhörung keinen Platz. Gefragt werden darf nach Beziehungen und Beziehungspartnern, wann die erste Beziehung war und wie

## IX. Die Anhörung zu den Verfolgungsgründen

der Antragsteller insgesamt seine sexuelle Identität gefunden hat.

Zu einer substantiierten Schilderung gehören hier auch Erklärungen über Erlebnisse der Diskriminierung, des Versteckens, aber auch der Reaktion von Familie und Umfeld. Die Konsequenz einer glaubhaften Schilderung kann dann die Flüchtlingsanerkennung sein. Dem Schutzsuchenden kann nämlich nicht zugemutet werden, seine sexuelle Identität im Herkunftsland zu verstecken (EuGH, Urt. v. 07.11.2013, Az.: C-199/12 bis C-201/12). Wenn dem Ausländer ansonsten ein Strafverfahren oder von der Staatsgewalt tolerierte Übergriffe durch Teile der Bevölkerung drohen, wäre ihm zu seinem Schutz die Flüchtlingsanerkennung zu gewähren.

### 6.4.7 Fragen im Zusammenhang mit einer drohenden Genitalverstümmelung

Bei der drohenden Genitalverstümmelung sind es die Eltern, die beim Bundesamt dazu befragt werden. Erklärungsbedürftig aus Sicht einiger Entscheider ist, dass die Eltern die Genitalverstümmelung ihrer Tochter ablehnen, offensichtlich aber nicht verhindern können, dass es zu dem Eingriff kommt. Zu erklären ist, wer die Genitalverstümmelung vornimmt, ob die Eltern etwas dagegen unternehmen können. Gefragt wird dabei nach dem Bildungsstand der Eltern, dem Ort, an den sie zurückkehren würden, die dort lebende Familie. Eine Rolle spielt auch vielleicht, ob die Mutter selbst beschnitten worden ist (wozu auch ein Attest vorgelegt werden kann) und wie sich das Leben für das Mädchen gestaltet, wenn sie nicht beschnitten werden würde. Einige Mitarbeiter des Bundesamts konfrontieren die Eltern mit der Aussage, dass diese Verletzung von Mädchen in dem Herkunftsland mittlerweile gesetzlich verboten sei und wie sie vor diesem Hintergrund ihre Befürchtung erklären können.

### 6.5 Die Einflussmöglichkeiten während der Anhörung

Wenn der Asylsuchende von einem Rechtsanwalt, Vormund oder Beistand begleitet wird, dann kommt diesen in der Anhörung eine sehr wichtige, aber im besten Fall unauffällige Aufgabe zu. Es ist ihre Aufgabe, zu kontrollieren, ob die Anhörung umfassend, fair und dem Antragsteller gegenüber zugewandt verläuft. Sie haben auch darauf zu achten, dass Widersprüche aufgedeckt und fehlende Angaben ergänzt werden.

## 6. Vorbereitung und Begleitung bei der Anhörung

Das ist insbesondere dort anzuraten, wo der Anhörer keine weitere Sachaufklärung betreibt.

**Beispiel:**
A und B berichten, für ihre Flucht mit dem Flugzeug aus Teheran den Betrag von über 15.000 US-$ aufgewendet zu haben. Der Anhörer stellt hierzu keine weiteren Fragen. Später, vor Gericht, kommt die Frage auf, wie A und B als angeblich Verfolgte das Land denn unbehelligt über den Flughafen haben verlassen können. Der Aussage, dass das Geld, ein sehr hoher Betrag, seinerzeit auch für die Bestechung eines Beamten bei der Ausreisekontrolle gezahlt worden sei, schenkt das Gericht keinen Glauben, da dies nicht schon bei der Anhörung gesagt worden sei.

In diesem Beispiel hätte der Anhörer danach fragen müssen, wie eine unbehelligte Ausreise möglich war und wofür der hohe Betrag von 15.000 US-$ gezahlt wurde. Wenn ein Anhörer hier nicht ermittelt, hätte der anwesende Begleiter diese Frage aufwerfen können oder sogar müssen. Solche ergänzenden Fragen sind auch wichtig, wenn ein Antragsteller entscheidende Angaben in der Aufregung vergisst, oder auch, wenn erkennbar wird, dass die Angaben, so wie sie gemacht werden, keinen Sinn ergeben oder vom Anhörer nicht oder nicht richtig verstanden werden.

Ein weiterer wichtiger Fall der Intervention kann sich ergeben, wenn ein Verfolgungsgrund unter den Tisch fällt. Also immer dann, wenn der Anhörer vergisst, nach den mutmaßlichen Motiven für eine Bedrohung oder einen Übergriff zu fragen, muss die Begleitung das übernehmen.

Rechtsanwalt und Vormund haben auch die Aufgabe, auf die Korrektheit des Protokolls zu achten. Das ist besonders deswegen wichtig, weil viele Fälle nicht vom Anhörer, sondern von einem Entscheider nach Aktenlage entschieden werden.

# X. Die Entscheidung des Bundesamts über den Asylantrag

| | | |
|---|---|---|
| 1. | Der Bescheid des Bundesamts | 254 |
| 1.1 | Die erforderliche Form | 254 |
| 1.2 | Bestandskraft einer Entscheidung | 254 |
| 1.3 | Die Zustellung des Bundesamtsbescheides | 255 |
| 2. | Inhalt des Bundesamtsbescheides | 256 |
| 2.1 | Übersicht | 256 |
| 2.2 | Wichtige Informationen für einen Anwalt | 257 |
| 3. | Die negativen Entscheidungen des Bundesamts | 257 |
| 3.1 | Ablehnung des Schutzersuchens als „einfach unbegründet" mit Abschiebungsandrohung in den Herkunftsstaat | 257 |
| 3.2 | Ablehnung des Schutzantrags als „offensichtlich unbegründet" | 258 |
| 3.3 | Der Dublin-Bescheid | 262 |
| 3.4 | Ablehnung wegen eines Schutzstatus in einem Drittstaat | 263 |
| 4. | Beispiele für positive Bescheide | 264 |
| 4.1 | Zuerkennung der Flüchtlingseigenschaft | 264 |
| 4.2 | Zuerkennung des subsidiären Schutzes | 264 |
| 4.3 | Feststellung von Abschiebeverboten nach § 60 Abs. 5 oder 7 AufenthG | 265 |

# X. Die Entscheidung des Bundesamts über den Asylantrag

## 1. Der Bescheid des Bundesamts

### 1.1 Die erforderliche Form

Das Asylverfahren endet mit einem Bescheid; er ergeht schriftlich, enthält eine Begründung und ist in deutscher Sprache abgefasst. Nur der Entscheidungstenor, also die Grundaussage über Zuerkennung und Ablehnung, soll zusätzlich in die Herkunftssprache des Antragstellers übersetzt werden, ebenso wie die Rechtsmittelbelehrung. Der Bescheid muss dem Betroffenen oder seinem Bevollmächtigten bekanntgegeben werden, sonst kann er keine Wirksamkeit entfalten.

Die Zustellung ist ein im Verwaltungszustellungsgesetz besonders geregelter Weg der Bekanntgabe einer Entscheidung. Der Zeitpunkt der Zustellung wird nach diesen Regeln besonders nachgewiesen. Das ist deswegen wichtig, weil die Zustellung den Lauf einer Rechtsmittelfrist in Gang setzt.

Die Begründung ist zwar ein essenzieller Inhalt des Bescheides, aber diese Anforderung bezieht sich nur auf die Abgabe von Gründen. Dass diese Gründe gut oder überzeugend sind, ist unerheblich. Es muss sich nur der Bezug zum Fall erkennen lassen. Eine Begründung, die auf vielen Seiten die Lage in Algerien beschreibt, um eine Abschiebung nach Afghanistan zu rechtfertigen, würde dem formalen Erfordernis der Begründung allerdings nicht genügen.

### 1.2 Bestandskraft einer Entscheidung

Der Bescheid wird, wenn er erfolglos angefochten worden ist oder nach Ablauf der Frist nicht mehr angefochten werden kann, endgültig wirksam und gilt gegenüber allen Behörden. Juristen nennen das dann die Bestandskraft; der Bescheid wird bestandskräftig.

Der Bescheid ist spätestens dann auch vollstreckbar. Das ist immer dann wichtig, wenn das BAMF zu einer negativen Entscheidung kommt und die Abschiebung androht. Vollstreckbarkeit bedeutet, dass die Ausreisepflicht mittels einer Abschiebung vollstreckt werden kann. In Einzelfällen kann diese Abschiebungsandrohung

# 1. Der Bescheid des Bundesamts

sogar noch vor Eintritt der Bestandskraft, also vor Abschluss eines Gerichtsverfahrens, vollzogen werden. Das sind dann die Ausnahmefälle, in denen der Rechtsanwalt des Betroffenen einen Eilantrag beim Verwaltungsgericht stellen muss, um eine aufschiebende Wirkung zu erlangen, sodass mit der Vollziehung wieder bis zum Ende des Gerichtsverfahrens gewartet wird.

## 1.3 Die Zustellung des Bundesamtsbescheides

*1.3.1 Besondere Zugangsregeln bei Asylbescheiden*

Für die Zustellung eines Asylbescheides gelten ganz besondere Regeln. Sofern kein Bevollmächtigter bestellt ist, darf das Bundesamt an die zuletzt bekannte Adresse zustellen.

§ 10 Abs. 2 AsylG:

„Der Ausländer muss Zustellungen und formlose Mitteilungen unter der letzten Anschrift, die der jeweiligen Stelle auf Grund seines Asylantrags oder seiner Mitteilung bekannt ist, gegen sich gelten lassen, wenn er für das Verfahren weder einen Bevollmächtigten bestellt noch einen Empfangsberechtigten benannt hat (...). Kann die Sendung dem Ausländer nicht zugestellt werden, so gilt die Zustellung mit der Aufgabe zur Post als bewirkt, selbst wenn die Sendung als unzustellbar zurückkommt."

*1.3.2 Nachweis des Zustellungszeitpunkts*

Das Gesetz sieht verschiedene Wege der Zustellung vor. Gegenüber den Antragstellern persönlich wählt das Bundesamt die Zustellung per Post mit Zustellungsurkunde. Die Zustellung des Bescheides erfolgt in einem gelben Umschlag durch Einlegung in den Briefkasten (nach § 180 ZPO). Der Postbote füllt dann ein Zustellformular aus, das zurück an das Bundesamt geht und dort als Zustellnachweis zur Akte genommen wird.

**Praxis-Hinweis:**

Es ist überaus ratsam, diesen Umschlag aufzuheben, da der Briefträger auf diesem das Zustellungsdatum vermerkt, das für den Beginn der Eilantrags- und Klagefristen (dazu sogleich) von entscheidender Bedeutung ist.

# X. Die Entscheidung des Bundesamts über den Asylantrag

## 2. Inhalt des Bundesamtsbescheides

### 2.1 Übersicht

Das Bundesamt entscheidet, wenn es den Antrag für zulässig hält, über vier Schutztatbestände, die abgestuft zuerkannt werden können. Das sind dann (teilweise) positive Entscheidungen. Daneben gibt es noch fünf verschiedene Typen von ablehnenden Entscheidungen: die einfache Ablehnung, die Ablehnung als offensichtlich unbegründet, die Entscheidungen ohne inhaltliche Sachprüfung im Falle der Unzulässigkeitsentscheidung (mit Abschiebungsandrohung in den Drittstaat und mit Abschiebungsandrohung in den Herkunftsstaat) sowie der Einstellungsentscheidung.

| Positive Entscheidungen | Negative Entscheidungen | |
|---|---|---|
| Inhalt | Inhalt | Abschiebung in |
| Anerkennung als Asylberechtigter | Ablehnung (einfache) | Herkunftsstaat |
| Anerkennung als Flüchtling | Ablehnung als offensichtlich unbegründet (§§ 29a, 30 AsylG) | Herkunftsstaat |
| Zuerkennung des subsidiären Schutzes (bei Ablehnung des Flüchtlingsschutzes) | Ablehnung als unzulässig (Dublin oder Anerkannte) | Drittstaat |
| Feststellung von Abschiebungsverboten (bei Ablehnung des internationalen Schutzes) | Ablehnung als unzulässig (Zweit- und Folgeantrag) | Herkunftsstaat |
|  | Einstellung des Verfahrens (§ 33 AsylG) | Herkunftsstaat |

Bei den positiven Entscheidungen gibt es Abstufungen; wer nur die Abschiebungsverbote erhält, bekommt damit zwar eine positive Entscheidung in dem Sinne, dass er bleiben kann. Betrachtet man aber das eigentliche Ziel seines Antrages, nämlich den internationalen Schutz zu erhalten, dann handelt es sich um eine Ablehnung. Hier gibt es natürlich keine Abschiebungsandrohung, da die Person schließlich nicht abgeschoben werden darf. Die Klagefrist ist hier immer zwei Wochen.

## 3. Die negativen Entscheidungen des Bundesamts

> **Praxis-Hinweis:**
> Ob die Bundesamtsentscheidung ein Bleiberecht ausspricht oder nicht, erkennt man am schnellsten daran, ob in der vorletzten Ziffer eine Abschiebung angedroht oder gar angeordnet wird. Fehlt es an diesen Formulierungen, handelt es sich jedenfalls nicht um einen vollständig ablehnenden Bescheid (das ist nur beim Folgeantrag anders, da ist auch in einer Ablehnung keine Abschiebungsandrohung).

### 2.2 Wichtige Informationen für einen Anwalt

Um beurteilen zu können, welcher Art eine Ablehnung ist, sollten dem Rechtsanwalt (z. B. am Telefon) die folgenden Informationen gegeben werden, wenn ein ablehnender Bescheid eingegangen ist. Diese vier Fragen helfen ihm, den Fall schnell zu erfassen:

| Frage | Ziel der Frage |
|---|---|
| Herkunftsland und Wohnort in Deutschland | Ermittlung des zuständigen Verwaltungsgerichts und der zuständigen Kammer bei Gericht |
| Zielland der Abschiebung (Herkunftsstaat/Drittstaat) | Typ der Ablehnung |
| Frist zur Ausreise (eine Woche oder 30 Tage) | Ermittlung, ob Eilantrag erforderlich ist oder nicht |

## 3. Die negativen Entscheidungen des Bundesamts

### 3.1 Ablehnung des Schutzersuchens als „einfach unbegründet" mit Abschiebungsandrohung in den Herkunftsstaat

War das Bundesamt für den Asylantrag zuständig und lehnt es den Schutzantrag vollständig als „nur" unbegründet ab, kommt es zur Androhung der Abschiebung in den Herkunftsstaat. Die Klagefrist beträgt 14 Tage, ein Eilantrag ist nicht erforderlich.

**X**

> **Beispiel (sogenannte einfache Ablehnung):**
> Der 30-jährige K aus Äthiopien hatte einen Schutzantrag gestellt, er bekommt einen Bescheid des Bundesamts in einem gelben Umschlag. Der Bescheid hat den folgenden Inhalt:

## X. Die Entscheidung des Bundesamts über den Asylantrag

1. Die Flüchtlingseigenschaft wird nicht zuerkannt.
2. Der Antrag auf Asylanerkennung wird abgelehnt.
3. Der subsidiäre Schutzstatus wird nicht zuerkannt.
4. Abschiebungsverbote nach § 60 Abs. 5 und 7 Satz 1 des Aufenthaltsgesetzes liegen nicht vor.
5. Der Antragsteller wird aufgefordert, die Bundesrepublik Deutschland innerhalb eines Monats nach Bekanntgabe dieser Entscheidung zu verlassen; im Falle einer Klageerhebung endet die Ausreisefrist 30 Tage nach dem unanfechtbaren Abschluss des Asylverfahrens. Sollte der Antragsteller die Ausreisefrist nicht einhalten, wird er nach Äthiopien abgeschoben. Der Antragsteller kann auch in einen anderen Staat abgeschoben werden, in den er einreisen darf oder der zu seiner Rückübernahme verpflichtet ist.
6. Das gesetzliche Einreise- und Aufenthaltsverbot gemäß § 11 Abs. 1 des Aufenthaltsgesetzes wird auf 36 Monate ab dem Tag der Abschiebung befristet.

Wie sich aus Ziffer 5 des Bescheides ergibt, droht der Vollzug der Abschiebung im Falle einer Klageerhebung erst 30 Tage nach Abschluss des Klageverfahrens. Erhebt K also rechtzeitig Klage, darf er in jedem Fall bis zum Ende des Gerichtsverfahrens in Deutschland bleiben. Weil die Klage hier den Vollzug hemmt, spricht man von der aufschiebenden Wirkung der Klage. Ein Eilantrag ist daher nicht erforderlich.

### 3.2 Ablehnung des Schutzantrags als „offensichtlich unbegründet"

*3.2.1 Sofortvollzug trotz Klageerhebung*

Folgenschwerer ist die Ablehnung als „offensichtlich unbegründet". Mit dieser Entscheidung kann die Abschiebung des Ausländers schon während eines noch laufenden Klageverfahrens erfolgen, wenn nicht ein Gericht diese Abschiebung auf Antrag des Betroffenen vorläufig aussetzt.

## 3. Die negativen Entscheidungen des Bundesamts

### 3.2.2 Voraussetzungen der „Offensichtlichkeitsentscheidung" (§ 30 AsylG)

Voraussetzung für eine solche Ablehnung ist, dass der Asylantrag (also auch der Antrag auf Flüchtlingsschutz und subsidiären Schutz) nicht nur als einfach unbegründet betrachtet wird; es muss die Offensichtlichkeitswertung hinzukommen. Das ist dann der Fall, wenn der Antrag selbst sich nach Würdigung aller relevanten Informationen unter keinem Aspekt als begründet erweist (§ 30 Abs. 1 AsylG). Das Bundesamt spricht in diesen Bescheiden dann oft davon, dass sich „die Ablehnung des Asylantrags geradezu aufdrängt" o. ä.

Daneben gibt es noch die Asylanträge, die nur einfach unbegründet sind, bei denen aber die hinzutretenden Einzelumstände dazu führen, ihn als offensichtlich unbegründet abzulehnen. Das sind die Fälle des § 30 Abs. 3 AsylG. Diese Folge tritt z. B. ein, wenn das Vorbringen des Antragstellers als in wesentlichen Punkten unsubstantiiert, widersprüchlich oder offenkundig unwahr angesehen wird. In diese Fallgruppe gehören auch gefälschte Beweismittel, Identitätstäuschungen und andere gröbliche Pflichtverletzungen durch den Antragsteller.

**Beispiel:**

Der 20-jährige R ist aus der Republik K. Das Bundesamt kommt nach der Anhörung zu dem Ergebnis, dass dem Schutzantrag kein Erfolg beschieden sei. In seiner Anhörung habe der R nach Auffassung des Bundesamts konfuse und widersprüchliche Angaben gemacht, ohne auch nur einen Anhaltspunkt für seine Verfolgungsfurcht zu nennen. Das Vorbringen hält es in den wesentlichen Punkten für unsubstantiiert. Der Bescheid hat den folgenden Wortlaut:

1. *Der Antrag auf Zuerkennung der Flüchtlingseigenschaft wird als offensichtlich unbegründet abgelehnt.*

2. *Der Antrag auf Asylanerkennung wird als offensichtlich unbegründet abgelehnt.*

3. *Die Zuerkennung des subsidiären Schutzstatus wird als offensichtlich unbegründet abgelehnt.*

4. *Abschiebungsverbote nach § 60 Abs. 5 und 7 Satz 1 des Aufenthaltsgesetzes liegen nicht vor.*

## X. Die Entscheidung des Bundesamts über den Asylantrag

> 5. Der Antragsteller wird aufgefordert, die Bundesrepublik Deutschland innerhalb einer Woche nach Bekanntgabe dieser Entscheidung zu verlassen. Sollte der Antragsteller die Ausreisefrist nicht einhalten, wird er in die Republik K abgeschoben. Der Antragsteller kann auch in einen anderen Staat abgeschoben werden, in den er einreisen darf oder der zu seiner Rückübernahme verpflichtet ist.
> 6. Das gesetzliche Einreise- und Aufenthaltsverbot gemäß § 11 Abs. 1 des Aufenthaltsgesetzes wird auf 36 Monate ab dem Tag der Abschiebung befristet.

Die Klage ist innerhalb einer Woche zu erheben. Aus der Formulierung in Ziffer 5 ergibt sich, dass diese Klage einer Abschiebung nicht im Weg steht.

### 3.2.3 Der Eilantrag gegen den Sofortvollzug

Der Betroffene muss daher einen Eilantrag stellen, will er der Abschiebung noch während des Gerichtsverfahrens entgehen. Dieser Eilantrag ist zusammen mit der Klage innerhalb von einer Woche nach Zustellung des Bescheides zu erheben.

Das Verfahren, in dem über den Eilantrag entschieden wird, ist schriftlich; es gibt keine mündliche Verhandlung. Da das Gericht alsbald nach Eingang des Antrages entscheiden wird, empfiehlt es sich, die Begründung des Eilantrages recht zügig, am besten noch innerhalb der Einlegungsfrist, einzureichen.

Der Eilantrag ist begründet, wenn es dem Betroffenen oder seinem Anwalt gelingt, „ernstliche Zweifel an der Richtigkeit der Bundesamtsentscheidung" (§ 36 Abs. 4 AsylG) zu wecken. Gemeint sind hier ernstliche Zweifel an der sogenannten Offensichtlichkeitswertung. Einfache Zweifel genügen hier nicht. Es ist darzulegen, dass die Ablehnung als „offensichtlich unbegründet" ihrerseits unter keinerlei Gesichtspunkten haltbar ist.

Dass der Betroffene diese Begründung unter den Bedingungen eines schriftlichen Verfahrens und unter Zeitdruck abgeben muss, macht die besondere Schwierigkeit dieser Verfahrenssituation aus. So wundert es nicht, dass solche Eilanträge mehrheitlich bei Gericht verloren gehen.

## 3. Die negativen Entscheidungen des Bundesamts

### 3.2.4 Offensichtlich unbegründete Asylanträge beim unbegleiteten Minderjährigen

Wegen dieser schwerwiegenden Folge bestimmt die Verfahrensrichtlinie, dass die Schutzanträge von UMF grundsätzlich nicht als offensichtlich unbegründet abgelehnt werden dürfen (Art. 25 Abs. 6a Verfahrensrichtlinie). Eine Ausnahme besteht, wenn der UMF aus einem sicheren Herkunftsstaat kommt oder in seiner Person eine besondere Gefahr für die Sicherheit eines EU-Mitgliedstaates begründet. Außerdem gibt es noch eine wichtige Einschränkung: Der Verfahrensrichtlinie steht es nicht entgegen, einen ehemaligen UMF, wenn er volljährig geworden ist, als „offensichtlich unbegründet" abzulehnen.

**Wichtig:** UMF dürfen, solange sie minderjährig sind, mit ihrem Schutzantrag nicht als „offensichtlich unbegründet" abgelehnt werden. Nach Eintritt der Volljährigkeit gilt das dann aber nicht mehr.

### 3.2.5 Sperrwirkung nach einer „Offensichtlichkeitsablehnung"

Wird die Entscheidung des Bundesamts bestandskräftig, zeigt sich ein weiterer Nachteil der Ablehnung als „offensichtlich unbegründet": Die Ausländerbehörde kann später nämlich bestimmte Aufenthaltstitel aus diesem Grunde verweigern (allerdings nur, wenn der Bundesamtsbescheid sich ausdrücklich auf § 30 Abs. 3 Nrn. 1–6 AsylG stützt).

**Wichtig:** Personen, die mit ihrem Antrag als „offensichtlich unbegründet" gescheitert sind (und die auch mit dem Eilantrag erfolglos waren) und bei denen der Bescheid die Voraussetzungen des § 30 Abs. 3 Nrn. 1–6 AsylG feststellt, erhalten vor einer Ausreise aus dem Bundesgebiet keine Aufenthaltserlaubnis (§ 10 Abs. 3 AufenthG),

- außer bei einem gesetzlichen Anspruch (z. B. Familiennachzug zu Deutschen),
- oder für Aufenthalte nach § 23a (Härtefallkommission), § 25 Abs. 3 (nationale Abschiebungsverbote), §§ 25a und 25b AufenthG (Bleiberechtsregelungen).

**Praxis-Hinweis:**
Bei der Beratung eines Asylsuchenden ist immer die Gefahr einer solchen „Offensichtlich-Unbegründet-Ablehnung" zu

## X. Die Entscheidung des Bundesamts über den Asylantrag

prüfen. Der Asylantrag muss dann gegebenenfalls unterbleiben oder rechtzeitig zurückgenommen werden.

Man kann auch versuchen, im Klageverfahren wenigstens zu erreichen, dass das Gericht die Offensichtlichkeitswertung aufhebt, auch wenn es die Klage sonst abweist.

### 3.3 Der Dublin-Bescheid

Der „Dublin-Bescheid" ergeht, wenn einer der Staaten für den Asylantrag zuständig ist, die die Dublin-III-VO mittragen, also die EU-Staaten oder Norwegen, Schweiz und Island. Wenn sich ergibt, dass einer dieser Staaten für den Asylantrag, der entweder noch gar nicht abschließend bearbeitet worden ist oder abgelehnt wurde, zuständig ist, dann hat der Bescheid drei Elemente: die Erklärung, dass der in Deutschland gestellte Antrag als unzulässig abgelehnt wird und dass es keine Abschiebungsverbote hinsichtlich des „Dublin-Staates gibt, und die Anordnung der Abschiebung in diesen anderen Staat.

**Beispiel:**

Die 25-jährige F aus Äthiopien hatte ein Schengen-Visum der spanischen Botschaft bekommen und ist damit, ohne in Spanien gewesen zu sein, nach Deutschland eingereist, um einen Asylantrag zu stellen. Nach einer entsprechenden Anfrage wurde Spanien im Einklang mit der Dublin-III-VO zuständig. Das Bundesamt schickte den folgenden Bescheid:

1. *Der Asylantrag ist unzulässig.*
2. *Abschiebungsverbote nach § 60 Abs. 5 und 7 AufenthG liegen nicht vor.*
3. *Die Abschiebung nach (Dublin-Staat, hier Spanien) wird angeordnet.*
4. *Das gesetzliche Einreise- und Aufenthaltsverbot gemäß § 11 Abs. 1 des Aufenthaltsgesetzes wird auf 36 Monate ab dem Tag der Abschiebung befristet.*

Hier sind Klage und Eilantrag binnen einer Woche zu erheben. Das Argument der F, niemals in Spanien gewesen zu sein, hilft dabei leider nicht weiter, da die Zuständigkeit Spaniens aus der

### 3. Die negativen Entscheidungen des Bundesamts

Visumerteilung folgt, die der F den Zugang in den Dublin-Raum ermöglicht hat.

#### 3.4 Ablehnung wegen eines Schutzstatus in einem Drittstaat

Das Bundesamt kann einen Antrag auch für unzulässig erachten. Dann prüft es den Inhalt des Schutzantrages nicht (nochmal), sondern weist den Antrag ab. Eine solche Entscheidung ergeht, wenn der Antragsteller bereits Schutz in einem anderen EU-Staat erhalten hat, wo man ihm den Flüchtlingsstatus oder den subsidiären Status zuerkannt hat. Geregelt wird das jetzt in § 29 Abs. 1 Nr. 2 AsylG.

**Beispiel:**

K aus Somalia ist in Ungarn als Flüchtling anerkannt worden. Der in Deutschland gestellte Asylantrag wird nach § 29 Abs. 1 Nr. 2 AsylG als unzulässig abgelehnt – mit folgenden Worten:

1. *Der Asylantrag wird als unzulässig abgelehnt.*

2. *Der Antragsteller wird aufgefordert, die Bundesrepublik Deutschland innerhalb einer Woche nach Bekanntgabe dieser Entscheidung zu verlassen. Sollte der Antragsteller die Ausreisefrist nicht einhalten, wird er nach Ungarn abgeschoben. Der Antragsteller kann auch in einen anderen Staat abgeschoben werden, in den er einreisen darf oder der zu seiner Rückübernahme verpflichtet ist. Der Antragsteller darf nicht nach Somalia abgeschoben werden.*

3. *Das gesetzliche Einreise- und Aufenthaltsverbot gemäß § 11 Abs. 1 des Aufenthaltsgesetzes wird auf 36 Monate ab dem Tag der Abschiebung befristet.*

Gegen diese Entscheidung kann der Betroffene innerhalb einer Woche die Klage erheben, er muss sie auch mit einem Eilantrag verbinden. Ein anderer Fall mit ähnlicher Folge begegnet, wenn der Asylantragsteller bereits in einem anderen Nicht-EU-Staat sicher war. Da es außerhalb der EU den subsidiären Schutz nicht gibt, kann das die Zubilligung des Flüchtlingsstatus gewesen sein oder auch ein einfaches humanitäres Bleiberecht. Darauf, dass der andere Staat die Genfer Flüchtlingskonvention unterzeichnet hat, kommt es nicht an.

## X. Die Entscheidung des Bundesamts über den Asylantrag

**Beispiel:**

C aus Syrien floh nach Venezuela, einen Staat, der die Genfer Konvention nicht unterzeichnet hat, und erhielt dort Aufenthalt. Nach kurzer Zeit reiste er nach Deutschland, wo er einen Asylantrag stellte. Das Bundesamt lehnte seinen Asylantrag als unzulässig ab (§ 29 Abs. 1 Nr. 4 AsylG) und drohte die Abschiebung nach Venezuela an.

Auch hier muss der Betroffene Klage und Eilantrag erheben.

## 4. Beispiele für positive Bescheide

### 4.1 Zuerkennung der Flüchtlingseigenschaft

Der Bescheid, mit dem der Antragsteller den gewünschten Flüchtlingsschutz erhält, hat die nachstehende Gestalt. Interessant ist, dass dem Antragsteller hier eine Eigenschaft zuerkannt wird. Das drückt aus, dass es sich hierbei um einen Status handelt.

**Beispiel für einen Bescheid mit Flüchtlingsanerkennung:**

1. *Der Antrag auf Anerkennung als Asylberechtigter wird abgelehnt.*
2. *Dem Antragsteller wird die Flüchtlingseigenschaft zuerkannt.*

Gegen diesen Bescheid kann Klage erhoben werden, um den verweigerten Asylstatus zu erlangen. Da dies aber zu keinem besseren Recht verhilft (und meist allein wegen des Reiseweges geringe Chancen hat), wird die Klage hier unterlassen. Eine Frist, die man als Betroffener aber trotzdem in den Kalender eintragen sollte, ist die Dreimonatsfrist für die Anzeige des privilegierten Familiennachzugs für Ehegatten und Kinder (§ 29 Abs. 2 Nr. 1 AufenthG).

### 4.2 Zuerkennung des subsidiären Schutzes

Liegen nach Auffassung des Bundesamts keine Gründe für die Zuerkennung der Flüchtlingseigenschaft oder für die Anerkennung als Asylberechtigten vor, wohl aber, den Antragsteller als subsidiär Schutzberechtigten anzuerkennen, lautet der Bescheid wie folgt:

## 4. Beispiele für positive Bescheide

**Beispiel für einen Subsidiär-Schutz-Bescheid:**
1. Der Antrag auf Anerkennung als Asylberechtigter wird abgelehnt.
2. Der Antrag auf Zuerkennung der Flüchtlingseigenschaft wird abgelehnt.
3. Der Antragsteller wird als subsidiär Schutzberechtigter anerkannt.

In diesem Fall kann der Asylsuchende sich gegen die teilweise Ablehnung wenden. Während des Klageverfahrens hat er einen Anspruch auf eine Aufenthaltserlaubnis nach § 25 Abs. 2, 2. Alt. AufenthG.

### 4.3 Feststellung von Abschiebeverboten nach § 60 Abs. 5 oder 7 AufenthG

Ein Asylverfahren kann auch seinen Ausgang damit nehmen, dass dem Betroffenen kein Asyl, kein internationaler Schutz (Flüchtlingsstatus und subsidiärer Schutz), aber immerhin noch die nationalen Abschiebungsverbote festgestellt werden. Dann sieht der Bescheid so aus:

**Beispiel:**

Die 22-jährige P aus Äthiopien, die politisch nicht in Erscheinung getreten ist, ist an Diabetes erkrankt, sie hat keine Verwandten im Heimatland und keine Chance, das notwendige Insulin zu bekommen. Das Bundesamt gewährt ihr die sogenannten nationalen Abschiebungsverbote:

1. Der Antrag auf Anerkennung als Asylberechtigter wird abgelehnt.
2. Der Antrag auf Zuerkennung der Flüchtlingseigenschaft wird abgelehnt.
3. Der Antrag auf Anerkennung als subsidiär Schutzberechtigter wird abgelehnt.
4. Das Abschiebungsverbot des § 60 Abs. 7 des Aufenthaltsgesetzes liegt hinsichtlich Äthiopiens vor.

X

# X. Die Entscheidung des Bundesamts über den Asylantrag

Auch für P gilt hier, dass eine Klage vor dem zuständigen Verwaltungsgericht (Frist: zwei Wochen nach Zustellung) unbedingt geprüft werden sollte. Diese kann sich entweder auf den Sprung von nationalen Abschiebeverboten auf den subsidiären Schutzstatus beziehen oder auf den Sprung um zwei Schutzstufen, also von nationalen Abschiebeverboten auf den Flüchtlingsstatus.

**Wichtig:** In diesem Beispiel führt die Klage aber dazu, dass P keine Aufenthaltserlaubnis erhält, solange das Klageverfahren noch nicht abgeschlossen ist. Das liegt daran, dass § 10 Abs. 1 AufenthG hier die Erteilung versperrt, weil nach der herrschenden Meinung § 25 Abs. 3 AufenthG keinen Anspruch verleiht, auch wenn es sich um eine „Soll-Regelung" handelt, die fast durchgängig eingreift (siehe oben Kap. VI. 3.1).

# XI. Das gerichtliche Verfahren gegen die Ablehnung durch das Bundesamt

1. Grundrecht auf effektiven Rechtsschutz .................. 268
1.1 Die Klageerhebung bei unabhängigen Gerichten ......... 268
1.2 Die Rechtsmittelbelehrung ............................. 268
1.3 Die zuständigen Verwaltungsgerichte ................... 269
1.4 Die Entscheidungskompetenz der Verwaltungsgerichte 270
1.5 Beschwerde beim Bundesverfassungsgericht oder beim Europäischen Gerichtshof für Menschenrechte (EGMR). 270
2. Das gerichtliche Verfahren (erste Instanz) .................. 271
2.1 Die fristgerechte Klageerhebung ....................... 271
2.2 Die Klageerhebung .................................... 272
2.3 Die Klagebegründung .................................. 274
2.4 Die mündliche Verhandlung ............................ 275
2.5 Das Urteil ............................................. 279
2.6 Der Eilantrag ......................................... 280
3. Antrag auf Zulassung der Berufung nach einem negativen Urteil .................................... 281
4. Vorgehen nach einem positiven Gerichtsverfahren ....... 283

# XI. Das gerichtliche Verfahren gegen die Ablehnung durch das Bundesamt

## 1. Grundrecht auf effektiven Rechtsschutz

### 1.1 Die Klageerhebung bei unabhängigen Gerichten

Art. 19 Abs. 4 GG sieht vor, dass jeder, der durch einen Akt der öffentlichen Gewalt in seinen Rechten verletzt wird, den Rechtsschutz bei Gericht suchen kann. Das gilt auch für Ausländer. Das Besondere an der Zuweisung dieses Schutzes an die Gerichte besteht darin, dass Gerichte gegenüber Behörden – wie dem Bundesamt – übergeordnet sind und unabhängig von jedem Einfluss entscheiden. Richter sind unabhängig und nur Recht und Gesetz unterworfen (Art. 20 Abs. 3, Art. 97 Abs. 1 GG). Eine Weisungslage, wie das vielleicht der einzelne Bundesamtsmitarbeiter erleben kann, ist bei Gericht bereits von Verfassungs wegen ausgeschlossen.

Das Mittel, mit dem ein Rechtssuchender sich an ein Gericht wendet, ist die Klage. Sie wird gegen die juristische Person gerichtet, die den Bescheid erlassen hat. Im Asylrecht ist das die Bundesrepublik Deutschland, die vom Bundesamt für Migration vertreten wird. Zuständig für diese Klagen sind die Verwaltungsgerichte.

**Wichtig:** Ein Einspruchs- oder Widerspruchsverfahren gibt es bei Asylsachen nicht. Es gibt nur das Klageverfahren beim Verwaltungsgericht (§ 11 AsylG).

Neben der Klage gibt es noch den Eilantrag; er hat das Ziel, eine Zwischenentscheidung des Gerichts zu treffen. Im Asylrecht sind das Entscheidungen über die vorläufige Aussetzung der Vollziehung.

### 1.2 Die Rechtsmittelbelehrung

Um dem Bürger den Weg zu den Gerichten auch möglich zu machen, muss jeder rechtsmittelfähige Bescheid eine Belehrung darüber enthalten, innerhalb welcher Frist bei welcher Stelle (Gericht) durch welche Maßnahme ein Rechtsmittel eingelegt werden kann. Diese Rechtsmittelbelehrung findet sich bei Bundesamtsbescheiden auf

# 1. Grundrecht auf effektiven Rechtsschutz

der letzten Seite nach der Unterschrift und dem Stempel der Außenstelle, die den Bescheid erlassen hat.

Fehlt die Rechtsmittelbelehrung oder ist sie falsch, läuft die Rechtsmittelfrist frühestens ein Jahr nach der Zustellung ab (§ 58 Abs. 2 VwGO).

## 1.3 Die zuständigen Verwaltungsgerichte

In Asylsachen sind die Verwaltungsgerichte zur Entscheidung berufen. Örtlich zuständig ist das Verwaltungsgericht, das sich dort befindet, wo auch der Kläger und Asylantragsteller wohnt. Das hat zur Folge, dass bundesweit rund 50 Verwaltungsgerichte mit Asylverfahren befasst sind. Intern folgt die Organisation meistens dem Herkunftsland eines Klägers, sodass man durch einen Blick auf die Karte der Gerichtsbezirke und in den Geschäftsverteilungsplan des zuständigen Gerichts erkennen kann, welche Kammer – so heißt die Organisationseinheit bei den Verwaltungsgerichten der ersten Instanz – für einen Rechtsfall zuständig ist.

**Beispiel:**

A ist ein Eritreer; er wohnt in Gladenbach im Gerichtsbezirk Gießen. Für seine Asylklage ist das Verwaltungsgericht Gießen zuständig. Es entscheidet hier die 6. Kammer, die laut Geschäftsverteilungsplan für die Klagen von Asylantragstellern aus Eritrea zuständig ist. Ebenfalls aus dem Geschäftsverteilungsplan ersichtlich sind die Namen der Richter, die über den Fall entscheiden werden.

Dass nicht nur das Gericht, sondern auch die Person des Richters abstrakt feststehen – und das schon theoretisch, bevor die Klage eingereicht ist –, liegt an dem Konzept des gesetzlichen Richters, das wir in Deutschland haben. Wer in einer Sache als Richter urteilt, soll demnach nicht durch eine individuelle Entscheidung der Gerichtsleitung oder anderer Personen bestimmt werden, sondern allgemein für alle Fälle nach objektiven Kriterien von vornherein feststehen. Und so ist aufgrund des Herkunftslandes des Klägers und manchmal auch ergänzend aufgrund des Anfangsbuchstabens seines Namens ersichtlich, welche Kammer des Gerichts für einen Rechtsstreit zuständig ist. Das Prinzip des „gesetzlichen Richters" hat Verfassungsrang (Art. 101 Abs. 1 S. 2 GG); kommt es etwa dazu,

## XI. Das gerichtliche Verfahren gegen die Ablehnung

dass an einer gerichtlichen Entscheidung ein Richter mitwirkt, der nach dem Verteilungsplan gar nicht vorgesehen war oder fehlt ein vorgesehener Richter, dann ist das Urteil aufzuheben.

### 1.4 Die Entscheidungskompetenz der Verwaltungsgerichte

Die Verwaltungsgerichte entscheiden über einen Klageantrag, indem sie die Klage, wenn sie für unzulässig oder unbegründet erachtet wird, abweisen, oder indem sie im positiven Fall eine dem Klageantrag entsprechende Regelung treffen. Im Asylverfahren kann das z. B. der Ausspruch sein, dass das Bundesamt verpflichtet wird, die Flüchtlingsanerkennung auszusprechen. Wird dann das Urteil rechtskräftig, kann der Kläger damit verlangen, dass das Bundesamt ihm den begehrten Bescheid erteilt.

Gegen die Entscheidungen der Verwaltungsgerichte können die Beteiligten, also auch das Bundesamt, als Rechtsmittel die Zulassung der Berufung einlegen, darüber entscheiden dann die Oberverwaltungsgerichte. Diese Rechtsmittel sind im Asylrecht sehr stark eingeschränkt. Dass sich das Bundesverwaltungsgericht als dritte Instanz mit einem Asylfall befassen muss, kommt eher selten vor, hat aber dann immer eine große Bedeutung.

### 1.5 Beschwerde beim Bundesverfassungsgericht oder beim Europäischen Gerichtshof für Menschenrechte (EGMR)

Wenn gegen eine gerichtliche Entscheidung kein Rechtsmittel mehr möglich ist und der Rechtsweg erschöpft ist – dieser Ausdruck steht tatsächlich so im Gesetz –, dann bleibt dem Betroffenen nur die sehr voraussetzungsvolle Möglichkeit, gegen diese Maßnahme eine Beschwerde beim Bundesverfassungsgericht – und, wenn dieses nicht abhilft – beim Europäischen Gerichtshof für Menschenrechte in Straßburg einzureichen. Voraussetzungsvoll ist die Beschwerde deshalb, weil der Beschwerdeführer nicht mehr nur behaupten muss, dass er durch eine falsche Anwendung des Rechts benachteiligt wurde; er muss dezidiert vortragen, dass eine Verletzung seiner verfassungsgemäßen Rechte vorliegt. Bei dem EGMR muss er dann die Verletzung der Rechte aus der Europäischen Menschenrechtskonvention als verletzt rügen.

Mit diesen Anforderungen werden hohe Hürden aufgestellt, gleichwohl finden sich im Asylrecht immer wieder Fälle, in denen es diese beiden Gerichte waren, die in einer für den Betroffenen ausweglos

## 2. Das gerichtliche Verfahren (erste Instanz)

erscheinenden Lage die rettende Änderung einer gerichtlichen Entscheidung brachten.

## 2. Das gerichtliche Verfahren (erste Instanz)

### 2.1 Die fristgerechte Klageerhebung

#### 2.1.1 Maßgeblichkeit der Zustellung

Für die Berechnung der Frist, die dem Betroffenen zur Klageerhebung zur Verfügung steht, ist der Tag der Zustellung des Bescheides maßgeblich. Die Zustellung erfolgt zumeist förmlich im Weg der sogenannten Postzustellung, über die der Postbote eine Urkunde anfertigt. Der Betroffene findet sodann einen gelben Umschlag in seinem Briefkasten vor. Dem korrespondiert ein Schreiben, das der Postbote wieder mitnimmt, nachdem er zuvor den Tag und den Ort der Postzustellung dokumentiert hat. Zugleich trägt der Postbote das Datum der Zustellung auf dem Umschlag in das dafür vorgesehene Feld ein, in dem er auch seinen Namen zeichnet.

**Praxis-Hinweis:**

Für den Empfänger ist es wichtig, diesen gelben Umschlag mit seinem Inhalt aufzubewahren, weil er so den Tag des Zugangs sich und anderen nachweisen kann.

#### 2.1.2 Berechnung der Klagefrist

Das Asylgesetz kennt zwei Fristläufe, die zweiwöchige, das ist wichtig für die einfachen Ablehnungen, und die einwöchige, sie tritt ein, wenn ein Asylantrag als „offensichtlich unbegründet" abgelehnt worden ist oder wenn das Bundesamt den Antrag als unzulässig ansieht. Für eine Person, die hier helfen will, sind diese Überlegungen aber überflüssig, weil sich die Frist aus der Rechtsmittelbelehrung ergibt.

Die Frist wird nach Wochen berechnet. Sie wird durch die Zustellung in Gang gesetzt und endet (im Falle der 2-Wochen-Frist) zwei Wochen später. Wie das genau berechnet wird, ist in § 187 BGB geregelt. Danach endet die Frist nach zwei Wochen genau am Abend des Tages, der nach seiner Benennung dem Tag entspricht, in den das fristauslösende Ereignis gefallen ist. Wurde der Bescheid also

## XI. Das gerichtliche Verfahren gegen die Ablehnung

dienstags zugestellt, endet auch die Frist am Dienstag, und zwar genau am Dienstag nach zwei Wochen abends um 24 Uhr.

Endet nach dieser Berechnung eine Frist an einem Samstag, Sonn- oder Feiertag, dann läuft die Frist erst am nächstmöglichen Wochentag aus. Das Gesetz will damit vermeiden, dass Fristen an Samstagen, Sonn- oder Feiertagen auslaufen.

**Beispiel für den Fristablauf bei einer Zweiwochenfrist:**

| Tag der Zustellung | Fristablauf |
|---|---|
| Mittwoch, 06.10.2021 | Zwei Wochen später, Mittwoch, 20.10.2021, 24 Uhr |
| Freitag, 01.04.2022 | Das wäre zwei Wochen später am Freitag, dem 15.04.2022, das ist aber ein Feiertag (Karfreitag), daher Fristablauf am Dienstag nach Ostern, Dienstag, dem 19.04.2022, 24 Uhr |
| Samstag, 13.11.2021 | Eigentlich wäre das am Samstag, dem 27.11.2021, aber wegen der Feiertagsregelung läuft die Frist erst am nächstmöglichen Werktag ab, das ist hier Montag, der 29.11.2021, 24 Uhr |

### 2.2 Die Klageerhebung

Es ist dringend zu raten, die Klage durch einen Rechtsanwalt erheben zu lassen. Im Notfall kann das aber auch der Betroffene selbst machen.

Um das Risiko einer fehlerhaften Antragstellung so gering wie möglich zu halten, sollte der Betreffende, wenn er die Klage selbst erhebt, die Rechtsantragstelle des zuständigen Verwaltungsgerichts aufsuchen, den Bescheid dort vorlegen und den Klageantrag „zur Niederschrift des Urkundsbeamten erklären". Das hört sich etwas altertümlich an, ist aber im Notfall die beste Lösung. In der Rechtsantragstelle wird der Antrag mündlich gestellt und dann vom Beamten protokolliert. Das Verfahren geht dann seinen üblichen Gang, der Antragsteller bekommt ein paar Tage später die Post vom Gericht mit einer Eingangsbestätigung und dem Aktenzeichen des Gerichts.

## 2. Das gerichtliche Verfahren (erste Instanz)

Da Klageanträge auslegungsfähig sind und hier nicht am buchstäblich Erklärten stehengeblieben werden darf, genügt es, wenn der Asylsuchende vor dem Urkundsbeamten sinngemäß erklärt, dass er den Ablehnungsbescheid anficht und über die Anfechtung hinaus möchte, dass das Bundesamt ihm die Flüchtlingseigenschaft (und falls das nicht geht, den subsidiären Schutz) zuerkennt. Der Geschäftsstellenbeamte wird dann die rechtlich zutreffenden Worte finden, um das Gewollte in das Protokoll aufzunehmen. Und auch wenn der Beamte hier eine missglückte Formulierung wählt, muss das Gericht den zutreffenden Sinn durch Auslegung ermitteln.

Der Klageantrag hat somit diese beiden Teile:

| Anfechtungsteil | „Ich möchte, dass der Bescheid gegen mich aufgehoben wird." |
|---|---|
| Verpflichtungsteil | „Ich möchte, dass das Bundesamt verpflichtet wird, mich als Flüchtling anzuerkennen oder wenigstens den subsidiären Schutz zu erteilen. Wenn das nicht geht, möchte ich wenigstens, dass das Bundesamt die nationalen Abschiebungsverbote des § 60 Abs. 5 und 7 AufenthG ausspricht." |

Im Falle einer Unzulässigkeitsablehnung ist der Klageantrag anders und einfacher: Wenn das Bundesamt sagt, dass es den Antrag wegen Unzulässigkeit oder der anderweitigen Zuständigkeit eines anderen Staates nicht prüft, dann beantragt man nur die Aufhebung. Man sagt, dass der Bescheid aufgehoben werden soll – und hilfsweise will man die Abschiebungsverbote. Wenn man hier vor Gericht gewinnt, muss das Bundesamt den Antrag auch inhaltlich prüfen.

**Praxis-Hinweis:**

Die Rechtsantragstellen bei den Verwaltungsgerichten sind häufig nur vormittags besetzt, daher den Besuch dort vor 12.00 Uhr einplanen – und auch rechtzeitig vor Fristablauf.

XI. Das gerichtliche Verfahren gegen die Ablehnung

## 2.3 Die Klagebegründung

### 2.3.1 Zeitpunkt und Frist

Die schriftliche Klagebegründung ist wichtig. In den Bescheiden wird der Kläger immer aufgefordert, die ihn begünstigenden Tatsachen und die Beweismittel hierfür innerhalb einer Frist von einem Monat ab Zustellung an das Gericht mitzuteilen. Späteres Vorbringen könne vom Gericht unberücksichtigt gelassen werden. Das führt bei Betreuern verständlicherweise zu einer gewissen Hektik. Der Hinweis auf die Begründungsfrist ergibt sich aus dem Gesetz. Wichtig ist hier aber die Bedingung, dass das spätere Vorbringen zu einer Verzögerung bei der Erledigung des Rechtsstreits führen muss, um unberücksichtigt zu bleiben. Umgekehrt heißt das, späteres Vorbringen, das nicht verzögert, kann auch später berücksichtigt werden. Da die asylrechtlichen Gerichtsverfahren derzeit aber Monate dauern, wirkt sich eine geringfügige Überschreitung der Monatsfrist überhaupt nicht aus. Der Anwalt hat Zeit, um die Klagebegründung zu entwerfen, hier muss in einem gewöhnlichen Gerichtsverfahren nichts überstürzt werden.

### 2.3.2 Inhalt

Die Klagebegründung sollte sich individuell mit dem Bescheid des Bundesamts auseinandersetzen. Vielfach gründet sich der Bescheid auf die Beurteilung, dass der Asylantragsteller in seinem Vorbringen nicht glaubhaft gewesen sei. Die hierzu im Bescheid genannten Argumente und vermeintlichen Widersprüche sind, soweit möglich, in der Begründung jeweils zu widerlegen bzw. aufzuklären. Seltener sind Rechtsfragen entscheidend (z. B. die Beurteilung der Desertion im Kontext der Verfolgungsgründe).

Hilfreich ist es hier, den Bundesamtsbescheid in den allgemeinen und den individuellen Part zu unterteilen. In den mehrere Seiten langen Bescheiden finden sich sehr lange allgemeine Abschnitte über die Voraussetzungen der Schutzgewährung und die Anforderungen an einen glaubhaften Vortrag. Diese Teile sind für die Besprechung der Klagebegründung mit dem Antragsteller überflüssig und irreführend.

**Praxis-Hinweis:**
Es empfiehlt sich, die (wenigen) Stellen in dem Bescheid farblich zu markieren, in dem konkret über den Antragsteller ge-

## 2. Das gerichtliche Verfahren (erste Instanz)

schrieben wird und dann die dort gemachten Einwände gegen die Schutzgewährung aufzulisten. Im nächsten Schritt sollte man diese Einwände widerlegen.

Ferner sollte in der Klagebegründung auf die allgemeine Lage in dem betreffenden Herkunftsland eingegangen werden. Hier ist es hilfreich, wenn diese Ausführungen sich auf die konkrete Lebenssituation des Antragstellers beziehen. Natürlich sind auch Hintergrundinformationen zu geben, sie sollten aber nicht zu viel Raum einnehmen.

Schließlich sollten Beweismittel angegeben werden. Das sind Quellen, die das Vorbringen des Klägers unterstützen. Für allgemeine Verhältnisse können das Lageberichte des Auswärtigen Amtes oder Stellungnahmen von der UNHCR oder anderen internationalen Organisationen sein. Gerade dann, wenn sich in einem Land wichtige Veränderungen ergeben, können solche neuen Quellen den Ausschlag geben. Vorgelegt werden können natürlich auch ärztliche Atteste.

### 2.4 Die mündliche Verhandlung

#### 2.4.1 Grundsatz: kein Hauptsacheverfahren ohne mündliche Verhandlung

Die mündliche Verhandlung bei Gericht ist Teil eines jeden Gerichtsverfahrens. Sie ist das Herzstück, sozusagen das Gegenstück zur persönlichen Anhörung im Bundesamtsverfahren. Die mündliche Verhandlung gibt dem Kläger die Chance, nochmal alle Gründe für die Klage im Zusammenhang vorzubringen und diese – im Idealfall – mit Unterstützung seines Rechtsanwalts mit dem Gericht zu diskutieren. Die mündliche Verhandlung ist auch der Ort der Beweiserhebung. Wenn etwa Zeugen oder Sachverständige gehört werden, geschieht dies in der mündlichen Verhandlung. Daraus erklärt sich die Wichtigkeit der Verhandlung. Der Kläger hat einen Anspruch auf diese mündliche Verhandlung. Gegen seinen Willen kann nicht auf sie verzichtet werden und sie kann nicht durch ein schriftliches Verfahren ersetzt werden.

Auch das sogenannte Gerichtsbescheidverfahren ändert an diesem Grundsatz nichts, denn ergeht ein negativer Gerichtsbescheid (also ohne vorherige mündliche Verhandlung), kann der Kläger die

## XI. Das gerichtliche Verfahren gegen die Ablehnung

Durchführung der mündlichen Verhandlung beantragen. Dann wird der Gerichtsbescheid wirkungslos und durch das Urteil nach der dann später durchzuführenden mündlichen Verhandlung ersetzt.

### 2.4.2 Der Verzicht auf die mündliche Verhandlung

Auf die mündliche Verhandlung kann auch verzichtet werden, das Urteil ergeht dann im schriftlichen Verfahren. Oft sind es die Gerichte, die mit dem Vorschlag an den Kläger herantreten, das Verfahren auf diese Weise zu verkürzen. Bei der Antwort muss man bedenken, dass die Vernehmung von Zeugen und Sachverständigen damit wegfällt. Dies eignet sich also eher für Fälle, in denen aufgrund einer allgemeinen Lage oder der unumstrittenen Angaben in der Gerichtsakte entschieden werden kann. Wenn dagegen wichtige prozessentscheidende Angaben im Streit sind, dann sollte besser nicht verzichtet werden.

**Beispiel:**

K ist aus Afghanistan, sein Klageverfahren läuft schon seit mehr als drei Jahren. Vor dem Hintergrund der Machtübernahme der Taliban teilt der Richter in seinem Verfahren mit, dass das Gericht die Voraussetzungen für einen Abschiebeschutz als erfüllt sieht. Es schlägt vor, dass der Kläger seinen Klageantrag auf den internationalen Schutz zurücknimmt und auf die mündliche Verhandlung verzichtet. Das tut er, nach einigen Tag erhält er das schriftliche Urteil mit dem Abschiebeschutz.

### 2.4.3 Ablauf der mündlichen Verhandlung

Zur mündlichen Verhandlung werden die Beteiligten vom Gericht geladen. Mit Gericht ist hier der Einzelrichter gemeint: Asylverfahren finden in der Regel vor nur einem Richter statt, der den Fall auch alleine entscheidet. Entscheidungen des ganzen Spruchkörpers, also der Kammer, sind eine große Seltenheit. Bei Verhinderung des Klägers ist vom Instrument des Verlegungsantrags Gebrauch zu machen. Es wird auch ein Dolmetscher geladen; welche Sprache er dolmetschen soll, steht ebenfalls in der Ladung. Hier sollte kurz geprüft werden, ob es sich dabei auch um die Sprache handelt, die dem Kläger geläufig ist.

Nach dem Aufruf der Sache, womit festgestellt wird, welche Personen in welchen Rollen erschienen sind, stattet der Richter den

## 2. Das gerichtliche Verfahren (erste Instanz)

Sachbericht ab. Auf den Sachbericht können die Beteiligten aber auch verzichten, was aus Gründen der Zeitersparnis häufig geschieht.

Kern der asylrechtlichen Verhandlung ist sodann die „informatorische Anhörung" des Klägers. Dieser Ausdruck erklärt sich aus dem Umstand, dass der Kläger nicht Zeuge ist, weil man im deutschen Prozessrecht nicht Zeuge in eigener Sache sein kann. Der Kläger ist aber selbst zu hören, weil das, was Gegenstand seines Asylantrages ist, nur von ihm erlebt oder befürchtet wird, und er hier nicht auf Dritte verweisen kann. Vor der informatorischen Anhörung wird der Kläger von den Gerichten häufig auf seine Wahrheitspflicht hingewiesen, obwohl er sich keines Aussagedeliktes schuldig machen kann, da er ja gerade kein Zeuge ist.

Der Richter leitet diese informatorische Anhörung meist mit der Frage ein, warum der Kläger nicht wieder in sein Heimatland zurückkehren könne. Für die Zahl und Ausrichtung der gestellten Fragen gibt es keine Vorgaben. Manche Richter sind sehr stark am Bundesamtsprotokoll orientiert und prüfen, ob das dort Gesagte in der Verhandlung bestätigt wird. Manche sprechen sogleich die Widersprüche an, die ihnen bei der Vorbereitung des Falles aufgefallen sind, und wollen diese aufklären. Wieder andere lösen sich mehr vom Protokoll und messen der eigenen informatorischen Anhörung höheres Gewicht bei. Nach den Fragen des Gerichts erhält der Rechtsanwalt die Gelegenheit, Fragen zu stellen. Hier gilt das, was schon zur Anhörungsbegleitung gesagt wurde: Der Anwalt versucht, den Kläger, also den Geflüchteten, durch Fragen die Möglichkeit zu geben, Ergänzendes vorzutragen oder Widersprüche aufzulösen.

### 2.4.4 Sachverhaltsermittlung durch das Gericht

Das Gericht „erforscht den Sachverhalt von Amts wegen" (§ 86 Abs. 1 Satz 1 VwGO), das ist ein sehr wichtiger Grundsatz, der aus dem Prinzip des effektiven Rechtsschutzes und der Gesetzmäßigkeit der Verwaltung folgt. Dieser ermittelte Sachverhalt ist auch die Grundlage für die spätere Entscheidung. Das heißt dann auch, dass das Gericht den Sachverhalt, soweit nötig, aufzuklären hat. Das gilt jedoch nicht grenzenlos, auch hier begegnet wieder, was zu dem Spannungsfeld zwischen Amtsermittlung und Darlegungslast im asylrechtlichen Erkenntnisverfahren gesagt wurde. Soweit ein für

## XI. Das gerichtliche Verfahren gegen die Ablehnung

die Entscheidung erheblicher Sachverhalt in der Sphäre des Klägers liegt, muss der Kläger diesen Gesichtspunkt detailliert und mit Belegen (soweit möglich) vortragen, dann tritt die Pflicht des Gerichts ein, diesem Aspekt nachzugehen und zu ermitteln. Das gilt natürlich auch, wenn der Kläger substantiiert Sachverhalte allgemeiner Art vorträgt. In den jüngsten Entscheidungen höchster Gerichte zu Asylfragen ist diese Ermittlungspflicht immer wieder konkretisiert worden: Das Gericht hat „auf der Grundlage objektiver, zuverlässiger, genauer und gebührend aktualisierter Angaben" zu entscheiden (EuGH, Urt. v. 19.03.2019, Az.: C 163/17). Gerade das Erfordernis der aktuellen Information kann bei Verletzung ein Rechtsmittel oder die Verfassungsbeschwerde rechtfertigen.

**Beispiel:**

Nach dem Abzug der USA und der NATO-Verbündeten aus Afghanistan im Sommer 2021 mehrten sich Nachrichten über Landgewinne der Taliban und die Übernahme von Provinzhauptstädten. Schließlich kam es zur Machtübernahme durch die Taliban. Eine richterliche Bewertung der Rückkehrgefahr hat diese Entwicklung „tagesaktuell" zu ermitteln, insbesondere dann, wenn die Lage in einem Zielstaat kurzfristigen und folgenreichen Änderungen unterliegt (BVerfG, Beschl. v. 13.09.2017, Az.: 2 BvR 2435/17).

### 2.4.5 Beweisanträge

Ein wichtiges Instrument des Klägers sind die Beweisanträge. Sie zwingen das Gericht, sich mit einem bestimmten Aspekt des Verfahrens zu befassen. Eine ungerechtfertigte Ablehnung eines Beweisantrages stellt eine Verletzung des rechtlichen Gehörs (Art. 103 GG) dar und kann einen Zulassungsgrund für eine Berufung begründen. Beweisanträge bestehen aus einer abstrakt formulierten beweisfähigen Behauptung und der Nennung eines Beweismittels. Das Gericht kann diese Anträge unter anderem ablehnen, wenn sie nicht für die Entscheidung erheblich sind, zu unkonkret sind oder das Beweismittel nicht geeignet ist. Problematisch, aber nicht grundsätzlich unzulässig ist es, Beweisanträge mit Verweis auf die eigene Sachkunde des Gerichts abzulehnen.

## 2. Das gerichtliche Verfahren (erste Instanz)

> **Beispiel für einen Beweisantrag:**
> Es wird beantragt, Beweis zu erheben über die Behauptung des Klägers, an dem internationalen Flughafen Y in dem Staat X haben in den Tagen zwischen dem ... und dem ... wegen des Umsturzes und der Entmachtung der Regierung keine besonderen Ausreisekontrollen stattgefunden. Es wurden demnach lediglich Flugtickets kontrolliert und Pässe oberflächlich eingesehen.
> Beweismittel: Auskunft des Auswärtigen Amtes, X-Institut, Y-Gutachter

### 2.4.6 Das Rechtsgespräch (§ 104 Abs. 1 VwGO)

Einige Richter lassen in der mündlichen Verhandlung durchblicken, wie sie einen Fall beurteilen. Die Prozessordnung sieht ein solches Rechtsgespräch durchaus vor. Bei anderen Richtern ist eine allzu große Offenheit aber unbeliebt, weil sie sich gegenüber dem Vorwurf der Befangenheit angreifbar sehen oder es insgesamt als unangenehm empfinden, in eine Diskussion zu geraten oder dem Ausländer eine unliebsame Position zu offenbaren. Sie verweisen dann darauf, dass es keine Pflicht dahin gäbe, ihre Auffassung offenzulegen – was auch zutrifft. An sich ist ein offenes Rechtsgespräch positiv, es dient der Konfliktlösung, weil die Beteiligten besser ihre Argumente auf den entscheidenden Punkt lenken können.

### 2.5 Das Urteil

Nach der mündlichen Verhandlung folgt das Urteil. Ganz selten wird es gleich im Anschluss an die Verhandlung verkündet. Meistens wird es verkündet, wenn die Beteiligten schon nicht mehr bei Gericht sind. Man kann es dann noch am gleichen Tag oder am nächsten Morgen telefonisch bei der Geschäftsstelle erfragen. Bis die schriftliche Form vorliegt, dauert es dann noch einige Tage.

Hin und wieder kommt es aber auch vor, dass das Gericht die Entscheidung nach der Verhandlung noch nicht trifft oder getroffen hat, weil etwa noch Recherchen nachzuholen sind oder der Richter sich den Fall noch einmal in Ruhe durch den Kopf gehen lassen will. In diesen Fällen wird das Urteil „zugestellt". Für die Beteiligten heißt das, dass die Entscheidung eben nicht unmittelbar nach der Verhandlung verkündet wird, sondern auf schriftlichem Wege kommt.

## XI. Das gerichtliche Verfahren gegen die Ablehnung

Gegen das Urteil kann die Zulassung der Berufung beantragt werden. Die Gründe hierfür sind aber beschränkt: Nach dem Asylprozessrecht können nur die grundsätzliche Bedeutung einer Rechtsfrage oder die Abweichung von Entscheidungen der Oberverwaltungsgerichte oder der Bundesgerichte angeführt werden. Das Argument, eine Entscheidung sei schlicht juristisch falsch, ist kein Zulassungsgrund. Das ist in anderen Rechtsgebieten anders; der Gesetzgeber wollte das Asylverfahren aber straffen, so kommt es zu diesen Einschränkungen der Rechtsmittel.

Seit Juli 2017 ist im Asylprozess die sogenannte Sprungrevision möglich. Wenn das Gericht der ersten Instanz diese zulässt und die anderen Beteiligten damit einverstanden sind, kann damit gleich das Bundesverwaltungsgericht zuständig werden. Der Gesetzgeber hat dieses Instrument eingeführt, um in umstrittenen Fällen eine schnelle höchstrichterliche Entscheidung herbeizuführen.

### 2.6 Der Eilantrag

#### 2.6.1 Erforderlichkeit eines Eilantrags

In besonderen Fällen muss neben der Klage auch ein Eilantrag gestellt werden. Im Asylrecht sind solche Eilanträge ebenfalls fristgebunden. Das ist aber auch für sich kein Problem, weil auch diese Frist, wenn denn ein Eilantrag erforderlich ist, in der Rechtsmittelbelehrung genannt ist. Das ist nicht zu übersehen.

Der Eilantrag ist immer dann erforderlich, wenn der Bundesamtsbescheid sofort vollziehbar ist – also dann, wenn eine Klage keine Hemmung des Vollzugs bewirkt. Juristen sprechen dann davon, dass die Klage keine aufschiebende Wirkung hat. Das ist immer dann der Fall, wenn das Bundesamt einen Asylantrag als „offensichtlich unbegründet" abgewiesen hat oder wenn es den Antrag für unzulässig nach § 29 AsylG erachtet.

> **Praxis-Hinweis:**
> Schon an der Frist, die das Bundesamt in seinem Bescheid für die freiwillige Ausreise setzt, kann man erkennen, ob ein Eilantrag notwendig wird. Ist diese Frist eine Woche lang, wird ein Eilantrag erforderlich sein.

**3. Antrag auf Zulassung der Berufung nach einem negativen Urteil**

Das Fehlen einer aufschiebenden Wirkung bedeutet, dass die Abschiebung auch ungeachtet der erhobenen Klage durchgeführt wird. Im schlimmsten Fall bedeutet das, dass der Antragsteller die weitere Klage und auch die mündliche Verhandlung aus dem Ausland verfolgen muss, selbst aber nicht mehr in Deutschland ist.

*2.6.2 Inhalt des Eilantrags (§ 80 Abs. 5 VwGO)*

Mit dem Eilantrag wird das Gericht aufgefordert, eine vorläufige Entscheidung bis zur Entscheidung über die Hauptsache zu treffen. Es kann dann sein, dass das Gericht die aufschiebende Wirkung anordnet. Die Behörde darf dann vor Abschluss des Gerichtsverfahrens die Abschiebung nicht mehr durchführen. Lehnt das Gericht den Antrag ab, darf die Behörde sofort vollziehen.

*2.6.3 Ablauf eines Eilverfahrens*

Die Notwendigkeit, einen Eilantrag stellen zu müssen, ist für den Betroffenen mit vielen Problemen verbunden. Nicht nur, dass man plötzlich einer Abschiebung ins Auge sehen muss, auch die Prozessführung ist viel weniger komfortabel. Der Antragsteller hat nicht die Chance, seine Gründe in einer mündlichen Verhandlung vorzutragen, weil es im Eilverfahren keine mündliche Verhandlung gibt. Es zählen nur die schriftlichen Gründe. Außerdem gibt es kein Recht der Beschwerde im asylrechtlichen Eilverfahren (§ 80 AsylG). Lehnt das Gericht den Eilantrag ab, ist dieser Beschluss automatisch unanfechtbar. Hier bliebe allenfalls die Verfassungsbeschwerde beim Bundesverfassungsgericht. Manchmal ergibt sich aber auch die Chance, das Eilverfahren nochmal neu durchzuführen, wenn sich ein neuer relevanter Grund ergeben hat. Das wird oft ein gesundheitlicher Grund sein, der dann im Rahmen eines Abänderungsantrags (§ 80 Abs. 7 VwGO) geltend gemacht wird.

## 3. Antrag auf Zulassung der Berufung nach einem negativen Urteil

Nach einem klageabweisenden Urteil kann der Asylsuchende die Zulassung der Berufung beantragen. Allerdings sind die Gründe im Asylrecht sehr stark eingeschränkt. Zulässige Gründe sind nur:

## XI. Das gerichtliche Verfahren gegen die Ablehnung

- absolute Revisionsgründe (Fehlbesetzung des Gerichts, Verletzung des rechtlichen Gehörs, Mangel der Öffentlichkeit der Verhandlung u. a. schwerwiegende Verfahrensfehler)
- grundsätzliche Bedeutung einer Rechtsfrage
- Abweichen von der Rechtsprechung des Oberverwaltungsgerichts (gemeint ist hier das übergeordnete Oberverwaltungsgericht, nicht alle anderen), des Bundesverwaltungsgerichts, des Bundesverfassungsgerichts oder des Gemeinsamen Senats der obersten Gerichtshöfe des Bundes

Am häufigsten berufen sich die Beschwerdeführer auf den Zulassungsgrund der grundsätzlichen Bedeutung. Damit ist aber leider nur die grundsätzliche Bedeutung für die Rechtsprechung oder Rechtsfortbildung gemeint, nicht die grundsätzliche Bedeutung für den Kläger. In dem Urteil muss sich demnach eine wesentliche Aussage finden lassen, die im Zuge der Rechtsfortbildung überprüft oder vereinheitlicht werden soll. Diese Aussage muss verallgemeinerungsfähig und für eine Vielzahl von Fällen erheblich sein. Beruht das Urteil eher auf den persönlichen Feststellungen zum Einzelschicksal des Klägers, ist die Erfolgsaussicht einer Anfechtung durch das Bundesamt sehr gering.

Hier einige Beispiele:

| Das Urteil beruht auf der Aussage des Gerichts, dass es in Italien auch für vulnerable Schutzsuchende und Familien mit Kleinstkindern ausreichend Wohnraum gebe, was die Gefahr der Obdachlosigkeit ausschließe. | Hier könnte der Anwalt diese Aussage zum Gegenstand eines Berufungsverfahrens machen mit dem Argument, dass die Frage des Wohnraums für Flüchtlinge in Italien grundsätzliche Bedeutung habe. In dem Zulassungsantrag müssen aber dann Erkenntnisquellen angeführt werden, die darlegen, dass die Feststellungen und Erkenntnisse des Gerichts unzutreffend oder zweifelhaft sind. |
|---|---|
| Das Urteil beruht auf der Feststellung, dass der äthiopische Jugendliche J in seiner Schule keine regimekritischen Flugblätter verteilt habe. | Gegen solche individuellen Gründe kann eine asylrechtliche Zulassung nicht erfolgreich geführt werden. |

## 4. Vorgehen nach einem positiven Gerichtsverfahren

| Das Urteil beruht darauf, dass das Gericht dem Kläger K nicht geglaubt hat. | Auch diese Wertung ist, weil es eine individuelle Würdigung des Gerichts ist, nicht als Zulassungsgrund geeignet. Anders wäre es, wenn das Gericht die Aussagen des Klägers willkürlich behandelt oder gänzlich unberücksichtigt lässt. |
| --- | --- |

## 4. Vorgehen nach einem positiven Gerichtsverfahren

War die Klage erfolgreich, muss zunächst abgewartet werden, ob das Bundesamt seinerseits ein Rechtsmittel einlegt. Angesichts der Beschränkungen, die der Gesetzgeber zur Abkürzung von Asylverfahren geschaffen hat, sind solche Fälle aber eher unwahrscheinlich.

Hat das Bundesamt kein Rechtsmittel eingelegt (die Frist hierfür ist ein Monat), wird das Urteil rechtskräftig. Aber auch jetzt muss der Kläger leider noch weiter warten, nämlich auf seinen neuen Bescheid. Das Gericht hat ihm ja nicht selbst den Flüchtlingsstatus (oder einen anderen Schutz) zuerkannt, es hat lediglich das Bundesamt verpflichtet, dies zu tun. Das Bundesamt ist weiter die originäre Instanz für die Zuerkennung des Flüchtlingsschutzes und muss jetzt auf Geheiß des Gerichts diesen Bescheid erlassen. Er heißt deswegen auch „Verpflichtungsbescheid". Anschaulich wird das an der Begründung. Nach der Passage über die Gewährung des Schutzes steht sodann in dem neuen Bundesamtsbescheid, dass dieses durch das Gericht zur Aussprache dieser Entscheidung verpflichtet worden sei.

Erst mit diesem Bescheid in Händen kann sich der ehemalige Kläger an die Ausländerbehörde wenden, um seine aufenthaltsrechtlichen Angelegenheiten zu klären.

# XII. Der Wegfall der Anerkennung: Erlöschen, Widerruf und Rücknahme

| | | |
|---|---|---|
| 1. | Erlöschen der Flüchtlingsanerkennung und Asylberechtigung | 286 |
| 1.1 | Erlöschen als Sonderfall | 286 |
| 1.2 | Erlöschensgründe bei Flüchtlingsanerkennung und Asylberechtigung | 286 |
| 1.3 | Folgen des Erlöschens | 287 |
| 2. | Widerruf der Schutzberechtigung | 288 |
| 2.1 | Begriff des Widerrufs | 288 |
| 2.2 | Widerrufsgründe im Flüchtlingsrecht | 288 |
| 2.3 | Widerrufsverfahren | 288 |
| 3. | Rücknahme | 290 |
| 4. | Zusammenfassendes Schaubild | 291 |
| 5. | Auswirkung von Widerruf und Rücknahme auf den Aufenthaltsstatus | 291 |
| 5.1 | Der Widerruf durch die Ausländerbehörde als Reaktion auf den Wegfall der Schutzanerkennung | 291 |
| 5.2 | Der Widerruf einer befristeten Aufenthaltserlaubnis nach § 25 Abs. 1 bis 3 AufenthG | 292 |
| 5.3 | Der Widerruf einer unbefristeten Aufenthaltserlaubnis bei ehemaligen Schutzberechtigten | 292 |

# XII. Der Wegfall der Anerkennung: Erlöschen, Widerruf und Rücknahme

## 1. Erlöschen der Flüchtlingsanerkennung und Asylberechtigung

### 1.1 Erlöschen als Sonderfall

Das Gesetz kennt drei Verlustgründe, die eine Schutzberechtigung wieder beseitigen, nämlich Erlöschen, Widerruf und Rücknahme. Dabei ist das Erlöschen etwas Besonderes, weil das Erlöschen von Rechtswegen geschieht und kein behördliches Verfahren voraussetzt. Es genügt einfach, dass die Erlöschensgründe eintreten; der Status ist dann verloren. Das betrifft aber nur die Asylberechtigung und die Flüchtlingsanerkennung. Alle anderen Schutzberechtigungen können nicht erlöschen, sondern müssen noch vom Bundesamt widerrufen oder zurückgenommen werden. Unterlässt das Bundesamt den Widerruf oder die Rücknahme, obwohl die Voraussetzungen hierfür eigentlich vorlagen, bleibt die Schutzberechtigung bestehen.

### 1.2 Erlöschensgründe bei Flüchtlingsanerkennung und Asylberechtigung

Die Gründe für das Erlöschen von Asyl- und Flüchtlingsstatus sind in § 72 Abs. 1 AsylG genannt. Der wichtigste Erlöschensgrund dort ist das freiwillige erneute Unterschutzstellen, das sich durch Entgegennahme eines Passes, Rückreisen ins Verfolgerland oder ähnlichen Handlungen zeigt.

**§ 72 Abs. 1 Nr. 1 und 1a AsylG:**

„Die Anerkennung als Asylberechtigter und die Zuerkennung der Flüchtlingseigenschaft erlöschen, wenn der Ausländer

1. sich freiwillig durch Annahme oder Erneuerung eines Nationalpasses oder durch sonstige Handlungen erneut dem Schutz des Staates, dessen Staatsangehörigkeit er besitzt, unterstellt,

1a. freiwillig in das Land, das er aus Furcht vor Verfolgung verlassen hat (…) zurückgekehrt ist und sich dort niedergelassen hat,"

## 1. Erlöschen der Flüchtlingsanerkennung und Asylberechtigung

Diese Vorschriften sind aber mittlerweile so nicht mehr gültig, auch wenn sie noch so im Gesetz stehen. Sie sind nämlich durch das Europarecht verdrängt: Die EU-Verfahrensrichtlinie (VerfRL) regelt das Erlöschen eines Flüchtlingsstatus in Art. 45 Abs. 5 und nennt dort nur noch zwei Fälle, in denen sich ein Flüchtlingsstatus von selbst auflöst, nämlich dann, wenn der Inhaber ausdrücklich darauf verzichtet oder wenn er sich in einen anderen Staatsverband einbürgern lässt. Alle anderen Fälle, die § 72 Abs. 1 AsylG nennt, insbesondere die beiden bislang wichtigen Fälle der Unterschutzstellung, führen heute nicht mehr zum Erlöschen. Die in der Beratungspraxis häufige Frage, was denn geschieht, wenn der anerkannte Flüchtling zu der konsularischen Vertretung seines Herkunftsstaates geht, um dort einen Pass zu beantragen oder wenn er kurzzeitig in sein Herkunftsland zurückkehrt, sind heute dahingehend zu beantworten, dass ein Erlöschen nicht mehr eintritt. Allerdings, auch wenn dieses Problem mit der Geltung der VerfRL vom Tisch ist. Folgen können der Botschaftsbesuch oder die Rückreise ins Herkunftsland für den anerkannten Flüchtling doch haben, aber dann als Widerrufsgrund. Das Bundesamt kann diese Umstände nämlich als Hinweis darauf verstehen, dass der Geflüchtete seinen Schutz nicht mehr benötigt, weil die Sachlage sich offensichtlich geändert hat.

**Praxis-Hinweis:**
Der § 72 Abs. 1 Nr. 1 bis 2 AsylG ist, so wie er heute im Gesetzbuch steht, mit dem Unionsrecht nicht mehr vereinbar und daher unwirksam. Er ist von den Behörden und Gerichten nicht mehr zu beachten. Allerdings verlagern sich die Fragen, die wir früher mit dem Erlöschen hatten, jetzt in das Feld des Widerrufs.

### 1.3 Folgen des Erlöschens

Die Folge des Erlöschens, soweit einer der beiden noch geltenden Erlöschensgründe eintritt, ist der automatische Wegfall des Schutzes. § 72 Abs. 2 AsylG besagt, dass der ehemals Berechtigte seinen Reiseausweis für Flüchtlinge und den Anerkennungsbescheid unverzüglich bei der Ausländerbehörde abzugeben hat. Die Ausländerbehörde wird dann auch prüfen, wie sie aufenthaltsrechtlich damit verfährt, dass die Anerkennung weggefallen ist. Der Ausländer erfährt von dem Wegfall seines Schutzes meistens erst durch ein

## XII. Der Wegfall der Anerkennung

Schreiben der Ausländerbehörde. Bestreitet der Ausländer dann, dass sein Schutzstatus erloschen ist, muss er ein Gerichtsverfahren mit der Ausländerbehörde führen. Das ist insofern bemerkenswert, weil sonst Rechtsstreitigkeiten in Ansehung einer Flüchtlingsanerkennung mit dem Bundesamt geführt werden. Das ist hier anders.

### 2. Widerruf der Schutzberechtigung

#### 2.1 Begriff des Widerrufs

Der Widerruf ist eine Entscheidung der Behörde, mit der ein früherer Verwaltungsakt aufgehoben wird, der ursprünglich korrekt erteilt worden war, dessen Voraussetzungen aber inzwischen weggefallen sind. Damit ist der Widerruf der Weg der Behörde, um steuernd auf Veränderungen zu reagieren.

#### 2.2 Widerrufsgründe im Flüchtlingsrecht

Der klassische Widerrufsgrund im Flüchtlingsrecht ist die nachhaltige Verbesserung der menschenrechtlichen Lage im Herkunftsland, wenn z. B. eine Verfolgungsgefahr nicht mehr besteht, weil das Verfolgerregime von einer demokratisch gewählten Regierung abgelöst worden ist. Der Widerruf kann alle Anerkennungsentscheidungen betreffen, also auch den subsidiären Schutz oder das nationale Abschiebungsverbot (§§ 73b, 73c AsylG). Zuständig ist die Behörde, die die Ausgangsentscheidung getroffen hat, also das Bundesamt für Migration (wenn nicht ausnahmsweise nur die Ausländerbehörde zuständig war, weil es sich um eine isolierte Feststellung des § 60 Abs. 5 oder 7 AufenthG gehandelt hat). Wichtig ist aber, dass es sich um eine valide Veränderung der Verhältnisse handelt, die nicht nur flüchtig oder unsicher ist.

#### 2.3 Widerrufsverfahren

Die Aufnahme eines Widerrufsverfahrens kann verschiedene Gründe haben. Das kann dem Umstand geschuldet sein, dass dem Bundesamt oder der Ausländerbehörde (die solche Kenntnisse weitergibt) ein individueller Widerrufsgrund bekannt wird (etwa die Rückreise des Schutzberechtigten in sein Herkunftsland, die Gesundung, der Eintritt der Volljährigkeit oder ein gegen den Schutzberechtigten ergangenes Strafurteil).

## 2. Widerruf der Schutzberechtigung

> **Beispiel:**
>
> G hat ein Schreiben des Bundesamts erhalten, in dem sie darauf hingewiesen wird, dass es polizeiliche Nachweise gebe, dass sie ein Jahr zuvor auf dem Luftweg über Istanbul und Frankfurt aus Afghanistan kommend nach Deutschland eingereist sei. Weiter steht in dem Schreiben, dass der Widerruf deswegen beabsichtigt sei, weil sie den Schutz, wie die Reise gezeigt habe, nicht benötige. Hier kann sie mit guten Gründen vortragen, dass ihre Reise der Erfüllung einer sittlichen Pflicht gedient habe. Ihr Vater sei im Sterben gelegen, die kurze Reise (zwei Wochen) hat sie unter Einhaltung aller möglichen Sicherheitsvorkehrungen durchgeführt.

XII

Ein Widerrufsverfahren wird häufig aber auch dann begonnen, wenn ein Ausländer Anträge zu seiner Aufenthaltsverfestigung (Niederlassungserlaubnis oder Einbürgerung) stellt oder wenn er Familiennachzug oder auch Familienschutz beantragt. Schließlich gibt es die routinemäßige Überprüfung des Schutzstatus, der in ein Widerrufsverfahren mündet, wenn drei Jahre nach der Anerkennung abgelaufen sind (§ 73 Abs. 2a AsylG).

Wird ein solches Widerrufsverfahren eröffnet, gibt das Bundesamt dem Betroffenen die Möglichkeit, zu einem beabsichtigten Widerruf Stellung zu nehmen. In dem Widerrufsverfahren sind neben den eigentlichen Gründen für den Widerruf (also die Veränderung der Verhältnisse) alle Gründe zu prüfen, die vielleicht sonst gegen die Abschiebung des Ausländers in sein Herkunftsland sprechen. Es mag nämlich sein, dass trotz des Wegfalls der Anerkennungsgründe und der Änderung der Verhältnisse sich andere Aspekte ergeben haben, die eine Verfolgungsgefahr oder einen anderen Grund für ein Abschiebungsverbot nahelegen.

> **Beispiel:**
>
> Die A hat vor rund 40 Jahren Asyl in der Bundesrepublik erhalten, weil sie vom äthiopischen DERG-Regime verfolgt worden war. Ihr Schutzstatus wurde mit der Begründung widerrufen, dass es diese Gefahr heute nicht mehr gibt. Sie ist in der Zwischenzeit im Besitz einer Niederlassungserlaubnis. Wegen einer zwischenzeitlich eingetretenen schweren Lungenerkrankung, ihres Alters und der schlechten Versorgungslage in Äthiopien

## XII. Der Wegfall der Anerkennung

für Personen ohne familiäre Anbindung stellt das Bundesamt aber ein Abschiebungsverbot nach § 60 Abs. 5 AufenthG fest.

Gegen den Bescheid, der die Aufhebung des Schutzes ausspricht, kann dann der Betroffene Klage erheben, die auch aufschiebende Wirkung hat.

**Wichtig:** Der Widerruf einer Schutzanerkennung führt nicht notwendig zu aufenthaltsrechtlichen Konsequenzen, wenn der Betroffene aus anderen Gründen ein Bleiberecht hat. Zu der Frage, wie sich der Schutzwiderruf auf eine Aufenthaltserlaubnis auswirkt, siehe unten Abschnitt 5.

### 3. Rücknahme

Die Rücknahme beseitigt ebenso wie der Widerruf eine früher getroffene Behördenentscheidung. Im Unterschied zum Widerruf richtet sich die Rücknahme aber auf frühere Entscheidungen, die schon zum Zeitpunkt ihres Erlasses rechtswidrig waren, die also irrtümlich ergangen sind. Warum es zu dem Irrtum kam, ist im asylrechtlichen Verfahren unerheblich. Lag der Fehler bei der Behörde, findet die Rücknahme trotzdem statt, einen Vertrauensschutz gibt es hier grundsätzlich nicht. Noch deutlicher ist die Situation, wenn der Fehler auf einer Täuschung durch den Antragsteller oder seinem Verschweigen von wichtigen Umständen beruht.

**Beispiel:**

F ist als syrischer Flüchtling anerkannt worden. Er hatte sich 2018 mit Täuschungsabsicht beim Bundesamt als Syrer registrieren lassen. Als F den Nachzug seiner Familie aus einem ganz anderen Land anstrebt, kommen der Ausländerbehörde Zweifel an der Staatsangehörigkeit des F, was sie dem Bundesamt mitteilt. Daraufhin betreibt das Bundesamt ein Rücknahmeverfahren. In diesem Verfahren wird geprüft, ob dem F auch im Hinblick auf seinen tatsächlichen Herkunftsstaat die Verfolgung droht.

## 4. Zusammenfassendes Schaubild

| Weg der Beendigung des Schutzstatus | Betroffene Schutzberechtigung | Voraussetzungen |
|---|---|---|
| Erlöschen (ohne Handeln der Behörde) | – Asylberechtigung<br>– Flüchtlingsanerkennung | § 72 AsylG und die dort genannten Erlöschensgründe (soweit sie nicht unionswidrig sind) |
| Widerruf durch Bundesamt | – Asylberechtigung<br>– Flüchtlingsanerkennung<br>– subsidiärer Schutz<br>– nationale Abschiebungsverbote | § 73 Abs. 1 AsylG; wenn eine früher zutreffend ausgesprochene Schutzberechtigung aufgrund veränderter Umstände nicht mehr begründet ist (und keine anderen Anerkennungsgründe bestehen) |
| Rücknahme durch Bundesamt | – Asylberechtigung<br>– Flüchtlingsanerkennung<br>– subsidiärer Schutz<br>– nationale Abschiebungsverbote | § 73 Abs. 2 AsylG; wenn die Schutzzuerkennung schon ursprünglich fehlerhaft war (z. B. wegen Täuschung des Antragstellers) und keine Anerkennungsgründe bestehen |

## 5. Auswirkung von Widerruf und Rücknahme auf den Aufenthaltsstatus

### 5.1 Der Widerruf durch die Ausländerbehörde als Reaktion auf den Wegfall der Schutzanerkennung

So wie das Bundesamt den Schutz widerrufen kann, wenn dessen Voraussetzungen wegfallen, kann die Ausländerbehörde die Aufenthaltserlaubnis widerrufen, wenn der Schutzstatus weggefallen ist (vgl. § 52 Abs. 1 AufenthG). Das ist allerdings kein Automatismus, die Ausländerbehörde hat hier vom Gesetzgeber ein Ermessen eingeräumt erhalten, von dem sie auch Gebrauch machen muss. Sie kann damit insbesondere die Integrationsleistungen oder die familiären Bindungen und andere humanitäre Gründe berücksichtigen. Sofern andere Aufenthaltserlaubnisse auf einer anderen Grundlage erteilt werden können, hätte die Behörde im Ermessenswege dies zu tun. Wenn ein Anspruch besteht, zum Beispiel bei der Niederlas-

## XII. Der Wegfall der Anerkennung

sungserlaubnis nach § 9 AufenthG, gilt dies umso mehr. Außerdem setzt die Widerrufsentscheidung der Ausländerbehörde voraus, dass das gesamte Widerrufsverfahren beim Bundesamt bestandskräftig abgeschlossen ist.

Sofern eine Klage gegen den Widerruf erhoben wurde – und diese, wie in der Regel, aufschiebende Wirkung hat – wäre auch noch das Ende des Gerichtsverfahrens abzuwarten. Vorher kann die Behörde nicht widerrufen.

### 5.2 Der Widerruf einer befristeten Aufenthaltserlaubnis nach § 25 Abs. 1 bis 3 AufenthG

Eine Aufenthaltserlaubnis nach § 25 Abs. 1 bis 3 AufenthG kann im Ermessenswege grundsätzlich widerrufen werden. Der Zusammenhang zwischen Schutzerteilung und Aufenthaltsgewährung liegt auf der Hand. Aber auch hier gilt das oben Gesagte. Vor allem Gründe der beruflichen und persönlichen Integration sowie der familiären Bindungen können hier helfen.

### 5.3 Der Widerruf einer unbefristeten Aufenthaltserlaubnis bei ehemaligen Schutzberechtigten

Die unbefristete Aufenthaltserlaubnis eines Anerkannten ist ein Zeichen seiner Integration. Nach der herrschenden Auffassung macht diese ihn aber leider nicht unbesehen gegen einen Widerruf sicher. Solche Fälle haben allerdings eher einen Lehrbuchcharakter und sind selten aus der Praxis gegriffen.

Hier gilt nach der herrschenden Auffassung: Wird eine unbefristete Aufenthaltserlaubnis auf der Grundlage erteilt, dass ein Antragsteller als Flüchtling in Deutschland lebt, und wird dieser Flüchtlingsstatus widerrufen, dann prüft die Ausländerbehörde, ob dem Ausländer nicht aus anderen Gründen diese Niederlassungserlaubnis zu belassen ist. Das ist dann der Fall, wenn auch nach allgemeinen Regeln die unbefristete Aufenthaltserlaubnis zu erteilen wäre: Es kommt also darauf an, dass der Ausländer die allgemeinen Regeln des § 9 AufenthG verwirklicht, also mindestens fünf Jahre im Land ist, seinen Lebensunterhalt selbst sichert, 60 Monate Pflichtbeiträge zur Rentenversicherung eingezahlt hat und nicht nennenswert strafrechtlich in Erscheinung getreten ist. Erfüllt er diese Vorgaben, kann ihm auch der Widerruf seiner Flüchtlingseigenschaft nichts mehr anhaben.

## 5. Auswirkung von Widerruf und Rücknahme auf den Aufenthaltsstatus

> **Praxis-Hinweis:**
> Schutzberechtigten wäre zu raten, frühzeitig die unbefristete Aufenthaltserlaubnis ins Auge zu fassen. Wer diese bereits erhalten hat, sollte darauf achten, dass die Voraussetzungen der Lebensunterhaltssicherung und der Straffreiheit weiter bestehen. Dann kann auch bei einem Widerruf nichts passieren. Auch die fünf Jahre Voraufenthalt dürften meist erfüllt sein: Auch wenn der Widerruf bestandskräftig wird, so hat er keine Rückwirkung. Deswegen ändert sich auch nichts daran, dass die Zeiten des Asylverfahrens weiter angerechnet werden (§ 55 Abs. 3 AsylG).

Selbstverständlich können die Gründe der Integration, die ja nach dem neuen Gesetz schon nach drei Jahren unter erhöhten Bedingungen zu einer unbefristeten Aufenthaltserlaubnis geführt haben, berücksichtigt werden, ebenso wie familiäre Beziehungen. Es spricht viel dafür, die unbefristete Aufenthaltserlaubnis nach § 26 Abs. 3, 2. Alt. AufenthG, die der Gesetzgeber an sehr hohe Anforderungen geknüpft hat, per se als „widerrufsfest" zu betrachten. Wer in dieser kurzen Zeit solche Anforderungen erfüllt, muss in seinem Vertrauen geschützt sein. Weil diese Vorschrift sehr neu ist – und es auch Widerrufe im Hinblick auf diese Vorschrift noch nicht gegeben hat –, ist offen (aber nicht unwahrscheinlich), ob die Gerichte diesen Vertrauensschutz anerkennen werden.

Bei § 26 Abs. 3 AufenthG kommt noch hinzu, dass die Erteilung der unbefristeten Aufenthaltserlaubnis bei den Anerkannten aus den Jahren 2015, 2016 und 2017 unter der Bedingung stand, dass das Bundesamt nicht widerruft. Ohne diese Mitteilung konnte die Ausländerbehörde nicht erteilen. Es ist zwar gesetzlich nicht untersagt, dass eine Widerrufsprüfung immer wieder erfolgt, wenn die Voraussetzungen sich ändern. In diesem Fall bestätigt aber der Umstand, dass damals ausdrücklich auf einen Widerruf verzichtet wurde, dass der Schutzberechtigte davon ausgehen durfte, dass sein Aufenthalt in Zukunft unabhängig von der weiteren Entwicklung in seinem Herkunftsland sein sollte. Der Widerruf der Anerkennung hätte hier nur statistische Gründe.

# XIII. Der Folgeantrag (§ 71 AsylG)

| | | |
|---|---|---|
| 1. | Antragstellung ................................................................... | 296 |
| 1.1 | Begriff des Folgeantrags................................................... | 296 |
| 1.2 | Beschränkung auf neue Gründe ........................................ | 296 |
| 1.3 | Antragstellung.................................................................. | 297 |
| 1.4 | Status während des Verfahrens ........................................ | 297 |
| 2. | Prüfung der Wiederaufnahmegründe............................... | 299 |
| 2.1 | Wiederaufnahmegründe ................................................... | 299 |
| 2.2 | Ohne grobes Verschulden (§ 51 Abs. 2 VwVfG)............... | 300 |
| 2.3 | Noch immer eine Frist von drei Monaten (§ 51 Abs. 3 VwVfG)?................................................... | 300 |
| 3. | Bescheid und Rechtsmittel ............................................... | 301 |
| 3.1 | Der Bescheid bei einer Ablehnung des Wiederaufgreifens .......................................................... | 301 |
| 3.2 | Rechtsmittel ..................................................................... | 301 |
| 3.3 | Vorgehen bei verfristetem Folgeantrag........................... | 301 |
| 3.4 | Besonderheiten bei Folgeanträgen auf der Grundlage von selbst geschaffenen Nachfluchtgründen (§ 28 Abs. 2 AsylG)......................................................... | 302 |
| 4. | Antrag auf Wiederaufgreifen bei nationalen Abschiebungsverboten .................................................... | 303 |

# XIII. Der Folgeantrag (§ 71 AsylG)

## 1. Antragstellung

### 1.1 Begriff des Folgeantrags

Der Folgeantrag ist ein erneuter Asylantrag nach Rücknahme oder unanfechtbarer Ablehnung eines früheren Asylantrags. Eigentlich handelt es sich hier um einen Wiederaufgreifensantrag, wie er im gesamten Verwaltungsrecht möglich ist (§ 51 VwVfG). Die Bezeichnung ist hier besonders, aber auch das zweiteilige Verfahren, das hier ausdrücklich vorgeschrieben ist, ist besonders. Es berücksichtigt den Umstand, dass der Antragsteller, der ja wegen seiner bereits bestandskräftigen Ablehnung aus dem früheren Verfahren ausreisepflichtig ist, neue Schutzgründe geltend macht. Er muss irgendwie geschützt werden. Das Gesetz löst dieses Problem so, dass der Folgeantragsteller während der ersten Phase das Anrecht auf eine Duldung hat, also nicht abgeschoben werden darf, bis das Bundesamt entschieden hat, ob es den Fall zur erneuten Prüfung wieder annimmt.

Auch der Fall, dass auf das Asylverfahren eines Kindes (§ 14a AsylG) ursprünglich verzichtet worden ist, die Eltern aber dann doch eine Prüfung der Verfolgungsgründe wünschen, ist ein Folgeantrag (§ 71 Abs. 1 Satz 2 AsylG). Der Folgeantrag richtet sich, wie der Asylantrag, auf den internationalen Schutz. Begehrt ein Antragsteller nur die Neubewertung einer Entscheidung zu den nationalen Abschiebungsverboten, liegt kein Folgeantrag vor, sondern nur ein Wiederaufgreifensantrag, der asylrechtlich nicht besonders geregelt ist.

### 1.2 Beschränkung auf neue Gründe

Der Folgeantrag wird dadurch beschränkt, dass wegen des bereits durchgeführten Asylverfahrens und der entgegenstehenden bestandskräftigen Entscheidung nur noch solche Gründe berücksichtigungsfähig sind, die neu sind oder die im ersten Verfahren unverschuldet nicht haben vorgebracht werden können. Das Gesetz verweist in § 71 AsylG auf die Wiederaufnahmegründe aus dem VwVfG, das sind die Gründe, die zu einer erneuten Befassung führen. Das Verfahren ist zweigeteilt, nämlich in einen ersten Schritt,

# 1. Antragstellung

in dem das BAMF prüft, ob es das Verfahren wieder aufnimmt, und in einen zweiten, in dem in der Sache entschieden wird. Das geschieht allerdings nur, wenn das Bundesamt Wiederaufnahmegründe anerkennt. Die meisten Folgeanträge enden aber nach der ersten Stufe, weil es die vorgebrachten Gründe entweder nicht für neu oder nicht für überzeugend hält.

**XIII**

## 1.3 Antragstellung

Der Folgeantrag ist – wie der Erstantrag – persönlich in der Außenstelle zu stellen, die für das Erstverfahren zuständig war. Nur wenn es diese Außenstelle inzwischen nicht mehr gibt oder wenn der Antragsteller nachweislich am persönlichen Erscheinen verhindert ist, kommt es zu einer schriftlichen Antragstellung bei der Zentrale in Nürnberg. Aus Gründen des Infektionsschutzes hat das Bundesamt aber 2020 und 2021 von der persönlichen Antragstellung beim Folgeantrag verzichtet. Es lohnt sich, die Angaben hierzu auf der Homepage des BAMF zu verfolgen.

Besonders hinzuweisen ist noch darauf, dass die Privilegien der Antragstellung nach § 14 Abs. 2 Nrn. 1 und 3 AsylG beim Folgeantrag nicht gelten. Wer also schon einen Aufenthaltstitel hat, muss seinen Folgeantrag trotzdem unter persönlichem Erscheinen stellen. Gleiches gilt für Minderjährige; hier haben sich die gesetzlichen Vertreter persönlich zur Außenstelle des Bundesamts zu begeben, um den Antrag zu stellen. Wer eine bestimmte Frist einhalten muss, der muss diese Regelung besonders beachten. Denn nur der formgerechte Folgeantrag kann fristgerecht sein.

## 1.4 Status während des Verfahrens

Der Ausländer ist nach der Stellung eines Folgeantrags bis zur Entscheidung über die Wiederaufnahme zu dulden. Das ergibt sich aus § 71 Abs. 5 Satz 2 AsylG. Diesen vorläufigen Schutz vor der Abschiebung hat der Folgeantragsteller ausnahmsweise nur dann nicht, wenn in einen sicheren Drittstaat nach § 26a AsylG abgeschoben werden soll (§ 71 Abs. 5 AsylG). Wird also ein Folgeantrag im Zusammenhang mit einer drohenden Abschiebung in das Herkunftsland des Antragstellers eingereicht, darf die Abschiebung nicht durchgeführt werden, bevor das Bundesamt die Mitteilung macht, die Asylakte nicht doch noch einmal öffnen und den Fall sachlich prüfen zu wollen. Allerdings entscheidet das Bundesamt in

## XIII. Der Folgeantrag (§ 71 AsylG)

solchen Fällen oft sehr schnell, manchmal innerhalb weniger Tage und Stunden. Wird die weitere Durchführung des Verfahrens dann abgelehnt, kann der Ausländer abgeschoben werden; hiergegen kann dann nur ein gerichtlicher Eilantrag helfen Die Abschiebung muss auch nicht nochmals angedroht werden. Auf die Abschiebungshaft hat der Folgeantrag zunächst keine Auswirkung, das änderst sich, sobald das Bundesamt den Folgeantrag so ernst nimmt, dass es in die Sachprüfung eintritt.

Der Folgeantragsteller wird während dieser Zeit bis zur Entscheidung nicht wieder wohnpflichtig. Er bleibt, wo er zum Zeitpunkt der Antragstellung wohnt. Eine Ausnahme gilt aber dann, wenn der Ausländer sich zwischenzeitlich außerhalb der Bundesrepublik aufgehalten hat. Rückkehrer werden nach den Vorschriften für Erstantragsteller behandelt und damit nochmal wohnpflichtig (§ 71 Abs. 2 Satz 2 AsylG). Auch eine Entscheidung mit dem Offensichtlichkeitsurteil nach § 30 AsylG kann in einem Folgeverfahren nicht ergehen. Für erfolglose Folgeantragsteller gibt es aber eine andere Sanktion. Kommt es nämlich wiederholt zu solchen erfolglosen Folgeanträgen, denen das BAMF nicht nachgeht, kann gegen den Folgenantragsteller ein Einreise- und Aufenthaltsverbot nach § 11 Abs. 7 Satz 1 Nr. 2 AufenthG angeordnet werden.

**Beispiel:**

Dem B, der mit seinem Asylantrag gescheitert war und nun längere Zeit geduldet wurde, droht nach Wegfall des Duldungsgrundes die Abschiebung in das Herkunftsland. Er stellt einen Folgeantrag. Solange das Bundesamt der Ausländerbehörde nicht mitgeteilt hat, dass es das Verfahren nicht wieder eröffnet, darf B nicht abgeschoben werden. Das wäre freilich anders, wenn B z. B. nach Italien abgeschoben werden soll.

Eine Anhörung des Antragstellers ist nicht zwingend vorgesehen. Es empfiehlt sich daher, die Gründe schriftlich mitzuteilen.

## 2. Prüfung der Wiederaufnahmegründe

### 2.1 Wiederaufnahmegründe

*2.1.1 Änderung der Sach- und Rechtslage*

In Betracht kommen hier alle zwischenzeitlichen Änderungen, die das Herkunftsland (oder bei Dublin-Verfahren den Mitgliedstaat) betreffen: politische Verhältnisse, aber auch Umstände des Antragstellers selbst (begonnene exilpolitische Tätigkeiten, Krankheiten, die zwischenzeitliche Anerkennung eines Familienangehörigen mit der Folge des Familienasyls u. a.).

**Beispiel:**

K, deren Asylantrag schon vor Monaten abgelehnt worden war, hat eine kleine Tochter, die mit einem Bescheid, der erst nach dem Ende des Verfahrens der Mutter zugegangen ist, den Flüchtlingsschutz erhalten hat. Dieser Umstand stellt eine Änderung der Rechtslage dar und berechtigt die Mutter zum Familienflüchtlingsschutz nach § 26 AsylG. Dazu muss K einen Folgeantrag stellen und – je nach der aktuellen Coronasituation – beim Bundesamt vorstellig werden. Zur Begründung reicht der Hinweis auf den Bescheid der Tochter und dass es sich bei der Antragstellerin um die Mutter handelt.

Umstritten ist, ob eine Änderung der Rechtsprechung durch die deutschen Asylgerichte zu einer Änderung der Rechtslage führt, viel spricht dafür, dies nicht genügen zu lassen.

*2.1.2 Neue Beweismittel*

Hier kommen alle neuen, also die im Erstverfahren nicht existenten Beweismittel infrage, wie auch solche, von denen erst später Kenntnis erlangt wurde. Für den Bevollmächtigten ergibt sich hier die Aufgabe der genauen Prüfung solcher Beweismittel. Insbesondere ist zu erklären, was die neuen Beweismittel belegen, wie sie sich auf die Bewertung des Anliegens auswirken und wie es zu dem Auftreten der neuen Beweismittel kam. Zu beachten ist außerdem, dass Bundesamt und Gerichte dem neuen Beweis mit einer gewissen Skepsis begegnen werden und sie vor allem dahin würdigen, ob sie mit dem früher Gesagten vereinbar sind. Das Bundesamt muss diesen Beweisen nachgehen, jedenfalls dann, wenn sie substantiiert

### XIII. Der Folgeantrag (§ 71 AsylG)

vorgetragen werden. Eine bloße Aussage des Gerichts dahin, die Situation sei unverändert, genügt nicht. Darin läge eine Verletzung des rechtlichen Gehörs.

#### 2.1.3 Gründe nach § 580 ZPO

§ 580 ZPO erfasst Fälle, in denen eine frühere Entscheidung aufgrund einer unzulässigen Einflussnahme auf die Entscheidung (Falschaussage, Amtspflichtverletzung u. a.) entstanden ist. Das kommt sicherlich sehr selten vor.

#### 2.2 Ohne grobes Verschulden (§ 51 Abs. 2 VwVfG)

Ob ein solches Verschulden vorliegt, ist mit Blick auf die Mitwirkungspflichten des Asylantragstellers und seinen Vortrag im Erstverfahren zu entscheiden. Ein Verschulden liegt unter anderem vor, wenn der Wiederaufgreifensgrund durch ein Rechtsmittel im früheren Verfahren hätte geltend gemacht werden können.

#### 2.3 Noch immer eine Frist von drei Monaten (§ 51 Abs. 3 VwVfG)?

§ 51 VwVfG, der das deutsche Wiederaufnahmeverfahren regelt und auf den das AsylG verweist, enthält ein Zeitregime. Er spricht von einer Dreimonatsfrist. Diese Frist beginnt mit der Kenntnis der Tatsachen. Schwierig ist das, wenn es keinen genauen Zeitpunkt gibt, an dem der neue Grund für eine Anerkennung entsteht, z. B. bei exilpolitischem Engagement, was ja davon abhängt, ab wann eine Gefährdungssituation beginnt (gilt hier etwa der Parteibeitritt, die erste Rede in der Versammlung oder die Wahl in den Parteivorstand?). Aber solche Schwierigkeiten der Fristberechnung bei Asylfolgeanträgen gibt es nicht mehr. Der EuGH hat eine schon länger währende Diskussion über die Vereinbarkeit dieser Frist mit dem Unionsrecht beendet und zuletzt entschieden (EuGH, Urt. v. 09.09.2021, Az.: C-18/20), dass die Fristbestimmung unwirksam ist. Sie verstößt gegen die VerfRL. Eine wichtige Rolle spielt dabei, dass in dem neuen Art. 40 der VerfRL von 2011, insbesondere in dem dortigen Absatz 4, kein Hinweis auf eine Verfristung mehr erkennbar ist. Das war in der früheren Richtlinie noch anders gewesen. In der Asylberatung sollte man gleichwohl auf die Frist achten und sich, wenn zeitlich möglich, an ihr orientieren, da die deutschen Verwaltungsgerichte hierzu noch nicht geurteilt haben.

## 3. Bescheid und Rechtsmittel

### 3.1 Der Bescheid bei einer Ablehnung des Wiederaufgreifens

Die Bescheidung erfolgt nach § 29 Abs. 1 Nr. 5 AsylG. Der Asyl(folge-)antrag wird als unzulässig abgelehnt. Das Bundesamt prüft aber noch die Abschiebungsverbote nach § 60 Abs. 5 und 7 AufenthG.

### 3.2 Rechtsmittel

*3.2.1 Klageantrag*

Gegen die Ablehnung ist die Klage zu erheben. Die richtige Klageart ist die Anfechtungsklage. Mit dieser Klage wird die Aufhebung des Bescheides begehrt. Im Erfolgsfall muss das Bundesamt dann auch in der Sache weiter prüfen und den neu vorgebrachten Gründen nachgehen. Dieser Weg ist das Resultat der Rechtsprechung des Bundesverwaltungsgerichts aus seiner Entscheidung vom 14.12.2016 (Az.: 1 C 4.16). Hilfsweise kann vorgebracht werden, dass die nationalen Abschiebungsverbote vorliegen.

*3.2.2 Eilantrag*

Es ist außerdem ein Eilantrag zu erheben, da der Duldungsgrund mit der Mitteilung des Bundesamts, das Verfahren nicht neu aufnehmen zu wollen, weggefallen ist. In diesem Fall kann aus der Abschiebungsandrohung des ursprünglichen Bescheids vollstreckt werden, der Eilantrag richtet sich dann darauf, Vollstreckungsmaßnahmen vom Gericht nach § 123 VwGO vorläufig untersagen zu lassen. Eine Frist für diesen Eilantrag gibt es nicht, er sollte nur deutlich vor der drohenden Abschiebung gestellt werden. Versieht das Bundesamt den Ablehnungsbescheid mit einer neuerlichen Abschiebungsandrohung, ist die aufschiebende Wirkung nach § 80 Abs. 5 VwGO fristgerecht zu beantragen. Wird der Folgenantragsteller aber ohnehin (z. B. wegen Passlosigkeit) geduldet, dann muss kein Eilantrag gestellt werden, weil eine Abschiebung nicht bevorsteht.

### 3.3 Vorgehen bei verfristetem Folgeantrag

Meistens lehnt das Bundesamt Folgeanträge mit der Begründung ab, dass die neu vorgetragenen Gründe nicht zu einer anderen Entscheidung führen, seltener lag die Ablehnung an der Frist. Aber das wäre jetzt als rechtswidrig anzusehen. Im Übrigen wäre dann immer

## XIII. Der Folgeantrag (§ 71 AsylG)

noch der auf ein Abschiebungsverbot gerichtete Hilfsantrag begründet. Wenn einem Menschen nämlich Folter oder Tod drohen, dann kann es bei der Frage seiner Abschiebung nicht auf eine Fristverletzung ankommen. Das würde gegen den Grundsatz der Menschenwürde verstoßen. In einem solchen Fall ist das BAMF verpflichtet, seine Entscheidung zu korrigieren. Allerdings verhilft dieses Argument nur zum Abschiebschutz. Dass der Menschenrechtsschutz hier auch den Flüchtlingsstatus verlangt, lässt sich nicht begründen.

### 3.4 Besonderheiten bei Folgeanträgen auf der Grundlage von selbst geschaffenen Nachfluchtgründen (§ 28 Abs. 2 AsylG)

Eine Besonderheit gilt bei Folgeanträgen, die sich auf selbst geschaffene Nachfluchtgründe stützen. Gemeint sind hier Verfolgungsgründe, die das Resultat einer neu aufgenommenen Tätigkeit des Antragstellers im Inland sind. Werden solche selbst geschaffenen Nachfluchtgründe in einem Folgeverfahren geltend gemacht, ist die Anerkennung als Flüchtling in der Regel ausgeschlossen (§ 28 Abs. 2 AsylG). Es bleibt nur der subsidiäre Schutz nach § 4 Abs. 1 Nr. 2 AsylG, das politische Asyl nach dem Art. 16a GG wird auch nicht gewährt, da dieser Schutz gegenüber solchen Nachfluchtaktivitäten nicht zur Verfügung steht.

**Beispiel:**

G wurde nach dem negativen Ende ihres Asylverfahrens zum Vorsitzenden der „P-Partei im Exil" mit Sitz in Berlin gewählt, wo sie zu einer Zentralfigur der Opposition in Europa gegen die Regierung in X wird. Auskünfte belegen, dass sie damit in den Fokus des Sicherheitsdienstes gelangt ist und Gefahr läuft, bei einer Rückkehr inhaftiert und gefoltert zu werden. Ihr Folgeantrag wird hinsichtlich des Antrags auf Flüchtlingsschutz unter Hinweis auf § 28 Abs. 2 AsylG abgelehnt, es handelt sich um einen selbst geschaffenen Nachfluchtgrund. G erhält aber wegen der drohenden Menschenrechtsverletzungen den subsidiären Schutz zuerkannt.

## 4. Antrag auf Wiederaufgreifen bei nationalen Abschiebungsverboten

Keinen Folgeantrag stellt es dar, wenn nach negativem Abschluss des Asylverfahrens eine Neubewertung der abschiebeschutzrechtlichen Lage nach § 60 Abs. 5 oder 7 AufenthG beantragt wird. Hierzu taugen alle Gründe, die sich neu ergeben, Veränderungen im Herkunftsland oder auch in der Person des Antragstellers (z. B. neue Erkrankungen oder ärztliche Gutachten). Der große Vorteil dieses Antrags liegt darin, dass er schriftlich gestellt werden kann und dass hier noch nie eine Dreimonatsfrist galt, da bei einer Abschiebung, die zu schweren Grundrechtsverstößen führen würde, keine Fristbestimmung gerechtfertigt ist. Der Antragsteller ist in dieser Situation aber nicht so gut geschützt wie der Folgeantragsteller. Nach der herrschenden Ansicht ist § 71 Abs. 5 AsylG nicht analog auf diesen Fall anzuwenden. Der Antragsteller wird also nicht wegen des Antrags geduldet. Es muss möglicherweise ein gesonderter Eilantrag zur Aussetzung der Abschiebung bei Gericht gestellt werden.

# XIV. Rechtsstellung von Personen aus sicheren Herkunftsstaaten und von unbegleiteten minderjährigen Flüchtlingen (UMF)

| | | |
|---|---|---|
| 1. | Personen aus sicheren Herkunftsstaaten | 306 |
| 1.1 | Grundlage | 306 |
| 1.2 | Die sicheren Herkunftsstaaten | 306 |
| 1.3 | Die Vermutung in § 29a AsylG | 306 |
| 1.4 | Einschränkungen im Asylverfahren | 307 |
| 1.5 | Konsequenzen im Falle der Ablehnung | 307 |
| 2. | Unbegleitete minderjährige Flüchtlinge | 308 |
| 2.1 | Begriff | 308 |
| 2.2 | Unterbringung und Verteilung | 308 |
| 2.3 | Rechte im Verfahren | 308 |

# XIV. Rechtsstellung von Personen aus sicheren Herkunftsstaaten und von unbegleiteten minderjährigen Flüchtlingen (UMF)

## 1. Personen aus sicheren Herkunftsstaaten

### 1.1 Grundlage

Wer aus einem sicheren Herkunftsstaat kommend einen Asylantrag in Deutschland stellt, hat nicht nur mit der gesetzlichen Vermutung nach § 29a AsylG zu tun, er hat auch verschiedene einschneidende Einschränkungen während des Verfahrens hinzunehmen, die für Antragsteller aus anderen Ländern nicht gelten.

### 1.2 Die sicheren Herkunftsstaaten

Die sicheren Herkunftsstaaten sind in der Anlage zu § 29a AsylG aufgezählt. Es handelt sich derzeit um acht Staaten, nämlich Albanien, Bosnien und Herzegowina, Ghana, Kosovo, Mazedonien, die ehemalige jugoslawische Republik Montenegro, den Senegal und Serbien. Die nordafrikanischen Staaten Marokko, Tunesien und Algerien sind noch nicht zu sicheren Herkunftsstaaten erklärt worden, entsprechende Absichten in der Politik sind aber geäußert. Das gilt auch für Georgien. Die Liste dieser sicheren Staaten wird vom Bundestag mit Zustimmung des Bundesrates bestimmt, das ist der Grund dafür, dass es bis jetzt noch nicht zu der Erweiterung der Liste gekommen ist. Angesichts der Lage in diesen Ländern fehlt es an einem parteiübergreifenden Konsens für diese Beurteilung.

### 1.3 Die Vermutung in § 29a AsylG

§ 29a AsylG stellt eine widerlegbare Vermutung auf, dass es in dem sicheren Herkunftsstaat keine Verfolgung gibt. Diese Vermutung bezieht sich aber nicht auf nationale Abschiebungsverbote. Außerdem ist diese Vermutung widerlegbar. Der Asylantragsteller muss, so schreibt es die Norm vor, selbst Tatsachen und Beweismittel an-

## 1. Personen aus sicheren Herkunftsstaaten

geben, die zu der Annahme führen, dass es in seinem Falle doch eine politische Verfolgung gibt. Hat der Antragsteller dies getan, kann das Bundesamt sich nicht mehr auf § 29a AsylG berufen. Gelingt ihm dies nicht, lehnt das Bundesamt seinen Antrag als offensichtlich unbegründet ab.

### 1.4 Einschränkungen im Asylverfahren

*1.4.1 Die Regelungen im Asylpaket I (Oktober 2015)*

Im Asylpaket I hat der Gesetzgeber an die Eigenschaft, Staatsangehöriger eines sicheren Herkunftsstaates zu sein, verschiedene Folgen geknüpft, die die Rechte des Antragstellers schon während des Verfahrens betreffen.

*1.4.2 Einschränkungen hinsichtlich Wohnen, Mobilität und Erwerbstätigkeit*

Antragsteller aus den sicheren Herkunftsstaaten wohnen nicht mehr dezentral nach einer Verteilung in die Landkreise, sondern verbleiben in den Aufnahmeeinrichtungen – und zwar bis zum Ende des Asylverfahrens und auch noch im Falle einer Ablehnung. Ihre Mobilität ist in dieser Konsequenz auch noch nach drei Monaten weiter eingeschränkt und bleibt eingeschränkt. Die Wohnpflicht gilt allerdings nicht für Familien mit minderjährigen Kindern, diese Vergünstigung erfolgte im Zuge des Migrationspakets 2019. In diesem Fall läuft sie nach sechs Monaten aus.

Für Personen aus sicheren Herkunftsstaaten, die ihren Asylantrag (wichtig aber hier: das Asylgesuch) nach dem 31.08.2015 gestellt haben, gilt ein uneingeschränktes Erwerbsverbot. Das bedeutet, sie dürfen nicht arbeiten und auch eine Berufsausbildung ist für Asylantragsteller aus den sicheren Herkunftsstaaten ausgeschlossen.

### 1.5 Konsequenzen im Falle der Ablehnung

Das Bundesamt kann gegenüber Personen aus sicheren Herkunftsstaaten im Falle der Ablehnung (als offensichtlich unbegründet) ein Einreise- und Aufenthaltsverbot nach § 11 Abs. 5 AufenthG anordnen. Dieses Verbot tritt, wenn das Bundesamt diese Folge in seinem Bescheid ausspricht, dann auch im Falle einer freiwilligen Ausreise ein. Es ist also nicht, wie bei § 11 Abs. 1 AufenthG, von einer Abschiebung abhängig.

## XIV. Personen aus sicheren Herkunftsstaaten und UMF

## 2. Unbegleitete minderjährige Flüchtlinge

### 2.1 Begriff

UMF sind ausländische Flüchtlinge unter 18 Jahren, die sich in der Bundesrepublik ohne Eltern aufhalten.

### 2.2 Unterbringung und Verteilung

Im Unterschied zu den begleiteten Kindern von erwachsenen Flüchtlingen werden sie so schnell wie möglich nach § 42 SGB VIII vom Jugendamt vorläufig in Obhut genommen. Sie leben in Wohngruppen, werden aber seit 2015 auch bundesweit verteilt. Hierbei ist aber auf ihre persönliche Situation Rücksicht zu nehmen. Am Ort der endgültigen Zuweisung wird ein Vormund bestellt. In der Zeit bis zur Bestellung des Vormunds hat das Jugendamt gewisse Vertretungsrechte. Zuletzt wurde das Jugendamt durch den im Juli 2017 geänderten § 42 SGB VIII in die Pflicht genommen, „unverzüglich" einen Asylantrag für den UMF zu stellen, wenn dieser einen solchen Schutz benötigt. Diese Norm sollte aber nicht so zu verstehen sein, dass das Jugendamt in allen Fällen zur Asylantragstellung schreitet. Wie oben gesehen, birgt die Asylantragstellung auch Nachteile, sodass diese Maßnahme im Einzelfall eben nicht „benötigt" wird.

### 2.3 Rechte im Verfahren

UMF haben Anspruch auf eine besonders geschulte Person, die die Anhörung durchführt. Ihnen steht nach der Verfahrensrichtlinie ein qualifizierter Vertreter zur Seite (Art. 25 Abs. 1a AsylVerfRL), diese Vorschrift ist in Deutschland aber noch nicht umgesetzt. Sie dürfen vor der Volljährigkeit nur nach den Einschränkungen des § 58 Abs. 1a AufenthG abgeschoben werden und, solange sie minderjährig sind, nicht mit der Wertung „offensichtlich unbegründet" abgelehnt werden (Ausnahme, wenn sie aus einem sicheren Herkunftsstaat sind). Gegen sie darf auch kein Flughafenverfahren nach § 18a AsylG durchgeführt werden. In Gerichtsverfahren, in denen es um ihren asylrechtlichen Schutz geht, haben sie Anspruch auf Prozesskostenhilfe ohne Prüfung der Erfolgsaussichten, jedenfalls dann, wenn ihr gesetzlicher Vertreter keine juristische Qualifikation hat (Art. 25 Abs. 4d AsylVerfRL). Auch in einem Dublin-Verfahren stehen UMF besser, da für sie der Staat des Aufenthalts der zuständige Staat ist und ein Dublin-Verfahren nicht stattfindet.

## XV. Literaturverzeichnis

*Dienelt, Klaus/Bergmann, Jan* (Hrsg.), Ausländerrecht, 13. Auflage, München 2020

*Dörig, Harald* (Hrsg.), Handbuch Migrations- und Integrationsrecht, 2. Auflage, München 2020

*Hathaway, James/Foster, Michelle*, The Law of Refugee Status, Cambridge 2014

*Hocks, Stephan/Leuschner, Jonathan*, Unbegleitete minderjährige Flüchtlinge: Vertretung, Asylverfahren, Aufenthalt; Ein Leitfaden für die Praxis, Regensburg 2017

*Hofmann, Rainer M.* (Hrsg.), Ausländerrecht, 2. Auflage, Baden-Baden 2016

*Hundt, Marion*, Aufenthaltsrecht und Sozialleistungen für Geflüchtete: Praxisleitfaden für Verwaltungs- und Sozialeinrichtungen, Fachkräfte und Ehrenamtliche, 2. Auflage, Regensburg 2021

*Kopp, Ferdinand/Schenke Wolf-Rüdiger*, Verwaltungsgerichtsordnung, 26. Auflage, München 2020

*Marx, Reinhard*, AsylG. Kommentar zum Asylgesetz, 10. Auflage, Neuwied 2019

*Marx, Reinhard*, Aufenthalts-, Asyl- und Flüchtlingsrecht, 7. Auflage, Baden-Baden 2020

*Tiedemann, Paul*, Flüchtlingsrecht, 2. Auflage, Berlin, Heidelberg 2018

# XVI. Stichwortverzeichnis

**A**bänderungsantrag 281
Ablauf 235
Ablehnung als „offensichtlich unbegründet" 195
Abschiebeschutz 100
Abschiebung 31, 32, 281
– Androhung 37, 141, 199
– Anordnung 199
– Aussetzung 38
– bei Folgeantrag 297
– Dauer der Aussetzung 39
– Duldung 38
– Durchführung 37
– Durchführungsvoraussetzungen 33
– Ermessen 42
– Frist 32
– gesundheitliche Gründe 41
– Hindernis 41
– Kosten 32, 37
– Nachtruhe 37
– öffentliche Belange 32
– ohne Androhung 32
– Terrorverdacht 32
– Unmöglichkeit 40
Abschiebungshaft 38
Abschiebungshindernis 41
Abschiebungsverbote
– nationale 67, 97, 179
Akteneinsichtsrecht 197
Alltagstheorien 242
al-Shabaab-Miliz 95, 231
Amtsermittlungsgrundsatz 41, 228, 229
Analogleistungen 215, 216
Änderung der Sach- und Rechtslage 299

Anerkennung 105
Anfechtung 34
Anhörer 236, 237, 241
– Person und Qualifikation 233
Anhörung 230, 232, 233, 235, 245
– Ablauf 233, 235
– Dolmetscher 234
– Fragen 246
– Ladung 233
– Protokoll 236
– Technik der Befragung 247
– Terminverlegung 233
– von Minderjährigen 232
– Vorbereitung 243, 246
Ankunftsausweis 186
Ankunftsnachweis 50, 197
Anonymität der Großstadt 88
Anspruchsduldung 45
Antragsteller
– minderjährige Kinder 182
Antragstellung
– Folgeantrag 297
– persönliche 185
– schriftliche 197
Apostasie 80
Arbeitsagentur 45, 222, 223
Arbeitserlaubnis 68
Ärztliche Bescheinigung 41
Assoziationsabkommen EWG/Türkei 31
Asylanerkennung 123
– Erlöschensfolgen 287
– familiäre Folgen 128
– Rücknahme 291
– Widerruf 291
Asylantrag 50

# XVI. Stichwortverzeichnis

– Beschränkung auf internationalen Schutz 178
– Prüfung 68
– Rücknahme 200
Asylberechtigter 67
Asylberechtigung 102
Asylbewerber 26
AsylbLG 26
Asylgesetz 61
Asylgesuch 50, 158, 183, 185, 186, 197
Asylgrundrecht 68
Asylmündigkeit 181
Asylrecht
– Änderungen 61
Asylverfahren
– Verzicht 200
– Zuständigkeit 143
Attest 101
Aufenthalt
– rechtmäßiger 24
– Verfestigung 56
Aufenthaltserlaubnis 47, 56, 68, 105
– Bedingungen 106
– Erteilungsvoraussetzungen 50
Aufenthaltsgesetz 61
Aufenthaltsgestattung 50, 192, 194, 197
– Ende 199
Aufenthaltssicherung 46
Aufenthaltstitel 50, 192
– Ermessen 50
– Erteilungsanspruch 50
– Fachkräfteeinwanderungsgesetz 55
– Verlängerung 194
Aufenthaltsverfestigung 134
Aufenthaltszweck 50
– zulässiger 53

Aufnahmeeinrichtung 186, 189, 193, 195, 198, 222
Aufnahmegesuch
– nach Dublin-III-VO 157
Aufnahmerichtlinie-EU 60
Aufschiebende Wirkung 34, 280, 281
– Anordnung 36
Ausbildung 45, 220
Ausbildungsabschluss 43
Ausbildungsberuf 45
Ausbildungsduldung 40, 43, 58
Auskunftsverweigerungsrechte 230
Ausländer
– besonders berechtigte 26
Ausländerbehörde 26, 126, 185, 197, 199, 210, 261
Ausländerrecht
– Gefahrenabwehrzweck 32
Auslandstaten
– strafbar in Deutschland 231
Auslandsvertretungen des Bundes 26
Ausreise
– freiwillige 32
Ausreisepflicht 31, 32, 57, 200
– Vollziehbarkeit 33
Aussageverweigerungsrecht 230
Australien 29
Ausweisersatz 107
Ausweisung 32

BAföG 109, 217, 220, 224
BAMF 67, 233
– Entscheidung 256, 260
Begründungsfrist 274
Behinderungen 235
Behördlicher Zwang 37
Beistände 237

## XVI. Stichwortverzeichnis

Berufsausbildung 223
Berufsausbildung, qualifizierte 45
Beschäftigung
– Verweigerung 222
Beschäftigungsduldung 46, 58
Beschäftigungsverordnung 62
Bescheid 264, 272
Beschleunigtes Verfahren 204
Beschränkter Antrag 179
BeschV 44
Bestandskraft 33, 200, 254
Betäubungsmittelgesetz 33, 198
Bevorrechtigte Arbeitnehmer 222
Beweise 229
Beweiserleichterungen 227
Beweismittel 172, 275, 307
Blaue Karte EU 51, 55, 193
Blauer Pass 111
Bleibeinteresse 33
Botschaftsverfahren 125
Bulgarien 156
BÜMA 186
Bundesverfassungsgericht 69, 214, 270
Bundesverwaltungsgericht 161, 167, 270

Christentum 249
Clan 86

Darlegungslast 228
Datenträger 205
Daueraufenthalt 56
Dokumente
– Duldung 39
– Flüchtlingspass 110, 111
– Reiseausweis für Ausländer 111
– Übersicht 113

Dolmetscher 191
– Verständigung 235
Drittstaat 141
Drittstaatenbescheid 167, 169
Drittstaatsangehörige 27, 28, 148
Dublin-Befragung 187
Dublin-Bescheid 160, 161, 262
Dublin-Fälle
– Beratungstipps 166
Dublin-III-VO 25, 60, 144, 146
– Durchführungsverordnung 165
– Folgeantrag 146
– Kollisionsfälle 153
– Probleme 148
– Regelungsprinzipien 146
Dublin-Staat 141, 145
Dublin-Verfahren 201
Duldung 38, 56
– Ausbildungsduldung 45
– Ausprägungen 40
– Dauer 39
– Ermessen 43
– Erwerbstätigkeit 44
– faktische 42
– Vorrangprüfung 45
– während des Wiederaufnahmeantrages 297
– Zustimmung zur Erwerbstätigkeit 44
Duldungsgründe 40
Duldungspapier 39
Durchsuchung 205

EASY 190
ED-Behandlung 191
EGMR 148
Ehebegriff 129
Ehegattennachzug 119
Eheschließung 41

# XVI. Stichwortverzeichnis

Eheurkunde 126
Eidesstattliche Versicherungen 209
Eilantrag 35, 255, 257, 260, 262, 263, 280, 281
- Prüfung 36
- Zuständigkeit 36
Eilverfahren 34
Einbürgerung 108, 136, 137
- Identität 108
Einreise- und Aufenthaltsverbot 32, 37, 52, 307
- Dauer 38
Einstellung 209, 210
Einstellungsbescheid 208
Elterngeld 219
Elternnachzug 122
Entscheidung
- bestandskräftige 296
- Bundesamt 56
Erkennungsdienstliche Behandlung 206
Erkrankungen 41, 235
Erlöschen 291
- Aufenthaltstitel 191
- Flüchtlingsstatus 138
- Folgen 287
- Verlustgründe 286
Erlöschensgründe 286
Ermessen 50
Ermessensduldung 43
Ernsthafter Schaden 91, 92
Ernstliche Zweifel 260
Erwerbstätigkeit 28, 221, 307
- bei Duldung 44
Erwerbs- und Aufenthaltsverbot 196
EU
- Schutzgewährung 167
EU-Bürger 27

- Familienangehörige 27
EU-Daueraufenthalt 47, 54
EU-Daueraufenthaltsrichtlinie 169
EuGH 150, 154, 158
EU-Grundrechtecharta 60
EURODAC 147, 162
EURODAC-Treffer 158, 235
Europäische Menschenrechtskonvention 60
Europäischer Gerichtshof für Menschenrechte 270
EU-Staatsangehörige 26
EU-Verordnung
- Unterschied zur RL 61
Exilpolitik 74
Existenzminimum 26
Existenzsicherung 88

Fachkraft 54, 56
Fachkräfteeinwanderungsgesetz 62
Falschaussage 300
Familienangehörige
- im Dublin-Verfahren 150
Familienasyl 127
- Ehegatten 129
- Eltern und minderjährige Geschwister 132
- Fristen 130
- minderjährige Kinder 131
Familiennachzug 54, 61, 68, 116, 119, 193
- Abschiebeverbote 122
- allgemeine Voraussetzungen 118
- Beteiligung der Ausländerbehörde 126
- Dokumente 126
- Ehegattennachzug 119

## XVI. Stichwortverzeichnis

– Einkommens- und Wohnverhältnisse 120
– Elternnachzug 122
– Familienbegriff 117
– fristwahrende Anzeige 120, 127
– Grundsatz 116
– subsidiär Schutzberechtigte 121
– Übersicht 124
– Verfahren 124
– Verfahrenskosten 127
– zu Flüchtlingen und Asylberechtigten 119
– Zuständigkeit im Verfahren 125
Familienschutz 130
Familientrennung 41
Familienzusammenführung
– durch Dublin-III-VO 150
Fiktion des Nichtbetreibens 207
Fiktionsbescheinigung 48, 56, 109
Fiktionswirkung 48
Fingerabdrücke 206
Fluchtalternative
– inländische 87
Flüchtigsein 163, 166
Flüchtling 49
Flüchtlingsanerkennung 56, 89, 123
– Ausschlussgründe 89
– Checkliste 90
Flüchtlingseigenschaft 102
Flüchtlingspass 171
– Erteilung 111
Flüchtlingsstatus 24, 67
Flughafenverfahren 308
Flugschein 205
Folgeantrag 182, 209, 296

Folter 92, 93, 98
Formale Asylantragstellung 187
Forschung 54
Forschungsaufenthalt 55
FreizügG/EU 27
Freizügigkeit 26, 198
Frist 172, 271, 272
– bei Folgeantrag 300
– beim Zweitantrag 172
– für (Wieder-)Aufnahmegesuch 157
– Überstellung 161
Fristablauf 141, 272, 274
– bei Einlegung von Rechtsmitteln 162
Fristwahrende Anzeige 120
Furcht
– begründete 70
– Bewertungsmaßstab 71

Geburtsurkunde 108
Gelber Umschlag 160
Geldleistungsprinzip 215
Genfer Flüchtlingskonvention 60
Genitalverstümmelung 86, 133, 230, 250
Gerichtsbescheid 276
Geschäftsleute 28
Geschäftsunfähigkeit 181
Geschäftsverteilungsplan 269
Geschlechtsspezifische Verfolgung 78, 194
Gesetzlicher Vertreter 237
Gesetz über Duldung bei Ausbildung und Beschäftigung 62
Gesetz zur Verbesserung der Durchsetzung der Abschiebung 63
Gestatteter Aufenthalt 196
Gesundheitsversorgung 101

# XVI. Stichwortverzeichnis

Gewalt 76
Gewissen 83
Glaubensabfall 80
Glaubenswechsel 74, 249
Glaubhaftigkeit 238
– Kriterien 238, 242
– Unglaubhaftigkeit 241
Grauer Pass 111
Grenzbehörde 190
Grenzübertritt 198
– illegaler 156
Griechenland 152, 155
Großbritannien 29
Grundgesetz 60
Gruppe 82

Haft 184
Haftstrafe 33
Härtefallverfahren 43
Hauptschulabschluss 46
Heimreisedokumente 42
Helferausbildung 45
Herkunftsstaat 24, 140
Hochschulreife 224
Hunger 100

Identität 52, 207
– geklärte 53
– sexuelle 249
– ungeklärte 108
Identitätsklärung 46, 47, 107, 204, 222
Identitätstäuschung 44
Illegale Einreise 152, 202
Informatorische Anhörung 277
Innerstaatlicher Konflikt 95
Insulin 230
Integration 134
Integrationskurse 216
Israel 29

Italien 155

Japan 29

Kanada 29
Kastensystem 83
Kernfamilie 117
Kinderehen 129
Kindeswohl 150
Kindeswohlgefährdung 41
Kirchenasyl 165, 166
Klage 258, 262, 263, 270, 280, 290
– aufschiebende Wirkung 35, 56
Klageantrag 270
Klagebegründung 274, 275
Klageerhebung 271
Klagefrist 257, 271
Klassenfahrten 199
Kölner Silvesternacht 2015/2016 89
Königsteiner Schlüssel 186
Konversion 74, 249
Körperliche Durchsuchung 205
Körperliche Unversehrtheit 41
Krankheit, schwerwiegende 41

Laissez-Passer 42, 144
Lebensgemeinschaft 119
– nichteheliche 118
Lebenspartner 118
Lebensunterhalt 52, 123
– Sicherung 27
Lebensverhältnisse
– Checkliste zu den Bedingungen im Transitland 167
Leiharbeit 222
Leistungen für Personen mit Schutzstatus u. Aufenthaltserlaubnis 217

## XVI. Stichwortverzeichnis

Leistungskürzungen 201, 203, 204, 217
Lichtbilder 206
Lohndumping 222
Luftweg 69

Malta 156
Medizinische Behandlungen 43
Medizinische Leistungen 216
Medizinische Versorgung 100
Meldung des Flüchtigseins 165, 166
Menschenrechte 149
Menschenrechtliche Lage 245
Milizen 86
Minderjährigenehen 129
Mitwirkungspflichten 201
Mobilität 198
Mündliche Verhandlung 260, 275, 276, 281

Nachfluchtaktivitäten 248
Nachfluchtgründe 73
– Bewertung 76
– Exilpolitik 74
– Konversion 74
– selbstgeschaffene 302
– subjektive 74
Nachreichen von Erklärungen und Dokumenten 231
Nationale Abschiebungsverbote 102, 124, 265
Nationalität 78
Naturkatastrophen 99
Neue Beweismittel
– bei Folgeantrag 299
Nichterscheinen bei einer Anhörung 208
Niederlassungserlaubnis 47, 56
Niederschrift Teil 1 187

No cherry picking 147
Non-Refoulement 60, 70, 105
No refugee in orbit 143, 147

Obhut 308
Offensichtlichkeitsentscheidung 196
Offensichtlich unbegründet 258, 260, 261, 280, 308
Öffentliche Leistungen 26
– Bezug 49
One chance only 147

Pass 144
– Durchsuchung 205
Passbeschaffung 205
– mangelnde Mitwirkung 44
– Zumutbarkeit 110
Passbesitz 53
Passlosigkeit 41, 42
Passpflicht 107, 110
Passüberlassungspflicht 203
Personalien des Asylsuchenden 197
Personen aus sicheren Herkunftsstaaten 189, 196, 221, 224, 306, 307
Personenstandsverordnung (PStV) 108
Persönliche Antragstellung 183
Persönliches Erscheinen 202, 210
Pflege Angehöriger 43
Politische Überzeugung 78
Polit-Malus 77
Polizeibehörde 190
Positivstaater 29
Postzustellung 271
Protokoll 236, 277
Psychologisches Attest 41
Psychotherapien 216

## XVI. Stichwortverzeichnis

Qualifikationsrichtlinie 2011 60, 72
Radikale Milizen 247
Räumliche Beschränkung 198
Reaktorunfälle 100
Rechtsanwalt 25, 251, 257
Rechtsdienstleistungsgesetz 237
Rechtsfreie Räume 165
Rechtsmittel 34, 270, 280, 283
Rechtsmittelbelehrung 268, 269, 271, 280
Rechtsschutz 268
Refugee in orbit 161
Reiseausweis
– für Ausländer 111, 126
– für Flüchtlinge 111, 287
Reisepass 52
Reiseunfähigkeit 40
Religion 78
Religionsbetätigung 80
Religionsfreiheit 80
Religionsübertritt 249
Rentenversicherung 135
Rentenzeiten 135
Residenzpflicht 113
– Verstoß 208
Restart 209
Richter 269, 277, 279
Rücknahme 90, 200, 208, 290
– unbefristete Aufenthaltserlaubnis 291
Rücknahmefiktion 200, 201, 203, 207, 208
Rückreise 203, 204, 208

Sachleistungsprinzip 215
Sachverständige 275
Schengen-Staaten 30

Schriftliche Antragstellung 184, 190
– durch einen Vormund 181
Schriftliche Begründung 191
Schulabschluss 43
Schule 54
Schülersammellisten 199
Schutzstatus
– Folgen und Unterschiede 68
– Überblick 67
Schwangerschaft 40
Seehafen 69
Sekundärmigration 168, 169
Selbsteintritt 149
Selbsteintrittspflicht 150, 154
Selbstständige Tätigkeit 31
Sichere Herkunftsstaaten 198, 306, 307
Sicherheitsabfrage 106
Sofort vollziehbar 280
Sofortvollzug 34
Somalia 85, 263
Sonderbeauftragte für UMF 233
Sonstiger Staat 171
Souveränitätsklausel 149
Soziale Gruppe 78, 82
Soziale Leistungen 214
Sozialhilfe 169
Sprachkurs 54
Spurwechsel 55
Staatsangehörigkeit 144, 207
Statusverbesserung 192
Stellvertretung
– bei Asylantragstellung 181
Strafen 201
Straftat 89, 203
Studienaufenthalt 224
Studienfinanzierung 224
Studienleistungen 35

## XVI. Stichwortverzeichnis

Studium 35, 48, 56, 109, 220, 223, 224
Subsidiärer Schutz 49, 67, 91, 92, 102, 124
- Familiennachzug 62, 92
- Reiseausweis 112
- Reisen 112
Subsidiaritätsprinzip 224
Syrien 264
Systemische Mängel 154

Tabellarischer Lebenslauf 244
Take back 157
Take charge 157
Taliban 88, 95, 247
Tatsachen
- Vortrag 228
Termin
- zur persönlichen Antragstellung 184
Titelerteilungssperre 193, 195
Todesstrafe 92
Tod von nahen Angehörigen 43
Tonaufnahmen 206
Tourist 28
Transfer 215, 221
Türkische Staatsangehörige 31

Übergang der Zuständigkeit 143
Überschwemmungen 99
Übersetzung
- Korrektur 235
Überstellung 32, 161, 162, 165
Überstellungsfrist 143, 161, 162, 163
- drittschützender Charakter 161
- Verlängerung der 163, 165
Überstellungsverbot 150
Unbegleitete Minderjährige 190, 308

- Dublin-Verfahren 150
- OU-Ablehnung 261
- Rechte im Verfahren 308
Ungarn 156
Unglaubhaftigkeit 231
Unmenschliche oder erniedrigende Behandlung 93
Unzulässige Asylanträge 140
Urkundenüberlassungspflicht 204
Urkundsbeamter 272, 273
Urlaub 30, 49
Urteil 279, 280
USA 29

Verelendung 100
Verfahrensrichtlinie-EU 60
Verfolgung
- familiäre 86
- nichtstaatliche 86, 87
- politische Überzeugung 81, 84
- rassistische 78, 79
- religiöse 79, 80, 84
- Sicherheit vor 88
- soziale Gruppe 78, 82, 84
- Willkür 84
Verfolgungsfurcht 70
Verfolgungsgefahr 76
Verfolgungsgründe 70, 77, 244
Verfolgungshandlungen 76
- Nachweis 227
Verfolgungsmerkmale 77
Verordnung (EU) Nr. 604/2013 144
Verpflichtungsbescheid 283
Versorgungslage 230
Verspätetes Vorbringen 201, 231, 232
Versteinerungstheorie 150
Verteilung 186, 187

# XVI. Stichwortverzeichnis

Verteilungsverfahren 185
Verteilungswünsche 189
Vertrauensanwalt 126
Verwaltungsgerichte 268, 269, 270
Visa-Verordnung 28
Visum 24, 28, 140
– Beantragung 52
– Touristenvisum 52
Visumfreie Einreise 29
– Drittstaatsangehörige 30
Visumverfahren 124
Volljährigkeit 181
Vollziehbarkeit 199
Vollziehbarkeit der Ausreisepflicht 33
Voraufenthaltszeiten 197
Vorrangprüfung 45, 222
Vorverfolgung 71
– zeitlicher Zusammenhang 72
Vorwirkung des Flüchtlingsschutzes 196

Wahlrecht 137
Wahrheitspflicht 277
Widerruf 288
– Bescheid 290
– Folgen 290
– Gründe 288
– unbefristete Aufenthaltserlaubnis 291
– Verfahren 288
– Wirkung 90
Widerspruch 35
Wiederaufgreifensgründe 172
Wiederaufnahme 210
Wiederaufnahmegesuch
– nach Dublin-III-VO 157

Wiederaufnahmegründe 141, 297, 299
Wiedereinreise 199
Wohnpflicht 215, 221
– in der Aufnahmeeinrichtung 187, 191
Wohnsitzbeschränkung 113
– Ausnahmen 115
– Bundesland 114
– Erscheinungsformen 114
– Ort 114
– Verletzung 116
– Zweck 113
Wohnsitznahme 198
– Verbot 115

Zentrale in Nürnberg 183
Zeuge 275, 277
Zulassung der Berufung 270, 280
Zuständigkeit
– Asylanträge 180
– aufgrund Visumerteilung 152
– Dublin-III-VO 149, 153
– Übergang 156
Zuständigkeitsentscheidung 149
Zuständigkeitsregelung 142
Zuständigkeitssystem 142
Zustellung 254, 255, 271
– des Dublin-Bescheids 160
Zustellungsfiktion 201
Zustimmungsfiktion
– im Dublin-Verfahren 158
Zustimmung zur Beschäftigung 222
Zuweisungsentscheidung 189
Zweitantrag 141, 172, 173
– Prüfungsschema 172
– unzulässiger 171